MACAO
CULTURAL
INDUSTRIES

COMMUNITY ECONOMY
AND CREATIVE CONSTRUCTION

2017 MACAO CULTURAL INDUSTRIES REPORT

向 勇 崔世平 徐秀菊/主编　赵凯欣/执行主编

社区经济与创意营造

2017
澳门文化产业研究报告

社会科学文献出版社
SOCIAL SCIENCES ACADEMIC PRESS (CHINA)

主礼嘉宾台上合照

（左至右：中华文化交流协会理事长崔世平，澳门科学馆馆长邵汉彬，澳门特别行政区政府文化产业基金行政委员会主席梁庆庭，中央人民政府驻澳门特别行政区联络办公室台务部部长徐荇，澳门特别行政区政府社会文化司司长代表、澳门特别行政区政府文化产业委员会副主席徐秀菊、澳门特别行政区政府文化局副局长陈炳辉、澳门基金会行政委员会委员区荣智，中华文化交流协会会长李沛霖、北京大学文化产业研究院副院长向勇）

主礼嘉宾、演讲嘉宾及论坛筹委会成员合影

澳门特别行政区政府社会文化司司长代表、
澳门特别行政区政府文化产业委员会副主席
徐秀菊致辞

北京大学文化产业研究院副院长
向勇致辞

中华文化交流协会理事长
崔世平致辞

主旨演讲主持人
中华文化交流协会副理事长何敬麟

主旨演讲者一
日本横滨市立大学教授铃木伸治

主旨演讲者二
北京大学信息科学技术学院教授黄铁军

"公共创意与人工智能"高峰研讨（沙龙对话）嘉宾

（左至右：北京大学文化产业研究院副院长向勇、中文在线常务副总裁谢广才、上海社会科学院文化产业研究中心主任花建、百度集团百度云计算事业部首席数据科学家沈志勇、澳门科学馆馆长邵汉彬、澳门劳工子弟学校校长郑杰钊）

论坛现场情况

中文在线常务副总裁谢广才

上海社会科学院文化产业研究中心主任花建

百度集团百度云计算事业部首席数据科学家沈志勇

澳门科学馆馆长邵汉彬

澳门劳工子弟学校校长郑杰钊

"社区资源与一区一品"高峰研讨（沙龙对话）嘉宾
（左至右：澳门特别行政区政府文化产业委员会副主席徐秀菊，新故乡文教基金会创立人及董事长廖嘉展，乡村建设者、安徽大学新闻传播学院副教授左靖，中国美术学院科研创作处处长俞坚，澳门特别行政区政府经济发展委员会社区经济发展政策研究组组长高开贤，澳门大学社会科学学院助理院长林玉凤）

新故乡文教基金会创立人及董事长廖嘉展

乡村建设者、安徽大学
新闻传播学院副教授左靖

中国美术学院科研创作处
处长俞坚

澳门特别行政区政府
经济发展委员会
社区经济发展政策研究组
组长高开贤

澳门大学社会科学学院助理院长林玉凤

与会者众，认真听讲

与会者在答问环节发问

澳门理工学院文化创意产业教学暨研究中心客座副教授于国华主持"社区文创工作坊"

新故乡文教基金会创立人及董事长廖嘉展于大师工作坊演讲"酿造文创的底蕴"

百度集团百度云计算事业部首席数据科学家沈志勇
于大师工作坊与来宾分享"大数据技术各行业的探索应用"

论文发布会之论文评审澳门科技大学社会和文化研究所所长林广志、商学院会计与财务金融学系主任刘成昆和澳门旅游学院副教授赵伟兵与论文作者合照

本研究得到 2017 年度国家社会科学基金重大项目"丝绸之路经济带沿线国家文化产业合作共赢模式及路径研究"（课题编号 17ZDA043）资助。

2017 澳门文化产业研究报告编辑委员会

编撰单位

北京大学文化产业研究院

中华文化交流协会（澳门）

澳门理工学院文化创意产业教学暨研究中心

编委会成员

向　勇　北京大学文化产业研究院副院长

崔世平　中华文化交流协会理事长

徐秀菊　澳门理工学院文化创意产业教学暨研究中心主任

黄铁军　北京大学信息科学技术学院教授

谢广才　中文在线常务副总裁

花　建　上海社会科学院文化产业研究中心主任、研究员

左　靖　乡村建设者、安徽大学新闻传播学院副教授

俞　坚　中国美术学院科研创作处处长

廖嘉展　新故乡文教基金会创立人及董事长

高开贤　澳门特别行政区政府经济发展委员会社区经济发展政策研究组组长

林玉凤　澳门大学社会科学学院助理院长
郑杰钊　澳门劳工子弟学校校长
邵汉彬　澳门科学馆馆长

协办单位

澳门特别行政区政府文化局

澳门特别行政区政府文化产业委员会

澳门科技大学社会和文化研究所

澳门文创综合服务中心

赞助单位

澳门基金会

澳门特别行政区政府文化局

支持单位

澳门科学馆

澳门大学

澳门理工学院

旅游学院

澳门科技大学

澳门城市大学

2017 Macao Cultural Industries Report Editorial Committee

Editorial Organizations

    Institute for Cultural Industries, Peking University

    Chinese Cultural Exchange Association (Macao)

    Cultural and Creative Industries Teaching and Research Centre, Macao Polytechnic Institute

Editorial Committee Members

    Xiang Yong

        Vice Dean of Institute for Cultural Industries, Peking University

    Chui Sai Peng

        President of Executive Council, Chinese Cultural Exchange Association

    Hsu Hsiu Chu

        Director of Cultural and Creative Industries Teaching and Research Centre, Macao Polytechnology Institute

    Huang Tiejun

        Professor of the School of Electronic Engineering and Computer Science

Xie Guang Cai
> Executive Vice President of ChineseAll

Hua Jian
> Professor, Director of Cultural Industry Research Center, Shanghai Academy of Social Sciences (SASS)

Zuo Jing
> Rural Constructor
> Assistant Professor of School of Journalism and Communication of Anhui University

Yu Jian
> Director of Department of Research and Creation, China Academy of Arts

Liao Chia Chan
> Founder and Chairman of New Homeland Cultural and Educational Foundation

Kou Hoi In
> Leader of Specialized Study Group for Development of Economy for the Benefit of Community, Council for Economic Development, Macau S. A. R. Government

Lam Iok Fong
> Assistant Dean, Faculty of Social Sciences, University of Macao

Zheng Jiezhao
> President, The Worker's Children High School, Macao

Sio Hon Pan

Curator of Macao Science Center

Co - organizers

Cultural Affairs Bureau of Macao S. A. R. Government

The Committee of Cultural Industries of Macao S. A. R. Government

Institute for Social and Cultural Research, Macau University of Science and Technology

Macau Cultural & Creative Integrated Services Centre

Sponsoring Organizations

Macao Foundation

Cultural Affairs Bureau of Macao S. A. R. Government

Supporting Organizations

Macao Science Center

University of Macao

Macao Polytechnic Institute

Institute for Tourism Studies

Macau University of Science and Technology

City University of Macao

序一

焕发社区 文创生机

崔世平[*]

中华文化交流协会、北京大学文化产业研究院和澳门理工学院文化创意产业教学暨研究中心于 2017 年合作举办了"第三届澳门文化产业论坛",此次论坛以"社区经济与创意营造"为主题,以社区为载体,以现代技术和社区文化为切入点,邀请不同领域的专家分享他们的真知灼见,以社区发展作为带动本地经济的另一发动机,透过联结社区传统文化和社区创意营造,使社区文化再焕发生机,促进本地经济发展。

"澳门文化产业论坛"始创于 2015 年,旨在推动澳门文化产业朝着促进澳门特区经济适度多元化的目标发展。论坛每年设定不同的主题,邀请世界各地的专家学者及业界翘楚来澳,分享文化产业先进地区的发展经验,共同探讨澳门文化产业发展路向。

---

[*] 崔世平,中华文化交流协会理事长。

本会已将过去两届论坛海内外参会嘉宾、专家学者以及青年学子的论文汇集出版，书名分别为《区域协同与平台创新——2015澳门文化产业研究报告》及《"一带一路"战略与澳门文化产业机遇——2016澳门文化产业研究报告》。前者从文化和创意的视角，看待澳门城市中潜在的文化价值，发掘以澳门独有的遗产文化为基础的文化创新道路，为澳门文化创意产业的未来发展集思广益；后者则以澳门本地为审视立场，利用澳门地理及历史文化的特殊优势，寻找澳门在"一带一路"格局中的发展方略，开发新兴潜力市场，吸引及培育创意人才，推动澳门文化产业前进。

在各方的支持和协助下，本会已将2017论坛精粹汇集成《社区经济与创意营造——2017澳门文化产业研究报告》。本书分为"2017年澳门文化产业研究"、"论坛集萃"、"研究论文"三部分，内容包括与会专家学者发言文稿和各类文章，涵盖领域比较广阔，内容精辟，从社区产业和创意的视角，讨论如何活化澳门本地文化资源、地缘优势，发展社区空间，集结社会资源，拓展文化产业腹地，利用新型科技手段等方式推动澳门形成独特的区域品牌，为澳门文化创意产业的未来发展集思广益。

借此机会，本人特别感谢北京大学文化产业研究院团队承担了本书的编辑和出版协调的重任；感谢澳门理工学院文化创意产业教学暨研究中心合办论坛；感谢澳门特别行政区政府文化局协办论坛及对本书出版给予大力支持和资助；感谢澳门特别行政区政府文化产业委员会、澳门科技大学社会和文化研究所、澳门文创综合服务中心协办此次论坛和各方的协调；感谢澳门基金会对论坛和本书出版的大力支持和资助；感谢澳门各大专院校的支持，感谢各地与会专家学者积极参与，分享研究成果、发展经验。冀望各方日后本着常联系、乐分享、谋发展的原则，继续支持"澳门文化产业论坛"，共同推动各地文化产业的交流、合作与发展。

Preface One

Making the Community-based Cultural and Creative Industry Revitalized

Chui Sai Peng *

    The "3rd Forum on Cultural Industries (Macao)" was jointly hosted by the Chinese Cultural Exchange Association, the Institute for Cultural Industries of Peking University and the Cultural and Creative Industries Teaching and Research Center of the Macao Polytechnic University in 2017. The forum is organized with the theme of "Community Economy and Creativity Creation". With the support of the community, the topics of modern technology and community culture were explored. We invite experts in different fields to share their ideas and seek to use the development of community as another engine to propel the local economy. The community culture can be revitalized by connecting the traditional culture of the community with the creativity of the community. Thus the local economy can be further promoted.

    The Forum on Cultural Industries (Macao) was established in 2015. It aims to promote the development of Macao's cultural industry towards the goal that the economy in the Macao SAR should be developed in a

---

  * Chui Sai Peng, President of Executive Council, Chinese Cultural Exchange Association.

Preface One　Making the Community-based Cultural and Creative Industry Revitalized

moderately diversified way. The forum sets different themes every year and invites experts and scholars from all over the world and industry leaders to come to Macao. They share their experience in the development of advanced regions in the cultural industry and jointly discuss the direction of developing the cultural industries in Macao.

　　The association has compiled and published the papers of keynote speakers, experts, scholars and young students from the past two sessions of the Forum, both at home and abroad, in a series of articles: *Regional Synergy and Platform Innovation* – 2015 *Macao Cultural Industries Report* and "*The Belt and Road" Initiative and Opportunities for Macao Cultural Industries* – 2016 *Macao Cultural Industries Report*. The former takes cultural and creative perspectives on the potential cultural values in the city of Macao and explores the path of cultural innovation based on the unique cultural heritage of Macao, which will draw upon all useful ideas for the future development of the cultural and creative industries in Macao. The latter focuses on the local Macao perspective, taking advantage of the unique geographical, cultural and historic elements of Macao in search of strategies for the note for Macao in "The Belt and Road" initiative to launch new potential markets, attract and nurture creative talents.

　　With all the support and assistance, the Association has gathered the highlights of the forum in 2017 into the report: *Community Economy and Creativity Creation* – 2017 *Macao Cultural Industry Report*. This report is divided into three parts: "Special Report", "Forum Highlights" and "Research Report", which include contributions from experts and scholars participating in the conference. The articles and presentations cover a wide range of areas with brilliant content. From the perspective of community industry and creativity, they discuss how to activate Macao's local cultural resources, geographical advantages, develop community space, build social resources, expand the hinterland of cultural industries, and adopt new scientific and technological means to promote the formation of a unique regional brand in Macao and to draw inspiration for the future development of Macao's cultural and creative industries.

In closing, I would like to take the opportunity to express my gratitude to the team of the Institute for Cultural Industries of Peking University for undertaking the task of coordinating the compilation and publication of this report. Thanks to the Center for Cultural and Creative Industries Teaching and Research in the Macao Polytechnic Institute for co-sponsoring the Forum and the Bureau of Cultural Affairs of the MSAR for co-organizing the Forum and fully supporting and funding the publication of this report. I am also grateful to the Cultural Industry Committee of Macao SAR government, the Institute for Social and Cultural Research of Macao University of Science and Technology, and Macao Cultural and Creative Service Center for the help and coordination. The Macao Foundation is much appreciated for the great support and funding for the Forum and the publication of the report. Last butnot least, I want to express my gratitude to the support of all tertiary institutions in Macao and the active participation of experts and scholars from all over the world, sharing research findings and the experience of development. We hope that all parties will continue to support the "Forum on Cultural Industry (Macao)" by constant contact, sharing, and seeking the development in the future to jointly promote the exchange, cooperation and development of cultural industries all over the country.

序二

智能社会、创意生活与澳门文创的未来

向 勇[*]

澳门是一座精致美丽的国际城市,也是一个高度城市化和社群网络化的发达社区。澳门是一座小城市,更是一个大社区。在人类历史上,社区经历了部落、乡村、街道、城镇、城市、城市群、网络社群的形态变化,但作为人与人之间生命连接的功能属性,却始终如一。在澳门这个独一无二的城市-社区里,人与人在此连接,街道与街道在此连接,商圈与商圈在此连接,文化与文化在此连接。社区不仅是澳门本地人安居乐业的生活空间,而且是外地人生命行走的体验场域。在澳门,社区是一个复合空间,是一个想象的共同体,是一个赋能的高场景,是一种未来经济的新范式。澳门特区政府新近提出的"社区经济"的发展举措,正是新时期对传统社区治理愿景的超越、定位提升和模式创新。

社区作为人与人互动交往的空间,累积了宝贵而独特的信息与数

---

[*] 向勇,北京大学文化产业研究院副院长。

据，是一个巨量的"时空数据池"。如果运用智能传播终端、智能大数据、智能云平台和智能计算方法将这些日常化的生活数据和交往活动记录下来，将公共社区的信息和知识有效地组织起来，进而总结规律，预测趋势，提供更多、更好、更深的社区体验，就能在澳门建立起独一无二的智能社区和智能场景，就能将澳门创建成全球独一无二的人工智能岛。我们愿意且相信，澳门的经济基础、地理空间、政府雄心和居民素养，都有利于这样的目标的达成。

澳门社区经济的核心资源是澳门独一无二的文化资源。文化资源具有膜拜体验价值、展示体验价值和交互体验价值，这些价值连接了遗产、艺术、媒体和功能创意等不同层次的文化形态，连接了文博、文艺、表演艺术、视觉艺术、影音传播、数码创意等不同门类的文化行业，连接了文化旅游、创意会展、文化科技等不同形态的产业范畴，连接了社区、城市、大湾区等不同范围的发展区域。16世纪意大利佛罗伦萨的美第奇效应和20世纪美国纽约的安迪沃霍尔经济现象，都充分证明了文化艺术在推动一个国家和地区的地方经济、城市发展和产业转型中的巨大价值。

社区经济是澳门文化创意发展在空间层面转型突破的新阶段。社区经济的核心是社区场景的构建。一般来说，社区场景包括共享的价值观、多元的故事性和感知的体验性。其中，价值观是社区经济的核心，是社区营造的精神高地；故事性是社区经济的载体，是社区营造的价值内核；体验性是社区经济的表征，是社区营造的实现手段。在澳门推动人工智能与社区营造，就是以社区为载体，实现人工智能的生命连接和价值赋能，实现社区经济的综合效益。

澳门要发展人工智能与社区经济，就需要澳门特区政府运用合理的宏观规划和合适的治理政策，创造适宜的土壤、阳光、水分和空气。正如百度公司创始人、董事长李彦宏先生所说，"互联网+"之后是"智能+"，那些为人工智能驱动的新经济要实现，就需要有确保数据获得的畅通的渠道、开放共享的工具平台、产品孵化的市场机制、持续升级的应用研究和人才辈出的教育体系等一系列基础条件。澳门为了发展人工智能驱动型社区经济，也需要制定有利于培育这些发展元素的长远规划，开展近期行动。

人类社会的变革都是人推动的变革，在我们即将身处的那个伟大的智能时代，我们生活中的每一个细节都将被记录、被数据化、被分析、被数字化、被计算、被智能化，但智能社会、创意生活与社区经济这些美好的语词，已经不是字面意义的修辞，而是一种生活意义的实践，本质上都是为了人类自身更好地生活，更好地存在。这是人类进步的真实写照，也是人类进步的动力所在。

Preface Two

Intelligent Society, Creative Life and the Future of Macao's Cultural and Creative Industries

Xiang Yong *

Macao is a beautiful international city and a developed community with a high degree of urbanization and social networking. Here we have a small city but a large community. In the history of mankind, communities have changed from tribes, villages, streets, towns, cities, urban agglomerations to online communities. However, the function of connecting the lives of people has remained the same. In the unique urban community of Macao, people, streets, business districts and different cultures are all connected here. The communities are not only peaceful living space for the residents, but also a field of life experience for outcomers. In Macao, community is a complex space, an imaginary society, a highly empowering scene and a new paradigm of future economy. The "community economy" development measures recently proposed by the Macao SAR government are in nature a kind of vision reimaging, orientation upgrading and model innovation of traditional community governance in the new era.

---

* Xiang Yong, Vice Dean of the Institute for Cultural Industries, Peking University.

Preface Two Intelligent Society, Creative Life and the Future of Macao's Cultural and Creative Industries

As a space for interpersonal interactions, community has accumulated valuable and unique information and data, like a huge "spatiotemporal data pool". If these daily life data and interaction activities can be recorded through intelligent communication terminals, intelligent big data, intelligent cloud platforms and intelligent computing methods, if the information and knowledge of public communities can be effectively organized, so as to sum up the laws and forecast the trends, and provide more high-quality in-depth community experience, then we will be able to build unique intelligent communities and scenes, and make Macao the one and the only AI island in the world. We believe that Macao's economic base, geographical space, government ambition and resident accomplishments are all conducive to achieving such a goal.

The core resource of Macao's community economy lies in its unique cultural resources which are of great value in worship experience, display experience and interactive experience. Such value can serve to connect cultural forms of different levels (such as heritage, art, media and functional creativity), cultural industries of different kinds (such as culture expo, arts, performing arts, visual arts, audio-visual communication and digital creativity), industrial categories of different forms (such as cultural tourism, creative exhibitions and cultural technologies), as well as development areas of different sizes (such as communities, cities and the Greater Bay Area). Both the 16th-century Medici effect in Florence, Italy and the 20th-century Andy Warhol economic phenomenon in New York, USA prove that culture and arts are of great significance in accelerating the economy growth, urban development and industrial transformation of a country or region.

Community economy is a new stage in the transformation of Macao's cultural and creative industries at the spatial level. The core of community economy is the construction of community scenes. Generally speaking, a community scene involves shared values, diverse stories and perceived experiences. Among them, values are the core of community economy and the psychological highland of community construction; stories are the carrier of community economy and the core value of community construction; and experiences are the representation of community economy and the means of implementing community construction. To promote artificial intelligence and community construction in Macao is to enable the AI functions of connecting people's lives and empowering their values through the communities, and ultimately achieve the comprehensive benefits of the community economy.

To develop artificial intelligence and community economy, the Macao SAR government needs to create suitable soil, sunlight, moisture and air for their growth by means of reasonable macro planning and appropriate governance policies. As Mr. Robin Li the founder and chairman of Baidu puts it, after "Internet +" comes "intelligence +". For the emergence of an AI-driven new economy, we need to have a series of basic conditions such as unimpeded channels that ensures the access to data, open and shared tool platforms, market mechanisms for product incubation, the continuous upgrading of applied research and an education system that keeps producing needed talents. In order to develop an AI-driven community economy, Macao also needs to make both current action plans and long-term blueprints to nurture these development elements.

Every change in human society is driven by human beings. In the great intelligent age that we are about to live in, when every detail in our lives is recorded, analyzed, digitized, calculated and intelligentized, beautiful concepts such as intelligent society, creative life and community economy will no longer remain empty rhetoric but a practice of life. They are, in nature, for the better life and existence of human beings. They are the telling portrayals and driving forces of human progress.

序三

启动创意　丰富生活　提振经济

徐秀菊[*]

回顾2017年澳门文创产业的发展,"社区"的相关概念和议题已逐渐受到重视。欣见更多研究者加入思考与对话,以寻找到最适合澳门的社区文创和经济策略。

2017年,社区发展的概念从传统社会福利或民政事务角度,融合了更广泛的经济与文创的思维。特区政府已分别进行"社区经济"和"社区文创产业"的研究。一年一度的"澳门文化产业论坛",特别强调"社区经济"这一主题;而澳门理工学院也带领学生进入社区,结合教育和设计实务,出版了专著《社区文化与创意:荔枝碗村的十种设计想像》。这些行动,显示特区政府和教育单位已对社区发展相当重视。

"社区"一词不是一个新的概念;当政府致力推动社区经济或社区文创发展时,首先必须厘清社区的含义,而这厘清的过程中则需要有更多的研究和对话。社区是人们真实生活的场域,对社区的思考,不能跳脱社区

---

[*] 徐秀菊,澳门理工学院文化创意产业教学暨研究中心主任。

中居民的相关活动。如同这次论坛的主题"社区经济与创意营造",已经强调这样的精神。社区经济不再是产业思维下的经济,而是透过社区的创意激发,带动居民参与的社区经济活动;而创意则是来自社区居民的共同发想,而且需尊重社区居民的生活经验和生活想象,这样才能一起面对社区居民真实的处境,并借由实践来实现希望达成的目标。

社区是一个由居民组合而成的群体与居民所处的环境,每位居民都有自己的生活方式和价值观,对于未来的发展也有不同的期待。因此,对社区议题的讨论,首先要先体会到社区有它的复杂性;面对社区的环境,除了各种理论的探索外,还需要更多实际的操作、实践与经验分享,而且要进一步做人类学的观察与分析。与社区发展相关的政府政策或许是自上而下形成的,但政策形成的过程与实务的探讨不仅必须自下而上,而且要基于社区环境和社区居民的生活经验。社区发展的策略并不是实验室里的一套标准作业程序,而是需要在产业界、政府、学术机构、研究者与社区居民及其所处的环境进行的互动中产生;虽然这对政府和学术界都是一种新的挑战,但如何摆脱一种过于单一计划性、指导性的思维,真正去理解社区脉动、倾听居民需求,找到相对应的社区发展方式,这才是重点。

"2017年澳门文化产业论坛"的举办,正为本地社区的研究与发展提供了重要的对话空间。期待更多跨领域的对话可以作为政策形成的基础,激发出澳门社区的活力与创意,进而带来澳门文化创意及相关产业生机盎然和蓬勃发展的新气象。

Preface Three

Activate the Creativity to Enrich our life and Boost Economy

Hsu Hsiu Chu *

  When recalling the development of cultural and creative industries in Macao in 2017, the concepts and topics relating to the "community" have gradually drawn great attention. It is glad to see that more researchers join in, think and have dialogue to find the best strategies for community's cultural and creative industries and community economy in Macao.

  In 2017, the concept of community development has entered a wider field of economy and culture from the perspective of traditional social welfare or civil affairs. The SAR government conducts researches on "community economy" and "community cultural and creative industries" respectively, and the annual "Forum on Cultural Industry (Macao)" highlights the theme— "community economy" in the conference. The Macao Polytechnic Institute leads students into the community, combining

---

 * Hsu Hsiu Chu, Director of Cultural and Creative Industries Teaching and Research Centre, Macao Polytechnology Institute.

education and design practice together, and publish the monograph—
"Community Culture and Creativity: *Ten Case Studies for the Lai Chi Vun Village, Coloane"*. These actions show that the SAR government and educational institutions attach importance to community development.

"Community" is not a new concept. However, when the government is dedicated to promoting the development of community economy or community culture and creativity, we must first clarify the meaning of the community. More research and dialogue are necessary. The community is a real life field. When thinking about the community, the care for the lives in the community can not be separated and the theme of this conference, "Community Economy and Creativity Creation", has stressed that such spirit. Community economy is no longer the economy under the industry thinking, but the economic activities of community, which is stimulated by community creativity and involves with residents; and creative ideas come from the community residents. Only by respecting for community life experience and life imagination can we face the real situation of the community, and achieve the goals by practice.

Community is acombination of people and the environment they live in. Each member has his own lifestyle, values and different expectations for the future development. To discuss community issues, we must first understand the complexity of the community; when facing the community, in addition to the theoretical exploration, we need more experience sharing in operational practice, and anthropological observation and analysis. Although policies of community development are top-down sometimes, the policy formation and academic accumulation must be developed from bottom to top, based on the understanding of community and living experience. However, community development strategy is not a set of procedures in the laboratory but arises from the interaction among production, government, academia, research and community; it is a new challenge for both

Preface Three Activate the creativity to enrich our life and boost economy

government and academia—how to get out of planning and guiding thinking, understand the pulse of community, listen to the needs of the people and find the corresponding way of community development. That is the point.

The "Forum on Cultural Industry (Macao) 2017" gives the important space for dialogue and for the research and development of local communities. We expect more cross-boundary dialogues to form the basis for the formation of policies, inspire the creativity and vitality of the community in Macao, and promote a new atmosphere of Macao with a vibrant culture and a vibrant industry.

目 录

第一部分　产业研究

2016~2017年文化产业基金资助工作报告
.... 澳门特别行政区政府　文化产业基金 / 003

第二部分　论坛集萃

人人都是"社"计师
　　——有关澳门社区资源打造"一区一品"特色的
　　一些思考 .... 林玉凤　欧阳珂珮 / 045
地方识别与地方特色产业
　　——从桃米青蛙村到埔里蝴蝶镇的
　　社群经济营造 .... 廖嘉展　高玉敏 / 055
岛屿和连接 .... 俞　坚　孙肇阳 / 066
另一种可能：乡镇建设 .... 左　靖 / 073

通向强人工智能的类脑计算 ………………… 黄铁军 李安琪 / 081

文化元素 IP 化　助力打造新澳门 …………… 谢广才 连凯凯 / 097

文化旅游创新与城市竞争力研究

　　——浅谈澳门社区经济发展 ……………… 高开贤 天格斯 / 107

五脉合一，创意营造

　　——从上海徐汇滨江文化创意集聚区建设说起 ……… 花　建 / 119

人机协作如何改变运营及服务模式 …………… 邵汉彬 卢正源 / 137

人工智能和澳门教育创新 ……………………………… 郑杰钊 / 145

第三部分　研究论文

社团支持：从"关系福利"到"关系红利"

　　——澳门社区旅游发展策略研究 ………………… 闫晓颖 / 163

"文化+金融+共享"支持澳门社区经济转型发展探讨

　　……………………………………………… 黄　慧 张志元 / 179

奢侈品品牌战略创新模式思考

　　——基于对古驰（Gucci）等品牌的对比分析 ……… 王　乐 / 198

澳门文化产业与社区融合互动研究 …… 郭道荣 丁锦潆 叶建康 / 218

以环境戏剧为媒介传播澳门城市文化品格 …………… 陈　岩 / 235

城镇化进程中社区文化遗产的创意营造 ……… 齐　骥 孙鸿妍 / 251

资源价值与"社区性特征"：韩国釜山文化产业发展的

　　"地方营造" ………………………………………… 王　涛 / 270

异质状态：传统历史园林的边界在都市中的感知效能

　　…………………………………………………………… 周功钊 / 300

提升澳门手信食品品牌形象,传播澳门文化

　　………………………………………… 任玉洁　邝婉桦 / 317

智能影像传播与想象空间的未来 ……………… 张　啸　杨得聆 / 338

澳门智慧城市与社区经济对可持续发展的战略研究

　　………………………………………… 丁锦潓　郭道荣 / 362

城随影动：电影文化资源与城市创意产业发展 ………… 张经武 / 399

Contents

Part One Special Report

2016 – 2017 Work Report of Culture Industries Fund

  The Cultural Industry Fund of Macao S. A. R. Government / 003

Part Two Forum Highlights

Everyone is a "Community" Designer

 —*Thinking on the Characteristic Building of Macao's*

  Community Resources   *Lam Iok Fong, Ouyang Kepei* / 045

Local Identification and Local Characteristic Industries

 —*Community Economic Construction from the Taomi Frog*

  Village to the Puli Butterfly Town, Taiwan

            Liao Chia Chan, Gao Yumin / 055

Island and Connections   *Yu Jian, Sun Zhaoyang* / 066

Another Possibility: Town Construction   *Zuo Jing* / 073

Brain-like Computation Leading to Strong AI   *Huang Tiejun, Li Anqi* / 081

Turning Cultural Elements into Intellectual Property (IP) will Help

   Create a New Macao   *Xie Guangcai, Lian Kaikai* / 097

Cultural Fourism Innovation and Competitiveness

   —*Study on Macao Community Economic Development*

                                     Kou Hoi In, Tian Gesi / 107

Creative Construction at the Confluence of Five Rivers

   —*On the Construction of the Shanghai Xuhui Binjiang Cultural and*

    Creative Cluster   *Hua Jian* / 119

How will Human-computer Cooperation Change the Operation and

   Service Mode?   *Sio Hon Pan, Lu Zhengyuan* / 137

AI and Educational Innovation in Macao   *Zheng Jiezhao* / 145

Part Three   Research Reports

Community Support: From Relationship Welfare to Relationship Benefits

   —*Study on the Development Strategies of Macao Community Tourism*

                                             Yan Xiaoying / 163

Discussion on the Transformation and Development of Macao's Community

   Economy with the Support of "Culture + Finance + Sharing"

                                  Huang Hui, Zhang Zhiyuan / 179

Thinking on the Strategic Innovation Models of Luxury Brands

   —*Comparative Analysis of Gucci and Other Brands*   *Wang Le* / 198

社区经济与创意营造

Study on the Integration and Interaction of Macao's Cultural Industry and
 Communities　　*Greebig, Apolloossoo Jinhao Ding and Ye Jiangeng* / 218
Communication of Culture Style in Macao through the Media of
 Environmental Theatre　　　　　　　　　　　　　　　*Chen Yan* / 235
Creative Construction of Community Cultural Heritage in the Process of
 Urbanization　　　　　　　　　　　　　　*Qi Ji, Sun Hongyan* / 251
Value of Resources and "Community Characteristics": "Local
 Construction" of Cultural Industry in Busan, South Korea
　　　　　　　　　　　　　　　　　　　　　　　　Wang Tao / 270
Heterogeneity: Perceived Effectiveness of the Boundaries of
 Traditional Historic Gardens in Cities　　　　*Zhou Gongzhao* / 300
Upgrade Macao Local Food Brand Image to Spread Macao Culture
　　　　　　　　　　　　　　　　　　Ren Yujie, Kuang Wanhua / 317
The Future of Intelligent Image Communication and Imaginary Space
　　　　　　　　　　　　　　　　　　　Zhang Xiao, Yang Deling / 338
Study on the Effect of Smart City Building and the Community Economy
 of Macao on Sustainable Development
　　　　　　　　　　　　　Apolloossoo Jinhao Ding and Greebig / 362
"A City Moving with the Movies": Movie Cultural Resources and
 the Development of Urban Creative Industry　　*Zhang Jingwu* / 399

といって

第一部分
产业研究

2016~2017年文化产业基金资助工作报告＊

澳门特别行政区政府　文化产业基金

引　言

根据《澳门文化产业发展政策框架》，特区政府将文化产业定义为"源自于文化积累，运用创意及知识产权，生产具文化含量的商品并提供有关服务和体验，创造财富及就业机会，促进整体生活环境提升的经济活动"。

特区政府发展文化产业的措施是先充分发挥现时旅游优势，初阶段重点推动"文化旅游"，以带动创意设计、视觉艺术及文化展演的发展；同时，运用区域合作平台和自由港的优势，推动"文化贸易"，吸引外资。从长远而言，运用特区"一国两制"和货币自由兑换的优

＊ 本文资料来源于文化产业基金双年报。

势，通过金融工具鼓励社会资本流入文化产业领域，拓展"文化金融"，壮大文化产业资本的规模。

澳门的文化产业按行业特征分为创意设计、文化展演、艺术收藏、数码媒体四个核心领域，涵盖十多个行业门类（见表1、图1）。

表1 领域分布和行业门类

领域	行业门类
创意设计	☞品牌设计、文化创意产品（包含纪念品）设计、时装设计、时尚饰品设计、平面设计、广告设计、展览设计、工业设计、室内设计、建筑设计等相关行业
文化展演	☞戏曲、戏剧、音乐剧、歌剧、舞蹈、音乐等 ☞节庆及休闲文娱活动的策划服务 ☞文化艺术经纪服务 ☞其他未列明的文化商务服务，如作曲、作词，以及模特儿、演员、艺术家等领域的经纪代理服务 ☞表演艺术活动的宣传和组织、节目制作、设备操作等相关幕后服务
艺术收藏	☞绘画、书法、雕塑、摄影、古玩、园艺等创作、销售和拍卖的相关行业
数码媒体	☞书籍、报刊和印刷品的出版与发行 ☞动画、漫画及其衍生产品的开发、出版与发行 ☞电视、电影、录像的制作与发行 ☞电子出版物的开发、出版与发行 ☞游戏软件的开发与维护 ☞机械玩偶、电动网游人物的创意设计、制作与市场化 ☞为网络及其他信息科技载体提供内容的相关服务

《第26/2013号行政法规》将"文化产业基金"的宗旨定位为"运用其资源支持发展澳门特别行政区文化产业项目，推动经济适度多元发展"，扶持方向集中于推动以下项目：（1）有助于促进文化产业孵化、产业化或规模化的项目；（2）具有鲜明本土特色且具有发展潜力的项目；（3）推动文化创意商品的研发、设计、生产、营销和推广的项目；（4）有助促进知识产权登记的项目；（5）属其宗旨范围内

图 1　澳门文化产业分布

的其他项目。

在符合"文化产业基金"的宗旨下，可申请资助的对象为在澳门特别行政区依法设立且已在财政局登记的商业企业，无论其为澳门特别行政区居民的自然人商业企业主，还是50%以上的资本由澳门特别行政区居民拥有的法人商业企业主，均可申请资助。资助方式有两种：（1）无偿资助，包括项目补贴及银行贷款贴息；（2）免息贷款。

申请资助项目的评审标准有四个：（1）项目的原创性；（2）企业情况，包括申请企业的管理水平、项目执行团队的技术能力，以及免息贷款下申请企业的偿还能力；（3）项目的可操作性，包括三方面，一是项目预算的合理性，二是项目的市场需求程度、与同类产品或服务的竞争优势，三是项目研发、生产策略和市场营销策略的合理性，四是项目目标的合理性与实现的可能性；（4）预期效益，包括项目预期经济效益，项目对发展文化产业的推动作用或社会效益，项目对塑造文化产业品牌形象的作用。

发展文化产业作为特区经济适度多元的重要措施，需要得到一定的扶持。考虑到文化产业领域跨度大、起步难和回报慢的特点，更因应本地文创企业普遍以中、小、微企业为主，政策做出了针对性调整。建立服务平台成为"文化产业基金"成立首阶段的任务，推动中介机构成立，以孵化为主要目标，通过群聚媒合，促进澳门文化产业各方的跨界媒合，希冀为业界提供系列的营运支援服务。

因此，2014年的资助项目中，文化产业基金重点支持了一批由业界中较具实力的企业建立的针对性服务平台，作为落实政策的辅助单元，通过以强带弱、以点带面，协助特区政府推动文化产业发展。首批资助的服务平台共8个，分布在澳门的设计、时装、音乐展演、出版、打版、品牌孵化及综合服务等领域，透过服务平台向初创企业和微企提供进驻空间，对平台内的相关行业提供所需的服务支援。

在资助政策中，《第73/2014号行政长官批示》核准的《文化产业基金资助批给规章》确定的资助原则为以"企业投资为主，基金扶持为辅"。商业项目方面，文化产业基金推动澳门文化产业发展，除了改善产业发展的土壤外，也播下种子，让更多的文创项目有机会进入市场，面对竞争。以推动产业发展为目标，拉动文化产业投资，文化产业基金的资助只占申请项目的一定比例,需要业界自己投入资源。2014~2015年,文化产业基金共支持59个商业项目,资助金额6200多万澳门元,包括项目补贴3500多万澳门元、免息贷款2700多万澳门元(见图2),拉动3.85亿多澳门元的投资,创造近400个就业职位。

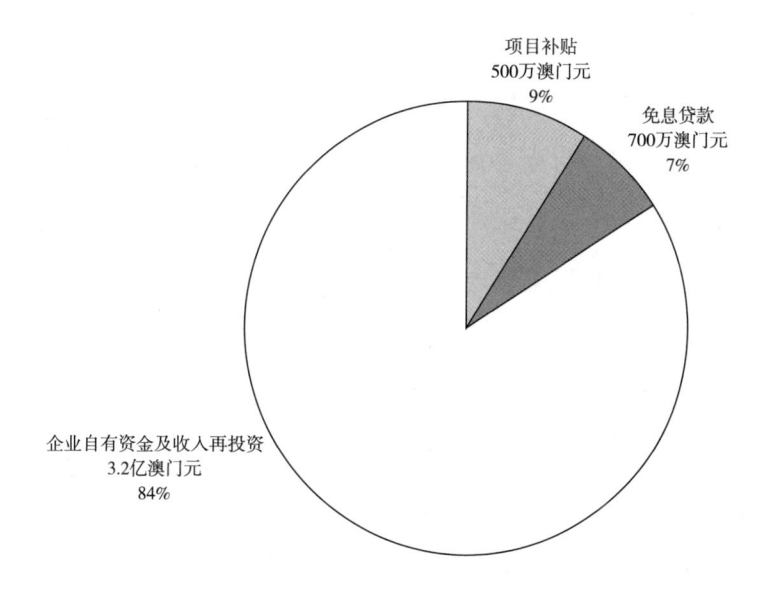

图 2　2014~2015 年一般商业项目资助情况

澳门特区政府统计暨普查局2015年文化产业统计数字显示,在澳门"创意设计"、"文化展演"、"艺术收藏"、"数码媒体"四大领域中,"创意设计"和"数码媒体"领域的机构、从业员较多,其次是"文化展演",最后是"艺术收藏"。同样,在2014~2015年的文化产业基金申请中,"创意设计"和"数码媒体"领域的申请项目较多,其次是"文化展演",而"艺术收藏"较少。这反映出澳门文化产业的发展情况。

如果说2014年和2015年是澳门首次通过资助推动企业以"文化产业"作为发展目标，让社会大众知道"文化产业"项目，那么2016和2017年，文化产业基金基于过去两年的经验积累，听取业界对资助发放和监察流程的建议，将工作集中于优化资助流程，推出更多面向企业的服务，从企业预约申请开始，增加辅导服务，加快批给和通知审批流程，向申请企业讲解评审对其项目的优化建议，优化资助项目的部分监察流程，推动业界、媒合企业与政府部门合力协作，在大型活动中推广文创。通过对2014年和2015年批给资助的"文化产业"项目进度报告的分析，文化产业基金掌握了企业在实务发展方面的更多信息，从中研究澳门文化产业的发展方向。

一 2016年资助申请项目的整体情况

文化产业基金在2014年首次接受文化产业项目的申请时，收到321个申请，2015年相对回落至41个。2016年，文化产业基金收到63个申请项目，按领域划分，"创意设计"、"文化展演"、"艺术收藏"、"数码媒体"和"其他"所占比例分别为47.62%、9.52%、6.35%、26.98%、9.52%（见图3），即申请项目以"创意设计""数码媒体"领域为主。

（一）2016年项目评审情况

2016年文化产业基金共评审了42个项目，余下的21个项目中，有14个项目于2017年备齐文件完成评审，另有7个项目由于企业自

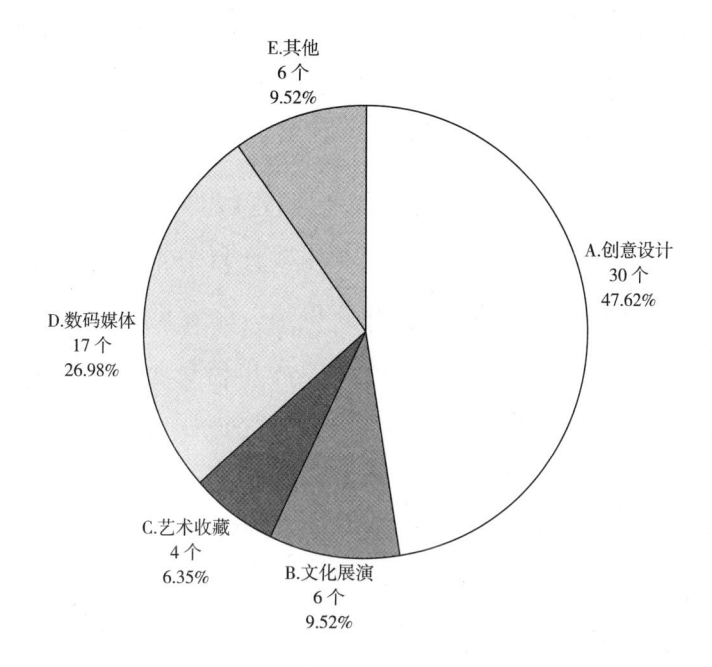

图 3　2016 年申请项目领域分布情况

说明：主要根据申请企业填写的领域/行业进行划分。

身原因于 2017 年取消申请。以下分析将集中于 42 个评审项目，而 2017 年评审的 14 个项目将被归类到 2017 年进行分析。

从 2015 年开始，文化产业基金对所有申请均设立评审答辩环节，这有助于企业更清晰地表达项目内容；2016 年，从企业预约申请开始，增加辅导服务，申请人对"文化产业"的概念加深认识，开始从文化事业转向产业发展，在申请的过程中优化计划书，学习商业项目的营运经验，因此开始看到项目通过率上升，从 2014 年和 2015 年的 26.79% 和 24.39%，上升至 47.62%。42 个评审项目中，顺利通过的有 20 个，其中包括 1 个电影后期制作和发行的服务平台。

从领域分布来看,"文化展演"、"创意设计"、"数码媒体"领域评审项目的通过率较高,分别为75%、55%、50%(见表2),"艺术收藏"领域没有项目获通过。

2016年的42个评审项目中,8个项目(占19.05%)属重新申请项目(包括:曾申请但未成功,现经修改计划书重新申请的项目;受资助项目因计划出现较大调整而重新申请;受资助项目申请免息贷款资助方式),8个项目(占19.05%)是曾申请企业提交的新项目,另有26个项目(占61.90%)是新企业申请的新项目(见表3)。从申请企业的经营年数来看,一般都是成立时间低于3年的初创企业(见图4、图5、图6)。

表2 通过项目领域分布情况

领域分类	评审项目		通过项目		通过率(%)
	数目(个)	占比(%)	数目(个)	占比(%)	
A. 创意设计	20	47.62	11	55.00	55.00
B. 文化展演	4	9.52	3	15.00	75.00
C. 艺术收藏	2	4.76	0	0.00	0.00
D. 数码媒体	12	28.57	6	30.00	50.00
E. 其他	4	9.52	0	0.00	0.00
总数	42	100	20	100	47.62

表3 通过项目情况

项目分类	评审项目		通过项目		通过率(%)
	数目(个)	占比(%)	数目(个)	占比(%)	
重新申请项目	8	19.05	7	35.00	87.50
曾申请企业提交的新项目	8	19.05	4	20.00	50.00
新企业提交的新项目	26	61.90	9	45.00	34.62
总数	42	100	20	100	47.62

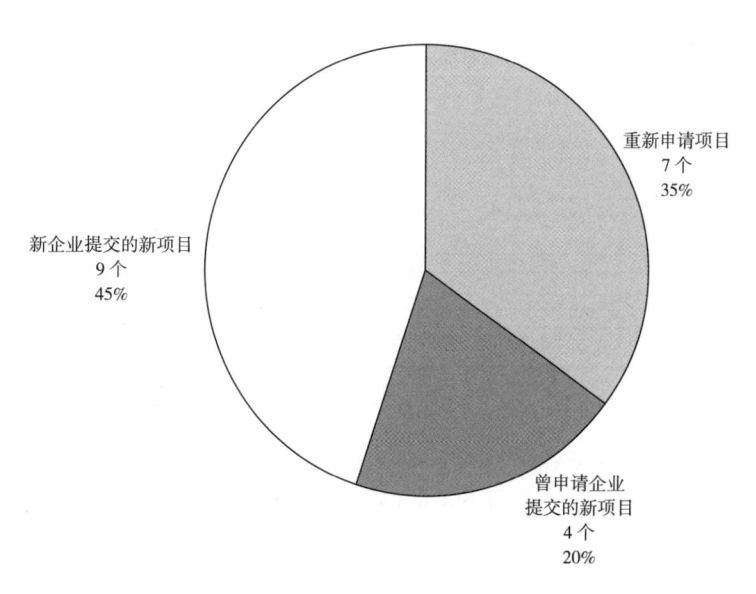

图 4　2016 年通过项目的分类

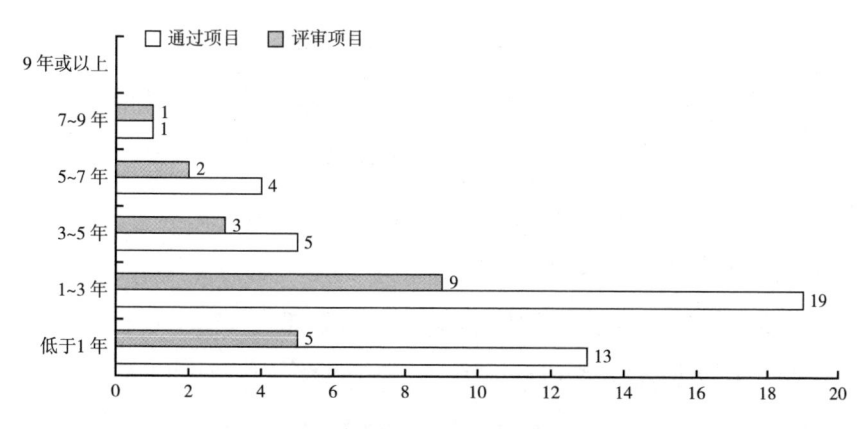

图 5　企业的经营年数（经营年数为开业日期与 2016 年 6 月 30 日相隔年数）
评审项目（共 42 个，平均年数 2.22 年）、通过项目
（共 20 个，平均年数 2.7 年）

文化产业基金从"创新性"、"企业情况"、"项目可操作性""预期效益"四个方面共十个评审标准对每一个申请项目进行评审，从 2016 年的评审结果来看，可归纳为三大特点。

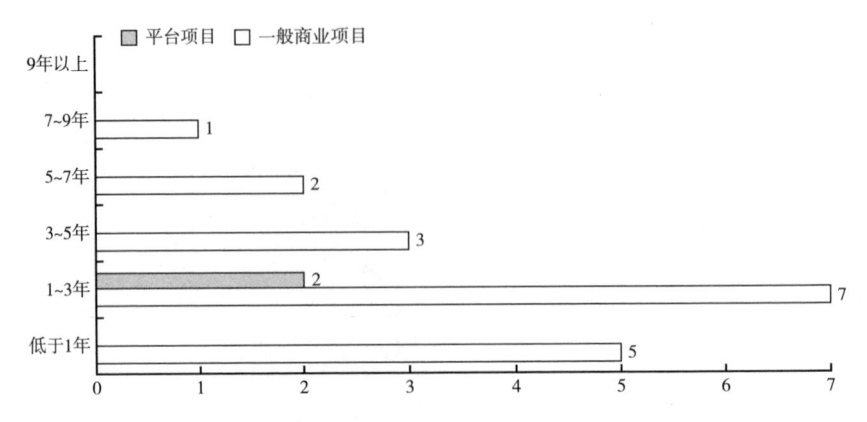

图 6 通过项目的企业经营年数（经营年数为开业日期与 2016 年 6 月 30 日相隔年数）平台项目（共 2 个，平均年数 2.02 年）、一般商业项目（共 18 个，平均年数 2.78 年）

1. 项目普遍在原创性及企业情况方面得分较高

2016 年的 42 个评审项目，无论通过与否，在"项目的原创性"及"申请企业的管理水平及项目执行团队的技术能力"方面的得分均比其他几个方面指标的得分高。这也说明澳门业界在创新方面和过往的经验及技能积累方面，具备发展文化产业的潜力。

2. 项目可操作性有改进空间

可操作性的四个具体评审指标得分明显低于其他几个方面的指标，这些指标主要衡量企业能否合理运用资源、选择合适的营运策略（包括研发、生产、市场营销策略等）以及做出正确的市场定位，以完成预期的目标，这要求企业对项目进行详细深入的规划，以产业化的角度运作项目。由于澳门文化产业处于发展初期，业界尚未熟悉市场运作规律，这需要业界通过不断学习逐步提高。

3. 较为注重社会效益，对经济效益不够重视

预期效益方面，"项目对塑造文化产业品牌形象的作用"及"项目对发展文化产业的推动作用或社会效益"两项指标得分均明显高于"项目预期的经济效益",这一方面是由于现时市场尚未培养文化消费习惯,在这一客观的背景下,较难获得较大的收益;另一方面是由于业界从过往的文化事业转型从事文化产业,主观上仍以社会效益为主导,故此项目评审委员会在答辩时不断向申请者强调应以市场为主,重视经济效益及可持续经营。

(二) 2016年项目批给情况

在2016年通过的20个项目中,1个项目由于内容变更于2017年取消并重新申请,故2016年接受资助的项目为19个,包括:(1) 2个服务平台项目,1个新的电影后期制作和发行平台和1个申请免息贷款是2014年的平台项目;(2) 17个一般商业项目,包括6个资助方式为项目补贴的一般商业项目,5个资助方式为免息贷款的一般商业项目(包括4个申请余下资助方式的2014年的申请项目)、6个资助方式为混合式的一般商业项目(见表4)。

表5是资助款项的分布情况汇总。

表4 通过项目及已批给项目情况

项目数目(个)	项目补贴		免息贷款		项目补贴+免息贷款	项目补贴+银行贷款贴息	总计
	平台	一般商业项目	平台	一般商业项目	一般商业项目	一般商业项目	
通过	1	7	1	5	5	1	20
已取消	0	1	0	0	0	0	1
已签约	1	6	1	5	5	1	19

表 5 平台的行业分布（按资助金额）

单位：澳门元

领域及行业	资助金额				
	项目补贴	银行贷款贴息	免息贷款	手续费用预留	合计
B. 文化展演			1000000	27438	1027438
音乐			1000000	27438	1027438
D. 数码媒体	5000000			6900	5006900
影视	5000000			6900	5006900
总计	5000000		1000000	34338	6034338

图 7 和图 8 是 2016 年资助的一般商业项目领域分布。

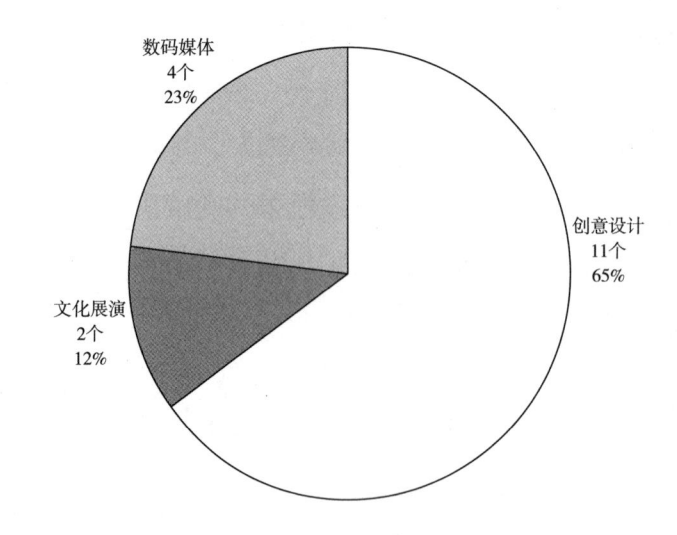

图 7 2016 年资助的一般商业项目领域分布

17 个一般文产商业项目行业分布情况，如表 6 所示。

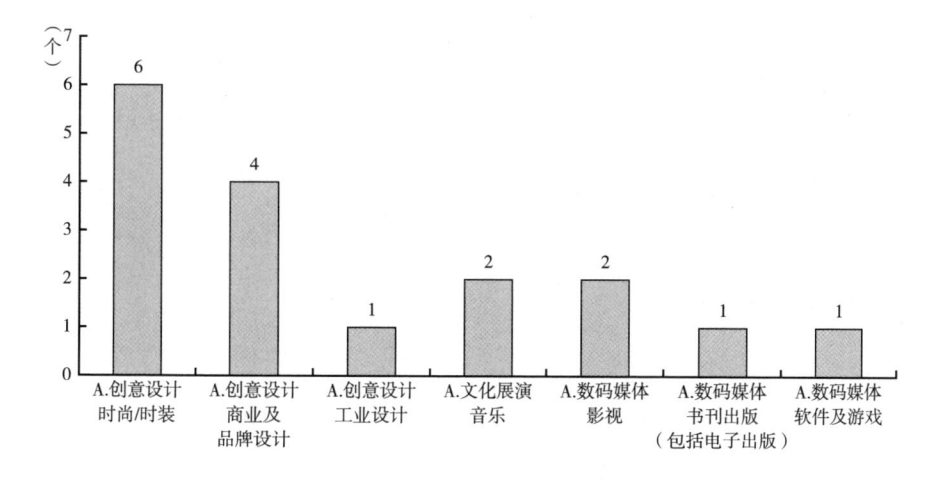

图 8　2016 年资助的一般商业项目领域分布情况

表 6　17 个一般文产商业项目的领域行业分布（按资助金额）

单位：澳门元

领域及行业	资助金额				
	项目补贴	银行贷款贴息	免息贷款	手续费用预留	合计
A. 创意设计	**7042121**		**12918009**	**279582**	**20239712**
时尚/时装	4080763		9918009	199096	14197868
商业及品牌设计	2961358		2000000	53048	5014406
工业设计			1000000	27438	1027438
B. 文化展演	**831177**		**300000**	**10292**	**1141469**
音乐	831177		300000	10292	1141469
D. 数码媒体	**5192741**	**123008**		**9520**	**5325269**
影视	3837126	123008		7406	3967540
软件及游戏	856615			2114	858729
书刊出版（包括电子出版）	499000			—	499000
总计	13066039	123008	13218009	299394	26706450

（三）2016 年资助申请总结

2016 年的总资助金额约为 3300 万澳门元，包括项目补贴、银行贷款贴息和免息贷款。经评估，这些项目的总投资额接近 3.3 亿澳门元（见表 7），这些项目将提供 620 个就业职位，其中包括 200 多个在澳门的工作机会。

领域行业分布方面，无论是项目数目、投资规模还是创造职位数目，都与特区政府统计暨普查局 2016 年文化产业统计数字一致（见表 8、表 9），以"创意设计"、"数码媒体"为多，其次是"文化展演"。这也是澳门目前文化产业发展现状。

表 7 2016 年资助项目情况（19 个项目）

单位：个，澳门元

项目领域	项目数目	经评估后项目总投资额	资助金额
A. 创意设计	11	283342785	20239712
B. 文化展演	3	8496740	2168907
D. 数码媒体	5	38673508	10332169
合计	19	330513032	32740788

注：因进位关系，各领域相加之和与合计有所偏差。

表 8 创造职位数目（19 个项目）

单位：个

领域	项目数目	职位数目（澳门地区）	职位数目（所有地区）
A. 创意设计	11	41	440
B. 文化展演	3	3	3
D. 数码媒体	5	177	177
总计	19	221	620

表 9　2016 年度资助金额

单位：澳门元

项目补贴	银行贷款贴息	免息贷款	手续费用预留	总资助金额
18066039	123008	14218009	333732	32740788

（四）2016 年资助项目的监察工作整体情况

1. 商业项目

文化产业基金于 2014 年开放资助申请，首批协议书于 2015 年签订。一般情况下，资助额高于或等于 500 万澳门元的商业项目每 6 个月提交一次报告，资助额低于 500 万澳门元的商业项目每 12 个月提交一次报告，故文化产业基金于 2016 年内共收到 56 个商业项目的 58 份进度报告。对报告进行统计分析可知，受资助企业均按照申请内容执行项目，项目的投放资金主要由企业自行承担，免息贷款的偿还情况正常，大部分项目已取得收入，其中营运情况较好的项目已成功盈利。

（1）企业投资占主导地位

56 个受资助商业项目的总投资额约为 1.47 亿澳门元（见图 9），其中企业自有资金为 1.16 亿澳门元，占总投资额的 79%；另有约 2000 万澳门元属于文化产业基金免息贷款的资助款项，最终亦需由企业偿还，故企业在项目上的投资额合计约为 1.35 亿澳门元，占总投资额的 92%；文化产业基金无偿资助的额度约为 1150 万澳门元，占总投资额的 8%。

细分行业方面，数码媒体的新媒体、动漫、软件以及游戏、影视，创意设计中的时尚/时装、设计，文化展演的音乐等（见图 10），都是现时主要的投入方向。

图 10 显示了商业项目资金来源（按领域划分）情况。

图 11 显示了商业项目主要行业投资额情况。

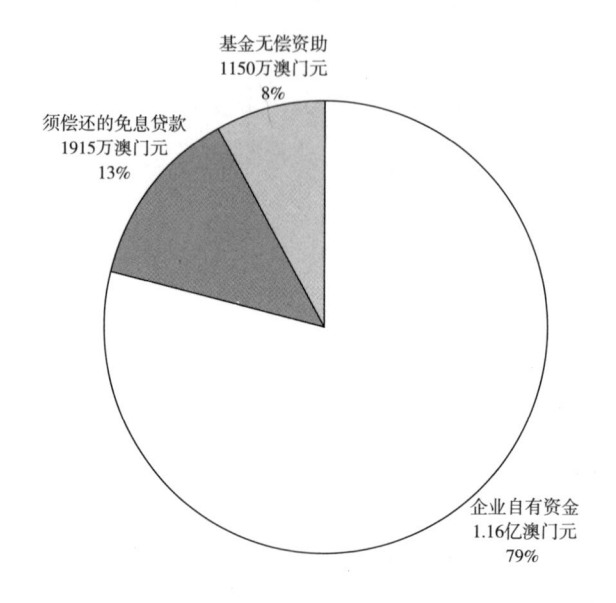

图 9　商业项目资金来源情况

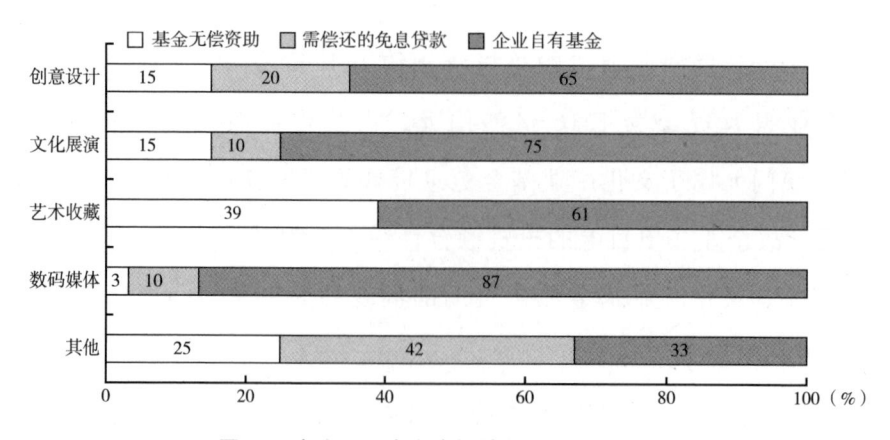

图 10　商业项目资金来源情况（按领域划分）

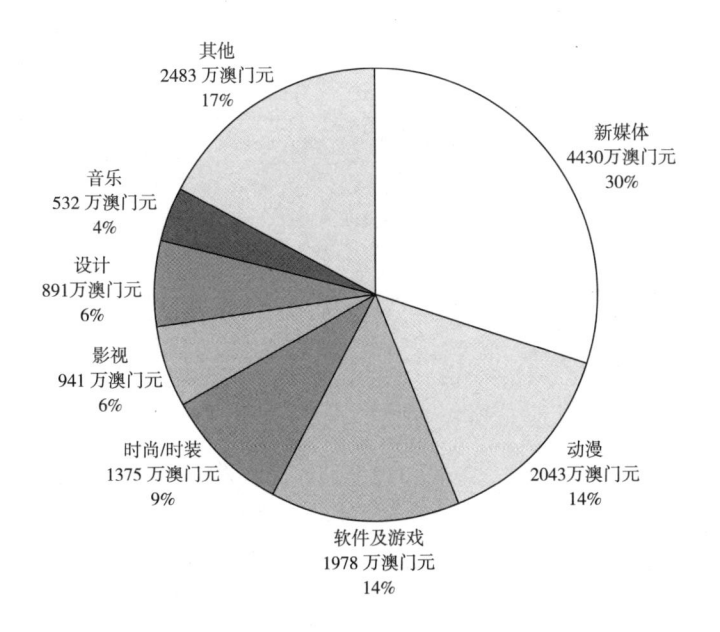

```
        其他
     2483 万澳门元
        17%                          新媒体
                                   4430 万澳门元
                                       30%
     音乐
  532 万澳门元
      4%
    设计
 891 万澳门元
     6%
   影视
941 万澳门元
    6%
                                        动漫
  时尚/时装                            2043 万澳门元
 1375 万澳门元                             14%
     9%
           软件及游戏
          1978 万澳门元
              14%
```

图 11　商业项目主要行业投资额

（2）免息贷款偿还情况正常

截至 2016 年，共有 1 个项目的免息贷款到期并已全数偿还，金额为 15 万澳门元。

（3）大部分项目已取得收入，个别项目已盈利

文化产业基金的宗旨是运用其资源支持发展澳门的文化产业项目，推动经济适度发展，由此，文化产业基金期望项目能够取得收入，逐步达至收支平衡并最终能够盈利。从资助项目的营运情况来看，文化项目的产业化取得了一定的进展。

在 56 个一般商业项目中，近 80% 的项目已取得收入，其余约 20% 的项目处于前期投入阶段。在取得收入的项目中，有 7 个项目已取得利润；其余 37 个项目虽取得收入，但未达到收支平衡（见图 12）。

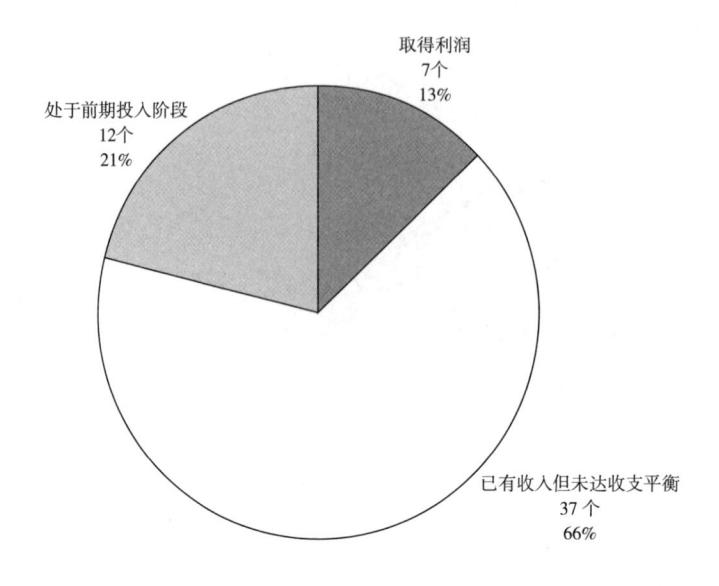

```
              取得利润
              7个
              13%
处于前期投入阶段
  12个
  21%


              已有收入但未达收支平衡
                    37 个
                    66%
```

图 12　商业项目的营运情况

二　2017年资助申请项目的整体情况

文化产业基金于 2017 年共收到 70 个项目申请（见图 13），按领域划分，"创意设计"、"文化展演"、"艺术收藏"、"数码媒体"、"其他"所占比例分别为 34.29%、5.71%、5.71%、48.57%、5.71%，与 2016 年趋势一致，以"创意设计"、"数码媒体"为主。

2017 年的项目通过率显著提升，72 个评审的项目中（包括 58 个 2017 年提交的项目及 14 个 2016 年底提交的项目，余下 12 个项目将于 2018 年进行评审），58 个顺利通过，总体通过率为 80.56%（见表 10），而且四个领域均有项目通过。

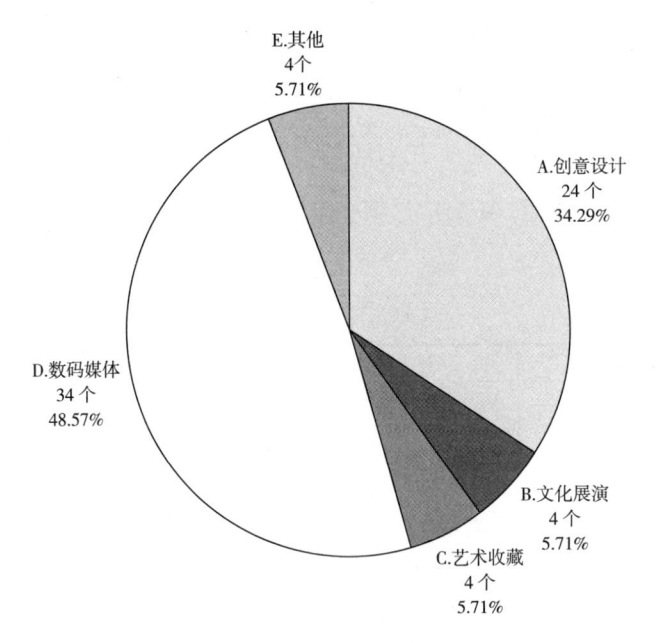

```
        E.其他
         4个
        5.71%
                         A.创意设计
                           24个
                          34.29%


D.数码媒体
  34个
 48.57%
                      B.文化展演
                         4个
                        5.71%
                   C.艺术收藏
                      4个
                     5.71%
```

图13　2017年申请项目领域分布情况

说明：主要根据申请企业填写的领域/行业进行划分。

表10　通过项目领域分布情况

领域分类	评审项目		通过项目		通过率(%)
	数目(个)	占比(%)	数目(个)	占比(%)	
A. 创意设计	26	36.11	22	37.93	84.62
B. 文化展演	4	5.56	4	6.90	100.00
C. 艺术收藏	6	8.33	5	8.62	83.33
D. 数码媒体	30	41.67	23	39.66	76.67
E. 其他	6	8.33	4	6.90	66.67
总数	72	100	58	100	80.56

如果按照申请企业是否曾向文化产业基金递交申请（即是否曾申请企业）及申请项目是否过往申请项目（即是否曾申请项目）进行划分，2017年的72个评审项目中，如表11所示，有7个项目（占9.72%）是属重新

申请项目（包括：曾申请但未成功、现经修改计划书重新申请的项目；受资助项目因计划出现较大调整重新申请；受资助项目申请免息贷款资助方式的项目），有 30 个项目（占 41.67%）是由曾申请企业提交的新项目，另有 35 个项目（占 48.61%）是新企业申请的新项目。

表 11　通过项目情况

项目分类	评审项目		通过项目		通过率(%)
	数目(个)	占比(%)	数目(个)	占比(%)	
重新申请项目	7	9.72	5	8.62	71.43
曾申请企业提交的新项目	30	41.67	23	39.66	76.67
新企业提交的新项目	35	48.61	30	51.72	85.71
总数	72	100	58	100	80.56

图 14 显示了 2017 年通过项目的分类。

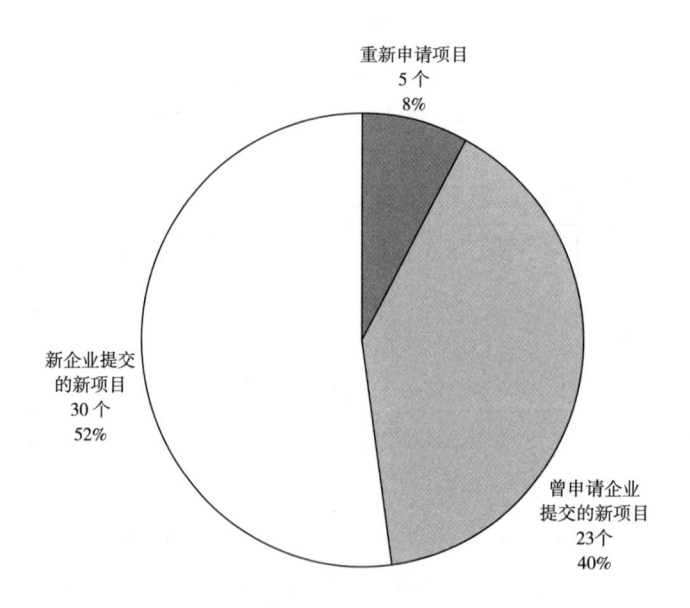

图 14　2017 年通过项目的分类（共 58 个）

文化产业基金从"创新性"、"企业情况"、"项目可操作性"、"预期效益"四个方面共十个评审标准来对每一个申请项目进行评审，从2017年的评审结果来看，基本保持了和2016年相同的3个特点，即"项目原创性"、"企业情况"两项指标得分较高；项目可操作性有改进空间；较为注重社会效益，产业的经济效益有待提高。

图15和图16分别显示了企业的经营年数和通过项目的企业经营年数。

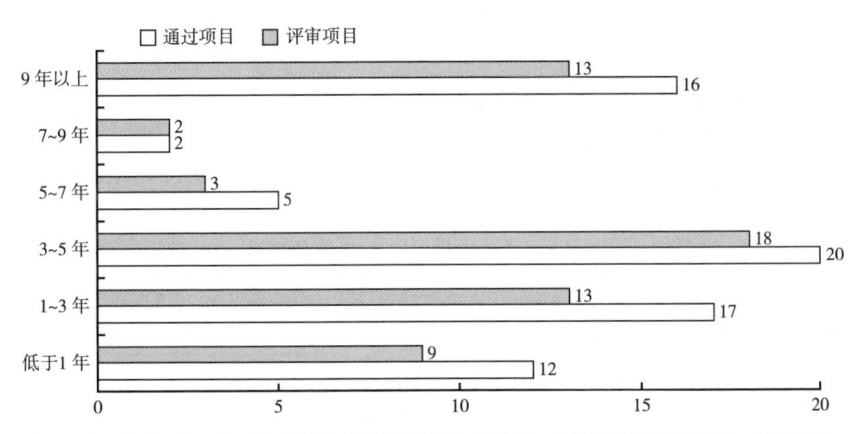

图15 企业的经营年数（经营年数为开业日期与2017年6月30日相隔年数）评审项目（共72个，平均年数5.26年）、通过项目（共58个，平均年数5.11年）

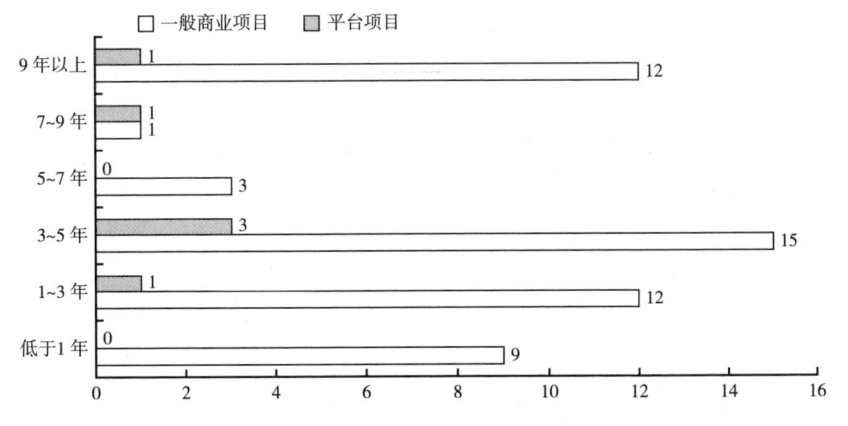

图16 通过项目的企业经营年数（经营年数为开业日期与2017年6月30日相隔年数）平台项目（共6个，平均年数7.73年）、一般商业项目（共52个，平均年数4.81年）

（一）2017 年项目批给情况

2017 年通过的 58 个项目，分为两类：（1）6 个平台项目，包括 5 个 2014 年批出的平台的续期计划及 1 个 2016 年批出的申请免息贷款资助方式的平台项目；（2）52 个一般商业项目，包括 16 个资助方式为项目补贴的一般商业项目，7 个资助方式为免息贷款的一般商业项目，29 个资助方式为混合式的一般商业项目（见表 12）。

表 13 显示了平台的行业分布情况。

表 14 显示了受资助服务平台情况。

表 12　通过项目及已批给项目情况

项目数目（个）	项目补贴		免息贷款		项目补贴+免息贷款	项目补贴+银行贷款贴息	总计
	平台	一般商业项目	平台	一般商业项目	一般商业项目	一般商业项目	
通过	5	16	1	7	29	—	58
待签约/确认	—	—	—	1	3	—	4
已取消	—	—	—	1	1	—	2
已签约	5	16	1	5	25	—	52

表 13　平台的行业分布（按资助金额）

单位：澳门元

领域及行业	资助金额				
	项目补贴	银行贷款贴息	免息贷款	手续费用预留	合计
A. 创意设计	**22379254**			**27985**	**22407239**
设计服务及推广平台	8991104			8896	9000000
商业及品牌设计	8388150			12189	8400339
时尚/时装	5000000			6900	5006900

续表

领域及行业	资助金额				
	项目补贴	银行贷款贴息	免息贷款	手续费用预留	合计
D. 数码媒体			2500000	4400	2504400
影视			2500000	4400	2504400
E. 其他	6410594			7606	6418200
商业服务	6410594			7606	6418200
总计	28789848		2500000	39991	31329839

图 17 和图 18 显示了 2017 年资助的一般项目分布情况。

表 14 显示了 50 个一般文产商业项目的行业分布情况。

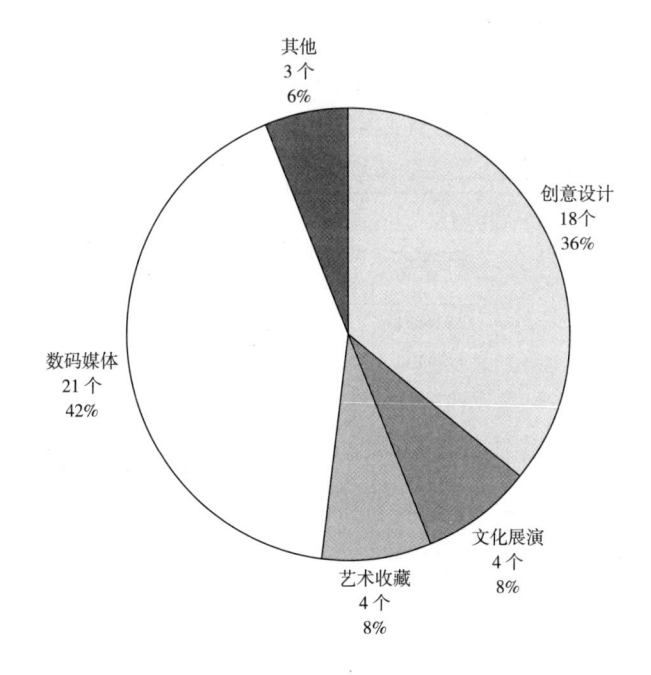

图 17　2017 年资助的一般商业项目领域分布情况（共 50 个）

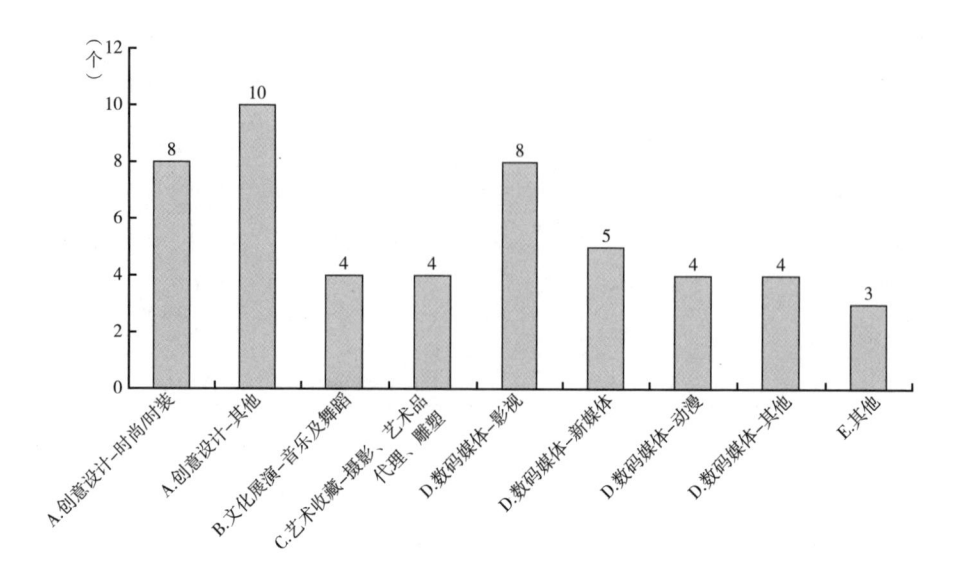

图 18　2017 年资助的一般商业项目领域分布情况（共 50 个）

表 14　50 个一般文产商业项目的领域行业分布（按资助金额）

单位：澳门元

领域及行业	资助金额				
	项目补贴	银行贷款贴息	免息贷款	手续费用预留	合计
A. 创意设计	**12824831**		**18324270**	**153235**	**31302336**
时尚/时装	5171132		9964500	125954	15261586
商业及品牌设计	3033589		4359770	11953	7405312
珠宝设计			3000000	4900	3004900
工业设计	1646925		1000000	4547	2651472
魔术创意产品	2368138			4269	2372407
纸雕立体书设计	605047			1612	606659
B. 文化展演	**2128097**		**4837490**	**13364**	**6978951**
音乐	1059670		3337490	8895	4406055
舞蹈	1068427		1500000	4469	2572896
C. 艺术收藏	**7613212**		**7024974**	**150303**	**14788489**
摄影	6317502		2200000	65905	8583407

续表

领域及行业	资助金额				
	项目补贴	银行贷款贴息	免息贷款	手续费用预留	合计
艺术品代理	1295710		3824974	81998	5202682
雕塑			1000000	2400	1002400
D. 数码媒体	**26250281**		**28791429**	**145269**	**55186979**
影视	7421996		9991429	18701	17432126
新媒体	7003226		8500000	90491	15593717
动漫	7017442		2000000	15368	9032810
软件及游戏	2671190		4000000	10472	6681662
虚拟实境平台	1462628		2500000	5863	3968491
书刊出版（包括电子出版）	673799		1800000	4374	2478173
E. 其他	**3458752**		**1800000**	**9949**	**5268701**
文艺空间	3267397		1500000	8569	4775966
桌游	191355		300000	1380	492735
总计	52275173		60778163	472120	113525456

（二）2017年资助申请总结

2017年总资助金额约为1.4亿多澳门元（见表15、表17），经评估这些项目的总投资额近5亿澳门元，这些项目将提供500多个就业职位，其中包括400多个在澳门工作的机会（见表16）。

表15 2017年预计资助项目情况

单位：个，澳门元

项目领域	项目数目	经评估后项目总投资额	资助金额
A. 创意设计	22	181580672	53709575
B. 文化展演	4	17987340	6978951
C. 艺术收藏	4	71092289	14788489

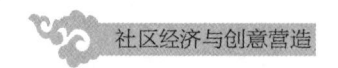

续表

项目领域	项目数目	经评估后项目总投资额	资助金额
D. 数码媒体	22	181932112	57691379
E. 其他	4	28290912	11686901
合计	56	480883325	144855295

表 16　创造职位数目

领域	项目数目（个）	职位数目（澳门地区）	职位数目（所有地区）
A. 创意设计	22	103	103
B. 文化展演	4	46	46
C. 艺术收藏	4	63	70
D. 数码媒体	22	257	350
E. 其他	4	10	10
总计	56	479	579

表 17　2017 年度资助金额

单位：澳门元

项目补贴	银行贷款贴息	免息贷款	手续费用预留	总资助金额
81065021		63278163	512111	144855295

（三）2017 年资助项目的监察工作整体情况

1. 商业项目

文化产业基金于 2017 年内共收到 60 个商业项目的 63 份进度报告，情况与 2016 年基本一致，即受资助项目均按照原计划内容进行，企业投资占主导地位，免息贷款的偿还情况基本正常，个别项目需要延期偿还，大部分项目已取得收入，个别项目已盈利。

（1）企业投资比例维持在90%，仍然占主导地位

60个受资助商业项目总投资额约为澳门币2.96亿澳门元，其中企业自有资金为2.27亿澳门元，占总投资额的77%；另有约3680万澳门元属于文化产业基金免息贷款的资助款项，最终亦需由企业偿还，故此属于企业在项目上的投资额，合共约为2.64亿澳门元，占总投资额的89%；文化产业基金无偿资助的额度约为3280万澳门元，约占总投资额的11%（见图19）。

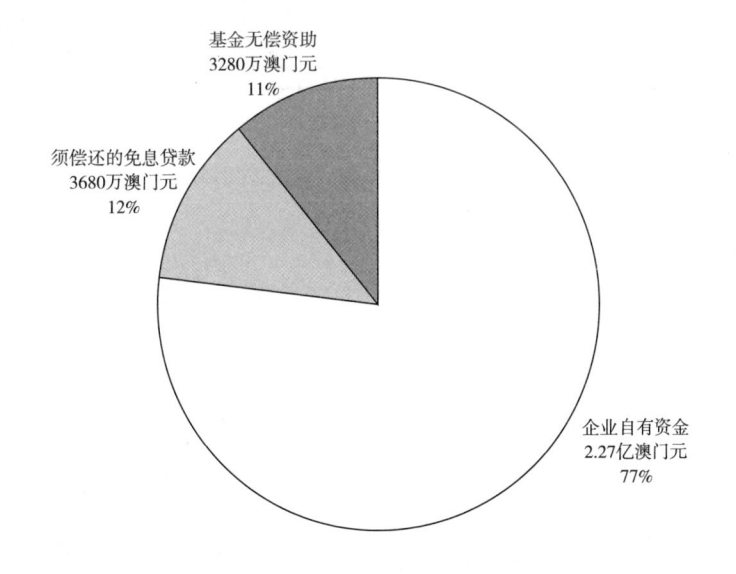

图19 商业项目资金来源情况

图20显示了商业项目资金来源。

细分行业方面，数码媒体的新媒体、影视、动漫、软件及游戏，创意设计中的时尚/时装、设计，文化展演的音乐，仍是主要的投入方向，其中时尚/时装行业及影视行业增长较快，投资额从2016年的

1375万澳门元和941万澳门元分别增加到2017年的5188万澳门元和4500万澳门元（见图21）。

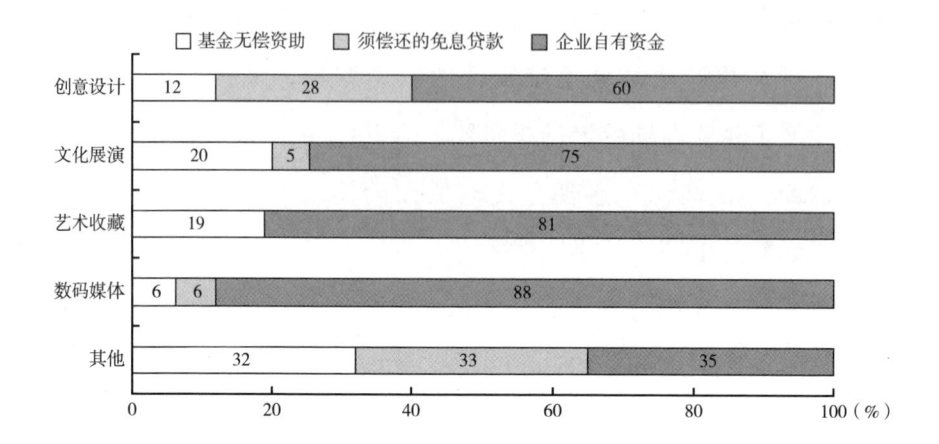

图例：□ 基金无偿资助　■ 须偿还的免息贷款　■ 企业自有资金

领域	基金无偿资助	须偿还的免息贷款	企业自有资金
创意设计	12	28	60
文化展演	20	5	75
艺术收藏	19	—	81
数码媒体	6	6	88
其他	32	33	35

图20　商业项目资金来源情况（按领域划分）

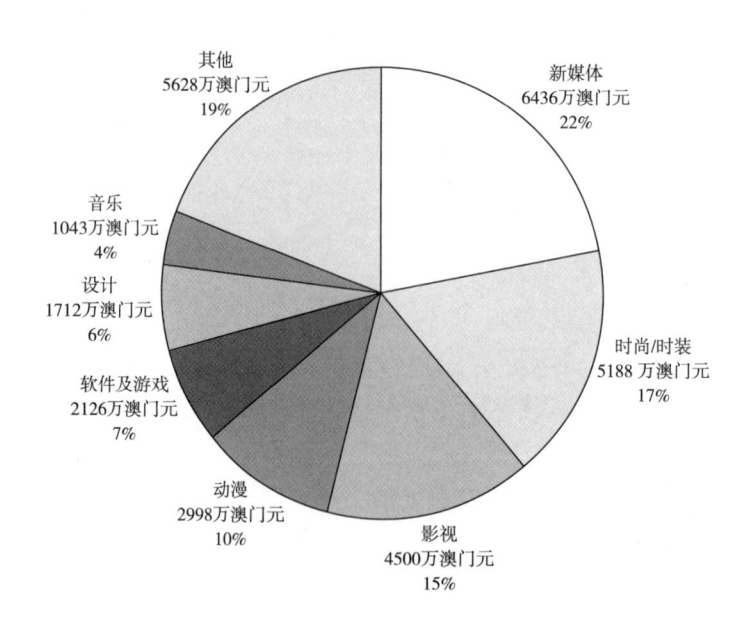

- 其他　5628万澳门元　19%
- 新媒体　6436万澳门元　22%
- 音乐　1043万澳门元　4%
- 设计　1712万澳门元　6%
- 软件及游戏　2126万澳门元　7%
- 动漫　2998万澳门元　10%
- 影视　4500万澳门元　15%
- 时尚/时装　5188万澳门元　17%

图21　商业项目主要行业投资额

（2）大部分免息贷款偿还情况正常，个别项目延期偿还

截至2017年，共有14个免息贷款项目到期偿还，合计共为374万澳门元，其中11个项目已偿还300万澳门元（见图22），2个项目延期偿还，1个正处于抵押品偿还程序中，3个项目合共需偿还74万澳门元。

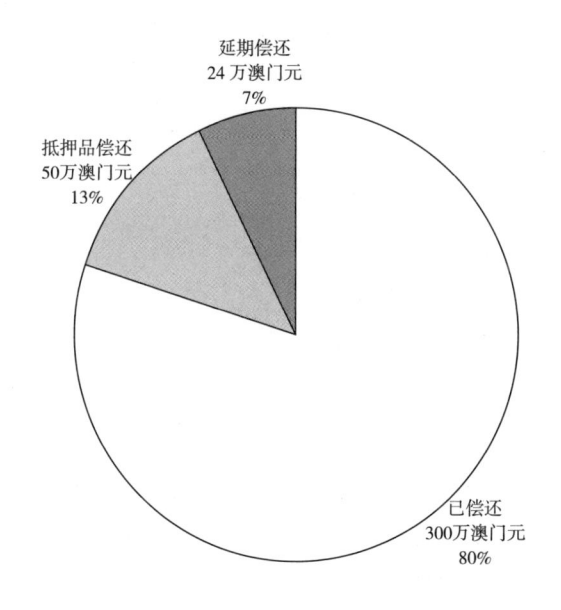

图 22　免息贷款偿还情况

（3）大部分项目已取得收入，个别项目已盈利

2017年项目营运情况与2016年基本一致，60个一般商业项目中，近80%的项目已取得收入，其余约20%的项目处于前期投入阶段（见图23）。在取得收入的项目中，有7个项目已取得利润，其余40个项目未达到收支平衡。

图24显示了创造职位领域分布情况。

取得利润
7个
11%

处于前期投入阶段
13个
22%

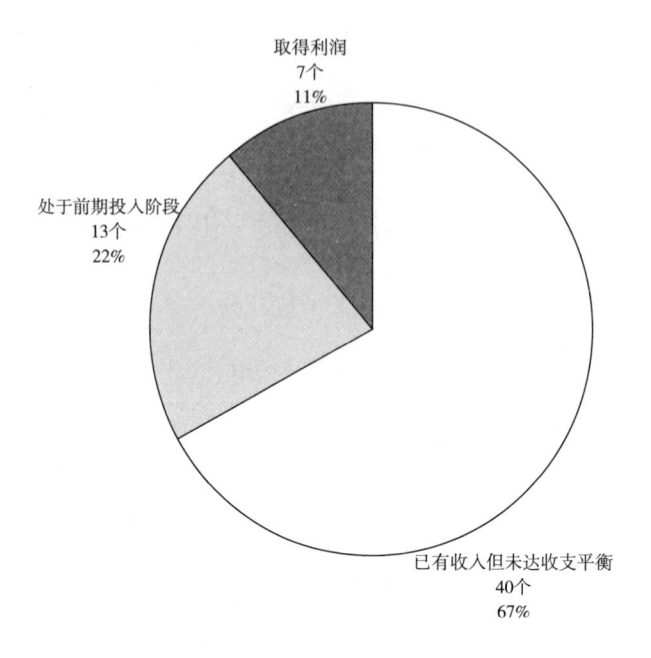

已有收入但未达收支平衡
40个
67%

图 23　商业项目的营运情况

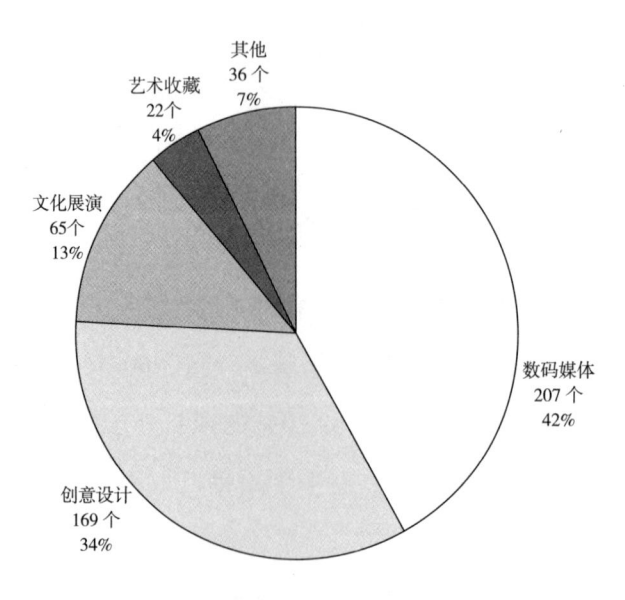

其他
36个
7%

艺术收藏
22个
4%

文化展演
65个
13%

数码媒体
207个
42%

创意设计
169个
34%

图 24　创造职位领域分布

创造就业职位方面，60个一般商业项目共提供了近500个与文化产业相关的就业职位，主要集中在数码媒体、创意设计及文化展演领域。

除了经济效益外，受资助项目也取得了一些成效，这些成效虽然在报告期内未必能够直接转化为收入，但通过提高企业的知名度及认受性，有望在未来逐步转化为收入，最终带来经济效益。如新媒体的项目提高了市场占有率，影视及动漫的项目在内地网络视频平台播放并取得了几千万至上亿的点击，设计的项目成功夺得众多国际设计奖项，并于酒店内设立实体销售点，音乐项目走出本地与外国歌手合作，也夺得香港乐坛奖项。

企业提交的项目报告内容反映出项目在执行上遇到不同的困难，主要集中在市场开拓、资金、人力资源方面。文化产业基金将因应业界的困难，完善资助监察制度，以进一步帮助业界开展文创商业项目，促进文化产业发展。

表18说明了细分行业的发展情况。

表18 细分行业取得的进展及成效

领域	细分行业	进展
数码媒体	新媒体	☞媒体平台投入资金增加,市场占有率比2016年有所提升,实现市场化、规模化
	影视	☞影视行业主要定位内地市场,在网络视频平台(腾讯及Youtube)播放,取得约4500万点击次数
	动漫	☞动漫行业发展迅速,拓展内地市场,动画在多个内地网络视频平台(腾讯、微博、优酷、土豆、爱奇艺、搜狐、乐视、PPTV、Bilibili等)上播放,取得超过2亿点击次数 ☞漫画销售到内地及香港,逐步扩大销售市场
	软件及游戏	☞手机游戏成功与内地公司合作,增加营运资金,打入内地市场 ☞手机软件为旅客及澳门居民提供详尽的消费信息及优惠

续表

领域	细分行业	进展
创意设计	时尚/时装	☞时尚/时装行业拓展销售渠道,开设多家实体店,进驻内地、泰国及日本市场
	设计	☞设计行业的产品夺得以下奖项: "盛装亚洲 2016 年亚洲时尚颁奖盛典"中的"时尚文创设计大奖" "香港环球设计大奖银奖" "中国设计智造大奖智造奖" "台湾金点设计奖" "中国设计红星奖" "意大利 A Design Award 最高荣誉铂金奖" "中国成功设计大奖" "中国好设计奖" ☞设立网上及实体销售点,网上销售点包括淘宝、亚马逊等,而实体销售点亦设在多家大型酒店内
文化展演	音乐	☞音乐行业制作超过 100 首歌曲,部分夺得以下奖项: "澳广视至爱新听力"奖 "MACA 流行曲创作大赛"奖 ☞促成澳门歌手与韩国歌手的合作 ☞澳门歌手打进香港市场,并夺得香港乐坛颁奖典礼奖项

图 25 列出了受资助项目遇到的问题。

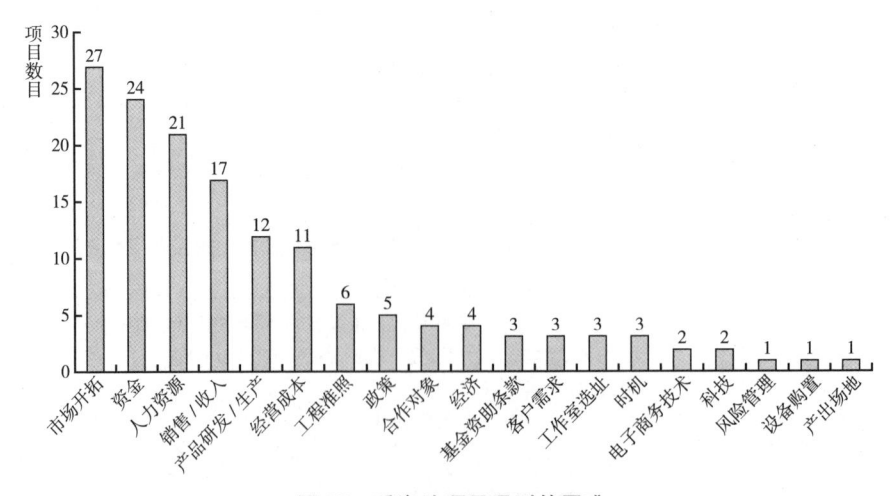

图 25 受资助项目遇到的困难

项目数目:
- 市场开拓 27
- 资金 24
- 人力资源 21
- 销售/收入 17
- 产品研发/生产 12
- 经营成本 11
- 工程准照 6
- 政策 5
- 合作对象 4
- 经济 4
- 基金资助条款 3
- 客户需求 3
- 工作室选址 3
- 时机 2
- 电子商务技术 2
- 科技 1
- 风险管理 1
- 设备购置 1
- 产出场地 1

（四）已完成项目情况

1. 商业项目

（1）投资规模符合预期，创造多元文创职位，营运情况有改善空间

文化产业基金于 2014～2017 年共批给 126 个一般商业项目的资助申请，其中 5 个是申请余下免息贷款资助方式的受资助项目，故最终共有 121 个独立的商业项目，截至 2017 年底，34 个商业项目已顺利完成。

整体而言，34 个受资助商业项目的投资额度符合预期，合共 8930 万澳门元，占预估投资额的 80%。其中，企业自有资金为 7370 万澳门元，占总投资额的 83%；另有约 570 万澳门元属于基金免息贷款的资助款项，最终亦需由企业偿还，故此属于企业在项目上的投资额，合共约 7940 万澳门元，占总投资额的 89%；基金无偿资助约为 990 万澳门元，占总投资额的 11%（见图 26）。

图 27 显示了商业项目资金来源。

细分行业方面，数码媒体的影视、软件及游戏，创意设计中的时尚/时装、设计，文化展演的音乐是主要投入方向（见图 28）。

创造就业职位方面，34 个受资助商业项目共创造了 160 个就业职位（见图 29），占预估就业职位数目的 80%，符合预期，其中以数码媒体及创意设计领域为主。

营运情况方面，近 95% 的项目取得收入，只有 2 个项目最终未能取得收入。在取得收入的项目中，有 6 个项目已取得了利润，其余 26 个项目未达到收支平衡（见图 30）。

基金无偿资助
990万澳门元
11%

须偿还的免息贷款
570万澳门元
6%

企业自有资金
7370万澳门元
83%

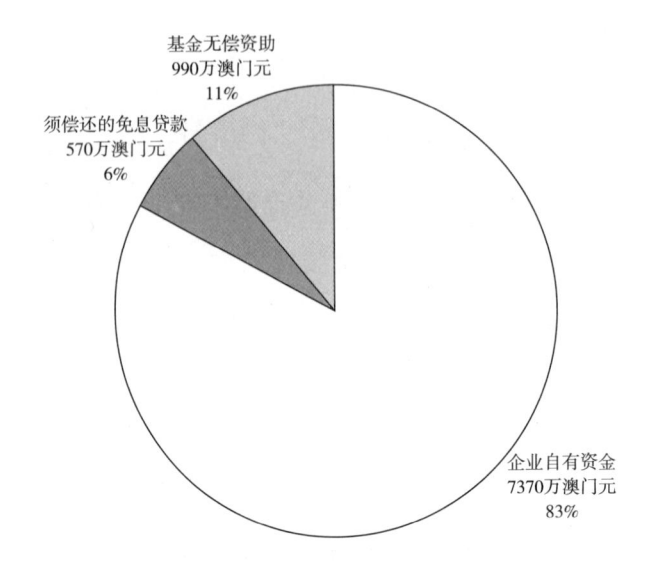

图 26　商业项目资金来源情况

□ 基金无偿资助　　▨ 须偿还的免息贷款　　■ 企业自有资金

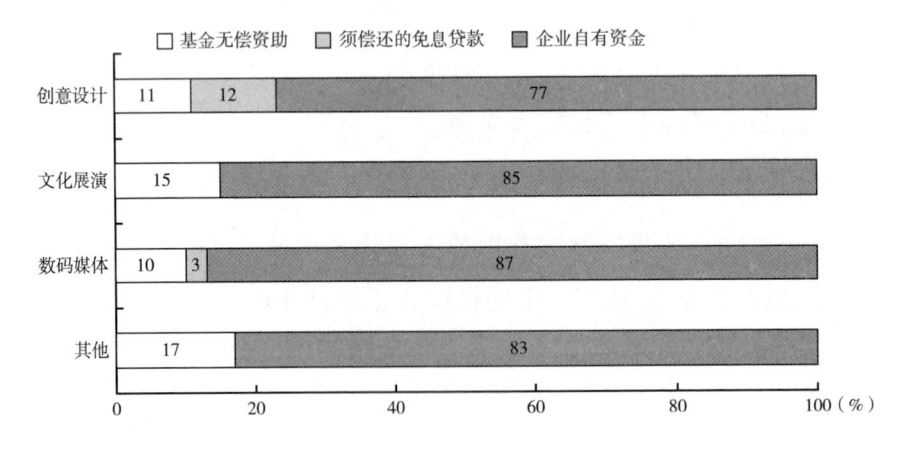

领域	基金无偿资助	须偿还的免息贷款	企业自有资金
创意设计	11	12	77
文化展演	15		85
数码媒体	10	3	87
其他	17		83

图 27　商业项目资金来源情况（按领域划分）

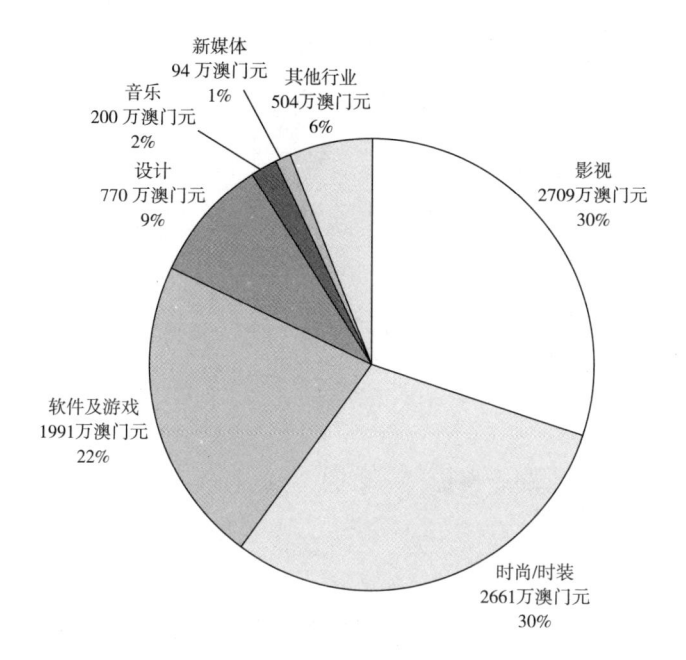

图 28　商业项目主要行业投资额

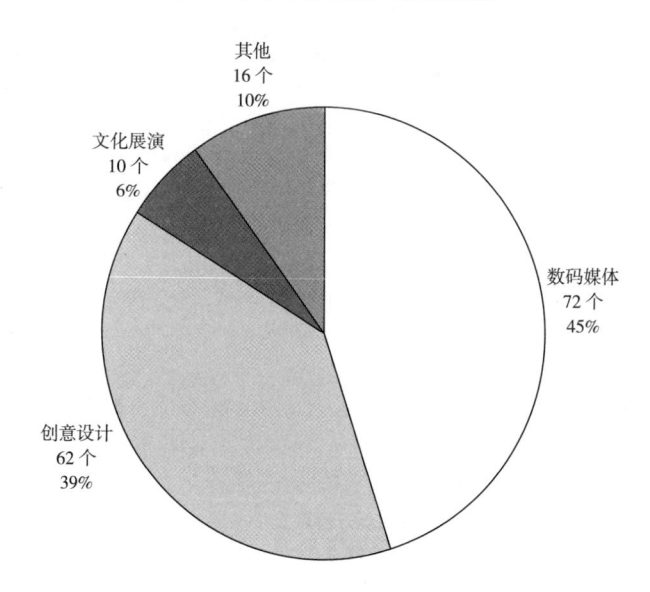

- 新媒体 94万澳门元 1%
- 其他行业 504万澳门元 6%
- 音乐 200万澳门元 2%
- 设计 770万澳门元 9%
- 影视 2709万澳门元 30%
- 软件及游戏 1991万澳门元 22%
- 时尚/时装 2661万澳门元 30%

图 29　创造职位领域分布

- 其他 16个 10%
- 文化展演 10个 6%
- 数码媒体 72个 45%
- 创意设计 62个 39%

未能取得收入
2个
6%

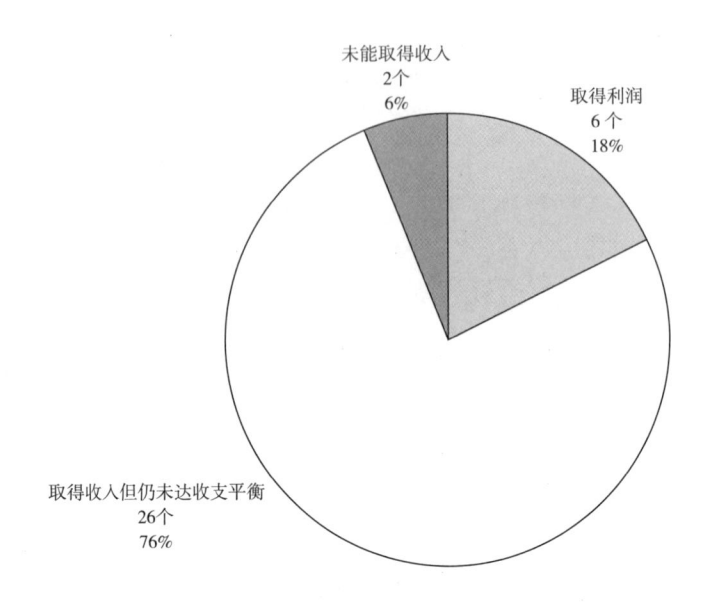

取得利润
6个
18%

取得收入但仍未达收支平衡
26个
76%

图 30　商业项目的营运情况

表 19　细分行业取得的进展及成效

领域	细分行业	进展
数码媒体	新媒体	☞拍摄20集介绍澳门艺术人的文化节目,受访艺术人领域涵盖摄影、剧场、音乐、跳舞、涂鸦、手作、化妆、歌手、设计以及雕塑等,于户外电视、YouTube和Facebook等社交平台上播放
	影视	☞拍摄307集节目宣传介绍本地文创者的故事及工作,取得超过30万次点击率,让更多本地及外地观众认识澳门的文创者 ☞澳门拍摄的纪录片将卖给江苏省及浙江省的8家地区电视台,在内地推广宣传澳门历史文化遗产
	软件及游戏	☞手机游戏成功与内地公司合作,增加营运资金,打入内地市场 ☞手机软件为旅客及澳门居民提供详尽的消费信息及优惠
创意设计	时尚/时装	☞时尚/时装行业拓展销售渠道,开设多家实体店,进驻内地、泰国及日本市场
	设计	☞以4处不同的澳门世界文化遗产(分别为卢家大屋、圣若瑟修院大楼及教堂、圣奥斯定教堂、港务局大楼)设计了4款香味盒产品,于澳门大型酒店及网上销售 ☞结合澳门休闲旅游与本土文化特点,以手绘的方式描画澳门特有风情的地图,地图重视艺术性和趣味性,突出旅游路线

续表

领域	细分行业	进展
文化展演	音乐	☞音乐行业制作约40首澳门原创歌曲，推出4张澳门歌手个人专辑 ☞促成澳门歌手与韩国歌手的合作 ☞举办了2场澳门歌手演唱会
其他	其他	☞研发2款桌游，并推广销售至中国台湾、中国香港，以及日本、韩国、德国

（四）服务平台情况

4. 服务平台项目

服务平台致力扶持澳门文创中小企业，运用其专业技术、经验及营运网络，通过以大带小、以强带弱，发挥对行业的领军作用，在多方面以不同方式彰显孵化功能，文化产业基金在过去两年共资助了9个服务平台，运作情况如下。

（1）为本地企业提供工作空间

现时有5个服务平台，共提供137个工作空间供本地文创企业进驻。

进驻的企业除获得专业技术协助、场地及设备支援、商业运作咨询外，在群体效应下，更可以加速进驻企业的发展。

（2）为本地文创企业提供打版服务

服务平台拥有丰富的生产文创产品和工艺品的经验，以及先进的生产技术，客户包括设计师、机构、团体等，帮助设计师把概念变成设计图，协调各阶段的生产物料零件配置，最终成为可生产的作品。

平台自2015年设立至今，已为395家企业及机构的984件作品提供了打版服务。

(3) 带领文创企业参加本地及内地活动

服务平台举办和参加的本地及内地（北京、上海、广州、深圳、杭州、义乌、中山）活动超过200场，包括设计比赛、交易会、文博会、时装展销会、书展以及讲座等，带领澳门企业"走出去"，为其开拓更多的销售渠道，打造品牌，实现企业市场化。

(4) 为文创企业洽谈商业对接服务

服务平台凝聚业界力量，为不同界别、范畴的文创企业提供商业对接服务，使其互动合作，产生协同效应。例如，集结超过100位本地跨领域人士打造的光影节、与腾讯等内地企业签署的战略合作协议，推动了本地文创企业的发展，为双方的合作开辟了空间等。

表20显示了服务平台发展情况。

表20　服务平台具体进展

领域	细分行业	进展
创意设计	设计服务及推广	☞提供51个工作空间供进驻，凭借平台对行业的经验及网络，协助进驻者发展 ☞平台与香港青年联会和杭州创意设计中心签署了合作备忘录，共同牵头发起成立"浙港澳文创青年交流联盟"，搭建浙港澳文化创意产业务实合作平台，并参与了"第十一届杭州文化创意产业博览会" ☞集结超过100位本地跨领域创作人士，打造全新的"2017光影节"，通过将投射及灯光等技术融入设计师的独特设计，使跨界别的文化艺术集于一身，成功地让设计师一展所长 ☞携同澳门原创设计品牌参与约30个澳门及内地的展览会，其中包括"2017广东(中山)文化创意博览交易会"、"2017南国书香节"、"第12届中国(义乌)文化产品交易会"、"活力澳门推广周"等，推动澳门的原创设计产品"走出去" ☞开设超过500节培训课程及举办25场讲座，参加人数合共超过3000人，题材包括摄影、素描、木工、皮具工作坊等，有效提高了澳门整体的设计及艺术水平

续表

领域	细分行业	进展
创意设计	商业及品牌设计	☞提供25个工作空间供进驻，协助进驻者打造品牌 ☞为395家企业提供上千项打版服务，协助业界把设计概念转化及制作成产品 ☞协助澳门文创产品在"武林群英会"、"塔石圣诞市集"、"澳门国际龙舟赛"等大型澳门活动销售，为澳门文创产品拓展销售途径及寻找合作商机 ☞带领业界企业参加"活力澳门推广周"，让业界产品走出去，增加内地对澳门品牌的认知，开拓内地市场
	时尚/时装	☞提供25个工作空间供进驻，提供辅料支援服务，协助本地业界将设计概念转化为实体产品，期内为业界提供了195项打版服务 ☞组织进驻企业参访"2017广州轻纱交易团"，加深对内地市场产业运作情况的了解，同时协助企业在内地进行商标注册 ☞组织澳门的时装品牌参加2016年及2017年的"深圳时装周"，增加品牌曝光率，提高知名度，开拓商业合作机会 ☞服务期间曾协助企业孵化出新的时装品牌，并为多个本地时装品牌成功提供商业对接服务
文化展演	音乐	☞提供12个工作空间供进驻，为进驻者提供发展意见、行政协助及商业工作配对等支援服务 ☞设有2个录音室，提供高质量录制条件，配合平台的专业网络，提供后期制作、形象、包装、市场推广、发行等一条龙服务，加速本地音乐的发展 ☞平台成功孵化及推动澳门音乐人、音乐活动制作人、剧场制作、综合娱乐视频制作等多个范畴。部分视频短片在社交平台上获得过万点击率，使更多人得以听到澳门音乐人的声音
数码媒体	影视	☞凭世界认可的专业设备及制作水平，为影片提供一站式后期制作服务，优化影片的画面及声音质素，并达到国际影院要求之格式。已为多部电影、短片、广告及电视节目提供共14次调色及DCP Output等后期制作服务 ☞平台服务令澳门电影后期制作水平得以提升，为专业技术人员争取更多的实战机会，拉动业界对各阶层岗位人员的需求，培育孵化本地高素质电影工作者。 ☞平台以发行公司的身份把多部澳门电影送往参加"香港国际影视展"、"法国康城影展"、"韩国釜山国际电影节"、"美国电影市场"、"葡萄牙里斯本＆辛特拉电影节"，并成功将本地电影《爱比死更冷》发行到新加坡、马来西亚、加拿大及香港等地，另一部澳门电影《吴历旅澳》亦发行到新加坡及马来西亚

续表

领域	细分行业	进展
数码媒体	书刊出版（包括电子出版）	☞为澳门作者、作家、团体提供一站式刊物出版服务，包括策划、组稿、编辑、校对、排版、美工、插图、包装、刊印、市场推广、销售以及展示等综合服务，平台自成立以来已提供多达30次的服务，成功协助澳门作家出版10多部著作 ☞为促进澳门作品销售，争取图书能够在内地出版和销售，与广东教育出版社合作组建"启元出版社"，为澳门作品在内地销售提供直接渠道，同时与广西师范大学出版社、广东人民出版社等内地知名出版社合作，为本地作家提供更多的出版及销售渠道 ☞透过举办及参加内地书展及展销会，如"南国书香节——澳门馆"及"书香文化节"等，拓展多元化销售市场，已售出超过1000册澳门出版物
其他	文创企业服务	☞提供24个工作空间供进驻，从维护文创知识产权及可持续发展角度，提供公司注册、商标注册、商业后勤支援服务乃至商业联动、网络营销、创投等多个层次的综合商务咨询服务 ☞组织进驻企业参加本地及内地展销会及展览，如"泉州活力澳门推广周"、"广州南国书香节"、"中山广东文化创意博览交易会"，推动商业对接，助其开拓内地市场 ☞与"腾讯众创空间（深圳）"、"腾讯文创基地"、"厚德商学院"等具实力及资源的机构签署战略合作协议，推动本地文创企业发展，为双方的合作开辟空间 ☞通过不同专业范畴的行业分享会、文创市集等活动，使本地文创人才在互相交流之余、展示潜力之外，开拓跨界别的合作机会

第二部分　论坛集萃

人人都是"社"计师[*]

——有关澳门社区资源打造"一区一品"特色的一些思考

林玉凤 欧阳珂珮[**]

摘 要：澳门发展创意经济，拥有得天独厚的优越条件，不仅拥有亚洲最大的南欧建筑群，也拥有多元化的族群聚落，即社群。如何深入挖掘这些既有资源，立足于社区，讲好澳门自身的故事，并且创造效益，使"社区有创意，居民有收益，旅客有新意"，在当下显得尤为重要。本文将从新视角出发，着重从社区住民参与的角度，对这一议题做出一些思考与阐释。

关键词：澳门 社区文创 社区经济 本土 创意经济

---

[*] 本文整理自林玉凤助理院长在"澳门文化产业论坛"上的演讲稿。
[**] 林玉凤，澳门大学社会科学学院助理院长，澳门特别行政区政府文化产业委员会委员；欧阳珂珮，北京大学访问学者。

当我们谈到社区经济或是社区文创的时候，都会有很多不同的方向。联合国倡议将本地化（going local）作为解决区域地方可持续发展的重要举措。① 2017年在德国波恩主办的首届联合国"全球可持续发展创意节"（The Global Festival of Ideas for Sustainable Development）上，再次特别提到"going local"②，不同的地方都要实现创意经济，让全世界不同的国家都有本地的经济。联合国教科文组织（UNESCO）和联合国开发计划署（UNDP）通过联合国南南合作办公室（UNOSSC）共同合作，在2013年发布了《创意经济报告（2013拓展本土发展途径专刊）》。为实现人类可持续发展提出来的数个指标中非常重要的一项议程，旨在解决全球化背景下如何发挥地区自身资源，从而可持续发展的问题。报告中特别提到，"全球和国家层面的政策干预固然重要，但创意经济不是一条孤零零的高速公路，而是在发展中国家的城市和地区各具特色的多重轨道发展"。③ 在美国，有一个所有州长组成的委员会，其中有一篇很重要的报告，每个州怎么研究州里面的资源，让每一个州都可以发展本地的经济。挖掘资源发展本地经济，不仅是联合国的倡议，而且是未来数十年世界经济发展的趋势，在全球化的大背景下，通过本地化（localization）的经济发展模式实现可持续发展，澳门未来的发展也可以以此作为参考。

文创社区的发展需要两方面的资源，一方面需要有宏观的计划，

---

① Sustainable Development Goals，http：//www.un.org/sustainabledevelopment/.
② http：//www.eco-business.com/news/communicating-sdgs-key-to-achieving-global-development-targets/.
③ Creative economy report, 2013, special edition, Unesco.

如将艺术带入社区。此外，我们还需要思考怎样让一些基金投资到社区。发展文创一定需要投资者，这个投资者可以是公共投资者，也可以有私人投资者。在美国，税收政策和公益鼓励是促进文化产业尤其是非营利艺术行业蓬勃发展的重要因素。①

澳门比较熟悉台湾地区的文创政策。例如，台湾地区的"文建会"在20世纪90年代就已经提出"产业文化化、文化产业化"的口号，结合出台的"社区总体营造"政策推动台湾文化政策和文化建设的多元化发展。澳门开始做文创的时候，借用的相关政策比较多。

在很多不同的论述中，文创经济有三个主要维度。

一 "地方志""地方历史"——有关过去、历史和记忆的资源宝藏

我们有社区，有我们的历史，所以很多地方在开始做文创的时候，都会做一些地方历史。最近内地做地区文创的时候也会做地方志。比如，在2017年苏州开幕的文博会上首次出现了展示方志文化的"方志中国"展览。② 地方志讲述了一个地方的前世今生，涵盖了地理、历史、文化、风俗等重要信息，地方志可以提供真实的历史故事。借助这些属于过往的历史发展文创经济时，能够引起人们对家乡、对儿时、对家族文化记忆和情感的关注。

---

① 《美国非营利文化行业引关注 创造大量税收与岗位》，http://www.chinanews.com/cul/2012/06-18/3971611.shtml。
② 《苏州创博会将首次展示全国方志文化》，中国新闻网，http://www.chinanews.com/cul/2017/03-22/8180157.shtml。

在这一维度上,可以看到澳门的历史挖掘虽启动较晚,但拥有非常深厚、特别的资源。澳门不仅是全亚洲唯一拥有南欧特色的世界文化遗产建筑群的城市,而且其历史城区也是中国境内现存年代最远、规模最大,保存最完整最集中的以西式建筑为主、中西式建筑交相辉映的历史城区,承载了澳门四百多年中西文化交流的历史。2005年,澳门历史城区被列入《世界遗产名录》,成为中国第三十一处世界遗产。① 方志挖掘、活化、传承了有关澳门历史的记忆,也是见证这座城市在世界历史变迁中的一个缩影。

打造"露天博物馆"即是一种利用地方历史资源的优选方式,能将历史资源整合得非常好。近邻韩国的"民俗村",作为亚洲面积最大、展品最多的露天博物馆,将韩国280栋具有浓郁朝鲜风格的建筑与拥有500多年历史的朝鲜李氏王朝(1392~1910)的民俗表演结合起来,非常生动地再现了朝鲜的历史传承。不仅如此,"民俗村"还作为一个社区存在,这里的居民既是村中店铺的小业主,也依照传统的衣着方式生活在村落中。社区既是他们生活的地方,也是向世界展现韩国民俗风貌的名片。②

这样的形式对澳门也具有启示性的意义。近些年,相关学者关于澳门打造露天博物馆的研究成果不断涌现。③ 这为我们的实施方案提供了非常重要的支持。

---

① 卢可茵:《澳门世界遗产的点线面结合》,硕士学位论文,吉林大学,2011;吴卫鸣:《澳门文化创意发展的情况》,http://finance.sina.com.cn/hy/20101118/10238971988.shtml。
② 卢可茵:《澳门世界遗产的点线面结合》,硕士学位论文,吉林大学,2011。
③ 卢可茵:《澳门世界遗产的点线面结合》,硕士学位论文,吉林大学,2011。

二 创意经济的终极目标——文化艺术改善人的生活品质

第二个维度,大多是在文化艺术领域提及产业文化。尤为值得关注的是,英国、美国、中国台湾等国家或地区在提出文创概念的时候,都强调创意经济到最后一定要能做到文化艺术改善人的生活品质。2012年,美国艺术协会在美国各州的非营利文化艺术组织的支持下,发布了一份针对该行业的统计报告。报告显示,美国的非营利文化机构不仅创造了大量税收和工作岗位,还给当地带来很多潜在收益。聚众类型的活动,如音乐会、画展,不仅改善了人们的生活品质,为人们提供了交流分享创造的平台,也带动了诸如住宿、餐饮、购物等相关产业的发展。有数据显示,凡是在文化艺术设施建设上下功夫的地区,其旅客人数以及旅游经济收入都高于其他地区,这有利于鼓励各区落实更多的非营利文化艺术项目。① 这也使经营状况良好的地方建立了文化艺术社区,进一步地改善了人居环境和生活品质,并且使政府、行业获得极大的收益。

欧盟提出的"创意欧洲 2014~2020"框架,是一个里程碑式的文化创意产业规划。在项目运行的三年中,不断有受到项目资助的作品进入公众视野,并获得国际大奖。例如,2015 年波兰电影《修女艾达》获得了奥斯卡最佳外语片奖。项目涵盖面非常广泛,鼓励多层次的文化

---

① 《美国非营利文化行业引关注 创造大量税收与岗位》,http://www.chinanews.com/cul/2012/06-18/3971611.shtml。

交流与合作,并且史无前例地倡导市场机制下文化与"价值"的关联。①

三 文创生存的关键思考——转变视角看到当下的、当地的、自发性的资源

上述案例也提供了对第三个维度的思考,也是亟待解决的关注点,即我们强调文创要生存,要活下来。首先,需要提供职位,要对GDP有所贡献。归纳起来,澳门做得活跃的有关前街、新开辟的文创区。我们一直说荷兰园、澳门园是澳门的小曼谷、小泰国。但我发现,澳门最重要的佛像在氹仔。这个区(氹仔区)形成后,荷兰园那边居住着许多泰国人,他们开了很多餐厅。前几年澳门曾做过嘉年华,但我们就是欠缺了一点文化类的东西。所以我们需要在思路上更开阔,立足于社区。

1. 深入挖掘现有的社区文化,将当下当地人的福祉纳入整体考虑

和少数民族的朋友沟通时,了解到他们也会跳相关的舞蹈,如果能够有所引导,帮助他们组织相关的活动,如每周六请他们去表演舞蹈,他们都愿意做。所以,我们应该立足于社区,深入挖掘现有的社区文化,将这个区作为一个试点。如果这个区做得好,也许就可以成为多元文化的一个点。这也提醒我们从另一个角度来看待社区文化发展。以往我们常思考社区历史,但我们是将过去和现在割裂、抽空来

---

① Creative Europe – A new framework programme for the cultural and creative sectors, EU, 2011.

考虑的，没有将当下当地人的福祉考虑进来。我们可以从英国的一个案例中得到启示，当时那个社区最大的问题就是很多年轻人吸毒，他们的艺术家进去以后要鼓励人心，比如说给那些年轻人拍照，使他们看到自己，做了很多鼓励的工作，到最后他们把艺术带进去，也推广了很多健康的理念，慢慢鼓励他们再就业，再就业以后再做一些常规的东西。当时去操办整个计划的是一个媒体中心，它是一个NGO，有点像社会企业。也可以举办很多不同的展览，它是有很新的一种理念在里面，它就是要公众可以大量参与的一个计划。

2. 结合侨民特色，给予平台支持，转变视角，打造新亮点

回到澳门，与"小曼谷"的泰国侨民多一些沟通，知道他们也想将这个地方变成他们比较可亲的社区，我们可以收集他们对自己社区的设想，了解他们能提供什么。

三盏灯过去说是澳门的"小缅甸"，20世纪五六十年代这里来了很多人，人们要吃缅甸菜就到那边去。最旺盛的时候是八九十年代，晚上很多夜市，这个时代已经过了，现在如果没有活动，晚上就很安静。最近那个地方也多了很多菲律宾佣工、印尼佣工，他们都是在这边打工。我去了很多次，我就一直在想，现在我们有很多这样的佣工，既然他们都在澳门打工，没有他们，很多家庭也就没有人帮忙，所以他们在澳门也很重要。可是他们留在这边没地方去，他们也不开心。我看到一个广告，如果是全栋楼无菲佣，租金可以高一点。为什么？生活空间太挤了，因为大家觉得菲律宾人爱唱歌，觉得他们晚上比较吵，而且他们很多人住在一块儿。所以，其实我们也面对一些社区问题。

我就在想，我们有一个空间给他们，我们有一些社区问题，我们想要发展文创经济，我们其实可以做什么？我后来做了很多访谈，泰国的佣工、菲律宾的佣工，其实他们自己有很多节目，他们差不多每几周就有一次活动，有时候去不同的广场，有时候就到那边去，这是与澳门本地的文艺团体合办的。他们周末没有事情做；如果你给他们一个舞台，他们就穿得漂漂亮亮的，在那边跳舞；如果你不给他们舞台，他们就拿着一个饭盒在那里吃。我就在想，三盏灯其实现在还有生命力，如果我们不把外佣看成是一种负累，我们就把他们那种艺术的感觉，把他们生活所需要的东西都放在一块儿，其实我们是不是也可以重新想一想，我们能不能每个月都有一个东南亚节在那边？我们都不用雇用表演团体。我妹妹家的佣工就有很多漂亮的跳舞的衣服，因为晚上我们都让她去学习，然后她就去表演，这样子我才发现，其实他们是很好的。而且她就感觉自己在澳门的生活很好，因为她们还有休闲表演的机会，就是平常比较累。所以我就觉得，一旦我们放下这种负担，北区起码有几条街有非常强的文化活力，那些区我们是不是也可以做一些文创经济，比较偏饮食。我觉得一开始很多东西都偏饮食，可是慢慢地，如果我们能把饮食以外别的文化节目，比如包括他们的节庆，像印尼的斋戒日很快就到，他们要举办庆典，像这种我们能不能和原来三盏灯要搞的节庆连在一块儿，请那些义工组织，这样他们就比较有归属感，觉得澳门是一个他们觉得比较好生活的地方。

所以我们在想社区文创产业的时候，除了比较经济GDP导向、游客导向，也可以经由社区居民自发形成，他们现在的一些休闲行为可能是无意识的，比如只是个人谋生的卖小吃的行为，其实可以把他们聚合在一块，让其真正地发挥地方特色，而且，我觉得这样子做，现在澳门外来的人口越来越多，我们要面对一些种族问题，我们不愿意说，可是我觉得是有族群相处的问题，我觉得这些问题也可以用做文化产业的视角解决，如果我们把它和社区融合得比较好，我觉得还是可以解决一部分问题的。所以说，在社区活化的时候，如果能兼顾商业与非商业的部分，非商业的部分我们比较重视，则可以提升生活的品质。三盏灯，把它变成一个舞台，让他们表演，我们可以欣赏，如果我们把它看作一个我们不愿意进去的广场，不给它任何东西，它就会变成一个很不受欢迎的地方。所以，转变视角思考尤为重要，同时要给予当地与之配套的支持，这样不仅能将既有的社区转变成为文化产业的亮点，还能够为三方带来可观的收益，从而形成良性循环。

3. 提高文化自觉性，从日常生活中发掘新点子

澳门大众的文化自觉性还可以提高一些，比如澳门人只会吃咖喱牛腩加油菜，是既印度又广东，同时我们在喝维他奶，吃的东西什么都有，其实澳门人的文化是非常混杂的，是非常多元交融的。十年前和美国人类学家吃饭时，他说这是一种不一样的体验，我们混杂的程度我们自己习以为常，但往往是这些日常的生活，包含了这片土地上经年累月的特殊文化。所以我们要多留意自己，也看看其他地方的文化，有对比参照，加上自己的思考，能够发掘的东西可能更多。

联合国在2013年创意经济报告专刊里说，在许多发展中国家，在把文化创意产业融入发展战略和计划的过程中，社区和城市的行动都比国家机构的行动更有成效。创意经济带来了收入的增加，并成为创造就业和出口创收的变革性力量。在创意经济蓬勃发展的时代，澳门

不仅将因此改善居民的生活质量,也将因此提升自身整体的声望、地位,以及拥有可持续发展的内生力量。①

Everyone is a "Community" Designer

—Thinking on the Characteristic Building of Macao's Community Resources

Lam Iok Fong, Ouyang Kepei

Abstract: Macao has unique advantages in the development of creative economy. It has not only the largest South European architectural complex in Asia, but also a community of diverse ethnic groups. Questions, such as how to make in-depth exploration of these existing resources, tell the story of Macao based on the communities and ultimately produce benefits, so that "the communities have creativity; the residents have benefits; and the tourists have new experiences", are of particular importance in the moment. This article will make some reflections and interpretations on this issue from a new perspective with a focus on resident participation.

Keywords: Macao; Community Cultural and Creative Industries; Community Economy; Local; Creative Economy

---

① Creative Economy Report, 2013, special edition. Unesco, p. 9.

地方识别与地方特色产业

——从桃米青蛙村到埔里蝴蝶镇的社群经济营造

廖嘉展　高玉敏[*]

摘　要：地方识别体现了一个地方的总体GDP，通过社区营造发展地方特色产业是重塑地方形象、提升地方可识别度的重要方法和途径。新故乡文教基金会在台湾社区营造过程中，以自我认同与价值分享为导向，依托地方特有的文化资源，在区域发展美好愿景引领下进行跨域社群共同治理，打造了一种地方识别与当地特色产业创发相结合的发展模式，使埔里桃米成为青蛙伴吟、蝴蝶翩舞的童话王国。在社区营造过程中，不仅要善用地域环境的资源，来繁荣地方经济、再现地方价值，更重要的是在谋求生活富足的同时，发展和重塑居民自信精神，增强社区认同，实现自身价值，提升居民幸福感，最终实现人与环境的双赢。这也是台湾社区营造带给澳门社区经济发展的启示。

关键词：地方识别　社区营造　特色产业　社区认同

---

[*] 廖嘉展，新故乡文教基金会创立人及董事长；高玉敏，河北行政学院副教授，北京大学艺术学院访问学者。

一 引 言

凯文·林奇在《城市的印象》一书中指出,"环境的印象可以分为三方面:识别、结构和意义",而一个有效的印象"首要的是目标的可识别性,表现出与其它事物的区别,因而作为一个独立的实体而被认出,这就称为识别(identity)"。[①] 这种"识别"对一个社区乃至城市而言都极为重要,因为如果缺乏或没有这种识别,社区就会大同小异,城市也会千篇一律,毫无特色和特点,既让生活在其中的人没有认同感、归属感,也让外来的人没有好印象,喜欢不起来。如何让地方更具有"可识别性"?有没有可能将地方识别与社区营造、社群经济发展等结合起来,统筹考虑、统筹规划,使地方走出一条永续发展的路子?新故乡文教基金会(以下简称"新故乡")在长期从事社区营造的实践中,逐渐摸索出一些"法门"。本文就从新故乡打造的两个社区营造案例入手,试图梳理和总结出一些规律层面的东西,以供澳门社区文创以及其他地区建设参考。

二 新故乡"社区营造"的两个案例

正如大家所了解的,台湾地区的社区营造有其特定的历史背景。20世纪70年代中后期,台湾工业经济飞速发展,大量农民、渔民涌入市区,造成台北等大都市人口剧增,农村人口剧减,不少村镇出现空心化危机,农村经济凋敝,文化、景观也遭到不同程度的破坏,引发了一系列社会问题。1987年,台湾解除了政治戒严令,政治上的

---

① 〔美〕凯文·林奇:《城市的印象》,项秉仁译,中国建筑工业出版社,1990,第7页。

"松绑"使社会思潮变得活跃,人们要求改变生活环境品质的"社区自救"呼声日益高涨,原本由政府主导的社区发展模式已无力应对这些新问题。在这种情况下,台湾地区开始探索自下而上进行社区主体性建设,尝试通过社区文化建设来凝聚社区意识、改善社区生活。1994年,台湾"行政院文化建设委员会"正式宣布实施"社区总体营造运动",各种社群组织、有识之士纷纷投身其中,新故乡就是较早进入这一领域的NGO之一。

1999年9月21日,台湾南投县发生里氏7.3级大地震,埔里镇桃米里由于紧邻震中,受灾极为严重,社区将近一半住户的房屋全部倒塌,居民生命财产、生活环境都遭到前所未有的重创。震灾对这个原本就"穷得鬼都不敢来"的地方更是雪上加霜,情况极为糟糕,形势极为严峻,就在这样的情形下,新故乡"临危受命",接受了邀请,开始介入桃米社区从事灾后重建的事务。

(一)桃米里的神奇蜕变:从破旧小区到青蛙王国

当时的桃米社区面积18平方米,有住户1200多人,最大的产业麻竹笋由于价格低廉也不景气,年轻人基本上早就逃离了自己的故乡,以外出打工为生,留守的只剩"老人与狗"。再加上社区里有个垃圾场,环境恶劣,破败穷困使这里的人极为自卑,内心缺乏自信,甚至自我否定,出门不敢跟别人讲自己是哪里人。可以说,当时的桃米里是一个缺乏生机和希望的社区,不少居民对重建疑虑重重,表示如果仅是重建房屋,没有谋生的产业,他们还是会离开,[①] 这也给重建增添了难度。"行行重行行,道路阻且长",如何重建一个充满生机活力、让人期待的新桃米是摆在新故乡面前的首要课题。

---

① 廖嘉展:《从桃米青蛙村到埔里蝴蝶镇的社群经济营造》,《小城镇建设》2015年第11期,第27页。

新故乡没有被困难吓倒,他们用最笨的方法,好好地梳理社区的资源,请来专家做资源差异化的分析调查,竟然发现这里青蛙物种非常丰富,有 23 种之多,几乎占了全台湾青蛙种类的 74%(台湾有 31 种原生蛙类),蜻蜓和蝴蝶类也很丰富,这一发现让大家惊喜不已,经过与居民、专家学者多番讨论、沟通,最终大家达成了共识,确定了依托小区自身特色在青蛙上大做文章,将生态旅游产业与生态社区结合起来发展的思路。

思路确定之后,新故乡开始有条不紊地行动起来,内外"夹击",对内进行人才与组织的培养,建构各种不同的学习体系,激发居民参与营造的热情,培养其技能及知识,进行知识储备,进而以知识创造经济;对外开展跨领域的多元合作,进行资源的引介及整合,通盘规划生态解说、民宿、餐饮、生态工法营造、工艺产品等产业。[1] 与此同时,还积极进行生态保育,陆续种下 5 万多棵台湾的原生树木,新造的湿地和保育的湿地成为整个生态延续的基因库。通过长期环境的营造,十八年来桃米里已经形成非常好的生态系统,吸引来不同的物种,包括萤火虫以及各种候鸟。在这个过程中,新故乡对内实行的人才培养计划起到了至关重要的作用,一大批优秀的生态解说员脱颖而出,他们热爱家乡、解说家乡、宣传家乡,成为社区最好的代言人。就连社区的妈妈们经过学习培训,其参与热情也都被激发,不断尝试创造新料理、新口味,做出了不少独有的拿手好菜,为民宿增色不少。在民宿的经营上,新故乡鼓励大家以合作替代竞争,鼓励每一家民宿创造自己的特色,形成合作和分享的制度。随着不同形式的加入与参与,小区居民在口袋富起来的同时,自身价值也得到实现,失去的信心又回来了,对家乡的认同回来了,幸福感也油然而生。外出的青年也陆续回来创业、建设家乡,既然在家乡就可以实现梦想,谁又

---

[1] 廖嘉展:《从桃米青蛙村到埔里蝴蝶镇的愿景建构——兼谈生态城镇生态·生计·生活与生命的揉转效应》,《生态城市与绿色建筑》2014 年第 2 期,第 81 页。

愿意远走他乡?

在桃米社区营造的过程中,新故乡始终不断寻找和实践新的可能性,使其成为桃米文化发展的养分。从长青绘画班的开设,让"人人成为艺术家",到尝试如何让生态艺术元素融入社区各个角落,新故乡一直在探索桃米社区可永续发展的动力。2014年,以桃米社区为原型制作的3D立体动画电影——《桃蛙源记》,讲述了青蛙家族寻找桃花源的过程,创下了台湾动画片在大陆上映的最佳票房,大大提升了桃米社区的影响力和美誉度。这部作品的成功让人们看到了一种新的文创产业的发展模式,这些都将成为桃米社区可持续发展的新的可能性。如今的桃米社区绿树成荫、芳草鲜美、青蛙伴吟,俨然一处世外桃源。

(二)埔里镇的华丽转身:从传统小镇到生态城镇

桃米社区的经验得到埔里地区许多社群的共同支持,2010年下半年,新故乡与一群关心埔里镇未来发展的非营利组织及有志之士达成共识,描绘了一个更大的大埔里地区四个乡镇生态城镇的发展愿景。愿景有了,但埔里生态镇到底该如何发展?经过反复调研、论证、沟通,大家以"蝴蝶"作为引领未来发展的重要元素。这并不是无中生有和突如其来的想法,而是蝴蝶原本就是埔里最重要的产业经济命脉。

由于独特的地形和气候,埔里镇蝴蝶种类极为丰富,约有220种,占了全台湾蝴蝶种类的一半。20世纪60年代,埔里镇发展为台湾蝴蝶产业中心,镇上从事蝴蝶产业的加工厂、商店林立,超过百家,年加工蝴蝶超过2000万只,埔里因此又被称为"蝴蝶镇"。[①] 但由于过

---

① 廖嘉展:《从桃米青蛙村到埔里蝴蝶镇的愿景建构——兼谈生态城镇生态·生计·生活与生命的揉转效应》,《生态城市与绿色建筑》2014年第2期,第84页。

度开发，蝴蝶的数量大大减少，再走以蝴蝶的翅膀换取经济利益的路子已行不通，也不可取，那么该如何利用蝴蝶做文章呢？2011 年，新故乡的"再现埔里蝴蝶王国——生态城镇见学网络的建构与推展计划"，获选为台湾行政主管文化部门的小区营造亮点计划。① 这一计划以蝴蝶为产业，将生态保育与生态产业、文创产业结合起来，为埔里构建了一条可持续发展的路径。当然，实现这一转型，需要充分发挥当地所有社群的共同力量，包括当地政府部门、非营利组织以及小区社群团体的自主性，甚至运用民间的资源与财力，使参与的社群具有跨领域的合作能力，形成独特的社群文化，为埔里发展不断输入新的血液和养分。

经过几年来的努力，埔里镇已营造蝴蝶栖地 30 多个，栽种蝴蝶食草及蜜源植物数万株，打下了良好的生态基础，一群优秀的蝴蝶生态解说员脱颖而出，专门负责埔里地区蝴蝶生态调查与监测，推广蝴蝶生态环境教育工作。更为可喜的是，一度曾以猎捕蝴蝶为生的南投县仁爱乡眉溪部落，达成了禁止捕猎蝴蝶的公约，有 9 名部落成员通过了蝴蝶生态初级解说员认证考试，成为蝴蝶的守护者②。这些都是新的气象和转变。

2013 年，新故乡协助埔里的孩子与老师成立了台湾第一支由乡镇居民自发组织的交响乐团"埔里 Butterfly 交响乐团"。近两年来，有更多的学校、学生加入，帮助弱势家庭的孩子学习音乐，作为整个区域发展的力量。这使埔里发展为现在生态城镇建设过程中很重要的文化品牌。这个文化品牌的背后，就是以社会照顾作为发展思路。未来如何结合艺术社群，利用蝴蝶元素创发不同的文创产品，

---

① 廖嘉展：《从桃米青蛙村到埔里蝴蝶镇的愿景建构——兼谈生态城镇生态·生计·生活与生命的揉转效应》，《生态城市与绿色建筑》2014 年第 2 期，第 84 页。
② 廖嘉展：《从桃米青蛙村到埔里蝴蝶镇的愿景建构——兼谈生态城镇生态·生计·生活与生命的揉转效应》，《生态城市与绿色建筑》2014 年第 2 期，第 84 页。

形成可持续发展的产业模式，是攸关整个埔里镇转型的关键。"花若盛开，蝴蝶自来"，有理由相信，天天都有新变化的埔里未来会成为蝴蝶的天堂。

三 "桃蛙源""蝴蝶镇"带给澳门社区经济发展的经验与启示

在从 1999 年进入埔里桃米协助桃米灾后重建到现在长达 20 年的时间里，新故乡始终在思考如何将地方识别、社区营造、社群经济发展等结合起来统筹考虑，一直在追寻如何在社区营造的过程中再现地方价值，如何在繁荣地方经济的同时实现个人价值，实现人与环境的双赢，庆幸的是，他们的尝试得到许多人的肯定，并取得了成功，努力没有白费。梳理分析这两个案例，不难发现，无论是桃米里的蜕变还是埔里镇的转型，新故乡都是通过梳理地方文化资源，提取独特而具有代表性的元素（在桃米是"青蛙"，在埔里是"蝴蝶"），将其作为地方识别与社区营造的根本，又与当地其他社群紧密协作，创建跨领域合作机制，才成就了如今的"桃蛙源"和"蝴蝶镇"。具体来说，他们的做法又可细分为以下几点。

（一）充分发动最广大当地居民的力量

当地居民是社区营造的主力，没有谁比当地居民更了解自己的社区，如果没有他们的主动参与，无论有多少外援（包括人力、物力和财力），输多少血，都不起根本作用，改变、建设要从内部开始。只有居民发自内心地想要主动改变、建设故乡，并且这种愿望成为所有当地居民的集体行动，才能真正建成"新故乡"。桃米村的成功就是所有居民积极参与、自力营造的结果。新故乡从开始就意识到这一点，因此从桃米村最初的发展定位设计到后来的实施过程，新故乡都充分征询居民的意见，发挥他们的自主性，激发其主人翁意识，让他们真正做到"of the people",无论是大的愿景规划还是细节的实施,如社区内草坪的设计、湿地的维护管理、到处可见的彩绘青蛙,都由居民来做,让村民在建设过程中真正感受到"我参与,我幸福",油然而生出主人翁意识和自豪感。

(二)社区认同是社区营造的核心

台湾"行政院文化建设委员会"在2004年出版的文化小册子中指出:"社区营造的真正意涵是运用各种方法和手段,使居住在一个社区内的居民凝聚共识,通过大家的参与,共同规划社区的愿景,面对社区的问题,也就是希望恢复并提升社区中已经逐渐丧失的居民自主能力。"[①] 可见营造社区居民对社区文化的认同感和社区归属感是社区建设的核心,只有让居民从内心达成共识和认同,在认同成为一种大家集体价值的共识之后,居民才能生发出自信,才能"心往一处想",劲儿往一处使,产生更大的行动力,自主参与社区建设与治理。

(三)以区域愿景引领跨域社群共同治理

纵观埔里桃米社区营造的发展历程,十几年来,新故乡始终以美好的发展愿景来引领跨域社群共同治理,从桃米"生态青蛙村"定位到埔里"蝴蝶生态镇"规划,愿景的认同与实践将新故乡与当地居民及其他当地社群团体紧密团结在一起,构建起跨域合作机制。可以说,正是集合了当地所有社群的共同力量,才有了今天的新桃米、新埔里。而作为这些愿景的主要推动者和参与者,新故乡一直在不断调整角色定位,以更好地陪伴、扶持社区营造,从灾后重建初期的强势

---

① 杨海军、王书琪:《台湾社区营造建构的启示——以教育在台湾社区营造中的功能为视角》,《当代继续教育》2017年第4期,第76页。

培养,到重建中期的柔性陪伴,再到后期筹建"纸教堂新故乡见学园区",转型为社会企业,新故乡始终在追寻组织的持续发展,以期作为社会进步持续陪伴的动力,与社区共同成长、进步。

(四) 地方资源和特色产业是社区营造的基础

社区营造的模式固然是"无中生有"地创造资源和产业的发展模式,但如果能"有中生新",深挖当地特有资源,发展内涵特色产业,则往往可以事半功倍。桃米社区的蜕变、埔里生态镇的成功,都是紧紧依托当地特有的资源"青蛙""蝴蝶",在"新"字上做文章,别出心裁地使青蛙成为"老板",将蝴蝶保育做成产业,走出了一条生态产业化、产业生态化相结合的新路。

(五) 持续的学习创新是社区永续发展的动力

学习的作用主要有两个,一是启发居民转变观念,改变居民"久入芝兰之室而不闻其香"的现状,使其重新认识家乡的资源,发现家乡的价值,形塑新的价值观及世界观。在对家乡与社区有了重新认识与认同后,居民才会发自内心地去营造和建设;二是重构个人的知识系统,为社区建设进行技能与知识储备。在桃米重建案例中,从一开始,新故乡就为居民设置了不同的学习课程与体系,如生态解说员的认证、民宿的经营与管理、家乡菜的料理、原生植物的栽培、生态池营造等,鼓励引导居民积极参与学习活动,以知识创造经济。随着小区建设不断发展,又开设长青绘画班、音乐社团等,以提高其艺术修养,正是这些持续不断的学习,源源不断地为社区营造提供新的动力来源。

(六) 实现人与环境的双赢是社区营造的最终目标

社区营造的出发点和落脚点就是实现人与环境的双赢。以桃米社区为例，居民在生态村发展模式的引导下，将桃米建成了集生态、生产、生活"三生一体"的小区，使桃米成为"青蛙和鸣"的世外桃源，实现了桃米的永续发展。在这一过程中，桃米优质的生态环境也转化为巨大的生产力，为桃米吸引来更多的游客，进一步促进了小区新兴产业，如民宿、解说、餐饮等产业的快速发展，实现年产值超过1亿台币，居民在收入与社会福祉得到提高的同时，其生命价值与意义也得到提升。

四 结语

一个地方不只是一品，而是一个地方集体意识的总体表现。地方资源与地方发展意愿，正是地方识别与特色产业发展的根本，以此为引导，进行跨域社群的共同治理，则会使地方特色产业发展获得更多的收益，这也是"桃米青蛙村"与"埔里蝴蝶镇"成功背后的"奥秘"。澳门的社区经济发展，不仅要以产业发展为出发点，还要探寻如何让社区的自我认同成为价值共识，有了这种共识，文创产品和产业发展才更具有增值效应，才能在发展地方经济、再现地方价值的同时，唤起居民的文化自觉，重塑居民自信，彰显人生价值，提升幸福指数，实现人与环境的双赢。

参考文献

[1]〔美〕凯文·林奇：《城市的印象》，项秉仁译，中国建筑工业出版社，1990。

[2] 廖嘉展：《从桃米青蛙村到埔里蝴蝶镇的社群经济营造》，《小城镇建设》2015年第11期。

[3] 廖嘉展：《从桃米青蛙村到埔里蝴蝶镇的愿景建构——兼谈生态城镇生态·生计·生活与生命的揉转效应》，《生态城市与绿色建筑》2014年第2期。

[4] 杨海军、王书琪:《台湾社区营造建构的启示——以教育在台湾社区营造中的功能为视角》,《当代继续教育》2017年第4期。

Local Identification and Local Characteristic Industries
—Community Economic Construction from the Taomi Frog Village to the Puli Butterfly Town, Taiwan

Liao Chia Chan, Gao Yumin

Abstract: Local identification is a representation of its general profit. Developing local characteristic industries through community construction is an important method to rebuild local image and enhance local identifiability. In the process of building Taiwan's communities, based on their unique local cultural resources, Newhomeland Foundation carried out cross-regional community governance collaboration with the orientation of self-identity and value sharing as well as the beautiful vision of regional development, and hence created a development mode combining local identification with the creation and development of local characteristic industries. As a result, Puli and Taomi became fairyland of singing frogs and dancing butterflies. In the process of community construction, it is necessary to not only make best use of local environmental resources to promote local economy and reproduce local values, but also reshape and improve residents' self-confidence, strengthen their community identity, help them achieve self-realization, enhance their sense of well-being and ultimately realize the win-win for both the people and the environment. This is what Macao can learn from Taiwan's community construction.

Keywords: Local Identification; Community Building; Characteristic Industries; Community Identity

岛屿和连接

俞 坚 孙肇阳[*]

摘 要：澳门作为一个岛屿，既可以理解成一个地理的岛，也可以理解成一个文化的岛、一个政治的岛、一个地方的岛。我们所说的"岛屿和连接"，主要是想讨论地方的复杂性，以及在这样一个既相互分离又相互连接当中，我们如何对待这样的复杂性。这既牵涉地方的发展问题，也牵涉个人的生活态度和生活价值的问题。

关键词：岛屿 连接 创意营造 社区经济

我们知道，地方其实是由每一个人构成的。比如，虽然是一栋大楼，但其实里面有各种各样的人，所以也有各种各样的生活方式。另外，地方其实也有正面与背面的区别，一座城市的某个住宅区，到了晚上可能就变成一个夜市，这种情况在大马路上却是看不到的。另外，地方也存在不同的政治、不同的权力之间的争议。地方有各种各样的人，他们相互之间行动的轨迹与空间的分层这些问题要是放到设计的角度来说，就变得非常复杂。

因此，我们可以在一定程度上将一个地方看作一个社区，它以人

---

[*] 俞坚，中国美术学院科研创作处处长；孙肇阳，北京大学艺术学院2016级硕士研究生。

为核心和主体,聚集在一个不断演化发展的地理范围内,彼此形成互动、沟通、依赖和竞争关系,具有对社区的归属感和认同感,享有并遵守共同的规范。① 也就是说,从日常生活的角度观察地方,即使很小,可能也会牵涉人与人、人与物品之间很复杂的关系,而这也正是社区营造所关注的问题。

起源于20世纪50年代末日本造乡运动的"社区营造",经过不断地发展演进,已成为日本解决社区发展问题的主要方式。日本对社区营造的定义为:是以居住在同一地理范围内的居民为主体,以集体行动来处理共同面对的社区生活问题,将传统文化融入现代生活中,在解决问题的同时创造共同的生活福祉,慢慢地,居民彼此之间以及居民和社区环境之间建立起紧密的社会联系,实现传统社区的再生。② 1991年,我国台湾邀请日本千叶大学宫崎清教授传授造乡运动的发展经验,随即在全台湾展开了一场以文化为主旨的"社区总体营造"运动。之后,台湾"行政院文化建设委员会"对社区总体营造的定义为:以社区共同体的存在和意识作为前提和目标,借社区居民积极参与地方公共事务,凝聚社区共识,经由社区的自主能力,使各地方社区建立属于自己的文化特色。如此因社区民众的自主与参与,生活空间获得美化,生活品质获得提升,文化、产业、经济得以复兴,进而促使社区活力再现。如此全面性、整体性地规划和参与社区经营创造的过程。③

社区营造的作用在于一点一滴地唤醒人们对土地、对家乡的感情,增强居民的自信心和扩大社区自组织的权利,改善社区环境,并

---

① 王淑佳:《社区营造视角的古村落旅游开发与保护研究》,硕士学位论文,华南理工大学,2013。
② 〔日〕佐藤滋:《社区营造的方法》,陈金顺译,台湾"行政院文化建设委员会"文化资产总管理处筹备处,2010。
③ 顾晓伟:《从我国台湾地区"社区总体营造"运动看我国旧城更新》,《现代城市研究》2007年第4期,第48~54页。

促成其自我价值的实现，实现社区自治，建立永续社区，它是一个自下而上、浩大绵久的家园再造工程。

挖掘社区历史文化是提升社区认同感的前提。社区认同是指居民对所居住的生活的熟悉感，且借由居民的共同利益、相同理念及行动所产生的共同意识。在传统的社区中，共同的信仰是凝聚社区感的重要元素，发掘社区历史文化的过程正是重新发掘共同信仰的过程，社区居民能够在这一过程中增强社区感，规划共同的社区营造愿景，并从中发现社区所具备的优势和资源。中华民族有着浓重的乡土情结，社区本不该是一个冷冰冰的建筑群，每一位居民、每一条街都应该有其独特的魅力，只有这样才能吸引和凝聚居民，给社区带来活力、带来新鲜感。

自下而上的建设模式是社区营造的关键。尽管决策时间和见效周期会比较长，但对社区的文化建设有着深刻和持久的影响，因为这不是一个标准化、程式化的模式，而是激励居民自主创造活动的方法，它鼓励居民从有人情味的空间环境开始建设，循序渐进，构建更精致和多元的空间。

发掘社区产业特色是建设永续社区的必然之举。社区建设容易将眼光禁锢在社区"小"的方面，单纯地将其看作一个行政区域或者一个居住环境。然而，社区却是一个"大"舞台，是整个社会不可分割的一部分，是社会结构转化为人们行为的桥梁。唯有复兴当地经济，才有可能创造工作机会和发展前景，才能留住年轻人，社区营造才可能有持续的力量，居民的参与也才会有持久的动力。

根据日本千叶大学宫崎清教授的主张，社区营造主要分为五个方面："人"指的是社区居民需求的满足、人际关系的经营和生活福祉的创造；"文"指的是社区共同历史文化的延续、艺文活动的经营以及终身学习等；"地"指的是地理环境的保育与特色发扬、在地性的延续；"景"指的是"社区公共空间"的营造、生活环境的永续经营、独特景观的创造、居民自力营造等;"产"指的是当地产业与经济活动的集体经营、地产的创发与行销等。人、文、地、景、产作为社区营造的主要着力点,互相联系,密不可分。那么,如何将这几方面有效联系起来呢?以下举两个案例来说明。

案例一　抽象之岛——艺术村落

在今天杭州边的一片郊区,中国美术学院的入驻带动了周边乡村的发展。在这个过程中我们做了一件事情,就是将学校北边的村落改建成了一个艺术村落,通过引入艺术家的方式,希望为原先普通的村落注入创意与活力,由此带动整个村落发展。我们的努力取得了不错的效果,原来里边村民的收入还是比较低的,但是通过我们的努力,有2/3的房子被租出去,一栋房子租出去一年的租金收入可能会达到10万元,也就是说,有2/3的农民从原来生活得比较贫穷变得比较富裕了。同时,这个村原来对地方来说是不纳税的,但是通过一些企业的引入,这个村第一次给地方交了税,有了税收就可以做更多的事情。从这个意义上来说,艺术村落帮助了农民,帮助了这个地方富裕起来。

但是若干年之后,经过调查,我们发现还是存在一些问题。在这里,艺术家、游客和当地的村民之间,实际上存在很深的隔阂。

首先,村民不满意。虽然这里来了很多的游客,但是他们与村民并没有产生关系,因为村民是种茶叶的,他们只是想卖掉一些茶叶,但是游客来这里的目的并不是买茶叶,而是想买艺术品。也就是说,村民只是相当于房东,艺术村落的整个业态跟他们没有发生联系。

其次,游客也不满意。游客听说这里是艺术小镇,他们带来很多钱,准备来买一些艺术品。但是没想到这里的艺术家都是很牛的艺术家,他们都是直接与著名的画廊或者展览连接,他们根本不从事商业性绘画,而他们在艺术村落的工作室也不想让游客进去打扰。所以游客觉得他带来了钱，但是最后钱没有花掉。

同时，对这些工作室的艺术家来说，他们也很烦。本来他们跑到这个山村来，是因为觉得这里很幽静，可以在这里安静地进行一些创作，结果没想到整天都有人来参观，变得比城里还热闹，艺术村落的开发破坏了他们原先舒适的工作环境。

所以在这种情况下，我们刚才说的艺术村落建设，诚然取得了一些成绩，但其实还是存在问题，就是如何将村民、游客和艺术家重新连接起来的问题。

我们也让同学做了一些作业，从理想的角度来探讨怎么样帮他们重新连接起来。有的同学提出来，可不可以互相帮助。比如说一个农民开了一家茶馆，但这家茶馆实在是太土了，游客根本没兴趣进去，假如说让艺术家帮助这个农民把他的茶庄装饰得非常有艺术品位，可能农民的茶叶也会卖得更好。而把游客的人流吸引到茶馆之后，艺术家也可以减少被打扰的烦恼。类似这样的，有很多更进一步的方法把他们连接起来。

通过这样的案例，我想告诉大家的是，地方其实是非常复杂的，我们简单地解决一个地方的经济问题，可能表面上解决了，但是从更深的层次来说，人与人之间的连接，人、文、地、景、产各要素之间的联系，以及大家共同的发展，还需要一些更深入的考虑。

案例二　具象之岛——鼓浪屿

另外一个案例，我想讲一讲鼓浪屿。如果刚才我们说的是抽象的岛屿，是人与人之间的那种隔阂，那么鼓浪屿则是一个真正的岛屿。

鼓浪屿这个岛屿曾经很有名，由于历史原因，有16个国家的领事馆都建在上面，所以今天它形成一个万国博览会，游览的人非常多。但是它也遇到很大的困难，别的地方想发展却没有游客，但是鼓浪屿游客太多了。把前来参观的游客都拒绝，好像也说不过去，但是要全部接纳，当地旅游接待能力又的确有限。

所以，在鼓浪屿这座岛上，我们说有三方的矛盾。一方是游客，众多游客的到来使景区接待不暇，使其服务水平大打折扣，游客自身的旅游体验也会受到影响。一方是社区的居民，大量游客的到来干扰了社区居民原本的生活。比如，在中国有一位著名的现代诗人叫舒婷，她就住在这座岛上，结果有张地图把舒婷住的地方标示出来，自此前来观光的游客络绎不绝。最后舒婷托人将其住所从地图上抹掉，抹掉之后她的生活终于重归宁静。

除了游客和社区居民，岛上古建筑的保护也成问题，因为在这样大规模的发展下，古建筑的保护也非常困难。

在这种情况下，鼓浪屿怎么发展就引起了很大的争议。有的人提出封闭鼓浪屿，采用预约制，每天鼓浪屿只能上多少人，要通过预约的方式才能上来。但是我坚决反对这种办法，如果你把一个地方用围墙围起来，每天收几张票，这个地方就不会有真正的活力，它最多只能变成一个封闭的博物馆。一个地方的活力就在于它的开放性，开放性是这个地方的活力所在。鼓浪屿有着辉煌的历史价值和文化价值，这座岛上也生活着很多社区的居民，它理应保持开放性，这样才能持续发展下去。

在这种情况下，我们提出，是不是可以在空间上做一些更精确的分区。就像现在对城市的交通管理上一样，表面上看起来堵车，但是通过人工智能的办法，通过数据化的办法，可以大大提高城市的空间效率。对鼓浪屿的空间，我们把它分成动区和静区，在时间流线上，把它分成游客的流线和居民的生活流线。通过这种时空的立体化管理系统的建立，我们希望鼓浪屿能够在保持它现有的开放与包容的情况下，妥善处理好上述矛盾。

通过更有效的管理、更精妙的创意设计，将人、文、地、景、产有机地结合起来，可以把现实中存在的问题更好地解决。对于今天的香港、今天的澳门,鼓浪屿这个小小的案例可以给我们一个启发。

　　社区的特色都是在比较当中产生的,如果只盯着自己的社区看特色,可能越看越容易陷入自我保守。但如果将社区开放,和更多其他的文化、其他的人员有更多的互动,就更容易找到自己的特色,而且这种特色还能够进一步发展。澳门有一个先天的优势,那就是开放,可以充分利用这一优势,把这种开放跟内地相连接,与沿海发达地区的社区在文化上、资讯上和人际上更好地互动,在人、文、地、景、产这些方面多交流,推动文化与资源有效融合,这样社区会发展得更有活力,更有爆发力。

Island and Connections

Yu Jian, Sun Zhaoyang

Abstract: Macao is an island in the geographical, cultural, political and local sense. The topic of "island and connections" mainly discusses the complexity of the local area, and how we can deal with such complexity of both separation and interconnection. This involves not only local development, but also personal attitudes and values in life.

Keywords: Island; Connection; Creative Construction; Community Economy

另一种可能：乡镇建设

左 靖[*]

摘 要：乡镇建设的真正用意在于，通过合理规划和发展村寨集体经济，严格控制不良资本进村，保护好村寨的自然生态和社区文脉，以及乡土文化的承袭与言传。在此基础上，可以考虑发展可持续的艺术形式，比如与当地文化相关的公共艺术等。经过若干年的努力，实现生态博物馆、创意乡村（民艺中心）和公共艺术的价值叠加，带动当地文化和经济发展。

关键词：乡镇建设 空间生产 文化产业 产品生产

大家好。我是来自中国的策展人、乡村建设者左靖，同时，我还是安徽大学的副教授，以及两本杂志的主编。在从事乡村工作之前，我的工作地点在北京，工作领域是中国当代艺术和中国独立电影。

我是从2011年开始在安徽的乡村从事乡村建设工作的。我并非在农村出生长大，事实上，我跟乡村发生工作关系可以追溯到2001年，那是一个由我策划的在安徽农村举办的当代艺术活动，虽涉及一些乡村议题，但远远不是我们现在理解的乡村建设的概念。

---

[*] 左靖，安徽大学新闻传播学院副教授。

2001年是21世纪的开始，在中国，2001年也是当代乡村建设的开局之年。按照中国的一位学者北京大学教授钱理群的说法，从20世纪初一直到今天，先后有六代知识分子下乡从事乡村建设运动，每一代人都要面临前一代人所要面临的几乎完全相同的问题，即中国农村的政治、经济、文化的全面落后与贫穷状况没有发生根本改变。当然，改革开放之后，我们的第六代乡村建设工作者又会面临一些新的问题。

2011年，我和一位文化工作者开始以安徽南部的乡村——碧山村为工作基地，开展名为"碧山计划"的乡村建设活动。

2011年，我们成功举办了首届碧山丰年祭——一个试图恢复当地公共文化生活的活动。以这个活动为标志，我们启动了碧山计划：承续民国以来的乡村建设传统，动员各地的知识分子、艺术家前来碧山村。我们一方面开展共同生活的实验，尝试互助和自治的社会实践；另一方面着力于对这一地区源远流长的历史遗迹、乡土建筑、聚落文化、民间戏曲和手工艺人进行普查和采访，并在此基础上邀请当地人一起合作，进行激活和再生设计。除了传承传统、重建乡村公共文化生活，我们更希望把工作成果转化为当地的生产力，为农村带来新的复兴机会。

2016年初，碧山计划因故终止。

碧山计划的终止，原因是多方面的。至少有两点经验可资借鉴：一是在农村工作，如果罔顾中国农村的政治和社会现实，照搬我们在城市的工作方法，注定会失败；二是知识分子在农村的工作空间比我们以前想象的要有限得多。

下面进入正题，谈一下我在中国贵州农村的工作。贵州是中国最贫困的省份之一，位于中国西南部，我们工作的地点是在贵州东南部的一个县，名字叫黎平，它是中国一个少数民族——侗族的聚居地。

长期以来，由于交通不便，经济欠发达，这一地区大体保留了农耕时代的生活和生产方式。随着中国整体经济的发展，尤其是2015年12月贵广高铁的开通，这一地区迅速感受到资本的觊觎。

早在2005年初，任和昕，我目前贵州工作的搭档、前著名媒体财经记者，就在黎平县地扪村创办了中国第一家民办的生态博物馆并担任馆长。生态博物馆一词来自20世纪70年代的法国，有点类似文化保护区的概念，在注重对村落生产生活的记录和文化传习的同时，引入村民参与村落管理，强调村民是文化真正的主人，鼓励他们以民主的方式管理自己的文化，并依照可持续发展的原则利用自己的文化造福于社会。当然，这个西方概念描述的是一种理想的状态。

事实上，遥远的地扪村并非湮没无闻，一些有心的文化探险者时常会去造访。在2008年5月出版的美国《国家地理》杂志上，我所熟悉的美国华裔作家谭恩美发表了她访问地扪村后的文章《时光边缘的村落》。文章的开头是这样的：

> 一千年来，侗族人过着歌声萦绕的生活。现在他们独特的文化依然薪火相传——但还能传承多久？

2015年5月，当我第一次踏入地扪村时，我脑海里萦绕的也是这句话。

虽然交通状况已经大为改善，但每次去地扪的旅程都十分漫长，途中耗费的时间相当于去了一趟美国。经过一年十余次的探访，我逐渐与任和昕馆长确定了在地扪生态博物馆的"管辖"范围，亦即茅贡镇的地理范围，启动被我称为乡镇建设的茅贡计划，并且把最初的工作放在茅贡镇——一个管辖着15个行政村的中国最基层的行政机构所在地。

与乡村建设的对象是农村不同的是，乡镇建设的对象在这里指的是非县治（县城）所在地的乡、镇。它们的数量极其庞大，构成中国传统行政管理架构的末端。按照费孝通的说法（他称之为小城镇），就是"一种比农村社区高一层次的社会实体的存在"。但费孝通的考察对象大概多为中国江南一带经济比较发达的乡镇，对于地处偏僻的黔东南而言，这里的乡、镇恐怕只是一定区域范围内——大致包括十几个行政村的行政中心，除了数量有限的行政人员，以及少量从事非农经营的人口外，大部分人口仍在从事农业生产。由于经济欠发达，这里的乡镇面貌更多呈现出一种接近于农村的景观，只是在乡、镇政府所在区域，除了保持乡镇建制所必须拥有的空间外，尚有一些缺乏规划的商业空间和其他消费空间；同时，由于缺乏竞争力以及新型小经济形态不断出现，产业或消费空间的转移和消失遗留下一定数量的废旧空间，构成这一带乡镇特有的粗粝肌理。

在明显缺乏特色和吸引力的乡镇建筑风貌之外，幸运的是，作为中国传统村落最密集的地区，黔东南一带拥有极为丰富的自然生态资源和乡土文化资源（包括物质文化遗产和非物质文化遗产），加上多年的生态博物馆实践所打下的坚实基础，这些条件让我们可以摆脱目前国内时髦的乡村建设风潮的影响，思考另一种可能：乡镇建设。

我们前期的工作包括分批次邀请国内外建筑师、设计师、艺术家逐步改造乡镇闲置的国有资产，分期建设一系列的文化艺术空间和服务设施，如艺术中心、民艺中心、书店、旅店等，通过开创一种混杂的文化经济模式，使外来的资源在此集中和生发，同时，当地的资源不再流失或者外溢。把内（当地的资源）与外（艺术设计和商业模式）两个方面勾连起来，使乡镇的文化和商业功能足够强大，以便向周边村寨辐射。村寨有条件地满足适度的观光需求，不承载过度的旅游开发，最终使乡镇成为物质生产和消费、文化生产和消费的目的地。

我们认为，乡镇建设的真正用意在于，通过合理规划和发展村寨集体经济，严格控制不良资本进村，保护好村寨的自然生态和社区文脉，以及乡土文化的传承。在此基础上，可以考虑发展可持续的艺术形式，比如与当地文化相关的公共艺术等。经过若干年的努力，实现生态博物馆、创意乡村（民艺中心）和公共艺术的价值叠加，带动当地的文化和经济发展。

茅贡计划的具体实施过程被我归纳为三个生产。

一是空间生产。这里的空间主要是指物理空间。我邀请了中国最有影响力建筑师之一的梁井宇主持最初的空间改造工作，接下来的空间改造还包括镇上的供销社及其附属建筑。

作为茅贡计划之"空间生产"的开端，几座位于308省道边的闲置资产经过改造，将成为乡镇新的文化载体并投入使用。粮库和周边旧建筑将通过屋面翻修及室内改造，整改为以公共艺术研讨、地方手工艺和农产品展示为主的文化艺术空间，包括展厅、书店、创客中心、艺术家工作站、导览中心、茶室等附属设施。外部采用当地传统做法及材料，围合建造一条分隔喧闹的公路与安静的展厅的廊道，将现有室外空间划为三个大小、形状、使用目地不同的院落。旧粮库将得到修护，保留大部分旧墙面。新的搭建工艺和材料就地取材，但在某些屋面的改造上对传统做法进行了改良。

二是文化生产。文化生产将首先围绕茅贡镇所辖范围内的自然资源和人文资源展开，邀请本地学者、村民、外来的艺术家、设计师和人文学者分工协作，以调研、出版和展览等形式，深入梳理和探究当地文化，利用现代媒介和传播手段，既使本地民众通过大家的工作重新认识自己的社区，又让外来者得以系统了解当地文化从而展开研究，并在此基础上教育和培训当地青年人，吸引他们共同参与建设。目前正在进行的项目，包括米展（对应当地的全球重要农业文化遗产——侗乡稻鱼鸭复合系统）、地扪书院系列出版物（"村寨系列丛书"、《茅贡》杂志等）和艺术家为本地定制的艺术作品（本地题材以及利用废旧建筑和户外创作的公共艺术作品）等。

作为文化生产的开端，粮库艺术中心开幕展由四个部分组成，一是摄影师李玉祥的"20世纪80年代的侗族乡土建筑"；二是百里侗寨风物志；三是茅贡计划参加第15届威尼斯国际建筑双年展中国馆的四个视频；四是三位独立设计师品牌的展示。

"20世纪80年代的侗族乡土建筑"是本次开幕展的主展。我们借用长期从事乡土建筑摄影的摄影师李玉祥的侗族木结构建筑作品来反思当代建筑。

20世纪以来，以钢筋混凝土建筑为代表的现代主义建筑狂飙突进，这些随心所欲的"迷人"建筑彻底改变了人类的居住地图，同时，它们仿佛又是人类欲望在这个地球上的映射：要更多、要更大、要更高——坦率地说，很少有人能拒绝这种诱惑。然而，这些现代建筑需要巨量的自然界不曾存在的异质材料，并且它们通常都建造在一个区域内最好的土地之上，嗯，事实上，它们与土地的破坏关系是不可逆转的——毫无疑问，很少有人会考虑这些问题。

与此截然不同的是木结构建筑。今天，我们对木结构建筑的推崇并不是对农耕文明的简单怀旧，也不是把木结构建筑夸张成完美之物，更不是说木结构建筑不需要创新且必须要跟现代生活绝缘。我们对木结构建筑的推崇，旨在表明在面临现代性危机时，我们必须躬身向传统学习。

千百年来，我们的侗族祖先就以自己的智慧，发展出在农耕时代堪称完善的木结构建筑体系。在这个表明生活态度的体系中，价值观和道德观贯穿其中，象征意义与视觉需求有效且克制，功能性和审美多样性完整且统一，建造的规制要求与自由延展巧妙结合，特别是与自然环境的融合和对土地的友善是侗族木结构建筑最让人欣赏之处。

另一个与本地文化相关的展览是"百里侗寨风物志"，这是一个介绍这一地区风景和物产的展览。有意思的是，在《纽约时报》公布的 2016 年世界上 52 个最值得到访的旅游目的地中，中国仅有贵州和杭州上榜。贵州的上榜理由是拥有"正宗的中国山地部落，还没有大众旅游。"

这看起来像是一个讽刺，因为当地政府正在发展全域旅游，也就是全省域范围内的大众旅游。所以，在展览的前言中我这样写道，发展高品质的大众旅游，把这一地区发展成一个独特的文化旅游和艺术观光的目的地，让每个人都能有机会领略到百里侗寨的自然与人文之魅，既是政府主导下的全域旅游的必由之路，也是考验我们如何避免破坏性旅游开发的关键时刻。

"另一种可能：乡镇建设"，亦即茅贡计划，作为第 15 届威尼斯国际建筑双年展中国馆的参展作品，目前正在威尼斯展出。我们通过四个视频短片来传达茅贡计划的概念。这个作品作为特别项目参与了本次的开幕展

开幕展的另一个特别项目是三位独立设计师品牌的展示，包括本土品牌"吴天喜"，一个长期与当地手工艺结合的设计师品牌。这也是下面我要提到的产品生产的组成部分。

三是产品生产。产品生产是茅贡计划的重要环节，也是使这一项目可持续的基本条件。在长达 10 年的时间里，在此耕耘的地扪生态博物馆构建了一个乡村和城市可以共享自然馈赠的系统，恢复并建立了农村家庭与城市家庭互信互惠的生产/消费关系，扶持并创建了当地人的经济体——社区生态产业合作社。村民以生产小组或家庭作坊的形式加盟，生态博物馆提供培训支持和品质监控，社区生态产业合作社负责组织生产和加工，创意乡村联盟负责产品研发及设计推广。整个系统在增强集体经济活力的同时，也提高了村民的收入，带动了当地经济的发展。

茅贡计划才刚刚开始，事实上我很难预料它今后的发展。在某种

意义上，茅贡计划是碧山计划的升级版，是我们面对现实时的一种妥协，或者说是一种更务实的选择。在今日中国的政治与社会环境下，知识分子进行乡村建设的空间究竟有多大，碧山计划已经给出一个答案，也许茅贡计划会提供另外一个答案。

谢谢大家。

Another Possibility: Town Construction

Zuo Jing

Abstract: The actual intention of town construction is to strictly prevent bad capital from entering the villages through rational planning and developing the collective economy, and protect the natural ecology and community context of the villages and the inheritance of the local culture. On this basis, consideration could also be given to the development of sustainable art forms, such as public art forms related to the local culture. The goal is to achieve the value superposition of ecological museums, creative villages (folk arts centers) and public art after years of effort, thus driving local cultural and economic development.

Keywords: Town Construction; Production of Space; Cultural Industry; Product Manufacturing

通向强人工智能的类脑计算

黄铁军　李安琪[*]

摘　要：现有的人工智能均为弱人工智能，文化产业中运用的人工智能相关技术也是如此。强人工智能与弱人工智能相比，能够模拟人类的全部心智，具有自适应性。六十年来人工智能实现智能的四种途径都有各自的局限，尚无法实现强人工智能。要实现强人工智能，需要摆脱"制造智能须先理解智能"的迷思，要以生物大脑为参照，制造结构仿脑、功能类脑、性能超脑的仿真大脑。基于目前相关领域的研究成果以及对科技发展的速度的预期，制造仿真大脑完全有可能在未来十到三十年实现，对仿真大脑进行训练就可能涌现出强人工智能，人类社会将进入超越自身智慧的强人工智能时代。强人工智能将颠覆文化产业中的内容生产等一系列核心领域，文化产业也将随之发生根本性巨变。

---

[*] 黄铁军，北京大学信息科学技术学院教授，计算机科学技术系主任，教育部长江学者特聘教授；李安琪，北京大学艺术学院2017级硕士研究生。

关键词： 人工智能　强人工智能　类脑神经计算机　文化产业

一　引言

文化产业发展要素包括技术、人才、环境宽容度、区域发展和企业运用的经济模式以及文化艺术创意类资源五大要素。技术作为文化生产活动的基础，经历了手工技艺、机械技术、数字技术和网络技术等形态的不断演进。2016年，全球人工智能发展迎来新一轮高潮，发生了若干具有标志性意义的事件。据普华永道预测，到2030年，人工智能将推动全球GDP增长14%。中国和北美有望成为人工智能的最大受益者，总获益相当于10.7万亿美元，占据全球增长比例的近七成。对于文化产业来说，"文化产业+人工智能"无疑是未来发展的一大趋势。

正是在这样风起云涌的背景之下，2017年4月11日，《文化部关于推动数字文化产业创新发展的指导意见》指出，优化数字文化产业供给结构是数字文化产业的发展方向之一，倡导"深化'互联网+'，深度应用大数据、云计算、人工智能等科技创新成果，促进创新链和产业链有效对接。提高不同内容形式之间的融合程度和转换效率，适应互联网和各种智能终端传播特点，创作生产优质、多样、个性的数字文化内容产品"。2017年4月19日，文化部又发布了《文化部"十三五"时期文化产业发展规划》，提出"提升动漫、游戏、创意设计、网络文化等新兴文化产业发展水平,大力培育基于大数据、云计算、物联网、人工智能等新技术的新型文化业态,形成文化产业新的增长点"。国家出台一系列规划和政策,为文化产业与人工智能的深度融合营造了良好的环境。

早在基于国家顶层设计的相关论述之前,人工智能技术已经在文化产业领域得到应用。

2015年9月,腾讯发布国内首篇由机器人撰写的新闻。此前美联社、《纽约时报》等西方媒体已尝试应用机器人编辑。2016年,机器人写作的新闻在不少媒体渐成常态。同年9月,索尼音乐发布首次由人工智能完整创作的流行歌曲。至于作画、写小说乃至剪辑影片,人工智能也不在话下。麦肯公司干脆将一款自主研发的机器人任命为创意总监,用以根据客户提案撰写广告方案。[①] 但是一直以来,人工智能领域有两个难题,一是情感,二是创造。人类创作者的意识优势,使我们仍处在"创造"食物链的顶端,人工智能只是协作者。这样的人工智能仍然属于弱人工智能,而强人工智能则可以具备人类的情感体验和创造能力,具有自适应性。

二 强人工智能与弱人工智能

弱人工智能,亦称专用智能(Applied Artificial Intelligence,AI),是指为了解决某一特定问题,并在此方面比人类做得更加出色的人工

---

① 王瑜:《人工智能,解放人力还是加重焦虑?》,《工人日报》2017年3月17日。

智能。比如，能下国际象棋的 AI，能够处理日常琐事且屡次获奖的 IBM Watson，以及大量医疗设备和自动驾驶系统。弱人工智能现今仍是计算机科学研究中比较活跃的一个分支。

强人工智能也称通用人工智能（Artificial General Intelligence，AGI），是指达到或超越人类水平的、能够自适应地应对外界环境挑战的具有自我意识的人工智能。

迄今为止，人工智能系统都还是实现特定功能的人工智能，不像人类智能那样能够不断适应复杂的新环境并不断涌现出新的功能，因此都还是弱人工智能。

从 1956 年在美国达特茅斯学院举行的"人工智能夏季研讨会"（Summer Research Project on Artificial Intelligence）算起，人工智能登上历史舞台已经 60 年，其间出现了三次高潮和两次低谷，直至 2016 年新一轮高潮到来。经典人工智能的潮起潮落，引起了人们对人工智能概念的大讨论，讨论的结果之一就是区分出弱人工智能和强人工智能。

麦卡锡等 4 人于 1955 年夏季向洛克菲勒基金委提交的研讨会申请书中，列出了计划研讨的 7 个话题，分别为：

（1）自动计算机（automatic computer）："自动"指可编程，并无超出"计算机"这个概念的新含义；

（2）编程语言（how can a computer be programmed to use a language）：没有超出软件编程的其他含义；

（3）神经网络（neuron nets）：研究"一群神经元如何形成概念"；

（4）计算规模理论（theory of size of a calculation）：计算复杂性理论；

（5）自我改进（self-improvement）：真正的智能应能自我提升；

（6）抽象（abstractions）：对感知及其他数据进行抽象；

（7）随机性和创造性（randomness and creativity）：创造性思维可能来自受控于直觉的随机性。

今天来看，（1）、（2）和（4）都是计算机科学的基本内容，虽未完全解决，至少问题十分清晰；（3）是神经网络；（5）和（6）可以归入机器学习；（7）属于强人工智能。这4个问题尚未解决，甚至问题本身都尚未界定清楚。

这份申请书的基本思想，实质上是把这次研讨会建立在"学习或者智能的其他所有特征的方方面面，原则上都可以精确描述，从而制造出模仿它的机器（every aspect of learning or any other feature of intelligence can in principle be so precisely described that a machine can be made to simulate it）"这一设想的基础上。这个基本思想蕴含了一个前提假设，或者说预设了实现人工智能的技术路线：先精确描述智能。虽然有些智能的确可以精确描述，经典人工智能的符号主义和知识工程进行了成功的尝试，但是有些智能却不能形式化地描述，例如会议第七个话题涉及的直觉和创造性。经典人工智能的兴衰，正是这个基本思想的结果。

三 实现强人工智能的路径

（一）前四条路径

从人工智能的发展史中，我们可以总结出试图实现强人工智能的四种方式，分别为符号主义、连接主义、进化主义和机器学习，它们分别具有不同的思想依据和实现路径。

1. 符号主义

经典人工智能主张人工智能应从功能模拟入手，将智能视为符号处理过程，采用形式逻辑实现智能，故称为"符号主义（Symbolism）"或"逻辑主义（Logicism）"。符号主义学派初期过于乐观，1958 年，赫伯特·西蒙就曾预测计算机 10 年内就会成为国际象棋冠军。事实上，40 年后"深蓝"才战胜国际象棋冠军。符号主义对能够形式化表达的问题（例如下棋、定理证明）有效，但对很多事物（包括大多数人类常识）并不能显式表达，而且即使勉强实现形式化，还存在与物理世界的对应问题。相比之下，视觉、听觉等基本智能，看起来不如逻辑推理"高级"，但符号主义至今难以有效应对。想象、情感、直觉和创造等人脑特有的认知能力，符号主义更是遥不可及。

2. 机器学习

20 世纪 80 年代，经典人工智能式微，机器学习崛起。机器学习研究机器怎样模拟或实现人类的学习行为，以获取新的知识或技能，重新组织已有的知识结构，使之不断改善自身的性能。简言之，机器学习把人工智能的重心从如何"制造"智能转移到如何"习得"智能。机器学习有很多分支，其中部分与人工智能各个流派的基本思想有千丝万缕的联系，如强化学习与行为主义、深度学习与多层神经网络。统计学习是机器学习十分重要的一部分，它基于数据构建概率统计模型并运用该模型对数据进行预测和分析，因而被称为"贝叶斯主义"（Bayesiansim），或者更一般化地称为统计主义。机器学习摆脱了经典符号主义的思想束缚，让机器自动从数据中获得知识，特别是 21 世纪以来，数据驱动的人工智能取得了巨大成功。然而，机器学习的模型仍然是"人工"的，因此仍有其局限性，期望这种"人工模型"能够产生强人工智能，同样没有坚实的依据。

3. 进化主义

进化主义（Evolutionism）或控制论学派（Cyberneticsism）在 20 世纪 80~90 年代掀起了人工智能的另一波浪潮。进化主义也称行为主义（Behaviourism），思想源头是控制论，认为智能不仅来自计算引擎，也来自环境世界的场景、感应器内的信号转换以及机器人和环境的相互作用。90 年代，行为主义代表人物麻省理工学院的罗德尼·布鲁克斯领导研制的各种机器人走出实验室，进入家庭（吸尘和洗地），登上火星。近年来，万众瞩目的机器大狗（Big Dog）也是这一流派的力作，由麻省理工学院的另一名教授马克·雷波特（Marc Raibert）研制。行为主义的重要贡献是强调环境和身体对智能的重要性。然而，就像心理学中行为主义由盛到衰一样，行为主义如果不打开"大脑"这个黑盒，仍然不可能制造出强人工智能，就像黑猩猩再训练也学不会说话一样，被训练的"智能引擎"如果不到位，训练再多也无实效。

4. 连接主义

与经典人工智能自上而下（top-down）进行功能模拟的方法论相反，神经网络走的是自下而上（bottom-up）的结构仿真路线，因此被称为仿生学派（Bionicsism）或生理学派（Physiologism）。其基本思想是：既然人脑智能是由神经网络产生的，那就通过人工方式构造神经网络，进而产生智能。因为强调智能活动是由大量简单单元通过复杂相互连接后并行运行的结果，因而被称为"连接主义"（connectionism）。从罗森布拉特的感知机到当今如日中天的深度学习网络，人们设计了各种各样的人工神经网络，也开发出越来越强的智能系统。但是，迄今人工神经网络都过度简化，与生物大脑神经网络至少在三个层次上还远远不能相提并论。第一，人工神经网络采用的神经元模型是麦卡洛克和皮茨在1943年提出的，与生物神经元的数学模型相距甚远；第二，人类大脑是由数百种不同类型的上千亿的神经元构成的极为复杂的生物组织，每个神经元通过数千个甚至上万个神经突触和其他神经元相连接，即使采用适当简化的神经元模型，运用目前最强大的计算机来模拟人脑，也还有两个数量级的差异；第三，生物神经网络采用动作电位表达和传递信息，按照非线性动力学机制处理信息，目前的深度学习等人工神经网络在引入时序特性方面还很初级。因此，期望"人工"神经网络产生强人工智能，也还只是"碰运气"。

通过以上分析可以看出，虽然四条路径在通往强人工智能的道路上取得了很多成果，但都有其局限性，尚不能实现强人工智能。

（二）第五条路线——"仿真主义"

如果我们跳出传统思维的窠臼，就会发现通向强人工智能还有一条"新"路线——构建类脑神经计算机，这里称为"仿真主义"（Imitationalism）。

之所以称为类脑神经计算机，是为了和经典计算机相区分。经典计算机虽是迄今为止人类最伟大的发明之一，一直被作为实现人工智能的平台，但其本质为一个开关电路系统，擅长计算和逻辑，只是执行形式逻辑的机器，它的能力极限已经由哥德尔定理和"不可计算数"框定，虽亦被称为"电脑"，实则不能和"脑"相提并论，并非为制造智能这个目的而设计。

类脑神经计算机是仿照生物神经网络，采用神经形态器件构造，以多尺度非线性时空信息处理为中心的智能机器。类脑神经计算机与经典计算机相比，其重要意义在于给出了实现智能的一种更为合理的体系结构和实现途径，即使将来理论证明神经计算机仍然是图灵机[①]，也不能抹杀制造神经计算机的必要性。

具体来说，类脑神经计算机是从结构层次的仿真入手，采用微纳光电器件模拟生物神经元和神经突触的信息处理功能，仿照大脑皮层神经网络和生物感知器官构造仿生神经网络，在仿真精度达到一定程度后，加以外界刺激训练，使之拥有与生物大脑类似的信息处理功能和系统行为。

"仿真"路线之新在于它反转了"理解智能"和"制造智能"的前后关系，绕过"理解智能"这个更为困难的科学难题，先通过结构仿真等工程技术手段制造出类脑计算机，然后通过环境刺激和交互训练"仿真大脑"，实现类人智能。简言之，先结构后功能。

如何理解"先结构后功能"呢？任何客观对象都可以分为"结

---

① 1936年，阿兰·麦席森·图灵（Alan Mathison Turing, 1912 – 1954）为证明"不可计算数"的存在而提出图灵机模型。这一"思想实验"抓住了数理逻辑和抽象符号处理的本质：一台仅能处理0和1二元符号的机械设备，就能够模拟任意计算过程——这就是现代计算机的概念模型。

构"和"功能"两个层次：结构是功能的基础，功能是结构的表现。大脑的"结构"是指各种神经元（神经细胞）通过神经突触连接而成的复杂神经网络，"功能"是指大脑神经网络表现出的动力学行为，即思维和意识现象。大脑奥秘这个终极性难题，实际上是指"大脑（结构）何以产生智能（功能）"，或简称为"理解智能"难题。

意识产生机理难以突破的根本原因在于大脑是一个从神经元到网络系统都高度非线性的复杂动力系统。这类系统的重要特征是不能通过"还原"成基本单元的方式得到充分解释，例如大气和水流中的湍流，其构成单元十分清楚，现象也很明显，但背后的机理至今难以准确描述。因此，即使彻底搞清楚了大脑构成的所有物质细节和能量特性，也只是在认识意识的道路上迈出了第一步，意识作为大脑这个复杂非线性系统的高层状态和表象，只有借助认知神经科学发现甚至复杂非线性理论的突破，才有可能最终揭开其神秘面纱。

传统人工智能的思维定式是先理解智能再模仿智能。然而人类对自身智能的认识还处在初级阶段，对人类智能的理解还极其有限，"理解智能"这个终极性问题到底数十年还是数百年抑或数千年才能解决，都还是未知数。因此，把"制造智能"寄希望于"理解智能"，实质上是把解决问题的方案建立在解决另一个更难问题的基础上，犯了本末倒置的错误。

正如欧盟"人类大脑计划"（Human Brain Project）建议报告指出："除人脑以外，没有任何一个自然或人工系统能够具有对新环境与新挑战的自适应能力、对新信息与新技能的自动获取能力、在复杂环境下进行有效决策并稳定工作几十年的能力。没有任何系统能够在有多处损伤的情况下保持像人脑一样好的鲁棒性①，在处理同样复杂的任务时，没有任何人工系统能够媲美人脑的低能耗性。"只有人脑才是强人工智能最好的和唯一的参照物。

四 类脑神经计算机——智能进化新纪元

（一）类脑神经算机能够实现的技术理由

我们所在的物理宇宙是一个物质能量世界，同时也是一个形态世界，物质有限，能量守恒，而形态变化万千，形态和物质、能量一样，是世界本体的一个侧面，也是信息的根源。生物大脑、人类大脑、现在的计算机、未来的超级大脑，实质都是处理信息的智能体。从这个意义上讲，人脑是智能进化史上的重要一环，"超级大脑"也是，只是信息处理能力有所差异。我们相信"超级大脑"时代不久将会来临，这主要基于如下四个层次的技术理由。

第一，复制人脑。人类大脑作为生物自然进化的高级产物，本身并无神秘性，如果能在神经元、神经突触、神经回路和运行机理层次方面都逼近人脑，没有绝对理由否认这样的"模拟大脑"也能具备人脑的智能功能，甚至产生自主意识。而且这种"逼近"包括从分子意义上的"逆向工程"到功能意义上的精密仿真，其间"成功的间隙"可能相当大。

---

① 鲁棒性，亦即抗变换性（robustness），原是统计学中的一个专门术语，20世纪70年代初开始在控制理论的研究中流行，用以表征控制系统对特性或参数扰动的不敏感性。

第二,机器学习。人脑后天经验和知识的习得,既来自人类知识的书面传承,也包括随时进行的与环境的互动。近年来深度学习取得突破性进展,这从一个角度证明"学习"并不神秘。精确模拟人脑的"人造大脑",同样可以汲取人类既有知识,也可以接受视觉、听觉以及其他类型的信息刺激,实现经验的积累和能力的增长。全球数亿个摄像头已经让机器能够清晰观察地球上的风吹草动,物联网更让机器的触角渗透到物理世界的各个角落,全球数据量两年就翻一番,"模拟大脑"已经可以从日益增长的大数据中获取丰富的知识。

第三,性能超越。光电技术实现的神经元和神经突触等物理器件,可以比生物神经对应物快百万倍,密度也可以高出生物大脑多个数量级,因此人造大脑在性能上超越人脑没有任何悬念。

第四,进化永生。人类存在寿命限制,超级大脑却可以无眠甚至"永生",能够持续进化,超级大脑之间也可以通过高速信息交换进行协作(也可以说整体上是一颗"超超级大脑"),并设计出比自己更先进的新一代超级大脑。

(二) 类脑神经计算机的研制原则

"仿真主义"技术路线可总结为结构层次模仿脑、器件层次逼近脑、智能层次超越脑。

具体来说,借鉴生物大脑和神经系统的精细结构模型,研制能够对多尺度非线性信息进行高效处理的"电脑",需要遵循以下原则。

第一,先结构,后功能。应该从对生物神经系统的结构仿真出发,而不是从对生物智能的功能模拟出发,即科学基础主要是神经科学，而不是认知科学。

第二，器件层次逼近脑。必须研制功能和尺度都逼近乃至超越生物神经元和生物突触的神经形态器件，以制造大规模神经网络硬件系统。

第三，结构层次模仿脑。需要借鉴生物神经网络的结构设计新的体系结构，在实现类似生物智能后，再进行简化、优化和扩大规模。

第四，功能层次超越脑。通过互联网大数据、物联网传感器和虚拟环境等多种刺激训练神经网络，"培育"智能。

第五，先理解机器智能，再理解生物智能。对机器智能产生的动力学过程进行建模和分析，理解机器智能，再将这种理解外推到生物系统，补充生物实验，理解生物智能乃至人类意识。

遵循上述原则研制"电脑"，并不需要等待脑科学认知原理的突破，就有可能制造出类似生物一样的强人工智能，甚至产生自我意识，这将是揭开大脑终极奥秘的重要一步。

(三) 类脑计算机的展望

我们的大脑是一个足够复杂的结构，所以才能映射和表达外部世界存在的复杂结构；我们的大脑还是一个动态复杂的系统，所以才能感知和处理复杂的动态世界；我们的大脑这个动态系统在对形式的加工过程中所进行的变换和抽象，则是知识的源头。当然，我们的大脑还是一个复杂度有限的结构，复制这样的结构只是制造更复杂结构的起点。1896年，天才发明家尼古拉·特斯拉（1856~1953）说过："我认为任何一种对人类心灵的冲击都比不过一个发明家亲眼见证人造大脑变为现实。"这是因为，一旦"电脑"变为现实，超越就同时发生。

第一，速度。神经形态器件的运行速度比生物大脑快多个数量级。

第二，规模。没有颅骨的限制。

第三，寿命。电子系统即使有损耗，也可以复制迁移到新系统从而获得永生。

第四，精度。生物大脑的很多缺陷与"短板"可以弥补和避免。

第五，协作。电脑之间"精诚合作"，"万众一心"。

第六，进化。电脑自己设计自己。

五 结语

弱人工智能在海量数据处理、数据发布的准确性和及时性等方面已经具备明显的优势。而强人工智能的来临，听起来更让人魂动神摇，很多人甚至担心"超级大脑"会毁灭人类，笔者倒认为"超级大脑"未必像人类那么心理狭隘，而是人类超越自己物理极限、实现再进化的必由之路。人类可以及时抓住"超级大脑"带来的知识爆炸的机遇，积极把人类智能迁移到能效更高的光电平台上，让每个独具个性特色的（去除神秘意义的）"人类灵魂"在超级大脑中"永生"，汇入比人类进化更为恢宏的智能进化史。人类和科技是互相促进、共同进化的，而不是互相替代的。新技术一直在不断改变产业的生产方式，改变企业的商业模式，进而改变人类社会的生活方式。我们有理由相信，强人工智能将颠覆文化产业中的内容生产等一系列核心领域，文化产业也将随之发生根本性巨变。

参考文献

[1] 黄铁军：《电脑传奇（上篇）：计算机出世——你所不知道的电脑秘史，你应该知道的电脑未来》，《中国计算机学会通讯》2016年第12期。
[2] 黄铁军：《电脑传奇（中篇）：智能之争》，《中国计算机学会通讯》2017年第1期。
[3] 黄铁军：《电脑传奇（下篇）：电脑涅槃》，《中国计算机学会通讯》2017年第2期。
[4] 黄铁军：《电脑传奇（外篇）视"觉"》，《中国计算机学会通讯》2017年第3期。
[5] 黄铁军：《人类能制造出"超级大脑"吗？》，《中华读书报》2015年1月7日，第5版。
[6] 向勇：《文化产业导论》，北京大学出版社，2015。

Brain-like Computation Leading to Strong AI

Huang Tiejun, Li Anqi

Abstract：Existing artificial intelligence technologies are all weak AI, so are the artificial intelligence related technologies used in the cultural industry. Compared with weak AI, strong AI is adaptable and can achieve the full intelligence of human mind. In the past 60 years of AI development, the four ways of realizing intelligence all have their own limitations, and cannot reach the stage of strong AI. In order to realize strong AI, we need to put aside the myth that "AI can only be achieved based on the full understanding of intelligence", and use the biological brain as a reference to create a simulated brain that is similar to the brain in structure and functions, but is superior in performance. Based on results of related current research and the expected speed of S&F development, it's highly possible that a simulation brain will be created in the next 10 to 30 years. Training the simulation brain could lead to a surge in strong AI technologies. The human society will thus go beyond its own wisdom and enter the era of strong AI. Strong AI will turn content production and many other core fields in the cultural industry upside down and ultimately lead to fundamental changes in the cultural industry.

Keywords: Artificial Intelligence (AI); Strong AI; Brain-like Computer Culture Industry

文化元素 IP 化　助力打造新澳门

谢广才　连凯凯[*]

摘　要： 作为中西文化交流的重要桥梁和历史文化名城、东方之钻，澳门以其丰富而深厚的文化资源彰显了其独特的韵味，这座古老的城市熠熠生辉并散发出持久的魅力，这种高雅的城市韵味独特而鲜明，堪称一朵绚烂的奇葩。中文在线是一家致力于全球战略的国内数字出版领军企业，它从文学和教育两个方面推动整个中华文化的认同和传承，未来力争成为一个世界级的文化企业。中文在线注重超级 IP 价值平台打造的做法为澳门文化产业的发展提供了可贵的实业经验，提出了文化产业建设的 IP 化、空间性和产业规模化等改革和发展思路，以创意来展现技术的优势、特色以及魅力，同时以建设"世界旅游休闲中心"为目标打造澳门特色形象，提高城市生活质量，以高标准来统领澳门文化创意产业发展的思路体系。

---

[*] 谢广才，中文在线常务副总裁；连凯凯，北京大学艺术学院访问学者。

关键词：IP 化　文化产业　文化元素

各位朋友，大家上午好！我来自中文在线。中文在线是中国第一家数字出版上市企业，作为今天上台的第一位从事文化产业方面的代表，我的演讲题目是"文化元素 IP 化助力打造新澳门"。这个标题很大，但主要还是从澳门的实际出发，对从以博彩业为主体的比较单一的经济向多元经济转变提出一些看法和建议。

我的演讲主要分为三个部分。一是印象澳门：社区公共文化资源开发潜力巨大；二是中文在线助力社区公共文化元素 IP 化；三是社区公共文化元素 IP 化助力打造新澳门。

首先，澳门拥有独具韵味的文化。由于历史原因，澳门与欧洲的关系悠久，澳门成为多种文化交融的场所。在澳门，有一百多处历史遗迹和建筑，这些建筑保存完好，历经风雨沧桑，见证了中西文化交融这一历史事实。其中，有多个景点成功申报了世界文化遗产，并被命名为"澳门历史城区"（The Historic Centre of Macao）。中西文化碰撞交融后沉淀下来的城市底蕴，至今保留完整且神韵犹在，与其他地方的世界遗产有所不同，澳门的这些建筑并非孤零零、冷冰冰的遗址，它们融入市民生活之中，这种流动和开放而非静止、封闭的活态气质和神韵让澳门这座古老的城市熠熠生辉并散发出持久的魅力，这种高雅的城市韵味独特而鲜明，堪称一朵绚烂的奇葩。①

可以说，澳门的博彩虽然具有世界性影响力，但作为中西文化交

---

① 郭道荣、张慧、田安太：《澳门文化产业与旅游业融合互动研究》，《旅游纵览（下半月）》2017 年第 6 期，第 107 页。

流的重要桥梁和历史文化名城的声誉绝不是拉斯维加斯这样的城市所能比的。澳门的特色文化活动丰富多彩，无论是作为中式文化活动的舞龙狮、赛龙舟、习武还是具有西方特色的音乐节、烟花赛、赛车等游戏项目，都在澳门开展得有声有色，澳门这种在民间传统支撑下具有良好包容性和深层文化交融内涵的特色韵味是其他城市难以复制的。

当然，除了以上特色，"一国两制"这一特殊政策，使澳门在政治制度和经济环境上与内地有很大区别，这种意识形态和价值观念的"特殊性"赋予澳门特殊的发展姿态，使其面向西方，背靠内地，形成了鲜明的城市地域属性和文化属性。

需要补充的一点是，澳门的区位优势也十分明显，不容忽视，那就是与周边城市如珠海、香港、深圳等进行区域合作的便利。

以上这些是我们所了解到的澳门的特点，在座都是澳门人，我就不讲太多。

这是存在的一些机遇。我们认为，结合澳门丰富的历史文化资源，在新的大中华的背景下，从品牌、商业和文化平衡发展与从产业和博彩文化平衡发展方面，结合中西文化、传统文化，澳门有很大的发展潜质和能量。我们认为，对中华文化，尤其是在涉及认同和传承方面，涉及仁、义、礼、智、信以及传统文化方面，应结合现代化和时尚化趋势，这样才会有大的发展。

中文在线成立于1999年，是国内数字出版领军企业，也是全民阅读的践行者、中华文化的传承者，我们主要是从文学和教育两个方面推动整个中华文化的认同和传承，将自身定位成一个世界级的文化教育集团。

这是过去17年我们为梦想，通过数字来传承文明，从教育到原创文学，到成为手机阅读最大的内容提供商，到成立网络文学大学，包括2015年上市，并于同年超过茅台成为A股股王，以及我们现在做的一系列二次元的投资。

中文在线为什么会超过茅台成为A股股王，就是因为我们有大量的IP。我们在传统内容方面拥有2000多位知名作家，合作的出版社超过600家。我们有100万原创写手在线创作，这些写手有的通过PC、有的通过手机进行创作。我们有6亿用户，我们的自有平台有7000万用户，合并平台有5亿多用户。

我们把网上比较强的作者建了几个工作室群，这些作者跟我们是通过合伙人机制在做，一般他们拥有30%左右的股权，跟我们共同来推动电子版、影视、游戏，包括衍生品的开发。刚才我讲到IP，主要是指知识产权，这个知识产权不光是好的故事，还有大量的粉丝群。我们靠这些"大神"通过联合策划来打造超级IP。

我们对IP的评价，通过大数据，包括作者的潜力、故事的内容、口碑的评分、渠道的数据、社交媒体的话题，以及延伸开发的难度等综合考量。由写小说到剧本，再到呈现为电视剧、电影或网络剧，还是蛮复杂的，不一定都能呈现出来。我们中文在线内部有一套对IP的评估体系，聘请了国内的一些专家，包括编剧、导演、技术类专家等来进行评估。

我们评估完之后，要很好地把它宣发出来。IP的价值不光是好的故事，这些"大神"要通过国内一些社区平台互动，包括直播等相关的方式。

这是我们定义的对超级 IP 打造的一些能力，我们叫超级 IP 的制造和一体化的开发。过去我们在 IP 授权方面比较复杂，每一项都是单独授权，缺乏一体化开发的能力。现在我们围绕评估、策划、宣发、产业合作，通过三大体系即内容原创体系、渠道宣发体系和产品变现体系来进行一体化的打造。

这一块是我们通过深度布局二次元世界，助力文化元素年轻化和现代化。其实娱乐的特点，除了有 IP 之外，还包括如何让年轻人喜欢。我们今年投巨资收购相关的板块，包括在日本也有相关的合作。我们通过内容、影视娱乐、有声阅读、旅游联动的一些链条，通过产业联盟，实现文化元素全产业链开发。

应该注意的是，当下的合作应基于项目，采用合伙人机制进行，而不是过去的影视公司这种传统的雇佣制管理机制，这只会让员工有一种给人打工的潜意识，企业唯有升级自己的管理体制，改变雇佣制的职业经理人制度，才能实现人才潜能的释放，才能实现多元、多赢和共生。美国、日本、韩国等发达国家有成熟的一体化开发模式，我们可以进行一定程度的借鉴。

在产业开发方面，需要更多地从银行、证券、基金方面进行相关的开发，我们这块也设立了专门的文化产业基金包括 IP 基金来进行开发。因为一个好的 IP 开发需要很多年，短则三五年，长则数十年，所以它需要很多的资金方面的合作伙伴，所以要打通。

中文在线十多年来在助力公共文化方面，不断打造"书香中国"这一平台。我们借助 VR（Virtual Reality，虚拟现实）技术，有一个从书到空间的沉浸式体验，围绕大文化的娱乐和教育体验，核心是让消费者进得来留得住。

结合我们过去十几年来打造 IP 的经验，刚才我讲了，IP 的核心是围绕用户。对澳门的建议，我们认为社区文化生态要围绕三个元素。

一是 IP 化。IP 的品牌影响力和可塑性是实现版权产业价值和影响产业走向的决定性因素，文化元素 IP 化是文化产业追求的核心能力，文化产业聚焦于注意力和时间，本质在于聚流和导流，文化产业对 IP 化进行激活，地方文化元素 IP 化，能够有效吸引当下 90 后、00 后网生代的注意力，让他们将更多的时间投入各种 IP 线上场景，最终在线下场景包括深度体验中聚集和消费，以此解决澳门文化产业面临的最大问题——消费的聚集。

《国家知识产权战略纲要》提出到 2020 年要把中国建设成为知识产权创造、运用、保护和管理水平较高的国家。事实上，文化产业 IP 热的实质是优质版权内容的争夺，版权是文化产业的内核，是文化产业发展的驱动力。在这个全媒体时代，版权具有媒介来源多元、创作开放互动的特点。IP 价值的最终实现在于全媒体开发，通过大数据技术量化版权价值、发掘精品 IP，使用全媒体平台传播创造版权体验价值，运用全媒体营销提升版权品牌价值，是精品 IP 版权价值的开发策略。①

二是空间。空间就是区域的融合发展，既要注重城市内部空间，又要注重外部空间；既要注重区域空间，又要注重全球市场。许多学

---

① 刘琛：《IP 热背景下版权价值全媒体开发策略》，《中国出版》2015 年第 18 期，第 55～58 页。

者都提出了打造"珠港澳经济增长区"的构想，随着珠港澳大桥的顺利通车，澳门与周边都市交通一体化的便利条件初步具备，加上香港和澳门都是中西文化交融的城市，在产业发展方面拥有得天独厚的优势。新经济地理学认为，区域之间的合作可以通过发展相互合作关系来构筑区域利益框架，并在区域利益框架下通过利益均衡谋求本区域利益最大化。融入区域发展，为适度多元发展澳门经济提供了动力支持。①

因此，澳门可在空间利用上大做文章，在全球化日益加深的背景下，澳门发展正迎来一个新的时机和良好的发展机遇，不仅要与大珠三角保持合作关系，更要从泛珠三角区域经济中寻找发展空间，保持自身优势，实现错位、协调发展。

三是产业。没有产业，所有的设计意义都不大，我们收支的瓶颈也是产业。文化产业的发展不能盲目推进，创意是人力资本的核心要素，要审视当前澳门文化产业领域的发展情况，以创意来展现技术的优势、特色以及魅力，同时要以建设"世界旅游休闲中心"为目标，打造澳门特色形象，提高城市生活质量，以高标准来统领澳门文化创意产业发展的思路体系。② 大力培育文化创意产业，并以"经济适度多元化"发展作为澳门文化产业的战略构想。③

我对澳门印象最深的可能就是老街区、世界遗产的老街区，从这

---

① 苏武江：《澳门文化创意产业发展路径研究》，《科技管理研究》2012年第24期，第64~68页。
② 向勇、崔世平：《"一带一路"战略与澳门文化产业机遇》，社会科学文献出版社，2017，第178~179页。
③ 《澳门特别行政区五年发展规划（2016~2020）》草案文本第59页。

一块，我认为要好好缔造，围绕注意力和影响力，吸引更多的人包括内地的人，使其进得来留得下。

IP 化就是要持续有好故事。来澳门也是一样，比如说历史街区，我离开了澳门到内地，跟朋友讲让更多人来，我认为这就是故事驱动。故事驱动的是文化资源，把握好这个"源"，我们就可以大做文章，从而实现"一源多用"（One Source MultiUse，简称 OSMU），所谓一源，即一种文化资源，在商业环境下通过对知识产权的经营，与影视、出版、游戏、漫画、主题公园、观光旅游等结合起来，从一个创意题材衍生出许多小项目，经由故事驱动和版权经营可在相关产业领域融合发展。这种模式使迪士尼公司源源不断获得最大限度的 IP 盈利和增值，韩国政府正是因为把"一源多用"引入文化产业发展中，所以才在动漫、游戏，尤其是影视剧制作发行等方面获得了巨大成功。[①]

我们认为应该抓住产业生态的构建问题，围绕 IP，通过产业，可能一个城市最核心的就是宣传的点太多了，但是没有重心，大家记不住，所以多不如精。在博彩业和旅游业的带动下，围绕 IP，通过产业化，让更多的用户进得来留得下。

当下，全球进入知识经济时代，作为 21 世纪的朝阳产业，文化创意产业在国际经济竞争中起着越来越重要的作用。在建设"世界旅游休闲中心"的宏伟蓝图下，我们要深刻认识澳门城市文化的特征和城市化进程中面临的问题，以博彩业为中心，坚持走适度多元化发展的

---

① 刘琛：《IP 热背景下版权价值全媒体开发策略》，《中国出版》2015 年第 18 期，第 55~58 页。

道路，充分利用澳门的国际化视野和地理优势，注重内涵式发展，保护、挖掘并开发具有卓越的艺术价值、本土气息的文化资源及衍生品，打造澳门本土的超级IP品牌，在注重经济价值的同时，更加重视文化创意产业社会价值的提升，提高澳门的人文素质，改善澳门的人居环境，最终改善民生，增进民众福祉，增强澳门的城市竞争力，增添澳门的城市魅力！

谢谢！

Turning Cultural Elements into Intellectual Property (IP) will Help Create a New Macao

Xie Guangcai, Lian Kaikai

Abstract: As an important bridge for Sino-western cultural exchanges, a prestigious historical city and a diamond in the East, Macao is radiating unique and vivid charms with its rich cultural resources. ChineseAll is a domestic leading digital publishing company dedicated to its global strategy. It promotes the recognition and inheritance of the entire Chinese culture from the aspects of literature and education, and strives to grow into a world-class cultural and educational group in the future. ChineseAll's emphasis on the creation of the Super IP Value Platform has provided valuable industrial experience for the development of the cultural industry in Macao. It has also put forward ideas about different aspects in the reform and development of the cultural industry, such as IP, space and industrial scale, and suggested that the advantages, characteristics and charm of technology should be demonstrated with creativity. At the same time, Macao needs to build a distinctive image for itself with the goal of creating a "world tourism and leisure center", improve the urban quality of life, and lead the development of its cultural and creative industries with high standards.

Keywords: Intellectual Property (IP); Cultural Industry; ChineseAll

文化旅游创新与城市竞争力研究

——浅谈澳门社区经济发展

高开贤 天格斯[*]

摘 要：伴随着审美经济与消费社会时代的到来和全球化进程的加速，地理与空间意义上的界限逐渐消弭，文化聚落的范畴逐渐打破了行政区划的限制，区域间的竞争与联合逐渐成为时代的主轴。与此同时，社区中的文化象征价值也得到人们越来越多的关注，各国政府也通过对创意文化产业的扶持来创造新的经济增长点和更多的就业机会。2016年，澳门特区政府制定了一个五年规划，也明确了"一个中心、一个平台"，旨在进一步优化产业结构，而社区的营造和创意阶层的培育、从"形式服从功能"到注重城市生态的有机性的转变，无疑将成为发展的重中之重。在后现代城市建设浪潮下，思考如何建构创意城市，打造城市品牌，提升城市

---

[*] 高开贤，澳门特别行政区政府经济发展委员会社区经济发展政策研究组组长；天格斯，北京大学艺术学院2016级研究生。

竞争力，利用后发优势实现"弯道超车"，无疑是当前澳门特别行政区经济发展多元化的重要议题。

关键词： 社区经济　创意阶层　文化产业　经济多元

一　引言

通常来说，一个城市在象征层面上，是由文化资源、文化聚落与文化集群形构的，在时空与文化的特殊巧合中，个体的城市身份才得以体现。这种巧合与排列通常是复杂且变动不居的，正如德博拉·史蒂文森（Deborah Stevenson）所说："人工形态、想象和社会互动三者之间的关联，在微观与宏观的层面同时发挥着作用，将城市界定为一个想象的实体。"① 正是基于这三种因素的不同关联，城市的形态千变万化，竞争力变化不一。进一步说，名称是品牌的打造也正是基于这样一种差异，差异是构成不同旅游目的地的基础。

伴随着全球化进程的加速，地理与空间意义上的界限逐渐消弭，文化聚落的范畴逐渐打破了行政区划的限制，区域间的竞争与联合逐渐成为时代的主轴。作为区域内重要载体的城市，正在从柯布西耶式的现代主义的"光明城市"转向后现代的佛罗里达式的"创意城市"，从"形式服从功能"转向注重城市生态的有机性。在后现代城市建设浪潮下，思考如何建构创意城市，打造城市品牌，提升城市竞争力，利用后发优势实现"弯道超车"，无疑是澳门特别行政区经济发展多

---

① 德博拉·史蒂文森：《城市与城市文化》，李东航译，北京大学出版社，2015，第93页。

元化的重要议题。

推动城市竞争力提升和城市旅游发展的关键在于注重文化资源的价值转化,因为城市是文化的载体,文化是城市的精神内核。在新经济时代背景下,城市文化竞争力要素中的经济功能将日益体现在旅游产业中。

克里斯·库珀指出,作为旅游目的地的城市,通常包含五个利益集团,它们分别为当地居民、旅游者、旅游企业、政府部分和其他利益集团,如何在城市中协调这几个利益集团的利益,成为政策制定与规划的重中之重。本文尝试从文化旅游的维度,浅析澳门如何在新形势下如何通过文化创新与旅游产业的融合,提高城市竞争力,实现产业转型。

二 文化旅游创新与城市品牌关系分析

近年来,国务院对旅游发展做出新的定位,深化细化了旅游发展方针,其中最突出的便是明确发展经济和改善民生的双轮驱动。据《2016年中国旅游绿皮书》统计,2015年全国社会消费品零售额达到258999亿元,较2014年增长10.7%,服务消费成为最大亮点,国内旅游人数突破40亿人次,旅游收入超过4万亿元。将旅游产业与文化产业先后打造为"国民经济的战略支柱产业"的目标,显示了党和国家在新经济形势下转变发展方式的决心。因此,"小旅游"变为全域开发、多域融合的"大旅游"。而澳门的"一区一品"便是在这样的背景下提出的。

目前，文化旅游产业已经成为澳门重要的经济增长极。按照弗朗索瓦·佩鲁（Francois Perroux）的增长极理论，"增长并非同时出现在所有地方，它以不同的强度首先出现于一些点或增长极上，然后通过不同的渠道向外扩散，并对整个经济产生不同的终极影响"。在经济新常态下，旅游业无疑会为澳门的经济多元化带来一抹亮色，因此持续注重文化旅游产业的发展与社区营造，将成为培育未来澳门经济新亮点的关键所在。

对于"一区一品"，最重要的是我们怎样去发掘社区的文化资源，发掘社区的独特内涵。在澳门，每一条街、每一家商号，或者每一个件商品可以说都是一个独一无二的故事，而我们如何以故事驱动产业发展可以说是澳门文化旅游产业发展的"牛鼻子"。故事驱动即自身的市场定位、宣发策略以及光晕（Aura）再造，三者三位一体，有机组合，成为"改革的发动机"。

澳门的社区经济，一言以蔽之，主要是指澳门的社区要以当地的居民和商号为主体，加强互动，形成一个事实意义上的创意阶层，同时有效利用各方面的物质资源与非物质资源来开展澳门各项特色的经济活动，最终实现通过发展社区经济、寻找新的经济增长点以达到经济多元的最终目的。

（一）"文化旅游"产业

目前，学界对文化旅游的定义莫衷一是，但大致达成一个共识，即文化旅游是文化产业和旅游产业的有机结合。马建峰等指出，"与传统的以'吃、住、行、游购、娱'为主的旅游业不同，文化旅游产业更加注重游客对文化及文化产品的体验与感受"。①

菲利普·皮尔斯（Philip Pearce）根据马斯洛的需求层次理论发展出皮尔斯旅行生涯阶梯理论（travel career ladder）。他认为，放松、刺激、人际关系、自尊和自我发展和自我实现分别构成游客旅游的动机。伴随着消费社会和大审美时代的到来，正如斯图亚特·霍尔（Stuart Hall）指出的，文化不再是物质上的一层酥皮，反而扮演了越来越重要的角色；符号价值主导了产品的价值结构，所以无论是文化产品还是旅游目的地，其文化内涵无疑在未来的竞争中都将扮演越来越重要的角色。

（二）城市品牌与社区经济

城市品牌是城市竞争力的核心，正如凯文·凯勒（Kevin Keller）对城市品牌的界定："城市或地区也可以像人一样成为品牌。城市品牌的作用就在于通过它可以让人们了解和认识城市，让它的精神渗透到城市的每一个角落，并赋予受众对这个城市的某种美好的想象和联想，让生命和竞争与这个城市并存。"② 马建峰等认为，城市的品牌竞争力包含可创造价值、不可复制、稀缺性、难以模仿四个维度。③

首先，通常意义上的城市竞争力是一种硬实力，它突出强调硬件

---

① 马建峰、林翠生、王雅君：《文化旅游产业对城市品牌影响力研究——以长沙市为例》，复旦大学旅游学系编《文化视野下的旅游业》，复旦大学出版社，2014，第98页。
② 〔美〕凯文·莱恩·凯勒《战略品牌管理（第三版）》，卢泰宏、吴水龙译，中国人民大学出版社，2010。
③ 马建峰、林翠生、王雅君：《文化旅游产业对城市品牌影响力研究——以长沙市为例》，复旦大学旅游学系编《文化视野下的旅游业》，复旦大学出版社，2014，第99页。

与经济价值的维度。如今，人们已经开始反思"构建相互疏离的公共空间"的现代主义，一种聚焦从本土且重视与过去混响的后现代主义城市规划观开始受到人们的重视。

其次，随着大审美时代的到来，文化的向度也越来越受到人们的重视，这也表现为我们国家这几年对文化软实力的强调。伴随着伯明翰学派对大众文化的正名和布迪厄文化资本理论的提出，一个城市的文化资源变成一种存量的文化资本，它亟待开发，并且成为城市经济发展不可缺少的新动力。

正是这种硬实力与软实力的合力，构成一种新的巧实力。这种巧实力是新经济背景下一个城市品牌的内核与本质。

（三）"文化+旅游"产业与城市品牌的关系

第一，社区经济与文化旅游的发展有利于城市品牌的打造。文化旅游因其精准地满足了现代消费者的消费需求，因而会为旅游目的地城市带来大量游客，也正是因为这些游客的到来，城市的美誉度与品牌会在消费者和舆论中形成马太效应。城市将作为一个大的"IP"，以有利于日后的全域开发。

第二，城市品牌的树立有利于文化旅游产业及其他相关产业的发展。与之相应的是，伴随着城市品牌的逐步确立，城市也能吸引越来越多游客的前来消费，从而拉动其他产业发展。

第三，城市品牌的塑造增强了城市的竞争力，吸引了创意阶层，夯实了文化旅游产业的基础。为了应对传统工业城市的衰退，文化深耕的都市更新思想成为英国城市规划的新策略。充分发掘城市传统文化资源，改变城市形象，吸引外来投资，成为都市转型的迫切任务，而创意阶层则在这一过程中扮演了重要的角色。创意阶层是文化旅游产业的基石，之所以说它具有开创性，是因为它是一种动态的网络结构，这种网络对创造力的包容，远比对设备等硬件设施的包容更为重要。文化政策需要将重点放在当地以地理位置为基础、充分发挥各方协同作用的网络即软件设施（创意阶层）上。

三 现状分析与对策建议

（一）现状分析

2016年，澳门特区政府编制了一个五年规划，也明确了"一个中心、一个平台"，旨在进一步优化产业结构，可以说目前澳门要形成多元的产业格局还有一段路要走。今后，澳门应该在发展经济的同时，兼顾产业适度多元和平衡社会整体的需求。现在澳门大体分为三大区：一个是北区，一个是中区，另一个是离岛区。而北区很靠近关闸和拱北，出入珠海相当便捷，但是人口密度相当高，现在来讲，笔者认为改造的难度比较大。为什么这么说呢？在区内来讲，我们比较缺乏文化和历史的底蕴，比较缺乏吸引游客的亮点，街道环境比较差，所以在这样的环境下进行改造，目前来讲还不具备这样的条件。

但对于中区，我们还是有信心的，因为这里经济活动比较频繁，比如新马路、大三巴一带都是旧城区，有不少的历史文化遗产和旅游景点，是游客相当集中的一个地方，食肆、商店等都不少。同样，在十月初五街、草堆街，社区环境刚好相反，虽然有不少建筑物，但是相当残旧，文化底蕴也是那么少。

至于离岛区，2016年多家博彩企业落户这里，现在来讲，也可以说是游客必到的地方，也可以说是最具潜力的一个新的地区。在这样的情况下，刚才谈到的不具备发展前提的北区，似乎会成为一个重要的交通枢纽，可以说占尽了地理优势，因为它既是港珠澳大桥的落脚点，同时也要建设粤澳新通道。但是，怎样利用这些优势、这些先机来进行发展？配合新的口岸，分流旅客，避免拥挤是发展中的当务之急。

而在旧区改造方面，特区政府提出要重整旧区也已经有十多年，但似乎没有启动。2015年，特区政府也以一种都市更新的概念来取代旧区重整，也成立了都市更新委员会。对于北区为数众多且年久失修的旧楼，怎样能够使它们以都市化的新形象出现？北区可以身先士卒，做改革的"排头兵"。

在中区，新马路、大三巴、营地大街等相对来说比较吸引游客。相反，同区的十月初五街、草堆街尽管也有不少历史建筑，也充满文化底蕴，却十室九空。但不管怎么说，它的资源相当丰富，是澳门的一个基石，关键是特区政府怎样将这些独特的历史文化资源相结合，开发特色的旅游产品，同时也激活旧区经济，吸引本地的居民和游客。

（二）意义

城市的品牌竞争力包含可创造价值、不可复制、稀缺性、难以模仿四个维度。本文尝试从这四个维度提出对策建议，以期为澳门旅游政策的制定提供新的思路。我们在硬件改造的同时，也不能放弃软件即环境的营造。可以说，社区是连接硬件与软件的桥梁。

第一，竞争力来自可创造价值。文化旅游产业需要给澳门创造价值，这种价值既包括文化价值也包括文化价值。经济价值不言自明，来自城市形象的成功塑造后大量的客源，发展创意产业，也可以在一定程度上克服季节的掣肘。文化价值主要来自市内创意阶层的兴起，而社区恰恰是这些创意阶层的承载体。这些创意阶层在继承传统的同时，也为新文化的塑造提供养料，丰富了大众文化场域。

第二，城市的不可复制也扮演着十分重要的角色。文化旅游产业的不可复制就是要强调因地制宜，切忌陷入千城一面的规划困境，要明确城市自身的定位，就要集中在澳门特殊的传统人文文化上做文章，而不是像内地的大多数城市一样造四合院式的"假文物"。

第三，稀缺性在城市竞争力中可以说是处于核心地位。稀缺性是一个经济学概念，其核心便是供求的不平衡，我们除了在需求端做文章，加强城市形象的塑造，吸引游客外，也要从供给侧进行改革，优化社区环境，吸引人才。

第四，一座城市的难以模仿取决于其自身的创新速度，这就又回到创意阶层的议题，因此，一座优秀的文化旅游城市的核心恰恰是人。只有创意阶层兴起、壮大，才会形成强有力的社区经济和文化聚落，并在这种良性的更新机制中不断自新，使竞争对手难以模仿进而难以超越。

四 结语

综上所述,每一个地区都有自身的区位发展优势,政府要先易后难,根据各区不同的问题和实际情况发展社区经济,制定一些中长期规划,既要解决社区的基础建设等问题,也要注意与当地自然人文环境相协调,切忌以"发展的名义搞破坏"。

澳门需要结合自身的优点,在中区打造一个集民俗文化、人文旅游、博彩娱乐为一体的"体验复合体"。而在离岛区,特区政府通过对社区和市场主体的政策优惠,可以尝试打造一个创意阶层聚集地,活化没有生机的传统社区。文化资源是存量的文化资本,文化资本是流量的文化资源,只有通过能动的主体(即社区的创意阶层)文化资本才能越积越厚,进而进入一个良性的循环,使澳门真正从一个"博彩大区"转变为"文化大区"。

澳门各区的发展都有不同的问题需要解决,而这些问题既为社区发展带来机遇,同时也带来挑战,当中涉及环境的治理、沿线的基础设施、特色创意等,这些都需要特区政府有决心、有行动来打造区区有特色的社区经济。就文化背景和发展潜力而言,这些是有独特和不同之处的地方,对此,在操作的层面上,也需要高度灵活和弹性处理,每一项改善措施都要因应社区的特色,具体的协调工作需要由特区政府主导,社团协作。只要特区政府与社会力量共同承担,守望相助,精诚合作,就能给澳门带来一个更加光明的未来。

参考文献

［1］克里斯·库珀等:《旅游学》,张莉莉等译,高等教育出版社,2007。
［2］复旦大学旅游学系编《文化视野下的旅游业》,复旦大学出版社,2014。
［3］宋瑞:《旅游绿皮书:2015~2016年中国旅游发展分析与预测》,社会科学文献出版社,2016。
［4］陈少峰:《文化产业商业模式》,北京大学出版社,2011。
［5］向勇:《文化产业导论》,北京大学出版社,2015。
［6］德博拉·史蒂文森:《城市与城市文化》,李东航译,北京大学出版社,2015。
［7］约翰·哈特利:《创意产业读本》,曹书乐等译,清华大学出版社,2007。

Cultural Fourism Innovation and Competitiveness
—Study on Macao Community Economic Development

Kou Hoi In, Tian Gesi

Abstract:With the advent of the era of aesthetic economy and consumer society and the acceleration of the globalization process, the boundaries between geography and space are disappearing, and the concept of cultural settlements gradually breaks the limits of administrative divisions. Regional competition and association have come to be the main theme of our time. At the same time, the cultural symbolic value of communities has received more and more attention. The governments of all countries are also creating new economic growth points and more employment opportunities by supporting the creative and cultural industries. In 2016, the Macao SAR Government developed a five-year plan and decided to build "one center and one platform" to further optimize the industrial structure and the building of the communities and the creative class. The transition from "function-oriented service" to the emphasis on "the organic nature of urban ecology" will undoubtedly become a top priority for development. Under the wave of post-modern urban construction, current discussion about the diversified development of Macao's economy should center on how to enable creative community and brand building, to improve the competitiveness of the city and to make full use of the latecomer's advantage.

Keywords: Community Economy; Creative Class; Culture Industry; Economic Diversity

五脉合一，创意营造

——从上海徐汇滨江文化创意集聚区建设说起

花　建*

摘　要：在世界城市发展历史上，许多著名的城市是沿水岸生长的。滨水型城市的发育与有效利用大江、大河、大湖、大海的水系密不可分。上海徐汇滨江作为黄浦江沿岸10公里长的滨水地区，从2010年初开始，就以"上海·西岸"之名开启了全新的发展历程，提出了"规划引领、文化先导、生态优先、科创主导"的理念。它的有益经验是：迈向全球城市的卓越水岸，确立可持续发展的区域战略；突出五脉融合、传承创新的主线，让海派文化的传统发扬光大；培育新型的文创产业集群，从"西风东渐"到"东风西渐"，推动中国文化从上海西岸走向世界。

---

* 花建，上海社会科学院文化产业研究中心主任、研究员，长期从事文化产业、创意经济、城市文化方面的研究和决策服务工作。

关键词： 文脉合一　创意营造　徐汇滨江

一　目标：迈向全球城市的卓越水岸

在世界城市发展历史上，许多著名城市是沿水岸生长的。水岸提供了城市最宝贵的水资源，滨水型城市的发育与有效利用大江、大河、大湖、大海的水系密不可分，比如巴黎有塞纳河，纽约有东河/哈德逊河，伦敦有泰晤士河，芝加哥和多伦多依托五大湖，旧金山依托大湾区，东京依托运河网，上海依托黄浦江。全球水岸城市在发展过程中会遇到相似的课题，肩负着保护和利用水岸和水系的重要使命，因而具有相同的追求，也积累了各自的经验。

在21世纪城市有机更新的背景下，城市区域化和区域城市化已经成为世界城市发展的基本趋势，即把城市作为一个大的综合性区域来进行规划。对于滨水型城市来说，需要对生态、人文、创新等要素加以综合把握，形成一个区域性的可持续发展系统，这已经成为普遍认可的实施路径。比如，纽约城市规划设计以开放度、细节和人的感觉为目标，使东河与哈德逊河滨水建筑界面具有连续性，纽约长岛滨江曾汇聚了纽约市50%的工厂，在向地区性文化中心转型的过程中，吸引了许多文化机构、艺术机构、著名艺术家以及时尚品牌公司进驻；伦敦南岸则用非常人性化的步行空间，把艺术、文化、商业、休闲甚至社区和生态空间的建设融合在一起，让城市生活与文化艺术紧密关联，体现了大伦敦规划技术路线的多维融合理念。

2016年，上海正式颁布了《上海市城市总体规划（2016~2040）》，明确提出上海要建设"令人向往的卓越的全球城市",着力打造创新之城、人文之城、生态之城。[①] 自改革开放以来,上海的战略定位根据国家战略和上海经济社会文化实力的增长不断地调整。从20世纪90年代上海提出的"一个龙头、三个中心",到21世纪初上海确定建设国际金融、经济、贸易、航运中心,从2011年以后上海明确要建设国际文化大都市和世界著名旅游城市,到2015年上海正式确立要建设具有全球影响力的科创中心等(见图1),这反映了上海根据国际形势和国家决策不断升级自己的战略目标。

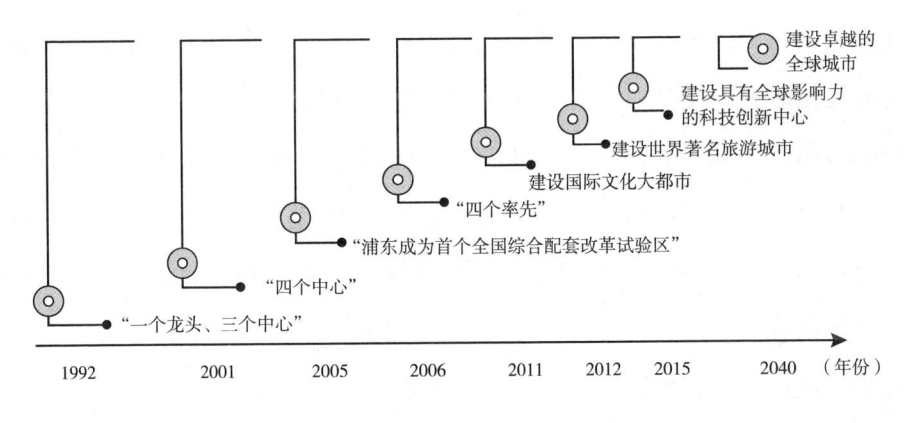

图1 上海城市发展定位的历史演变

在全球范围内,上海第一个编制和颁布了具有世界水平的迈向2040年的城市总体规划;在全国范围内,上海第一个明确了迈向2040年的城市总体规划和战略目标。这一规划把迈向2040年的上海定位为卓越的全球城市,并且与更具活力的创新之城、更具魅力的幸福人文

---

① 史博帧:《上海迈向卓越全球城市的三个维度》,《文汇报》2016年8月23日,http://news.sina.com.cn/c/2017-05-08/doc-ifyeycte9071204.shtml。

之城、更具可持续发展韧性的生态之城融为一体。这一战略目标的提出，与长三角城市群迈向"世界级经济型－文化型特大城市群"密切相关。随着上海和长三角的深度一体化，长三角作为世界级"经济型特大城市群"和"文化型特大城市群"将实现融合，"一核五圈"的长三角城市群将成为高度互联互通的文化共同体，而上海作为长三角的首位城市，需要在综合实力包括文化实力方面有更大的提升。

上海汇聚海内外权威专家的智慧，从战略高度正式提出了上海未来的城市愿景——"三个文明、一个融合"，即从工业文明迈向信息文明，从物质文明迈向生态文明，从公共管理迈向治理文明，从文化交流迈向全球文化融合，建成具有卓越引领作用的全球城市。[①] 这一面向2040年的战略愿景，成为上海徐汇滨江发展文化创意产业的重要背景。从2010年初开始，徐汇滨江以"上海·西岸"之名开启了全新的发展历程，在2010上海世博会召开后明确了"规划引领、文化先导、生态优先、科创主导"的理念。2011年底，徐汇区第九次党代会提出打造"西岸文化走廊"品牌战略，"上海西岸"成为具有特定历史内涵和人文愿景的品牌符号，也成为徐汇滨江打造全球城市之卓越水岸的战略路标。这不仅是指它位于黄浦江西岸，更暗示它将成为与巴黎左岸、泰晤士河南岸、纽约水岸、东京水岸等媲美的著名文化地标和滨水活力区。

上海徐汇滨江的这一新名号，经历了一个树立文化自信和文化自觉的过程。它从利用旧工业区进行物理空间改造，到打造新型的滨水公共空间，再到确立可持续发展的区域战略；它从"上海CORNICHE"

---

① 王战、王振等：《上海2050年发展愿景建立在信息文明、生态文明、治理文明、文化融合基础上具有影响力的全球城市》，上海社会科学院出版社，2016。

理念①的诞生，发展升级为"文化先导、产业主导"的整体开发思路，向"工厂变公园、岸线变艺术、旧区变新城"的城市空间转变，最终确立为把上海西岸打造为世界级的滨水文化创意产业集聚区。徐汇区领导针对徐汇滨江建设，提出"从光启计划到西岸计划"。② "光启计划"以"西学东渐"为内涵，体现了中国人向西方文化学习的内容，它成就了近代以来最早与西洋文化接触的徐家汇文明。在"光启计划"的基础上，我们今天要实施"西岸计划"，要利用国际化的理念、国际化的方式、国际化的合作来传播中国文化、海派文化，不断发现、挖掘、提升中国文化和海派文化自身的价值，推动中国文化从上海西岸走向世界，走向未来！

二 主线：五脉融合，传承创新

在上海的城市版图上，徐汇滨江段位于徐汇区西南隅，北起日晖港，南至关港，东临黄浦江，西至宛平南路－龙华港－龙吴路，紧邻徐家汇、龙华历史文化风貌区，与世博园区、后滩花园隔江相望。它主要由黄浦江两岸综合开发规划控制范围内的南延伸段 WS3（B）、WS5（C）、WS7（D）三个单元组成，主要沿江岸线长度在 8.4 公里

---

① "上海 CORNICHE"最初是英国 P. D. R 公司的规划大师 Peter 先生及其团队针对徐汇滨江沿江公共开放空间提出的规划理念。CORNICHE 原是一个法语单词，意为一条蜿蜒的路，顺着这样的路开车或行走，能了解到山、河、风、景有密切的联系，带给人各种不同的体验和感受。

② 《全球水岸对话 2016 实录：让上海西岸迈向全球城市卓越水岸》，《解放日报》2016 年 11 月 14 日。

以上，土地面积在7.4平方公里以上。徐浦大桥往南还有沿江岸线近3公里，总岸线长度约11公里，目前已经全部纳入徐汇滨江的开发建设范围。在寸土寸金的上海市中心，如此大面积而且完整连贯的徐汇滨江，被誉为上海最后一块可以大面积成片开发的滨水区域。

在上海市区沿黄浦江的滨水岸线中，徐汇滨江无疑是滨水生态环境最为优越、可利用空间最为舒展、先进产业集聚度最高、整合国际高端资源最为集中的宝贵空间。这里水面开阔、江流平稳、生态较好、天际线优美，是百年上海的文脉所在，与浦东隔江相望。在上海的历史上，徐汇滨江集中了上海近代民族工业的一系列经典项目，曾经集聚了龙华机场、上海铁路南浦站、北票煤炭码头、上海水泥厂等众多工业设施和重要的民族企业，是当时上海最主要的交通运输、物流仓储和生产加工基地。其中，铁路南浦站（建于1907年）在著名的淞沪抗战中承担过上海客货运的重任；龙华机场（建于1917年）在20世纪40年代是东亚最大的国际机场；上海水泥厂（建于1920年）是中国第一家湿法水泥厂，为上海城市建设提供了大量水泥；北票煤炭码头（建于1929年）是中华人民共和国成立后华东地区的能源运输枢纽。此外，这里还有百年龙华寺等一批文化遗址，相传龙华寺为三国时期孙权为其母所建，距今已有1700多年的历史。

徐汇滨江的历史体现了海派文化的悠久文脉。海派文化以上海为承载之地，又超越了上海地域，成为影响深远的近代文化体系。它的最大特色是"传承"与"融合"。历史上它经过了三次重要的大融合而逐渐成形。这三次历史性的大融合（见图2），都以徐汇地区作为主要的发生地。

第一次文化大融合以吴越文化到海派文化的演变为标志，凸显了

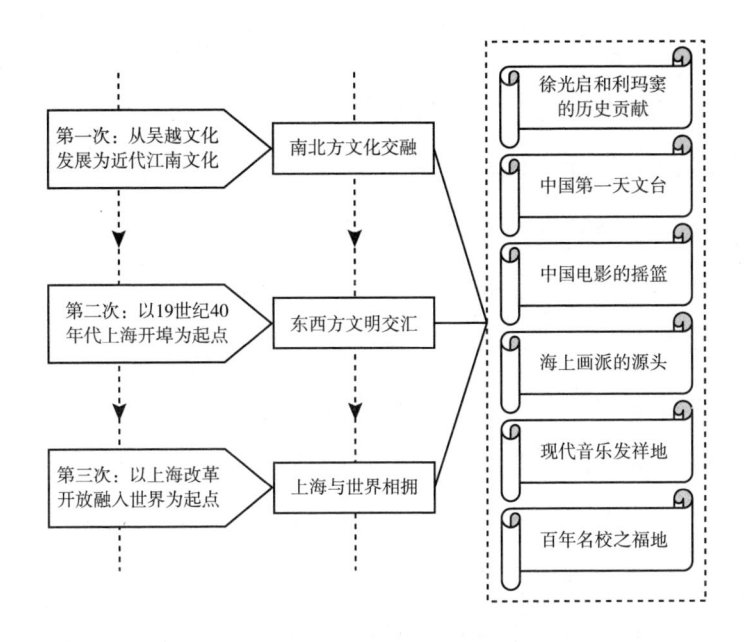

```
┌─────────────────┐     ┌──────────┐      ┌──────────┐
│第一次：从吴越文化 │────▶│南北方文化 │  ┌──▶│徐光启和利玛窦│
│发展为近代江南文化 │     │交融      │  │   │的历史贡献   │
└─────────────────┘     └──────────┘  │   └──────────┘
         │                    │       │   ┌──────────┐
         ▼                    ▼       ├──▶│中国第一天文台│
┌─────────────────┐     ┌──────────┐  │   └──────────┘
│第二次：以19世纪40│────▶│东西方文明 │──┤   ┌──────────┐
│年代上海开埠为起点 │     │交汇      │  ├──▶│中国电影的摇篮│
└─────────────────┘     └──────────┘  │   └──────────┘
         │                    │       │   ┌──────────┐
         ▼                    ▼       ├──▶│海上画派的源头│
┌─────────────────┐     ┌──────────┐  │   └──────────┘
│第三次：以上海改革│────▶│上海与世界 │  │   ┌──────────┐
│开放融入世界为起点 │     │相拥      │  ├──▶│现代音乐发祥地│
└─────────────────┘     └──────────┘  │   └──────────┘
                                      │   ┌──────────┐
                                      └──▶│百年名校之福地│
                                          └──────────┘
```

图 2　海派文化的三次大融合：以徐汇为主要发生地

工商理性和审美诗性，发育成现代版江南文化。龙华寺和徐光启是这一海派文化培育过程中的重要标志。龙华寺代表了江南文化中佛教的影响，旨在追求人心灵的平静；徐光启代表了先知先觉的中国人向世界寻求对科学的探索，打开了中国与西方直接交流的大门。中国人徐光启和意大利人利玛窦在上海开启了双向传播的两扇大门：利玛窦把大量西方的文明成果译介到中国，徐光启把大量中国的文明成果译介到西方。中国现代史早期90%的翻译成果是从上海进来的，这与徐光启和徐家汇密切相关。在这个基础上形成的海派文化，与中原地区"士农工商"的文化传统大不相同，是中国社会向现代市场经济和社会制度转型的典范。

第二次文化大融合以 19 世纪 40 年代上海开埠后的东西方文明交

融为标志。上海从江河时代迈向海洋时代，不仅成为传统江南文化的传承之地，更是沟通南北、横贯东西的门户和枢纽之地。在这个东西文明交融的门户之地，徐汇诞生了中国现代文化史上一大批"首创"的纪录。比如，1864年土山湾孤儿院建立，随后引入西洋画之教育理念，创办土山湾孤儿工艺场。曾受土山湾绘画影响的一代美术大师徐悲鸿先生直言："土山湾亦有可画之所，盖中国西洋画之摇篮也。"①徐汇通过海纳百川培育了中国现代历史上许多文化上的"第一"，包括中国第一家电影制片厂、第一座唱片公司、第一座天文台、第一个戏剧团体、第一家人文图书馆、第一座近代外文藏书楼等。② 20 世纪 30 年代，年轻的作曲家聂耳正是在当时位于徐汇的英国百代唱片公司（EMI）工作，同时参与左翼文化运动，创作了大批优秀歌曲，包括《义勇军进行曲》，即后来的中华人民共和国国歌。徐汇遂成为中国民国史、中国革命史、中国现代文化史的缩影之一。

第三次文化大融合以改革开放为开端，尤其以 1990 年浦东开发开放为标志，在邓小平南方讲话的鼓舞下，徐汇营造出更加开放、融合的城市氛围。上海传承和发展具有时代意义的海派文化，塑造"海纳百川、追求卓越、开明睿智、大气谦和"的城市精神。上海勇敢地承担起改革开放龙头的历史责任，成为长江三角洲和长江流域对外开放的龙头，举办了中国历史上第一次世界博览会，建立了中国第一个国家级的国际艺术节、国际电影节、国际电视节等。这些重大节庆，有

---

① 根据土山湾博物馆提供的资料。
② 黄炎培组织的人文社、第一家人文图书馆（后改称鸿英图书馆）、田汉创办的南国艺术学、于伶创办的上海剧艺社等均是以上海徐汇地区作为主要发生之地。

许多是以徐汇作为举办地和发生地的,具有城市文化建设的标志性意义,成为上海迈向全球城市的文化象征。

有鉴于此,徐汇滨江的建设绝不仅仅是打造一片优美的滨水景区和公共空间,也绝不仅仅是利用老的工业区建设一批艺术场馆和基础设施,而是要在新的时代背景下,进一步发扬海派文化"传承"与"融合"的文脉优势,紧紧依托滨水岸线优美的生态环境,吸引和集聚世界范围内的优质文化资源,培育创新型、科技型、时尚型的文化创意产业新业态,吸引国内外中高端文化投资机构入驻,成为国际文化财富的增值之地和共享之岸。

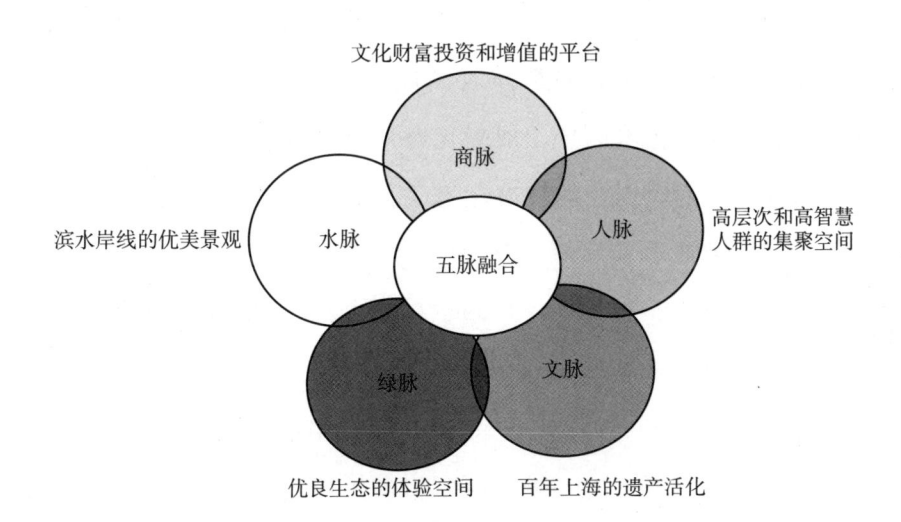

图3　徐汇滨江:打造世界城市的卓越水岸

徐汇滨江所要凸显的"五脉合一"(见图3),包括丰富的内容和辩证的观点,是一项从战略高度把握可持续发展的顶层设计,也是传承海派文化特点的自觉营造。"水脉"是指保持和建设滨江岸线的优美景观，通过持续的公共空间建设，使滨江最大限度地保持黄浦江岸线的完整性。尤其值得赞许的是，徐汇滨江采用了多种形态的亲水江岸建设，让居民和游人可以更好地获得亲水、戏水的共享空间。"绿脉"是指进一步推进滨江的绿色文化构建。作为"中国低碳试点城市"的上海市，在过去几年的绿色文化构建和生态环境保护中取得了良好的成绩。据中国环保在线报道，2016年上海AQI优良天数的优良率为71.4%；PM2.5平均浓度为54微克/立方米，同比下降3.6%；259个考核断面的水环境功能区达标率为49.6%；劣Ⅴ类断面占45.3%，同比下降18.6个百分点。"文脉"是指继承和保护了百年海派的优良传统遗产，当年的工业遗产被改造为滨江大道，过去的老厂房成为当今国际化双年展的举办地，而当年的北票煤炭码头的高架吊车则被改造为塔吊艺术广场，成为化腐朽为神奇的典型案例。"人脉"是指要创造一个创新创业的良好生态空间，吸引海内外的中高端人才集聚。当年，美国学者佛罗里达就提出：一个创意城市必然是3T空间，即 Technology（技术）、Talent（人才）、Tolerance（文化包容性）。① 多年以后，一些国际学者根据发展的实践进一步提出4T环境的理念，即 Tax（税收优惠）、Tolerance（文化包容）、Trade（贸易）、Talent（人才）。有鉴于此，徐汇滨江启动了西岸传媒港等项目，通过创造机会和优化环境，吸引腾讯、湘芒果等一批优秀企业参与建设。"商脉"是要打造文化投资、文化贸易、文化交易、文化会展等一系列平台，包括积极对接上海自贸区的制度创新，建设西岸艺术品保

---

① 〔美〕理查德·佛罗里达：《创意新贵Ⅱ——经济成长的三T模式》，傅振焜译，台北：宝鼎出版社，2010。

税仓库，开展丰富的文化投资交易活动，让滨水岸线成为财富的增值之地、共享空间。

三 重点：培育新型的文创产业集群

把徐汇滨江打造成为全球城市的卓越水岸，是一项创新型重大工程。它必须落实在对文化创意产业的培育上，形成具有可持续发展能力的强大主体。这一工程目前还在进行之中，已经提供了许多富有启发性的经验。自2011年以来，徐汇滨江在上述战略目标的指引下，将优良生态的体验空间、百年上海的遗产活化、滨江岸线的景观生态、创新驱动的产业集群、中高层次的人才集聚等有效而均衡地向前推动，提供了一系列行之有效的有益做法。

第一，打造新型的文创产业集群。徐汇滨江根据近年来全球文化创意产业发展的趋势，逐步明确了艺术品产业、影视和媒体产业、演艺和娱乐产业、数字创意产业四大重点，提出到2020年形成包括8个美术馆、8座剧场、4个公共艺术中心在内的亚洲规模最大的文化艺术群落。徐汇滨江依托优美的滨水岸线，把码头、油罐、吊车、机场、厂房、粮库等历史文化要素融入其中，突出了海派文化的魅力，又创造了大量的公共空间和公共艺术，既具有现代服务业与总部经济集聚区的独栋建筑特色，又通过地下空间使主要建筑融为一体，具有高雅品位与开放宜人相结合的魅力。

徐汇滨江经过近年来的建设，目前已经拥有龙美术馆、德美术馆、西岸艺术中心等大型场馆，还将继续建设油罐艺术公园、星美术馆、艺术粮仓、水边的阿芙狄娜剧场（水边剧场）等项目。目前已经初见雏形的西岸美术馆大道依江而建，大气壮美，仅在2016年就依托上述美术馆和艺术中心等举办了113场展览和艺术活动，吸引了107万人次参与，吸引了大量国内外媒体。目前，徐汇滨江正在依托上述基础设施，努力集聚50家以上文化产业领军企业和上市公司，加强培育文化企业的营商环境，重点培育和集聚两类企业，即文化产业开发的主要领域和细分市场中的龙头企业和领军企业，以及大批充满活力的中小微企业，积极开发重点的优质IP资产，逐渐向文化价值链的高端攀升。图4显示了西岸文化创意产业的特色。

图4　西岸文化创意产业的四大重点

- 艺术品产业：形成艺术创作、投资、交易、博览产业链
- 影视和媒体产业：加强以优质内容IP为核心的影视媒体产业群
- 演艺和娱乐产业：形成以一流剧院和剧目为核心的娱乐旅游长廊
- 数字创意产业：形成文化科技融合的数字内容"双创"空间

在中央政府的大力支持下，2012年以来，中美合资规模最大的动画制作技术机构——东方梦工厂入驻徐汇滨江，成为海内外广泛关注的重要事件。2016年，美国梦工厂与东方梦工厂共同出品的动画电影《功夫熊猫3》在海内外市场获得成功，票房超10亿元人民币。自

2016年以来，东方梦工厂进一步调整和优化发展路径，确立了"集成创意开发中心"战略，重点聚焦动画创意编剧开发及制作。东方梦工厂积极引进好莱坞动画创意制作顶尖人才，充分利用跨国合作的资源优势，进行前瞻性的市场布局，提高本土团队核心人才比重，形成高端动画技术制作优势。这些成果，显示了徐汇滨江作为中国对外文化开放排头兵的新锐姿态。

第二，坚持在双向流通中扩大国际吸引力。在中国近代史上，徐汇地区是中西文明相互传播的枢纽。以中国人徐光启和意大利人利玛窦为代表，在上海开启了自西向东和自东向西传播的两扇大门：利玛窦把大量西方的文明成果译介到中国，徐光启把大量中国的文明成果译介到西方。今天，这一双向流通的优良传统在徐汇滨江再次发扬光大。

徐汇滨江的决策层和管理层明确指出，要推动中国文化和海派文化从上海西岸走向世界，让上海西岸不但继续"西学东渐"，更促进"东学西渐"，成为上海这座国际文化大都市与世界对话的文化大码头、文化大平台和文化新地标。近年来，徐汇滨江根据新旧动力转换的时代特点，与国际著名文化机构合作，加快战略布局，集聚艺术品保税仓库、高端艺术博物馆、著名文化投资机构、著名演艺机构、前沿文化科技研发中心等20多个国际中高端创新项目，从跟随走向追赶，从领先走向引领，集中力量取得一批具有前沿性、引领性、基础性的重要文化成果，成为吸引全球重新发现中国当代艺术价值的滨江艺术馆大道。

2017年，法国蓬皮杜国家艺术文化中心与上海西岸开发（集团）

有限公司签订了为期五年（2019～2024年）的"临时蓬皮杜"展陈合作项目战略合作框架协议。这也是蓬皮杜国家艺术文化中心首次在国外开展这一类型的展陈项目。它将在位于徐汇滨江公共开放空间的西岸美术馆驻留五年（2019～2024年），以法国蓬皮杜国家艺术文化中心为依托，依托它丰富的藏品和研究成果，在巴黎和上海共同策划举办逾20次不同主题和形式的现当代艺术展览及活动，多角度呈现20世纪和21世纪世界现当代文化艺术的演变与发展进程。依托这一项目，两地将开展学术研究、公共教育、公共文化场馆管理人才培养等多方面的交流活动，蓬皮杜国家艺术文化中心也将以本次合作为窗口，开启对中国当代艺术的研究及作品收藏计划，而徐汇滨江将以更大的热情，要求以蓬皮杜国家艺术文化中心等著名国际机构的艺术眼光和专业方式来重新发现中国当代艺术的价值，使中国当代艺术成为世界当代艺术的重要组成部分，推动"东风西渐"，促进双向交流，凸显上海西岸在国际文化供应链中独特的定位和作用。

第三，培育产业平台和创新生态。在全球化深入发展的时代，一个世界城市需要形成大批文化企业和机构形成的文化创新主体。如果把文化企业和机构比喻成树苗，那么城市就需要一个类似于热带雨林的生态系统，从而使文化企业和机构像原始森林里的树苗一样，可以大量地茁壮成长。创新的生态系统和原始森林的生态系统逻辑上是一样的，只是培养对象不同。美国总统科技顾问委员会在《维护国家的创新生态系统》报告中讲道："美国的经济繁荣和在全球经济中的领导地位得益于一个精心编制的创新生态系统，这一生态系统的本质是追求卓越，主要由科技人才、富有成效的研发中心、风险资本产业、政治经济社会环境、基础研究项目等构成。"①

徐汇滨江启动数年来,在培育文化创新生态方面取得了良好的成果,其内在的规律与上述的"热带雨林"有异曲同工之妙。它先后建设了多个文化设计、文化贸易、文化会展、文化娱乐等服务平台,使各类文化资源和金融资本经过有益的循环,不断地获得保值和升值的空间,成为最富有创造活力的水岸文创产业集聚区,是与国际市场联系密切的文化交易枢纽、艺术投资和增值最有前景的财富集聚区。比如,从2013年开始的"西岸建筑与当代艺术双年展",是第一个以建筑和当代艺术为主题的双年展。它着眼于空间建造、艺术生产、未来想象三个方面,以 Reflecta(进程)和 Fabrica(营造)为主题,联动建筑、当代艺术、戏剧等艺术门类,融汇声音、影像、空间、装置、表演等创作元素,结合浦江西岸的现场基地,打造国际性跨领域的艺术前沿阵地、当代城市文化的高端平台、21世纪最大的户外美术馆。在开张4年以后,它被威尼斯双年展的负责人称为"对我们最大的挑战项目之一"。

早在2014年8月,位于徐汇滨江的西岸艺术品保税仓库(一期)项目就被列为上海自贸区"仓储企业联网监管"、"批次出库、集中申报"和"保税展示交易"等创新制度的首批可复制、可推广的区外项目。经过3年多的建设,西岸艺术品保税仓库(一期)项目正在逐步发挥作用。西岸艺术品保税展示交易平台建立后,可申请艺术品保税展示交易试点。依托保税区、保税港区等各类海关特殊监管区域的功

---

① 陈鸿波:《中国创新生态系统的优势、挑战与对策》,搜狐网,2017年5月15日。http://www.sohu.com/a/140731678_760331。

能和政策,将之运用到艺术品贸易环节上,并加以有效地应用,实现国外艺术品进入保税仓库中转及存储免证、保税展览、展示等。西岸艺术品保税展示平台可利用西岸艺术品保税仓库内进口艺术品资源,将保税仓库内的"仓库"与仓库外保税展示交易中心的国际优质画廊、拍卖机构等"店铺"有效结合,形成"前店后库"的艺术品展示创新模式,也为未来发展对外文化贸易创造了有利条件。

第四,形成生态与人文相融合的文化空间。美国学者沙朗·佐京(Sharon Zukin)在《城市文化》一书中谈到"文化之都"时指出,文化之都体现了人对城市空间的自觉塑造。"把城市空间改造成为'文化空间'依赖于文化之都两方面的发展:它不仅需要廉价的空间、漂亮的建筑、充足的艺术工作者以及金融业向文化产业的投资这些物质资本,而且也需要视觉符号资本,即视城市为洋溢着艺术、文化和设计氛围的地方。"[①] 这也就是说,文化空间是一个复合型的体系。它不仅具有物理的实体构造和居住、交通、商业等功能,而且形成以历史传承、人文想象、艺术审美、多元魅力为特色的城市符号空间,能够启发人的想象力,让人们的情感和创意处于愉悦和活跃的状态。而这种文化空间代表了富有人文魅力和优良品质的城市生活,也是知识型、创意型劳动者喜欢购买、租赁、居住和工作的场所。有鉴于此,打造优良的滨水文化创意产业集聚区,必然要打造优质的滨水文化空间。这些文化空间在物质供给贫乏、生产力低下的时代,未必是普遍需要的消费品,而在中国从工业化前期逐步迈向后工业化时期,以及

---

① 〔美〕沙朗·佐京(Sharon Zukin):《城市文化》,张廷佺、杨东霞、谈瀛洲译,上海教育出版社,2006。

迈向知识经济时代的过程中，它将成为世界文化之都的标志性区域。

近年来，徐汇滨江结合自己跨越内环线、中环线、外环线的区位优势，形成了有利于文化创意产业发展的空间布局：在接近内环的地块，突出文化投资和创意研发，形成投入产出比较高的功能板块；在中环地块，传承百年上海的老工业遗产，打造油罐艺术中心等一批地标性文化建筑，推动艺术品、影视媒体、演艺娱乐等产业集聚；在外环及徐浦大桥两侧，发挥郊区生活成本较低的优势，打造数字创意的双创空间；等等。徐汇滨江引进和培育的各类文化创意实体，可以随着孵化和壮大，在"三环"之间迁移，形成自由度较大的孵化器和加速器。

徐汇滨江的经验证明：滨水文化空间的建设，不但需要建设标志性文化设施，也需要培育优秀的节庆和会展项目，以迅速扩大海内外的知名度，集聚大量人气和资源，促进商务、休闲、观光、住宿等多种业态融合互动，实现多维度盈利。比如，徐汇滨江打造的上海西岸音乐节（Shanghai West Bund Music Festival）是上海首个本土大型户外音乐节，依据徐汇滨江保留工业历史遗存、海纳百川的特点与打造国际化文化创意产业集聚区的定位，将主要受众群体锁定为申城白领和在沪工作的外籍人士，举办以来，获得了大批沪上白领人士的认可和欢迎；而西岸食尚节则借鉴了欧美和日本一些美食节的经验，把时尚美食与超百场的精彩演出结合起来，成为促进文化新消费、激发产业新动能的有效实践。这些案例为更多国际化的滨水城市推动水岸有机更新、培育新兴文创产业提供了有益的借鉴。

Creative Construction at the Confluence of Five Rivers

—On the Construction of the Shanghai Xuhui Binjiang Cultural and Creative Cluster

Hua Jian

Abstract: In the global history of urban development, many famous cities grew along the waterfront. The development of such cities is closely related to the effective use of the water system of rivers, lakes and oceans. As a 10-kilometer waterfront area along the Huangpu River, Xuhui Binjiang has stepped on a new development journey in the name of "Shanghai · West Bank" since the early 2010s, and proposed the idea of "guided by planning, led by culture, ecology first and driven by scientific innovation". Its useful experiences include: plotting regional strategies of sustainable development for the waterfront area in a globalized city; highlighting the main line of "the confluence of the five rivers" as well as inheritance and innovation to carry forward the tradition of the Shanghai culture; and developing a new type of cultural and creative industry cluster, so as to "spread Eastern influences to the West" and help Chinese culture to go from the West Bank of Shanghai to the world.

Keywords: Confluence of Five Rivers; Creative Construction; Xuhui Binjiang; Useful Experience

人机协作如何改变运营及服务模式

邵汉彬　卢正源[*]

摘　要：随着自动化及人工智能的发展，人类对机器的依赖及需求有增无减。为了从狭义的人工智能走向通用人工智能乃至强人工智能，人机协作是必经之路。本文探讨了人与人工智能的关系，提出了人机协作的主要模式，并以澳门科学馆为例，对未来人机协作的应用及发展模式进行了展望。

关键词：人工智能　人机协作　自动化

从1962年IBM的Arthur Samuel到1997年IBM的Deep Blue再到2007年Google的Deep Mind AlphaGO，人工智能与人类的每一次对决都会引起网络及媒体的大讨论，引发人类对人工智能的无限憧憬。近年来，随着大数据及物联网的快速崛起，人工智能及应用制造面临前所未有的机遇。

---

[*] 邵汉彬，澳门科学馆馆长；卢正源，北京大学艺术学院文化产业管理方向2017级硕士研究生。

一 人与机器

从1959年美国人乔治·德沃尔和约翰·英格伯格联手制造出第一台手工机器人到现在被称为工业革命4.0的年代,人类对机器的依赖及需求有增无减,不同种类的机器早已与人类生活密不可分。我们必须承认,人和机器各有擅长之处,亦各有弱点,机器善于处理大量数据,工作有具高稳定性及耐受性,亦可通过不同的传感装置精确接收超出人感官的物理讯息等;人类具有自我意识、能够表达和接收各种情感、具有独特性及创造性、能够相互尊重,具有同理心;等等。

如果要问人类与机器谁优谁劣,其根本在于要解决什么问题及基于何种场景——规则设定问题。人类虽然无法与跑车比赛跑,与计算器比四则运算速度,与机械臂比还原魔方速度,甚至无法与AI比试各类型的棋类比赛,但拥有机器无法拥有的经历、情感和体会。

归根结底,无论是机器、自动化机器还是人工智能机器,其存在的目的都是解决实际问题。与其比较机器在哪些方面优于人类或将取代人类,不如建立一种相互学习的模式、相互协作的关系,一同发现创新规律与价值、创造更高效率的工作模式,这可能更为现实。

二 从自动化到人工智能

人类制造机器,再导入自动化控制程序使其成为自动化系统,其目的是替代重复性及3D——脏(Dirty)、难(Difficult)及危险(Dangerous)

工作，让机器能更快、更准确地根据预设指令做出反应。这些自动化系统都有一个共通点：开始运作后并不具备自觉中止功能，还是要依靠人类在其程序不可预计的情况下来中止程序。除非人类再次对相关自动化程序做出修正，否则一般自动化系统会不断重复犯上述同一种错误，即这些系统都缺乏自我学习与自行调整的功能。

从一般自动化程序到人工智能自动化程序，必须包括大量反馈数据的导入、多层次的深度学习功能以及不能预计的判断（各种例外情况）。一般认为，从自动化到人工智能应分为"三步"：自动导航、自主学习、构建认知系统。根据人工智能的能力水平，我们可以将人工智能分为三大类。

（1）狭义的人工智能（Artificial Narrow Intelligence ANI），即在特定领域等同或者超越人类智能/效率的机器智能，比如会下围棋的Google DeepMind AlphaGO、汽车自动驾驶技术以及大量医疗系统。这类人工智能主要处理基础的角色型任务，是当今人工智能的主要组成部分。

（2）通用人工智能（Artificial General Intelligence，AGI），通用人工智能开始处理人类认知水平的任务，涉及持续学习能力。此前Google DeepMind 研发的 AlphaZero 就是一次尝试。AlphaZero 在没有任何先验知识的前提下，完全通过自学，以 100∶0 的比分打败 AlphaGo，这更证明了"人类经验由于样本空间大小的限制，往往收敛于局部最优而不自知（或无法发现）"。

（3）强人工智能（Artificial Super Intelligence，ASI），即各方面都比人类更强及更聪明的机器，其理解及认知能力都比人类强。根据现在人工智能的发展，我们离强人工智能还有一段较长的路。

我们现在一般开发与应用的还是狭义的人工智能，要实现通用人工智能甚至强人工智能，人机协作应该是一条必经之路。建立人工智能机器深度学习人类行为乃至思维的模式，如人从出生到死亡的经历积累，或是类神经网络的全面建构，都会由人机协作完成。

不可否认的是，人机协作会使大量现有工作岗位被智能机器取代。但如同工业革命中机器在取代大量人力岗位的同时也创造出更多新的产业及工作岗位一样，这一规律在人工智能时代也是适用的。未来是从智能机器的弱点上寻找机会的时候，在人机协作发展的黄金时机，把握好与机器一同工作的最佳模式，或是创造出更多的应用方式，必定是企业运营与服务模式的主要思路。

三 人机协作对企业营运与服务模式的改变

"人机协作"是指人类和机器在同一时空下进行交互作业，通过共享资源、相互协作朝同一目标努力。1980 年，国外学者对机器的自动化进行了划分，分为 10 级[①]：

（1）人类考虑一个备选方案，做出并实施决策；

（2）电脑提供了一组人类可能会忽视决策的备选方案；

（3）电脑提供了一组限制性选择，由人类决定并实施；

---

① R. Parasuraman, T. Bsheridan, C. D. Wickens, "A Model for Types and Levels of Human Interaction with Automation," *IEEE Transactions on Systems Man & Cybernetics*, Vol. 30, No. 30, 2000, pp. 286 – 297.

（4）电脑提供了一组限制性选择和建议，由人类最终决定；

（5）电脑提供了一组限制性选择和建议，若人类许可，它就实施；

（6）电脑做出决定，在实施前给人类否决权；

（7）电脑做出决定并实施，但必须事后通知人类；

（8）电脑做出决定并实施，只有人类要求才通知人类；

（9）电脑做出决定并实施，只有感觉必要才通知人类；

（10）电脑凭感觉做出决定并实施，只有感觉必要才通知人类。

要实现上述人工智能的转变，从自动化走向自主化，其中最关键的步骤是工作流程的设计及管理（Process Management）。将营运及服务的不同细节，根据人类与人工智能机器的各自优势进行分配，收集大量使用者数据回馈给人工智能机器进行学习，再通过语音表达及识别、InfoGraphic 资料图以及 MR（Mixed Reality）即 AR（Augmented Reality）、VR（Virtual reality），创建更有效率的 HMI 人机界面。人类负责处理不能预计的例外情况及各种情感关切，人工智能机器进行深度学习及算法修正，直到实现与人类处理事务得出相同的决策、取得相同的效果。就像很早以前的图灵测试一样，到了分不出是人还是机器的地步。

四 澳门科学馆营运与服务模式

澳门科学馆的运营及服务模式正在根据人机协作进行改变：从馆务的咨询系统开始，对大量数据进行分析，计算整合出一套人机协作系统，根据人类与人工智能机器的各自优势进行工作分工，找到最具效益的服务模式。此外，澳门科学馆还通过物联网（Iot），提炼出人流系统及影像监察系统提供的参观者行为、行走路线、特性以及反馈意见等数据，通过人机协作模式加入情感及创造特质，推动从批量服务向客制化服务的转变，使其服务更安全、更具效率，并为资源分配及各种决策提供数据支持。

2017年，澳门科学馆第一个人形机械人将投入服务，未来将有更多服务及工作采用人机协作模式进行。协作型机器人，无需不断编程，将会通过不断学习及模仿人类的思维进行决策。当然，在这个过程中，法律的建立健全、合约管理协同以及人机协作系统的开发都是重点项目。综合来说，将智能机器视为智识型工作伙伴才是长远可行的策略。

五 结语

在电视剧《真实的人类》（*Humans*）中有这样一段对话，如下：

人类：对于死亡，你是怎样想的？

Man：And what about death? If that's the way you think of it.

人工智能机械人：我不惧怕死亡，这就是我比人类更强的方面。

AI：No. I don't fear that. Which makes me stronger than any human.

人类：如果你不惧怕死亡，其实你从未真正活过，你只不过是存在过。

Man: If you're not worried about dying, you're not really living. You're just existing.

还有一段很有意思的对话，如下：

人工智能机械人：然而，不可否认，在许多方面，我可以比你更好地照顾你的孩子，劳拉。

AI: However, it is self-evident that, in many ways, I can take better care of your children than you, Laura.

劳拉：什么？

Laura: What?

人工智能机械人：我不会忘记事情，我不会生气、郁闷或醉酒。我比人更快，更强壮，更加专注。我不会感到恐惧。不过……我不能爱你的孩子。

AI: I don't forget. I don't get angry, or depressed, or intoxicated. I am faster, stronger and more observant. I do not feel fear. However... I cannot love them.

人一生的经历、情感的体验，小如感受到温暖的阳光、凉快的微风吹过，大如亲情友情的关切，对任何人工智能机器来说，都是一些量化的数据，只是复杂的程度与数据量不同而已。人工智能机器其实是人类创造出来的一种工具，对真正生活在世界上的人类而言，根本不应该有人工智能取代人类或与人类等同的想法。

How will Human-computer Cooperation Change the Operation and Service Mode?

Sio Hon Pan, Lu Zhengyuan

Abstract: With the development of automation and artificial intelligence, the dependence and demand of humans on machines have kept increasing. In order to move from Narrow AI to General AI or even strong AI, human-computer collaboration is the only way to go. This article discusses the relationship between humans and AI, proposes the main modes of human-computer collaboration, and provides an outlook on the future application and development mode of human-robot collaboration with the example of the Macao Science Centre.

Keywords: Artificial Intelligence (AI); Human-computer Cooperation; Operation Mode

人工智能和澳门教育创新

郑杰钊[*]

摘　要：人工智能技术大概于 20 世纪 60 年代前开始发展。最近几年，随着"深度学习"这一概念的出现和发展，人工智能与人类日常生活的联系更是日益紧密。人工智能正以日新月异的惊人速度超预期地向前发展，因此，这个时代的每一个人都应该认真思考人工智能和我们的工作之间可能存在的一切关联性。

关键词：人工智能　教育创新　移动互联网

最近，Google 的 AlphaGo 击败国际顶级围棋手，重新引发了社会对人工智能的关注。

人工智能技术大概于 20 世纪 60 年代前开始发展。最近几年，随

---

[*] 郑杰钊，澳门劳工子弟学校校长。

着"深度学习"这一概念的出现和发展,人工智能与人类日常生活的联系日益紧密,比如说,微软的小冰和苹果的 Siri 这些简单的人工智能就已经普遍植入我们的手机和电脑。人工智能正以日新月异的惊人速度超预期地向前发展,因此,这个时代每一个人都应该认真思考人工智能和我们的工作之间可能存在的一切关联性。

我们现在看到这样几个重要的数据,德勤国际表示,截至 2016 年底,认知技术成为 80% 的世界百强企业的标配;到 2020 年,预计 95% 的世界百强企业会采用一项或多项认知技术。

《科学》(Science)杂志预测,到 2045 年,人工智能技术会使我们现时的就业率降低 50 个百分点,但这并不是说很多人没工作了,而是现有的产业结构里大量的工作会被机器替代,甚至有一些职业可能百分之百被替代。

总而言之,人工智能将大大提高社会劳动生产率,这样的话,整个产业结构都会发生巨大的改变。在教育领域,如果我们把教育的主环节拆分开来,人工智能也许能在某些方面减轻教育工作者的负担,甚至替代完成部分工作,使人机合作得更好。

中央政府在谈到下一步创新的时候专门提到了两项大的技术,那就是人工智能技术和虚拟实境。毋庸置疑,人工智能的地位在国家下一步科技战略里将会得到进一步提升,更多的资源将会流入人工智能领域,从而促进人工智能技术更快地发展。作为一名教育工作者,我期待人工智能全面进入教育领域,深度学习教和学之间的关系,推动教育技术进一步发展。

要预测人工智能技术对教育的影响,我们需要先从教育的本质来分析。

一　教育的本质

关于教育的本质，古今中外有很多种定义。站在不同的立场，处于不同的时期，大家对教育的本质有不同的描述。但是以下几点是得到世界公认的。

教育传授基本常识（中小学的各门课）和专门学识（大学的专业课）。这部分也经常被我们称为传授知识。

教育要培养健康的人格，或者说培养一个人的社会性。社会是由人组成的，社会各个方面的特性都是由各个个体成员的特性合力形成的。

教育要培养独立的思考能力、探究能力。创新能力也属于这一部分。

我们的教育目前已经非常胜任第一点的工作，我们定义了知识体系，量化了学习知识的程度，不断地提高传授知识的效率。

对于第二、第三点，我们不容易量化它们，所以也不能用效率来衡量，或者说这两方面的教育是一个熏陶的过程。

人工智能是基于大数据、演算法的，所以更适合于已经可以量化的学习知识方面。而对于第二、第三点，从现阶段的技术本质上来看，人工智能还无法涉足。

但是，即便人工智能目前只能应用于传授知识方面，我认为这也将给我们的教育带来深刻变革。

二 人工智能将给教育带来深刻变革

我预期人工智能会像最近这些年来的移动互联网一样,迅速兴起。当时 PC 互联网还是主流,但是移动互联网亟须创新,所以很多人在观望或者不确信在手机上能够做更多事情,甚至很多教育界同仁在那时候都怀疑,学生是不是能够在那么小的荧幕上及碎片化的环境中获得完整的学习体验的。几年过去了,这些问题的答案都是肯定的。现在我们看到越来越多学习者通过移动设备完成他们完整的学习过程。

PC 互联网连接了人和资讯,通过互联网,接触资讯非常方便。互联网经过这么多年的发展,在给我们带来便利的同时也带来了负担。我们不断获得更强的工具、更多的资讯、更多的服务,原来安安心心睡觉的时候,现在就要看很久的手机。资讯、服务不断累加,让我们变得非常强大,也让身体承载很多"资讯"。

所有的这些变化投射到教育方面,正面和负面的情况都类似。学生获取资讯越来越方便,搜索知识很便捷,速度也非常快,但是,大量的知识是碎片化的,很多无关的、错误的资讯混杂在一起,所以需要学习者本人具有很强的知识甄别能力、组织能力。因此,通过移动互联网完成完整的学习过程的人还仅仅是极少数,大部分人容易在大量的资讯里迷失学习方向,学习效率反而不高。

随着移动互联网技术的发展,越来越多的服务在手机上呈现出来。一对一的教学服务和名师直播日渐兴起。目前有多家外语教学服务商对跨国的教学资源进行整合,为学生提供价廉质优的一对一外语教学服务。但是所有这些服务受限于人力资源，不可能无限复制，所以它们必然是只能服务少数群体。也就是说，我们已经看到、体验到电脑技术给我们教学效率带来的提升，给我们的教育理念带来的变化，而人工智能技术在现有的技术基础上，将进一步对我们的教育产生更深刻的影响。

（二）人工智能在教育领域的应用情况

今天我们再往后看，人工智能像几年前移动网络相对于PC互联网一样，它的变革已经不再只是一个概念，它的变革已经完全到来。

我们举个例子，日本国立资讯学研究所，相当于中国的中国科学院，从2011年开始做了一件非常有意思的事情。

大家知道高考这件事情不光是在中国有，在日本也有。当时资讯学研究院在想，"能不能研制一个机器人，它能模拟一个学生参加日本的高考，看看它能考多少分，能不能考上大学"。于是，他们从2011年开始做这个工作，连续做了三年，但机器人的分数都没有达到平均录取线，也就是说，这个技术看起来没有那么容易，但是终于突破了，在当年的日本高考中取得511分的成绩（日本的高考满分大概是950分，全国平均水平是416分）。按照"它"的成绩，有80%的机会会被400多家日本私立大学或者比较好的公立大学录取。回过头来看我们国家，2017年的高考也会迎来第一位文科高考机器人，分别应考数学、语文和文科综合这三科，它的目标是要超过重点本科分数线。对于它的成绩，我们拭目以待。

所以，如果从一个学习者的角度来讲，我们看到人工智能是完全有能力在某些知识领域替代人或者超过人的。

另外一个例子是佐治亚理工学院的学生们可以利用线上聊天的方式向助教 Jill Watson 提问，期末考试结束后，Jill Watson 被提名为优秀助教。但 Jill Watson 其实只是一个基于 IBM Watson 超级电脑的线上人工智能程式，在这之前，大部分学生都没意识到和他们聊天的不是人类。

佐治亚理工学院的 Jill Watson 向广大师生提供了五个月的服务，大家的感觉都非常好，这在教育领域也算是一个重要事件，因为它不仅可以真正替代教师做很多工作，更重要的是它给教育的人工智能做了非常精确的定位。比如说，如果不能把智慧复制给学生，只是模拟学生通过考试，这对教育本身的意义并不大，因为教育本身是应该让学生得到"质"的提高，而不单单是"分数"。

因此，我们可以看到人工智能这个变革的第一个特点是它是全方位的变革，不光是在教育领域，在交通、医疗、移动生活等领域它也已经完全介入。第二个特点是它的循序渐进而不是颠覆式的改变。

人工智能强调的是人，而 PC 互联网、移动互联网更多的是强调技术和产品，所以人工智能是以人为本的。每个使用者需要什么、能不能用更短的时间获取资讯、能不能更便利地获取服务等都是人工智能优先考虑的。

（三）人工智能对教育将会产生什么样的影响

我们可以看到人工智能应用于教育的一个发展趋势：人工智能对学生来说往往是做减法的。因为我们未来可以用更少的技术、更少的应用，甚至是我们感受不到的交互来获取更多的、更精准的教学内容,这是人工智能的特点之一。

上文提到,移动互联网技术给我们带来的是资讯爆炸式地增加,除了极少数学生能在这些海量资讯里自由、高效地学习外,大部分学生还是容易在里面迷失。随着人工智能的介入,几乎所有学生都能精准地获取自己所需的学习资讯,这将能极大地提高每一个学生的学习效率。这是人类学习能力从量变到质变的一次飞跃,是一场真正的学习革命。以前书籍是少数人的奢侈品,所以大众心智未开,愚昧是人类社会的常态。而随着书籍的普及,大众获取知识的成本越来越低,学习效率越来越高,社会整体的文明程度就有了质的提高。我认为,这次的人工智能对学习的变革将不亚于书籍的普及。

我还相信人工智能给整个教育领域带来非常深刻的变革。我们整个教育领域的核心目前还在于传授知识,移动互联网技术给我们带来一对一的教学服务,但是受限于教师人数,一对一的服务还仅限于少部分人。而随着人工智能技术的发展,人工智能将能很好地胜任传授可量化的知识。比如,数学、外语这些知识都是容易量化的,目前已经有一些 App 软件在为使用者提供外语学习功能,只要家长在旁边稍加指导,小学生就能很有效地使用这些外语学习功能,如果用人工智能来替代家长的指导,那么每个学生都能通过很低的成本获取高品质的教学服务。

(四)人工智能对教师产生的影响

我们了解到,已经有机构在用人工智能来模拟名师。在人工智能机器模拟名师的过程中,最大的障碍来自教师本身,因为教师非常担心有了机器人之后是不是不需要老师了？我们可以这样类比，现在电脑的计算能力这么强，是不是我们就不需要学习数学了？名师之所以成为名师，是因为他有自己独特的教学方法。人工智能只能模拟人类已有的智慧，创新性的智慧人工智能目前是模拟不了的。我们设想一下，如果每位名师都有一个机器人助教，它能够帮他做基本的答疑工作，包括讲一些他讲了一百遍、一千遍的知识，能够进行更多的启发式教学并且和学生对话，这样是最好的配合。我们并不认为人工智能能够在短时间内替代教师或者应该替代教师，最好的组合是一机一名师，每个教师都有一个助手，这是正确的方向。

三 人工智能与澳门教育创新的结合点

现阶段人工智能技术在全球教育领域已经有了初步的运用。澳门有着独特的文化，澳门教育带有澳门文化的深刻烙印，也为澳门文化的延续、发展提供了基础。

澳门教育自成体系，既借鉴了台湾、香港地区的教学经验，也极大地受惠于内地的教学资源，同时也丰富和改进了本地区的教学资源和教学方法。人工智能与澳门教学创新的结合点最有现实效用的是技术层面，主要是为教学服务。

（一）技术层面——人工智能和澳门教育创新的结合

以下我会从图像、声音、文字、自适应学习几个不同的角度来分析目前人工智能运用状况以及其与澳门教育创新有哪些结合点。

1. 图像篇

目前使用图像识别最主流的应用就是拍照搜题。

传统的 K12 应用更多停留在学生需要主动登录看视频和做题上，这本身对于学生来讲是很难有学习场景的。而拍照搜题则是学生带着问题和困惑来学习，所以我们也看到拍照搜题 App 是所有 K12 应用里活跃度最高的。拍照搜题的核心技术就是把图片与文字对应，然后去做文字与已有题库的匹配，由于开源技术的普及，图像识别现在面临的最大门槛反倒是品牌和题库的大小。

当然，拍照搜题本身是非常具有争议性的。如果学生是在遇到困难并且思考后通过手机获得答案，这是一个很好的自主学习过程。但如果只是不动脑把所有答案抄到练习册上，那就没有任何实际意义了。不论争议的结果如何，有一件事情是肯定的，那就是拍照搜题结束了只有老师才有标准答案的历史，老师在布置作业时面临的新问题是，当所有学生都有正确答案时，怎么让学生自觉认真地去练习。

除了拍题识别以外，手写辨识的准确率也在逐渐提高，有一些专门的企业还会做针对公式、科学符号的识别，越来越准确，目前准确率在 70% 以上，大大提高了学生的学习效率。

未来可以预见的图像识别与教育的结合点有三个。

（1）打通纸质书籍与线上教育

几千年来，传统纸质书籍承载了几乎全部的人类知识。然而，这些纸上的图文知识与互动性强、展现形式丰富的线上教育形成了明显的对比。虽然现在的 AR 书籍都是以 AR 作为噱头，但图像识别和增强现有能力让过去的纸质书籍迎来新生，让它们在彻底消失之前成为作者与读者之间、读者与读者之间一个全新的学习交流管道。有了足够强大的图像识别技术后，书中就无须再嵌入二维码，因为书的内容本身就是"二维码"。《丑小鸭》变成3D游戏，《新概念》可以直接评判自己朗读的水平，《红楼梦》的经典段落有上万名读者的批阅，《三体》粉丝则直接可以和大刘（刘慈欣）线上交流。

（2）打通真实可见的世界与线上教育

微软之前推出一个 App，名为"微软识花"，虽然交互体验和识别率都不够理想，但是它代表了一种新的学习方式，所见即所学，或称即时学习（Just-in-time learning）。未来一定会有底层的技术提供商以较高的准确率和较低的延迟率识别画面里的物体，届时，学习语言和科学不再是围绕着"单词"或"概念"，而是更加围绕用户所在的真实"场景"。

（3）动作捕捉与线上教育

体育、乐器、武术、舞蹈、绘画等学科难以做线上教育的根本原因是缺乏教学者对学习者的姿态给出及时有效的回馈。随着视觉动作捕捉技术的成熟，成本逐渐下降（当然也不排除基于可穿戴设备的方案），每位学习者都能享受到顶尖人工智能教师一对一的个性化指导。

对于教育机构来讲，动作捕捉尤其是人脸捕捉是保护自己 IP 的全新方式。机构对名师是又爱又恨——名师可以带来大量优质生源，也可以随时把优质生源带走。可是如果展现在学生面前的不是一个真实的面孔，而是一个"卡通"虚拟 IP 形象，那么最终学生认同的是这个形象而非具体的名师。

2. 声音篇

目前声音最主流的应用就是语音评测，也就是学生说一句话，机器给打分。

主要的契机是不论是学生还是家长，抑或学校和教育部门，都逐渐对英语口语这件事情重视起来。虽然高考表面上"弱化了英语"，但实际上如果要上名校，英语尤其是英语口语所占的比重却比过去更高。目前绝大多数市面上的口语学习 Apps 的口语评测就是评判规定的一句话的发音准确度，或者是半开放式的交流。在学生跟读的过程中，Apps 很快对发音做出测评并指出发音不准的地方，通过反复的测评训练用户的口语。

但真正的难点是评估开放性对话的好坏——其实这部分更多还是下一部分要讲的文字识别。一些企业已经在这个方向上与我国多个省份签约合作，尝试做高考开放式口语试题的自动批改，这也与接下来要介绍的文字识别有直接关联。

声音在未来最大的应用，一个是做出人耳分辨不出来的语音合成。目前 Google 的 Wavenet 已经接近这个水平，只不过运算起来非常慢，百度近期也对这个结果的性能进行了优化。另一个则是把语音辨识率再提升一个层次。这两项工作都将在可预见的两三年内实现并且普及。到时候，配合虚拟的 IP 形象，许多一线教师就会逐渐意识到自己可能会从"台前"转向"幕后"。

另外，声音识别在日常生活中也有应用，特别是当小朋友们认识的字不多时，可以利用语音识别在网上搜寻他们喜欢的图片、视频等进行学习。同时，声音识别在音乐教学这个细分领域也会有一些应用,这里就不展开了。

3. 文字篇(NLP)

文字处理,也就是自然语言处理,在传统教育领域的最大应用就是作文的自动批改,这将大大提高教师的教学效率。

人类99%的知识都是以文字的形式记录下来的。教师讲课,最重要的不是他的面孔和他的音色,而是他所说的话。同理,真正的线上教育与人工智能最重要的结合点既不是声音也不是图像,而是文字。在我们之前的论述里,只要文字确定好了,我们就可以合成最有磁性的声音配合最帅气的虚拟脸蛋,所有线上教育并不需要"固定的视频"。如果讲课内容(文字)是变化的,那就相当于每一个学生会有一个针对性的"一对一"教师。

人工智能在线上教育方面要解决的大问题是,如何把课本上死的知识变成教师和学生的对话。这里的技术挑战就非常多,包括:

(1)作业智慧批改能力——这里说的不只是批改选择判断题,而是能够对学生的做题过程进行点评;

(2)智能答疑能力——能够回答学科相关问题;

(3)自我调整对话能力——感知到学生的学习状态并且不断地与学生进行相应的互动;

(4)自动解题能力——能够根据题目自动给出详细解析。

目前这四个问题的所有解决方案大部分都是基于人工编写的规则,而不是利用人工智能。但是这方面科技发展得也非常快,国外已经有Geosolver在试图解决第一个问题,国内也有团队正在研制"高考机器人"。

4. 自适应学习篇

简单地说，这套系统技术能够根据学生的不同情况"自动适应"，然后向学生提供最适合他的学习内容。根据不同学生的情况，可能会推送不同的题目或者视频等内容。这种推送的背后所隐藏的，是大资料和智慧技术在教育层面的深度应用。

"自适应学习"技术的好处在于能把教和学的行为过程记录下来。也许以前记录的是一些数字化的资讯，是一些图片、语音和其他资讯。现在能把数位化资讯转化为资料并能对资料进行处理。通过对资料的处理可以更好地聚合、分配优质的教育资源，给教师和学生提供越来越个性化的学习"套餐"。

目前市面上的自适应学习产品，都是基于"人工梳理的教学模型＋简单的数学建模"，根据学生做题的对错，评估其对知识点的掌握程度，产品形态也比较简单。其中的典型就是 Knewton、可汗学院和猿题库，他们所采用的 IRT 演算法早已开源。实践中，真正耗时耗力的是教研，而且这还是在做得非常粗糙的情况下。毕竟绝大多数自适应学习产品只关心一道题的对错，而无法判别具体"为什么"错——对于同一道填空题，通过不同学生的答案，教师一眼就能看出是哪一个知识点掌握不到家，而系统一遍就只能归结于固定的一个知识点。至于证明题、解答题，现有的自适应学习产品更是无法解决。

所以，真正的自适应学习的依赖条件依然是之前所提到的 NLP 文字处理能力。只有当演算法能够看到题目就知道正确答案，看到题目就知道出题人的意思，看到错误的答案就知道哪个知识点掌握不到位时，线上教育才会重新洗牌，自适应学习才会成为主流学习方式之一。

（二）人格、社会层面——人工智能和澳门教育创新的结合

人工智能的技术层面我们可以采用拿来主义。我们需要人工智能在社会文化层面为澳门服务，这就需要我们对当地语系化进行创新，因为人工智能的基础是大资料，而当地语系化的大资料是人工智能服务当地语系化的基础。

除了教学外，教育更高层次的本质是帮助个人健全人格，以更好地融入社会、服务社会。人工智能的发展，对澳门教育的创新将是一次历史机遇。我们需要对本土文化进行深入的挖掘、整理、抽象提炼，最后进行数位化和量化。比如，对我们本地的历史进行数位化和量化，然后相关知识点可以融入人工智能的语言学习科目。通过长期的潜移默化，使下一代对我们澳门的文化愈加自豪，进而创新发展我们的本土文化。

这项工作是前无古人的，没有任何经验可以借鉴。虽然任务艰巨，但是意义深远。可以说，与人工智能相结合的教育创新，必将是我们澳门整体创新的基石，是一项功在当代、利在千秋的工程。

四 结语

总体来讲，现在人工智能技术发生了翻天覆地的变化，无论是从创新教育层面还是从提高教学品质层面，我们都坚定地认为它一定会

对教育应用产生非常深远的影响。就像上文提到的拍照搜题,国内已经非常盛行,在澳门暂时还没有看到太多。作为教师,我们今后应如何布置功课?学生很容易就可以找到标准答案,那么教师应怎样要求学生做功课?另外,我们也可以开发多几个线上助教这样的人工智能程式,去帮助学生学习,以减轻教师的负担。人工智能技术一定能减轻人类的负担,作为教师应尽早地学习新技术,在技术支援下创新教学模式和方法,从而真正地打开教育新局面,迈入万象更新的教育新时代。

参考文献

[1] Deloitte & Touche, *Tech Trends 2017: The Kinetic Enterprise* (Deloitte University Press, 2017).

[2] 美国新媒体联盟与美国高校教育信息化协会:《新联盟地平线报告:2017 高等教育版》,《开放学习研究》2017 年第 2 期。

[3] *Science*, May 17, 2015.

AI and Educational Innovation in Macao

Zheng Jiezhao

Abstract: The development of AI technology started about 60 years ago in the 20th century. In recent years, with the emergence and development of the "deep learning (DL)" concept, AI becomes more and more closely related to our daily life. It is moving forward at an unexpected amazing rate. Therefore, every one of our time needs to think seriously about all the possible connections between artificial intelligence and our work.

Keywords: Artificial Intelligence (AI); Educational Innovation; Mobile Internet

第三部分 研究论文

社团支持：从"关系福利"到"关系红利"

——澳门社区旅游发展策略研究

闫晓颖[*]

摘　要： 独特的社会历史进程造就了澳门"社团"蓬勃发展这一文化现象，它作为政府和居民间的中间地带、政府组织管理的重要补充，对居民具有非常有效的组织力，更重要的是，这种繁荣的社团文化天然培养了居民的较为强烈的社会参与感。但是，由于外部环境的变化及自身组织管理问题等原因，澳门社团发展所面临的诸如职能重复、作用力不足等问题也逐渐凸显。时值《澳门特别行政区五年发展规划（2016～2020年）》将社区旅游作为旅游业的重要发展方向确定下来，而对于澳门来说，社团是发展社区旅游最重要的组织实施路径，同时，在新环境下社团本身所面临的资源整合

---

[*] 闫晓颖，北京大学艺术学院艺术学理论专业硕士研究生，主要研究方向为艺术管理与文化产业。

及组织工作升级等问题也可被统一进这一过程，将社团力量在改善社区环境和提升居民生活质量方面的作用落地，提供辅助居民创意力量发挥的必要条件或者说发挥"工具包"式的作用。如果说从前社团的服务交流对于居民来说更多地意味着一种保障式的"关系福利"，那么现在社区（社团）支持的重要意义在于助产一种"关系红利"，使澳门特殊历史环境中的文化资源、丰富自然地理环境中的景观资源，借由居民参与，在每一个有着不同发展沿革的社区中以最本土的方式呈现出来，在传承发展文化资源的同时获取经济效益。

关键词： 社团　社区旅游　社区创意营造　居民参与

特殊的历史沿革使澳门具有独特的地区文化风貌，它地接海陆，融汇东西，以博彩旅游业闻名，此外澳门的独到之处还在于它"社团社会"的特点。有学者整理的相关资料表明，"至2015年末，澳门共有注册社团7132个"，[①] 虽然这些社团的大小、活跃度各不相同，但是考虑到澳门的土地面积和人口数量，其社团密度不可谓不高，这些社团涵盖了工商、教育、文化艺术、社区、政治等居民生活的方方面面。追溯其起源，澳门社团作为一种居民组织方式，大部分带有很强的社会公益性，尤其是在抵御灾害风险、提供社会服务方面，这对于在政府管理失责的情况下澳门的稳定和发展具有重要意义。但是，在

---

① 娄胜华：《成长与转变：回归以来澳门社团的发展》，《港澳研究》2016年第4期，第78页。

新的历史环境中，社团作用的发挥也应该有新的内涵以及更加积极甚至是激进的导向，以助力澳门在区域经济或者具体来说旅游业发展方面取得新的突破。旅游业一直以来都是澳门经济结构的重要支撑，《澳门特别行政区五年发展规划（2016～2020年）》也明确提出"澳门未来发展定位是建设世界旅游休闲中心"，在这一建设目标之下，"拓展文化旅游、休闲旅游、海洋旅游、养生旅游、社区旅游，持续形成新产品系列和新颖服务方式"。随着体验要求的升级和旅游业自身的不断演进，一个地区能够在多大程度上充分挖掘展现自身旅游文化资源，吸引留住游客，越来越不仅仅是几个部门的事，而是需要更加广泛的社会参与，共同打造优质的旅游社区。可以肯定的是，具有当地特色且对游客友好的旅游社区的创意营造既是关于社区景观及基础设施的建设与完善，又要重视形成社区良好的社会关系氛围和丰富的社会生活内容，甚至可以说，对居民与居民、居民与游客等不同关系方之间社会关系良好的梳理才是发展社区旅游的关键。

一 社团、社会支持与关系福利

虽然社会支持（social support）作为专业术语被提出并获得广泛讨论是在20世纪七八十年代，但是人与人之间彼此支持的关系却是根植于人的社会性本质而早就存在的。社会支持在不同的学科领域获得了各有侧重的内涵阐释，流行病学或者心理学领域的代表性人物西德尼·科布（Sidney Cobb）认为，"社会支持是信息，这种信息使主体相信他被关注、被爱，被尊重，并归属于一种成员之间有义务关系的网络",① 他认为社会支持是保护性的，尤其是在帮助人们渡过身心健康危机方面，这些危机发生的原因是多方面的，比如生理性原因，如机体病变；社会性原因，如环境变化导致的人生转折；等等。总的来说，一个人所获得的社会支持越多，就越可能更好地应对人生中的各种身心危机。那么留待讨论的另一个重要问题就是社会支持的这种保护作用是以怎样的机制发生的，西德尼认为，目前最令人满意的一种观点是社会支持能够影响主体改变自我认知，产生应对危机的更为积极的态度，这样就能充分发挥其解决问题、适应环境变化的能力，在这里社会支持更多的是关于情感和精神。此后，关于社会支持的一个重要研究方向就是将其看作社会性的救助和服务，这样就出现了社会支持施受双方的明确分野，施方从具体的人扩展到国家、相关机构和社团等形态，受方则为老年人、妇女、残疾人、失业者等弱势群体；在内容上，除精神情感支持外，也包括了客观可见的物质及行为支持等方面。统一而确定的概念定义的缺乏，正说明了社会支持内涵意义的多样性无法通过列举穷尽，甚至还在随着时间演进产生新的内涵和问题，比如说互联网时代来临后虚拟社区及网络社交支持在多大程度上是有效的社会支持，不过我们仍然可以从相关研究中总结出一些值得注意的要点。

　　首先，社会支持既包含物质层面也包含精神层面的内容，但是在某种程度上是以作用于人的精神心理世界而获得其有效性这种方式为一大特点，它乐于鼓励主体内在调节和能动性的发挥，这与其最初是由精神病学及社会心理学领域引入有关；其次，虽然社会支持是关于

---

① S. Cobb, "Social Support as a Moderator of Life Stress," *Psychosomatic Medicine*, Vol. 38, No. 5, 1976, p. 300.

危机应对的，但是这些所谓的危机如失业、疾病、亲人离世等是每个人都可能会遇到的，因此支持不只限于弱势群体，而且社会支持的作用也不一定限于这一类情境，除了是个人应急时的保护性缓冲外，也可能为个人发展提供必要的社会资源，或者有学者认为，社会支持就是通过社会关系实现的社会资源交换；最后，社会支持存在于社会关系网络中，而关系的层次是复杂的，关系方是多样的，就每个人来说，不同性质社会关系的作用力也是不同的。这些认识对于新的社会历史环境下澳门社团工作的组织开展有重要的指导意义。

（一）从传统关系福利到新型关系福利

在澳门，社团是居民社会生活的重要部分，是澳门区域社会庞大而有力的社会支持网络。澳门社团的繁荣与澳门的历史社会条件有关，最主要的一点就是其曾经被殖民统治和澳葡政府长期的不作为，在这样的环境下，澳门居民诸如灾害应对、福利支持等很多现实需求的满足就需要依靠自身的力量，而居民自身力量的充分发挥很大程度上有赖于有效的自我组织，社团作为这种社会自治的形式，承担了社会服务和管理的职能，同时这也进一步形成了澳门居民彼此间更亲密的身份认同和对地区更强烈的归属感。

社团尤其是运营良好、活跃度高的福利公益性社团对于居民来说，是可以依赖和信任的福利保障，居民既可以期待从社团中获得必要的物质帮助，而这种实际的物质支持同时也是精神支持。社会支持关系既存在于居民和社团之间，也存在于社团成员之间，社团为居民提供了参与社会活动和与他人建立持续互动关系的机会，在参与中可以培养社会责任感、自我管理和自我教育的能力。增强社会交际能力及与政府各界的联系、沟通信息、开阔眼界、提高适应社会的能力，利用空余时间、有利于身心健康，等等[1]。也就是说，社团活动对个人素质提升和能力增长也有潜在作用，而这正是社团工作和活动未来展开的方向。社会支持不是只有对弱势群体或是只在人遭遇疾病或人生转折时发挥作用，对于普通生活中的每个人，社会支持依然有其福利意义，只是这种福利既不是温饱解困，也不是奖励，而是在更高意义上助力个人对完满自我的实现。一个人想要提升自己或者开创事业时需要获得经验交流、教育咨询、资金支持、合作伙伴等，都可以通过诸如行业类、学术类等相关社团获得支持，社团社会支持可以依赖既有网络方便有力地组织并筛选提供优质可靠的资源。而对于公益社团来说，则是发掘可能的资源并尝试以各种方式将其导向深度的发展性福利，这样同时可能会对一些社会问题的解决有重要作用。比如说有一些老人可以成为特殊技能、知识经验的传授者，或者他们可以在能力范围内接触学习新的东西，从而更多地参与社会生活，仍然感到被尊重和自身价值的存在，进而获得更积极的生活态度，这有益于身心健康。在理想的发展型知识流动的过程中，多赢的局面得以形成，传授者获得自我实现，重要的人生经验以及一些本地的传统习俗和生活技能得以传承发展；而接受者则获得自我提升。可以预见，在实际中会有很多不尽如人意之处，但是这是更高层次关系福利的方向，也可能是解决诸多社会问题的有效策略之一。

---

[1] 崔世安：《参与精神形成于社团活动——澳门青年社团活动作用析》，《当代青年研究》1994年第Z1期，第84~86页。

(二) 新型关系福利的实现保障

新型关系福利的推进需要对不同类型社团的资源加以充分调动,首先是对在册社团的活跃情况进行基本调查,注销已经解散的社团,促成主题功能相似的社团在可能的情况下适当合并,以有利于某一类资源的进一步整合,并建立公开的涵盖所有社团基本信息及活动信息的综合发布平台,使社团信息对于居民以及其他社团及机构来说有更高的可获得性。社会支持的关系方是多元的,社团、企业等机构组织都在研究中被关注引入,那么对于一个社团来说,它同样会在其自身发展中遇到挫折困难,有实现自身进一步发展的需求,需要感受到本社团存在的社会价值、居民的关注和认可,以及通过与其他社团机构的合作交流确认自身属于整个社团圈,并能够通过彼此之间的支持关系,实现资源交换和信息流通,从而在社团组织管理、相互监督方面有所精进。另外,澳门回归以后,特区政府在坚持"澳人治澳"、高度自治方针的同时积极履行自身职能,因此出现了新模式,即"原来由社团自筹资源向居民提供服务转变为由政府向社团输入资源,通过社团向社会提供服务",[①] 这意味着政府成为更可靠的社会支持,并乐于促成与社团更积极的关系方式,同时,对社团工作进行引导和必要的管理也是强有力政府的一种重要职能。包括政府、社团在内的各类相关组织机构在保有灵活和轻质架构基础上的全面社会支持网络的形成是新型关系福利实现的重要保障。

新型关系福利发展的理想状态是惠及普通居民的持续而充分的知识、

---

① 娄胜华:《成长与转变:回归以来澳门社团的发展》,《港澳研究》2016年第4期,第78~90页。

信息流动，这有助于在社区形成健康积极的生活氛围乃至起到某种非正式人才培养及储备的作用，同时也将对发挥社会关系的经济价值有重要意义。

二 社团、社区旅游与关系红利

从保障生存到实现自我发展，虽然是不同的目标层次，但是在社会支持语境下对社会关系的理解仍然主要是福利倾向的，而回归后澳门已经获得基本稳定的社会环境，社团数量和类型都经历了爆发式增加，对于以社团为重要组织形式的社会关系力量的发挥可以有更多样的期待。时值《澳门特别行政区五年发展规划（2016～2020年）》正式发布，提出推动经济适度多元，提升非博彩业收益，并将文化旅游、社区旅游等作为新旅游产品方向，而这些新方向在开发特色上都要求本地居民参与，居民参与必然会面临很多实际操作方面的问题，比如如何获得居民的理解及调动其积极性，居民具体参与哪些环节以及如何组织实施、利益分配等，这些都是制约社区旅游发展的重要因素，澳门这方面的优势就在于其深厚的社会自治传统，在这种传统下，居民天然地具有参与感，而社团尤其是比较大的综合性社团在居民中有较高的公信力，并且对组织居民有丰富的经验。

（一）社区旅游

社区旅游是旅游学科的热点之一，相关研究各有侧重且并不冲突，这正说明社区旅游关系方及发展过程中可能面对问题的复杂多样性，而在一定程度上有了地区重塑的性质，也就是说，发展社区旅游和社区创意营造经常是统一在一起的。关于社区旅游，我们可以通过将其与其他旅游产品进行比较，以及通过对"社区"这一概念的理解来实现对社区旅游更加清晰的勾画。

从传统旅游到生态旅游，再到社区旅游，这既是旅游产业自身升级演进的结果，也是深度化、多样化旅游体验需求的倒逼。有学者从对象、开发原则等角度对三者进行了比较（如表1），从中我们可以看出，社区旅游所代表的是一种不同于围绕宏大景观这一核心来展开的旅游发展思路，景观融入社区，成为整体社区的吸引力因素中的一种，对于社区来说，其确证自身存在和独特性的重要因素包括："以一定的社会关系为基础组织起来的进行共同生活的人群；必须有一定的地域条件；要有一定的生活服务设施；要有自己特有的文化、制度和生活方式。""社区既有诸如地缘、友谊、亲情、认同共生互助等传统内涵；也包括磨合人与人的关系、建立处理公共事务的运作模式、确立适合本地域生活方式等现代含意。"[①] 社区旅游以居民参与为重要力量，又使游客感受到这是一个生动的可参与的文化空间，文化空间中每一种与自身生活社区异质的，或自然或人文，或物质或非物质的因素都是具有吸引力的。

澳门旅游资源的丰富性就在于本地文化及其所承袭的中华文化与欧洲、东南亚文化在长期融合发展中所积累的特色内容，从建筑古迹到风俗美食，从街道地名到信仰节庆，这些都被编织在居民生活中，有待发掘甚至正在流失。社区旅游的发展、当地文化的活化保护、居民生活环境的提升改善在恰当的运作中是可以统一在同一过程中的。

---

① 保继刚、文彤：《社区旅游发展研究述评》，《桂林旅游高等专科学校学报》2002年第4期，第13~18页。

表 1　传统旅游、生态旅游与社区旅游的比较

旅游类型	传统旅游	生态旅游	社区旅游
对象	景观	景观、环境	景观、环境、社区
目标	最大化经济效益	经济效益和环境效益的协调统一	经济效益、环境效益和社会效益的协调统一和优化
开发原则	发掘景观吸引力	在不破坏生态环境的前提下，发掘景观吸引力	从社会互动、社区进行和社区结构优化的角度指导旅游开发
当地居民与旅游开发的关系	无关或被动参与	鼓励参与	当地居民是旅游开发的重要力量

资料来源：唐顺铁《旅游目的地的社区化及社区旅游研究》，《地理研究》1998 年第 2 期，第 145~149 页。

（二）社团关系红利

所谓关系红利，其内容意义是多方面的，既可以是连接人与人的服务与被服务关系的直接变现，也可以是推动地方建设指向最终的分红。在社区旅游语境下，澳门社团本身就构成一种独特的旅游资源，诸如成立于 1871 年的镜湖医院慈善会、成立于 1892 年的澳门同善堂等历史悠久的社团，它们深切有关于居民生活参与澳门社会的种种变迁，具有极高的社会威望，围绕社团的建立发展可以组织起一段历史，一段当地居民奋斗建设的故事，除地区内大型文化节庆活动外，一些社团内部的活动也可以适当开放，直接转化为旅游体验环节。另外，澳门社团作为重要的居民组织自治的方式，在很长一段时间内承担了社会服务职能，从而具有福利性。居民对社团的信赖和依附感，以及社团作为居民参与精神培养与发挥的重要渠道存在，这些都使社团在澳门社区旅游发展和社区创意营造过程中依然发挥着不可替代的作用。澳门社团类型多样，数量众多，在社区建设这一主题下，比较合理的方式是将各类型社团的特色及专业资源整合进综合性社区社团如澳门街坊会联合总会当中。各区街坊会在长期的社会服务中对本街区及居民基本情况的了解，有助于其组织坊众积极展开并在发展中保持对社区建设的讨论，发掘社区特色，而街坊会联合总会对外可以加强与文化、学术、建筑、设计及相关行业社团的联系，为社区创意营造提供专业建议及技术支持；对内可以汇集各社区创意营造方案并进行适度差异化调配。具体来说，社团通过对内外社会关系的调解组织可以从以下几个方面调动居民为社区旅游的发展贡献力量。

1. 构建居民参与的街区历史

澳门有着多元文化浸润和多族群共同生活的历史背景，但是不同的文化由于人群聚居构成的不同，在不同街区留下的痕迹也是不同的，很多历史内容、事件、传说是散落在居民零星的记忆当中的。居民参与街区历史建构的方式既可以是口述某个历史事件，也可以是提供某栋消失的建筑物的老照片，在官方历史文本的基础上，街坊会以影像或文字的方式对这些内容加以记录整理，将这些内容和与相关文化历史学者的评述一起与坊众分享，一方面，这具有史料价值，即搜集了近于散佚的历史内容，为发掘社区特色甚至是将来复原文化面貌提供了参考，做了必要准备；另一方面，这有利于强化社区居民对社区的参与感，乃至生发出一种荣誉感，成为一种增进居民彼此关系和认同的强有力的纽带，使居民在这片共同生活的土地上一起铭记过去，见证现在，创造未来。通过对居民共同创造历史这一观念的宣传普及，调动居民建设社区的积极性，同时促进居民间的配合及其在后续各种问题上的相互理解。

2. 居民关系维护

有学者研究认为，社区满意是在三个维度中被建构的，即"居民对地方机构的信任度，他们对本地区发展和社区条件的影响力水平以及他们对全社会整体满意度和态度的影响力"，[①] 而这些因素也都可能影响到居民本身对发展社区旅游的利益预估以及参与的积极性和持续性。作为社区服务类社团，街坊会在政府与居民关系中的居间角色及其所提供的社会服务的福利性都使其能够不断获得居民信任，这种信任的保持对其在调解居民实际利益问题、平衡个人利益与集体利益方面具有重要意义。虽然从生活环境和基础设施的角度来看，游客和居民的诉求很大程度上具有一致性，但是发展社区旅游仍然不可避免地会对当地居民的生活产生程度不一的影响，这些影响既有积极的也有消极的，比如对社区建筑及街道的改造，游客涌入所造成的资源占用和物价波动，社区居民间利益竞争及分配，等等。对此，社团一方面要继续保持作为居民在相关决策中参与机制和问题反馈渠道的角色，另一方面也要发挥宣传引导作用，促进居民对相关决定及政策的理解和支持，使居民感到自己是社区旅游发展的受益者。利益分配是社区旅游发展最为棘手的问题，由于"参与社区旅游的动机、目的、方式、程度各异，其各自目标以及社区旅游的整体目标能否实现及实现程度取决于所有利益相关者利益的协调程度和行为的协作方式。只有在一个合理的制度安排下，建立新型的利益平衡机制才能确保所有利益相关者个体理性的主观动机最终带来集体理性的客观

[①] R. Nunkoo, H. Ramkissoon, "Developing a Community Support Model for Tourism," *Annals of Tourism Research*, Vol. 38, No. 3, 2011, pp. 964 – 988.

结果"。① 确立合理有力的利益平衡机制固然重要,但是这种机制的形成既依赖于长期实践中不断地博弈和修正,又在事实上带有理想性,而且具体现实中的很多问题事实上难以通过理性加以解决,以达到绝对的公平,有时候依赖情感关系彼此体谅会发挥更大的作用。无论是社团与居民间的信任关系还是居民间彼此友好体谅的和谐关系,这些都是社区旅游能够持续良好发展,最终获取经济红利的重要资本。

3. 居民自我发展与社区旅游服务

社区旅游强调居民参与到旅游发展决策、社区创意营造以及旅游服务提供等各个环节中来,首先,居民并不是专业旅游服务的提供者,可能不能很好地处理新角色中与游客的关系;其次,每个居民的能力结构不同,因此其所擅长和能够提供的相关服务内容也不同,必须通过相互配合来进一步完善社区旅游的各项服务环节。居民与游客发生直接关系的方式主要有提供食宿、向导服务等,为了使居民参与社区旅游服务以及在处理与游客关系时更为得力,树立积极的社区待客形象,街坊会除与专业行业社团联系为居民定期提供必要的咨询、培训之外,还会促进居民间的彼此交流和学习,使新型关系福利中的居民自我发展与社区旅游发展中所需要的居民能力有机对接。

三 结语

社区旅游的发展通常会涉及社区创意营造,并在这一过程中呈现

---

① 魏敏、颜亚玉:《基于利益相关者视角的社区旅游发展模式研究》,《统计与信息论坛》2008年第6期,第35~39页。

社区特色和文化面貌，对于一个居民友爱、对游客友好的社区来说，创意营造不仅是有关社区景观的再造升级，同时社区居民之间、居民与游客之间积极的社会关系氛围也是提升游客体验促使其增加逗留时间的重要因素。澳门在依托其历史文化资源和社区服务优势发展社区旅游的过程中，依然需要充分发挥一直以来在澳门社会生活中扮演着重要角色的社团的作用，帮助协调运作人与人这一核心关系，从更好的人的发展到更好的社区的发展转变，逐步推动居民参与和社区旅游的顺利开展，最终指向广泛意义的关系红利。社团与社区的结合方式是多样的，除本文所提供的视角外，也可以是依据社区自身条件及居民意愿，通过专业社团入驻经营建设相关主题社区等方式。

参考文献

[1] 娄胜华：《1931–1945年澳门救亡赈难社团的兴盛与转折》，《民国档案》2007年第1期。

[2] 娄胜华：《成长与转变：回归以来澳门社团的发展》，《港澳研究》2016年第4期。

[3] 张敏：《澳门社团的社会服务供给及其对大陆的借鉴意义研究》，硕士学位论文，华南理工大学，2015。

[4] 霍慧芬：《澳门社会福利的政治生态》，《中国行政管理》2011年第4期。

[5] 崔世安：《参与精神形成于社团活动——澳门青年社团活动作用析》，《当代青年研究》1994年第1期。

[6] 周林刚、冯建华：《社会支持理论——一个文献的回顾》，《广西师范学院学报》（哲学社会科学版），2005年第3期。

[7] 孙九霞：《守土与乡村社区旅游参与——农民在社区旅游中的参与状态及成因》，《思想战线》2006年第5期。

[8] 保继刚、孙九霞:《雨崩村社区旅游:社区参与方式及其增权意义》,《旅游论坛》2008 年第 1 期。

[9] 刘纬华:《关于社区参与旅游发展的若干理论思考》,《旅游学刊》2000 年第 1 期。

[10] 唐顺铁:《旅游目的地的社区化及社区旅游研究》,《地理研究》1998 年第 2 期。

[12] 魏敏、颜亚玉:《基于利益相关者视角的社区旅游发展模式研究》,《统计与信息论坛》2008 年第 6 期。

[13] 保继刚、文彤:《社区旅游发展研究述评》,《桂林旅游高等专科学校学报》2002 年第 4 期。

[14] L. Sleuwaegen, P. Boiardi, "Creativity and Regional Innovation: Evidence from EU Regions," *Research Policy*, Vol. 43, No. 9, 2014, pp. 1508 – 1522.

[15] S. Cobb, "Social Support as a Moderator of Life Stress," *Psychosomatic Medicine*, Vol. 38, No. 5, 1976, pp. 300 – 314.

[16] R. Nunkoo, H. Ramkissoon, "Developing A Community Support Model for Tourism," *Annals of Tourism Research*, Vol. 38, No. 3, 2011, pp. 964 – 988.

Community Support: From Relationship Welfare to Relationship Benefits

—Study on the Development Strategies of Macao Community Tourism

Yan Xiaoying

Abstract: The unique history of Macao has created a cultural phenomenon of vigorous development of communities, as a middle ground between the government and residents, Macao's communities are important supplement to government management, and can organize residents efficiently, more important is the prosperity of the community culture naturally cultivate residents' more intense sense of social participation. However, because of the change of the external environment and the defects of its own organizational management, the problems faced by the development of Macao communities, such as duplication of functions and lack of force, are becoming more and more obvious. "The five years development plan of Macao Special Administrative Region (2016 −2020)" has made community tourism as the development direction of tourism industry, as for Macao, communities can be the most important role to promote the development of community tourism, at the same time, the integration of community resource and the upgrade of organization can be unified into this process. In this way communities can be more closely related to real environment and the quality of life of residents, and play a "kit" role to provide necessary assist for residents to make their creative idea come true. If the former community service for residents works more like a "relationship welfare", now the community service will tend to produce "relationship bonus", then the special historical and cultural resources of Macao can be rendered through the participation of residents in a local way, obtaining economic benefits in the process of inheritance and development of traditional culture.

Keywords: Communities; Community Tourism; Community Creative Construction; Resident Participation

"文化+金融+共享"支持澳门社区经济转型发展探讨

黄 慧 张志元*

摘 要: 早期古典经济学家斯密、穆勒以及马歇尔都在各自的著作里阐述了文化如何作用于经济发展。斯密在《道德情操论》和《国富论》两本著作中充分阐述了从"经济人"出发所形成的"特定的文化观念成为市场扩展和经济进步必不可少的条件"。后来，韦伯明确考察了文化与现代资本主义社会兴起和经济发展的关系。最近几年有学者开始从文化角度论及金融发展。他们主要阐述了文化如何影响投资者权利的保护，进而影响到各国金融发展的差异；文化如何影响各国的公司治理；文化对个人投资方式选择的影响；社会资本、信任、关系等对金融发展的影响以及综合性地研究

---

* 黄慧，山东财经大学金融学博士研究生，齐鲁工业大学金融学院讲师，研究方向为金融理论与政策；张志元，山东财经大学教授、博士生导师，主要从事金融学和区域经济学教学与研究。

文化如何作用于金融发展，提高经济绩效。社区经济的发展，本质是对社区资源的共享与开发。文化产业作为带动经济发展的新兴产业，有利于挖掘并传承社区本土文化，促进社区经济的发展。金融作为资源配置的重要手段，是经济发展的内生变量，是促进社区共享经济发展的内在动力。以文化产业作为社区经济发展的外在载体，以金融资源配置作为社区经济发展的内在动力，挖掘发展模式，共同以"文化+金融"的形式和方式催生澳门社区经济发展活力。本文采用定性、归纳和演绎的方法，逻辑推理分析相关命题。

关键词： 文化+金融+共享　社区经济　共享经济　双轮驱动

一　澳门经济转型发展困境及面临的压力

1. 澳门经济发展现状

澳门不仅是最早的中西文化交流和技术交流的中心，也是中国唯一从未关闭过的对外开放的窗口和通道。透过澳门的历史可得知，自明中叶以来，澳门输出的大量中国产品中亦有不少是文化产品，最著名的是外销瓷。博彩业、房地产业、金融业和加工制造业是澳门经济体系中的传统四大支柱行业，多年来对澳门经济的贡献超过 GDP 的 70%。

2. 澳门经济发展面临转型压力

（1）内地游客出境游虽然增多，但到澳门的游客类型低端化

2009～2015 年，中国内地出境游人数与旅游消费大幅增长，年复

合增长率分别达到18%和40%。到2020年，内地出境游客人数将达2亿人次，远高于2015年的1.28亿人次，而中国旅游消费保持10%的年复合增长率，到2020年将达到3540亿美元。内地游客占澳门总入境旅客比重超过2/3，人均消费额排名第一。但人均消费额从2013年321美元的高位下降28%，变为现在的232美元。在购物方面，珠宝手表、手袋以及鞋类等热门奢侈礼品的消费出现大幅下滑，而手信食品、成衣等中低端消费则呈稳定上升趋势。

（2）澳门博彩业面临转型压力

博彩业作为澳门传统支柱产业之一，是澳门经济发展的重要战略平台，对澳门经济发展产生了深远的影响。2010年、2011年，博彩业分别吸纳就业人口6.28万人和7.01万人，占总就业人口的21.4%、19.7%，以生产法计算的澳门本地生产总值中，2010年、2011年博彩业分别创造了41.4%、44.7%的GDP，从而对澳门房地产业发展产生明显的影响。澳门房地产业既是经济的先导性产业，也是经济的基础性产业，在经济运行中产业效能明显，尤其是澳门回归之后，伴随赌权开放，博彩业的繁荣促使澳门经济迅速发展，同时也带动澳门房地产业潜能不断释放，2010年、2011年房地产业分别吸纳就业人口5.62万人和5.46万人，占总就业人口的17.2%、17.1%；分别创造了18.7%、16.9%的GDP。然而进入2014年后，澳门博彩毛收入为3515亿澳门元，较2013年下降了2.6%；2015年为2308.4亿澳门元，较2014年下降了34.3%。与此同时，澳门房地产业受到博彩业下降的影响，2015年4月楼价为103128澳门元/平方米，至2015年9月下降到83595澳门元/平方米，半年内暴跌20%以上。

(3) 澳门发展新定位

隐藏在博彩旅游成为澳门旅游业主体和经济龙头背后的，是对澳门经济结构和旅游业结构过于单一的忧虑。中国公民前往柬埔寨、菲律宾、济州岛、海参崴可以免签，这对于澳门有一定竞争力。前往越南、新加坡及马来西亚目前需要办理旅游签证，但不排除未来获得免签资格。相比我国其他地区，澳门既拥有东方文化的含蓄保守，又兼具西方文化的开放创新，通过文化旅游改变澳门旅游客源单一的现状，可使其旅游形象更加丰富和多元，一方面能够降低博彩旅游带来的负面影响，另一方面又能够提升本地居民的认同感。

二 "'文化+金融'双轮驱动+共享经济"支持澳门社区经济发展

(一) 澳门经济转型发展需要在共享经济视角下进行"文化+金融"双轮驱动

1. 以文化共享为底蕴，打造澳门经济发展新动能

文化和艺术本就是澳门的重要元素。早在2005年，"澳门历史城区"就有22所建筑物和8个广场被列入《世界文化遗产名录》。这些记录澳门400多年东西方文化交融历史的文化遗存如今依然保持原貌，并延续其原有功能，成为感受澳门历史文化不可缺少的一部分。此外，澳门近年亦推出人文风貌步行路线，利用教堂、庙宇等举办形式各异的互动活动或节目，利用博物馆日、艺术节、音乐节、体育赛事等吸引旅客，延长游客停留时间。

从发展周期看，澳门文化创意产业仍处于萌芽阶段，但澳门具有深厚的历史文化价值和独特的区位优势，在国家和特区政府政策倾斜、旅客市场庞大、投资者和青年人热衷投入文化创意产业等优势下，澳门文化创意产业的发展前景十分明朗。文化具有渗透、引领、统和、整合等多重功能，澳门应着力建设中华传统文化海上丝绸之路展示中心、中葡文化产品国际交易中心、亚洲文化创新中心、国际文化体验中心。

2. 以社区经济发展为中观主体，塑造澳门经济发展新路径

澳门体量小，产业结构非常单一，面临的潜在挑战非常突出。因为澳门经济高度依赖博彩业，而博彩业收入与初级产品行情、房地产市场行情走势具有较强的同步性，其内在机制是初级产品牛市带来的"横财"通常会激励奢侈性乃至浪费性消费，初级产品行业相当一部分新增收入还会投入房地产、证券等资产市场追逐投机暴利，导致初级产品行情、房地产市场行情、博彩业收入呈较强的同步性。在当前初级产品熊市下，全球博彩业收入也就相应下降，澳门自是不能置身事外。在全球博彩业收入下降时期，澳门博彩业从这块已经萎缩的"蛋糕"中分得的份额可能还会减少。

基于澳门地狭人少的现实，直接的经济多元化策略存在一个致命的内在矛盾，即多元化与规模效益难以兼得。在澳门这个微型经济体中，绝大多数多元化的非博彩产业本身就注定无法实现规模效益，因而在开放的市场上缺乏竞争力。在实现经济间接多元化的过程中，增强澳门本地社区经济发展的内在动力，激发澳门居民发展经济新模式的活力，从而进行多元化投资，为突破多元化与规模效益难以兼得的先天困境奠定坚实基础。

3. 以"文化＋金融"驱动社区经济发展为微观主线，为澳门经济发展注入新血液

文化产业方面，澳门作为中西文化交融七百多年的地方，有着深厚的文化积淀，如建筑物有特色、人们的生活习惯也不同等，因此在文化产业方面有很大发展空间。通过多元素的产业融合，发展文化金融，逐步完善文化产业链，以文化产业为外在载体，以金融支持为内在血液，以社区经济发展为驱动力，使澳门经济更加多元化，使本地人民的生活和税收更有保障，增加内在发展活力。同时，澳门对葡语国家的文化和法律比较了解，可以成为中葡法律协调、中介、仲裁方面的一个中心。澳门对内要增强经济发展活力，对外要以内在经济发展为基础，增强在"一带一路"建设和中国与葡语国家商贸合作服务平台中"文化＋金融"的影响力与作用力。

（二）共享经济视角：发展澳门社区经济的新路径

共享经济的实质是交易成本的最小化，在于通过共享平台来匹配供求双方从而降低交易成本，使原来不可交易的资源进入可交易的范围，实现资源的最佳配置。如何加快形成以开放、共享为特征的经济社会运行新模式是摆在理论工作者面前的新课题。根据初步统计，2015 年共享经济在全球的市场交易规模约为 8100 亿美元。2015 年，美国共享经济总量（3 万多亿元，占美国 GDP 的 3％）超过中国共享经济总量（1 万多亿元），因此，我国的共享经济还有很大的发展空间。

1. 共享经济三个基本特征

（1）碎片化的需求和碎片化的供应原本都存在，创业者需要做的只是提供高效率服务双方匹配的平台。创业机会就在于如何做好有效的平台。

（2）由于共享内容的边际成本极低，所以相比于大规模专业供应者仍有价格优势。核心优势在于共享中极低的边际成本。

（3）共享的内容非常个性化，本不能被规模供应，此时竞争优势不建立在价格上。竞争优势在于满足个性化。

2. 社区共享经济的特点

（1）增强用户体验的时代是用户兜售参与感的时代，社区共享即众人参与。挖掘社区共享经济的商业机会，恰逢其时。创业者更容易建立信任、形成社区、融合当地文化、解决供需问题，为发展社区共享经济奠定了良好的基础。

（2）互联网技术大大降低了人们共享的成本。互联网的快速发展，尤其是"LBS＋SNS"把近距离社区的人们联系到一起，给共享经济的公司提供了超级燃料，人们得以分享更多的信息，如社区居民通过与邻里共享物品节省金钱和资源。让人们闲置的物品的流转率得到提升，并帮助本社区居民构建更好的邻里关系，通过合作为他人提供便利，也因为社交网络以及评价信用机制，陌生人变得可以触摸和信赖。

（3）本地化服务明显的社区是推动共享经济一个很好的载体。用共享的思路为解决吃、穿、住、行、娱等各方面的需求提供更好的解决方案和用户体验，更是商业价值发现的一个极好的切入点。

3. 信任和规模是社区共享经济存在的基础

罗宾·蔡斯在《共享经济：重构未来商业新模式》一书中把共享经济定义为三要素，即产能过剩（资源闲置）、共享平台、人人参与。它鼓励资源在更多的使用者之间共享；鼓励产品生产者与消费者直接对接；鼓励组织和个人合作，以提高经济配置效率；鼓励人与人以互信的方式共处、生活。社区经济发展具备这样的物质基础、生活方式与信任机制。社区共享经济本身就是熟人与熟人之间的交易，但这里的交易并非单纯商业化的交易，社区共享经济的背后是人的荣誉感和自豪感的体现，未来每个社区都会有很多"社区达人"来共享价值。社区共享经济涉及邻里关系，也是一种半熟人经济，其利在于具有一定的信任基础，而其弊在于导致价值失真，所以既要保证服务的价值性，也要保证邻里之间的关系不受影响。

4. 共享经济通过社区共享平台来匹配供求双方从而降低交易成本，实现资源的最佳配置

共享经济本身的核心是在供需不平衡的市场中扩大原本不充足的供给并实现优化资源配置，或者通过扩大优质供给刺激消费，升级新需求。共享经济表现为物品拥有权被使用权替代，其使用权按需分割成不同时间段，从而分别由不同且有需求的用户共享。而在社区服务中，共享经济表现出来的优势则是实现独特内容（或服务）共享、趋于零边际成本、满足长尾需求、增加人文关怀。社区共享平台虽有市场的功能，但又超出了传统的市场，它突破了传统市场的时空限制，这是对传统市场经济配置资源理论的又一种拓展。去中介化与再中介化的过程就是建立共享平台，社区共享经济平台并不直接拥有固定资产，而是利用移动设备、互联网支付等技术手段有效地对需求方和供给方进行最优匹配，通过撮合交易获得佣金，从而实现双方收益的最大化。

将技能需求和技能供给联系在一起的模式让人感受到平台切中用户痛点之精准，其所具有的市场前景也让人看好。在目前实体经济"疲惫"的大环境下，这类"技能变现"平台带动的线上线下互动的"社区式经济"模式，或将带来一种全新的经济生态。

（三）文化视角：发展澳门社区经济的新载体

文化产业具有鲜明的边际效应和多元融合性，并且表现出低消耗、高产出的绿色经济特征。文化影响着一个经济体内资源的配置，Stulz & Williamson 的研究证明，在理解不同国家投资者保护差异时不能忽视文化的差异；文化对债权人权利的影响似乎更为强烈。

1. 文化激发社区治理的内在动力，推动社区经济发展

社区治理的实质是培育社区精神和激励合作技巧的过程。生活在同一个社区中的居民在经济文化上共享的事实，成为他们在介入社区治理中激发内生动力的实践基础。源于社区生活的可共享的经济文化才是社区各民族居民自觉自愿的精神动力。社区的经济、文化具有传承性和延续性，不仅是社区精神文化的载体，也是加强社区成员的社区认同感和凝聚力的黏合剂，对实现社区经济社会协调发展起着至关重要的作用，同时也是提升社区治理能力的重要的潜在的社会资本。

2. 社区文化是社区经济发展的重要保证，社区经济为社区文化发展提供重要的物质基础

社区文化与社区经济都是社区的重要组成部分。社区文化对社区经济发展的保证作用体现在四个方面：其一，环境文化层面，创建良好的社区容貌、休闲娱乐环境、文化设施、生活环境等，通过这一媒介感知社区成员理想、价值观、精神面貌等外在形象，从而营造良好的投资环境，推动社区经济发展。其二，制度文化层面，建立与社区精神、社区价值观、社区理想等相适应的规章制度、组织机构等，尽量减少和控制与社区经济发展不相适应的规章制度，从而为社区经济发展保驾护航。其三，行为文化层面，通过各类文化活动的开展，使社区成员通过交往、娱乐、生活、学习、经营等过程形成良好的社区风尚、精神风貌、人际关系模式，从而最大限度地调动主观能动性，促进社区经济持续、健康发展。其四，精神文化层面、培育良好的社区精神、社区道德、价值观念、社区理想，凝聚和激励社区全体成员的精神和意志，形成建设社区的共同理想和精神支柱，从而成为实现最终目标的强大精神力量。

社区经济为社区文化发展提供了重要的物质基础，这表现在经过20多年的改革，大多数城市社区的成员开始从文化视角的"盲区"进入文化消费的"开发区"，并且消费欲望日益强烈，消费形式日益多样化，消费水平逐渐提高。就具体情况而言，社区经济的发展极大地促进了社区文化的发展：文化设备增加，文化环境得以创建，优秀文化人才得以引进，文化资源极大丰富，文化消费观念逐渐改变，文化创新不断推进。

3. 以澳门独特文化为切入点，渗透社区经济发展

从明代开始就有不少文人来到澳门，在文学创作中留下了生动的"澳门形象"，屈大均、吴历、印光任、何绍基、魏源、康有为、丘逢甲等都在此留下了诗文作品。在400多年的历史进程中，澳门形成了"中西交融，多元共存"的独特文化。如今，这自然就成为澳门的文化资源。澳门与葡语国家有着广泛联系，同时与海外华侨华人关系密切。这种独特的文化渊源，可以转化为文化资源。发展文化创意产业应当与城市融为一体，把文化有机地嵌入城市之中，渗透到城市的肌体之中，而不是游离于城市之外。以文化贸易、文化金融渗透到社区经济发展之中，既可增强区域协作，又可拓展国际市场，活跃澳门作为宜居宜游的"世界旅游休闲中心"的城市氛围。

（四）金融视角：发展澳门社区经济的新动力

金融是经济的核心，经济形态决定金融形态。金融是贯穿整个社区O2O产业链的一个重要组成部分，在整个社区商业、经济的发展过程中可以自成体系地发展。基于社区资源开展金融业务，社区金融的发展和社区经济的发展共生同存。社区金融起源于社区，具有微观性，社区金融资金的流通将在社区和社区金融机构之间的层面上进行，流通方式更为具体。

1. 社区金融是社区经济发展的毛细血管

金融是现代经济发展的血液、大动脉，存在于国民经济运行当中，而社区金融则是社区经济发展的毛细血管。社区金融有五大模式：其一，线下为主，线上为辅；其二，直接为社区经营提供相关金融服务；其三，打造社区金融信用信息支持系统；其四，解决整个家庭金融资产配置的方案；其五，提供满足社区真实金融需求的金融产品。

社区金融是贴近社区居民的"好邻居"式的金融业态，主要表现在在空间和时间上贴近居民。在空间上，社区网点一般设立在社区周边，辐射周边1.5公里范围内的社区居民；在时间上，社区网点服务时间延长。其次是融入社区，贴近居民。社区服务团队基于社区支行的地理优势，将自身作为社区中的重要一分子，通过提供多种多样的社区附加服务来融入社区，建立与社区居民深厚的信任基础。比如，有的社区网点与居委会联合为居民提供健康养生和亲子手工课程，增进社区居民间的感情；有的社区网点支持广场舞、棋牌俱乐部等社区活动或社团，丰富居民文化生活；有的社区网点则与周边商户合作，推出多种商品、特惠服务。

2. 互联网信息化背景下，社区金融整合社区经济上下游产业链，快速获取客户，提高客户黏性

根据O2O发展的规模以及闭环的打造，社区金融可分为三个发展阶段：社区金融1.0导流阶段，社区金融2.0场景金融构建阶段，社区金融3.0生态构建阶段。导流阶段，金融机构与社区服务平台进行合作，将保险或理财产品投放到社区服务平台上，由金融机构提供产品，由社区服务平台提供流量；消费金融场景的构建是场景金融的构建过程，即对复杂的流程和产品进行再造，将金融需求与各种场景进行结合，实现信息流场景化、动态化，让风向定价变得更精确，使现金流处于可视或可控的状态；生态构建阶段，社区金融生态体系的建设主要是围绕社区O2O上下游产业链开展，不仅包括对C端的金融服务，即消费金融，还包括对B端的金融服务，即普惠金融，也可理解为供应链金融。"金融生态圈"通过对上下游产业的整合，构建完整的金融服务体系。三个阶段的发展也充分体现了"互联网＋金融"融入社区生活的过程。

互联网搭建的金融生态圈，基于线上开展，而社区金融是基于线下开展的业务形态。线上线下结合是打造社区金融生态的主要特点，更多应该考虑社区商业以及社区周边业态的融入，思考的方向除了衣食住行以外，比如支付场景的融入、养老与金融、健康与金融等，更多的是产业链的整合。

3. 以社区金融实现智慧社区，以智慧社区建设智慧城市

智慧城市是企业信息化的升级版：信息化2.0云计算、大数据、物联网、互联网、移动互联网。管理上，智慧城市资源聚合国家、地方政府、企业、金融机构、居民；智慧社区是智慧城市的一个重要组成部分，相对于智慧城市中的其他元素，智慧社区的市场化程度更高，是各大互联网厂商和传统企业（包括零售商和金融企业）布局的要塞。当企业的信息化能力达到一定的程度时，其可以通过金融服务的变现能力无缝地寄生在自身的价值链上。社区金融在智慧社区领域具备蓝海的潜力。

社区金融具备"五小"特点：资产小，业务规模自然有限，难以"傍大款"；资本小，主要由社区小微企业和居民的资金作为经营资本；区域小，在一定的社区内经营，严禁跨区域；客户小，主要服务对象为小微企业、个体经营户和居民；业务小，只做小笔储蓄、小微贷款。实现集群化社区金融的平台化，需要与社会化的商业系统进行无缝连接，如电商、零售商、服务商等，相互融合，保证平台的开放性，以使社区金融实现规模效应。智慧社区满足蜜罐箱原理和野蛮人原理，社区人群在某个时间段是在一个相对封闭的环境里，在一定时限内，唯一的选择是吸收"养分"，如航空 WiFi、自驾车等交通工具。野蛮人原理是指主观上把自己需要的东西都纳入自己的控制范围，使入口导流量、平台得规模、数据成资产。

三 "文化+金融+共享"视角下澳门社区经济转型发展对策

（一）文化共享层面：构建澳门社区经济发展的宏观环境和中观主体，搭建社区经济发展的框架和支柱

1. 积极构建具有新时代澳门特色的文化产业集群和文化生态环境

利用澳门建设世界旅游休闲中心（"一个中心"）、中国与葡语国家商贸合作服务平台（"一个平台"）的契机，以文化搭桥的形式参与和助力"一带一路"建设。坚持经贸合作和人文交流并举，注重在人文领域精耕细作。通过文化年、旅游年、艺术节等各种形式，建设一批具有澳门特色的文化产业集群，塑造适合澳门未来经济发展的文化生态环境。对外，澳门是"海上丝绸之路"的重要节点，因此应更好地发挥其在国家对外开放中的特殊作用。同时，澳门居民中有许多东南亚华侨和东南亚裔人士，文化上兼容并包，可以在中国与葡语国家经贸合作服务平台上发挥独特作用，提升"海上丝绸之路"合作的葡语内涵。对内，在符合国家规定的条件下，推动两地政府部门在澳门联合举办"一带一路"经济论坛；利用世界卫生组织在澳门设立传统医药中心的机遇，支持澳门建立获国际认可的中医药质量认证和标准

化体系，推动中医药产业化和国际化；支持澳门成为"一带一路"中医药交流合作的重要基地。

2. 积极推动以"文化＋旅游"引领澳门发展，促进澳门旅游发展综合效益的提升

澳门可结合自身的产业特色，以文化为主线，通过"旅游＋文化创意、旅游＋商贸、旅游＋中医药、旅游＋批发零售、旅游＋会议展览等"形式，更好地发挥旅游休闲产业在扩大就业、文化传承和提升本地居民幸福感和社会事业中的重要作用，让旅游休闲经济在澳门发出更强的声音。澳门发展"休闲旅游"，应包括拓展旅游休闲产业、提供旅游休闲产品、优化城市规划、拓展休闲空间、完善休闲旅游配套设施、构建绿色环保城市等。而最有效的方式是与珠海合作，通过开发横琴，使横琴成为澳门旅游休闲产业的连接区，构建"澳门－横琴"融合互补、具有"一河两岸"特色的"世界旅游休闲中心"。要"向海而兴"，发挥其作为海上丝绸之路节点的作用，依循世界旅游休闲中心发展方向拓展海上旅游。

3. 借助粤港澳融合契机，加速澳门与香港以及广东省的文化融合

粤港澳的深度融合是"提升"澳门地位和功能的有效途径。未来的粤港澳将不只是一个熠熠生辉的都市群，而应该发挥作为"一带一路"国际运营中心的重要作用。从"一带一路"建设来看，有支点，有节点，有港口，还有园区等，但真正符合"运营中心"条件的地方却很少，粤港澳的融合发展将有望共同承担起这个特殊的功能。通过区域合作，借鉴学习香港与广东文化产业发展的经验，加速澳门与香港以及广东省的文化融合，打破澳门发展瓶颈，实现产业升级、多元发展。

（二）金融共享层面：建构澳门社区经济发展的微观渠道，发挥发展社区经济的血液循环系统功能

1. 打造综合性的金融"专卖店"或"超市"

社区金融组织不仅是银行，社区金融需求也不仅仅是融资理财需求，而需要多元化的金融功能整合，如理财、消费金融、支付、创业融资、风险管理、咨询与专业化支持，都可以纳入社区金融的服务链之中，即便只是对社区人群提供金融文化和知识教育，宣传金融消费者保护法律法规，也对凝聚社区金融文化具有重要意义。不同社区的人群可能分别属于富裕阶层、中产阶级和普通公众，因此，结合不同社区的金融需求，可以分别打造面向中高端阶层的"专卖店"，以及面向中产阶级和普通民众的"超市"。

2. 推动建设社区金融信用信息支持系统，实现自营业务、个人平台业务、机构合作业务的"三合一"发展

在小微金融等传统"百慕大三角"地带创新业务，离不开信用体系与生态建设。对于某些资源丰富、能够直接与小区物业合作开展信息收集工作的机构来说，可以独立推动社区金融的信用体系建设；对于没有条件的机构来说，则可以"集众人之力"，或者作为大型社区金融组织的零售或外包机构，最大限度地实现社区主体信息共享。在具体运作中，在不违反消费者信息保护原则的同时，社区金融组织一方面可以直接进行软信息采集，另一方面可以引入外部大数据信息，最终为社区居民和其他主体刻画更加全面的信用"画像"，由此为新型金融服务奠定基础。依托日益完善的相关监管规则，在合规前提下，社区金融机构可

以围绕居民需求，直接提供定制化的产品与服务，也可为社区居民提供个人之间的金融资源互换，还可发挥自身客户流量资源优势，成为各类金融机构进行市场拓展的重要平台。

3. 从服务个人、短期转向服务家庭、服务生命成长周期，通过"好邻居战略"实现场景嵌入

社区最大的价值就是在时间、空间上获得延展，并依托家庭延续人际关系。对于社区金融来说，不仅需要关注个人在特定时点的金融需求，更需要从家庭角度、从服务个人生活与成长角度出发，构建具有内生性的社区金融生态演化体系，在更广泛层面上实现各方参与者的共赢。社区居民服务除了金融服务之外，还有大量的非金融服务，包括养老、教育、医疗、慈善公益等，这些同样也能与金融服务结合起来。比如，在养老领域，保险、以房养老、融资就可以衍生出新型的金融产品；通过结合移动 App 等新的居民友好型交互界面，服务场景能够及时贴近每个人的生活，更智能地便利每个人的各种活动。

参考文献

[1] 文化：《文化建设激发民族社区治理内生动力——基于西北民族社区治理的实践探讨》，《西北民族研究》2014 年第 4 期。

[2] 丁亮：《浅谈社区文化与社区经济的关系》，《戏剧之家》2013 年第 6 期。

[3] 梅新育：《提高财政储备投资收益，突破澳门经济困局》，《21 世纪经济报道》2016 年 3 月 29 日。

[4]《姚坚：澳门经济适度多元发展出现三大积极因素》，中国新闻网，2016 年 3 月

23日,http://www.chinanews.com/ga/2016/03-23/7809183.shtml。

[5]《打造文化之城,澳门在路上》,《人民日报》(海外版)2016年7月7日。

Discussion on the Transformation and Development of Macao's Community Economy with the Support of "Culture + Finance + Sharing"

Huang Hui, Zhang Zhiyuan

Abstract: Early classical economists such as Adam Smith, John Mueller and Alfred Marshall explained in their works how culture affects economic development. Smith expounded in *The Theory of Moral Sentiments* and *The Wealth of Nations* that "the specific cultural concept" developed from the perspective of the "economic man" "has become an indispensable condition for market expansion and economic progress". Later, Max Weber explicitly examined the relationship between culture and the rise of modern capitalist society economy and economic development. In recent years, some scholars have started to discuss financial development from a cultural perspective, elaborating problems such as, how culture affects the protection of investors' rights and in turn leads to the differences in financial development among countries; how culture affects the governance of countries; how culture influences the choice of individual investment methods; and how social capital, trust, relations and other factors as well as comprehensive cultural study affect financial development and enhances economic performance. In essence, the development of community economy is the sharing and development of community resources. As a new driver of economic development, the cultural industry is conducive to exploring and inheriting local community culture and promoting the development of community economy. Finance, as an important means of resource allocation, is an endogenous variable in economic development and an internal driving force and "blood circulation system" that promotes the development of community sharing economy. The cultural industry needs to become an external carrier of community's economic development, and the allocation of financial resources its internal driving force, so as to explore new development modes and stimulate the vitality of Macao's community economy in the form of "culture + finance". This article approaches related propositions by means of qualitative methods, induction and deduction, and logical reasoning.

Keywords: Culture + Finance + Sharing; Community Economy; Sharing Economy; Two-wheel Driven

奢侈品品牌战略创新模式思考
——基于对古驰（Gucci）等品牌的对比分析

王　乐[*]

摘　要： 本文依据克里斯·比尔顿和斯蒂芬·卡明斯提出战略创新的六个维度（价值创新、成本创新、容量创新、市场创新、边界创新、学习创新），对奢侈品品牌和时尚品牌的创意战略模式进行对比分析，试图探索奢侈品品牌利用创意战略改革的方式，推进六度创新模式变化，同时阐发对奢侈品品牌创意战略模式的思考。

关键词： 时尚产业　奢侈品品牌　流行品牌　战略创新模式

一　引言

近年来世界经济增长放缓，全球范围内购买力明显下降。全球时

---

[*] 王乐，北京大学艺术学院博士生，研究方向：艺术管理与文化产业。

尚市场甚至奢侈品市场都呈明显的下降趋势。与此同时，中国时尚市场一改2014年以前大幅上扬的态势，也出现下滑。尽管如此，每年依旧有数以百计的品牌争相进入奢侈品市场，引发更激烈的竞争。随着奢侈品品牌竞争日趋激烈，许多奢侈品品牌意识到只有通过创意战略改革推进商业创新模式变化，才能持续发展，才能使自己从激烈的市场竞争中脱颖而出。全球竞争和技术革命是奢侈品品牌在战略创新中的压力聚集。如果没有持续创新，品牌就会逐渐消亡，因此创意战略的核心是战略创新。① 在过去十五年中，战略创新证明了其促进商业价值的能力，同时向消费者证明他们投资于品牌创意是切实有价值的。② 在实用主义或基本需求演变为更高层次的需求之后，按照马斯洛需求理论，消费者的基本需求诸如生存、安全和舒适等变得不再难以满足，而转变为消费者对自我满足的需求。因此，越来越多的消费者通过购买奢侈品来显示自我价值和彰显时尚品位，同时也促进奢侈品品牌不断符合时尚流行趋势并保持持久的生命力和创造力。正如A. C. 尼尔森（A. C. Nielsen）所说，对于80后消费者而言，时尚并不等同于高贵优雅或者高级时装，他们希望可以冲破传统时尚的束缚并彰显个性。因此，越来越多的消费者通过购买新颖别致的奢侈品来显示身份和文化认同。由此可见，在新时代新形势下，奢侈品品牌乃至整个时尚行业的战略创意变得更加重要。

克里斯·比尔顿和斯蒂芬·卡明斯提出了战略创新的六个维度，即价值

---

① 〔英〕克里斯·比尔顿、〔新西兰〕斯蒂芬·卡明斯：《创意战略》，向方勇译，金城出版社，2015，第55页。

② Report Design Council 2010, https：//www.designcouncil.org.uk, accessed January 2010.

创新、成本创新、容量创新、市场创新、边界创新和学习创新,[①] 以此作为宏观指引,进行奢侈品品牌战略创意改革,以达到传递品牌文化价值、增加商业价值的目的,帮助奢侈品品牌在当代日益激烈竞争的时尚市场中立于不败之地。

"价值链"理论是哈佛大学商学院教授迈克尔·波特于 1985 年提出的,他认为,"每一个企业都是在设计、生产、销售、发送和辅助其产品的过程中进行种种活动的集合体。所有这些活动可以用一个价值链来表明"。[②] 在莫泊涅和金伟灿提出的蓝海战略中的 4 个创新类型,即"创造"、"提高"、"减少"和"消除",以及波特价值链的基础上,克里斯·比尔顿和斯蒂芬·卡明斯提出了创意战略的概念,将其分为战略创新、创意领导力、创意企业家精神和创意组织化管理四个核心要素。随后,比尔顿和卡明斯将战略创新分为六个维度:价值创新、成本创新、容量创新、市场创新、边界创新、学习创新。

二 奢侈品品牌和时尚品牌创意战略的六度创新

随着时尚市场的变迁,奢侈品品牌的战略创新也随之深化和改革,战略创新俨然成为一种全新的营销手段,帮助奢侈品品牌在激烈的市场竞争中立于不败之地。伴随着科技进步带来的市场变革,奢侈品品牌逐渐由精英文化转为大众文化。在 20 个世纪二三十年代,奢侈品品牌仅服务于王宫贵族和财富权贵,目标客户是上流社会中的少数人群

---

① 〔英〕克里斯·比尔顿、〔新西兰〕斯蒂芬·卡明斯:《创意战略》,第 69~70 页。
② 薛仁进:《浅谈企业内部价值链分析》,《经济视野》2013 年第 1 期,第 148~148 页。

（20%）。但随着时代的发展，奢侈品品牌不断调整其创意战略，使消费群体由原来的少数精英逐渐转变为高端大众，以至于膜拜价值转变为展示价值。目前全球时尚市场销量大幅下降，奢侈品品牌也是面临前所未有的挑战。因此，战略创新模式调整成为奢侈品品牌继续发展的首要选择。

随着消费者对时尚产业了解的不断深入以及审美水平的不断提高，时尚不再等同于奢侈品的叠加和堆砌，逐渐演化为消费者对高品质生活的追求，体现了消费者实现自我价值、彰显时尚品位的需求。过去，奢侈品品牌通过标榜独一无二的设计理念和创意赢得了许多市场份额，并以此击败竞争对手，达到增加商业价值、提升投资回报率的目的。这些创意设计理念可能是独创性强且辨识度高的商标（logo）、品牌专属的花纹图案或是具有特殊象征价值的产品。例如，路易威登（LV）的经典图案 Monogram 系列是由品牌标志（logo）衍生出来的，成为品牌最具标示性的经典并延续至今。然而，随着奢侈品市场竞争日益激烈，各奢侈品品牌设计不断推陈出新，再单纯依靠简单的创意设计已无法满足现代消费者的审美需求。因此，一些奢侈品品牌开始转变经营思路，寻求新的战略创新模式，力求在激烈的市场环境下通过创意战略的调整在未来持续发展。

本文为了得出更加清晰的结果和认知，按照品牌的创立时间（工业时代[①]和后工业时代[②]）及产品价位区间进行挑选，分别选取传统奢

[①] 1881~1935 年，主要是对能量资源的开发与利用，表现为现代学校的创办、资本主义的发展、重工业的崛起，以及化学科学的兴起。

[②] 明确提出和界定"后工业社会"概念的是丹尼尔·贝尔，时间大约是 20 世纪 70~80 年代，以理论知识为中轴，意图是促进人与人之间知识的竞争，科技精英成为社会的统治人物。科技专家之所以拥有权力，全凭他们接受的专业教育与拥有的技术专长。

侈品品牌古驰（Gucci）、新兴奢侈品品牌斯特拉·麦卡托尼（Stella McCartney）和快时尚品牌Zara六度创新的对比分析。

（一）价值创新和成本创新

战略创新的第一个维度价值创新存在于多样形式中，通过增加、连接或者重组已有产业链条，使其细微增长，或是微调已存在的价值链。其中，最明显的是创造出新价值链或新产业。价值创新发现或满足了新的需求，或创造出新东西带来新需求，为顾客或股东增加产品价值。[①] 这主要体现在发明与创造的过程中，使原有的产业链条延长，增加其商业价值，提高投资回报率。战略创新的第二度成本创新的本质是将"价值链"看作"成本链"，通过差异化思考理解产品链中的真正需求，把一些无关的元素移除并运用不同的方法降低生产、服务或体验成本，以缩短产业链条。成本创新并不意味着降低品质，而应该将其看作对客户支付能力的重新评估，[②] 以实际的投资回报率作为考量的前提，缩短成本链，以此减少生产、服务或体验中不必要的环节，达到低投入高回报的效果。

作为经典奢侈品品牌的代表，古驰在第二次世界大战期间由于战争等因素，为开发新的成本低廉的材料进行创意设计。由于当时意大利政府管控皮革进口，制作包袋的原料严重短缺。奥尔多·古驰（Aldo Gucci）采用竹节这种非传统的新材料进行设计创新，竹节因新颖独特、成本低廉，保留至今，成为古驰的经典元素之一。同时，古

---

① 〔英〕克里斯·比尔顿和〔新西兰〕斯蒂芬·卡明斯：《创意战略》，第55~95页。
② 〔英〕克里斯·比尔顿和〔新西兰〕斯蒂芬·卡明斯：《创意战略》，第55~95页。

驰的另一个经典标志红绿织带，源于20世纪初古驰的马鞍肚袋，随着时间的推移，红绿织带逐渐成为古驰品牌最早的设计标志之一。① 古驰利用价值创新和成本创新，将老经典在新时代重新进行设计创意，为新时代注入了新的活力。

作为新兴奢侈品品牌战略创新的代表，斯特拉·麦卡托尼利用可循环利用的材料进行创意设计，创造出新时代的新经典。设计总监斯特拉·麦卡托尼女士不仅是优秀的设计师，而且也是现代生活方式的倡导者。坚持素食主义的麦卡托尼女士倍加推崇绿色环保和循环使用的生活理念，所以在创立品牌时，麦卡托尼女士就承诺该品牌将秉持可持续发展、保护环境和保护野生动物的发展理念进行设计和创作。② 正因为有了这样的精神追求，品牌拒绝使用任何动物制品，所有设计作品都不使用皮革（leather）、皮草（fur）、其他皮革制品（exotic skins③）和羽毛（feather）等原料。同时，品牌所有的包袋原料均来源于由回收的废旧塑料水瓶制成的聚酯，所用的羊绒原料都提取自消费前生产剩余废物（pre-consumer manufacturing waste）④。价值创新和成本创新的理念为品牌带来了新的市场增长点，也吸引了大批秉持环保主义理念的消费者。

Zara是快时尚的代表，创立于1975年，目前作为世界最大的时尚

---

① 孔淑红：《奢侈品品牌历史（第二版）》，对外经济贸易大学出版社，2014，第159页。
② "Wildlige Friendly 2014," https://www.wildlifefriendly.org/, accessed April 17, 2014.
③ Exotic skins，包括常用于包具类制作的除牛皮和羊皮以外的皮革，如鸵鸟皮、蜥蜴皮、鳄鱼皮等。
④ 消费前生产剩余物质（pre-consumer manufacturing waste）特指在加工过程中残留的不可被原加工厂使用的物质。

零售商，是营销最成功的快时尚品牌之一，在世界时尚界中一直处于不可替代的位置。① Zara 创立的宗旨就是让平民也可以享受流行、拥有时尚。直到现在，Zara 的产品依旧秉持紧跟当下潮流趋势并贩售时尚的理念。② 所以 Zara 并没有像其他时尚品牌那样模仿其他成功品牌的创意战略，而是创造出一种符合自身发展的创意战略模式——快速、敏捷、多品类、小规模、大零售终端。Zara 的产品设计灵感来源于一切时尚品牌，它的设计团队每年在时装周期间都会对各品牌发布的流行趋势进行搜集整理，以此来预测和解读时尚流行趋势的变化，以最快的速度生产出最符合消费者审美和购买需求的产品。与此同时，Zara 为了满足大众消费者以低廉的价格享受高端产品的需求，在所有的生产环节均严格控制成本。Zara 利用价值创新和成本创新（以低廉的价格贩售时尚）为消费者带来了独有的消费体验，也促使品牌一直保持稳定增长。

（二）容量创新和市场创新

战略创新的第三个维度容量创新是通过目前的生产、销售、产品调配和服务的增加拓宽产业链条。③ 容量创新一般不单独使用，它主要是对价值链中其他要素进行意识和系统化的连接。比如，成本创新导致需求量增加，因此需要配合容量创新满足增加的市场需求；又

---

① O. S. Crofton & G. L. Dopico, "Zara-inditex and the Growth of Fast Fashion," *Economic and Business History*, Vol. 15, 2007, pp. 41-54.
② Catherine Schwab & Elisabeth Couturier, *Talk about Fashion* (Flammarion, 2011), p. 162.
③ 〔英〕克里斯·比尔顿、〔新西兰〕斯蒂芬·卡明斯:《创意战略》，第 55~95 页。

如，价值创新中某些新的元素可以给消费者或者股东带来新的价值，以此增加生产、销售或者产品调配和服务。

战略创新的第四个维度市场创新是通过对现有市场的重新界定或划分，达到使人们重新考虑或使用产品方式的目的。① 市场创新主要是传播或重铸市场中的产业链，以此开辟新的市场或者重新划分已有领域。随着"互联网+"时代的到来，市场被不断地重组和划分，品牌不仅需要对现有市场进行重组，更重要的是对未来市场的探索和开辟，所以市场创新几乎是各类品牌最常用的创新方式。

古驰的市场创新是将 1967 年为摩纳哥王妃格蕾丝·凯利（Grace Kelly）特制的印花丝巾中的图案融入新产品设计中，同时与线上购物平台展开合作。首先，设计师提取出丝巾中的印花元素，将其融入每一件产品。其中，最成功的是经典印花（Flora）图案与横须贺（Sukajan②）刺绣夹克的结合。产品以清丽的图案代替了 Sukajan 的重工刺绣，把街头朋克融入新品牌形象的诗意和浪漫情境中。通过一系列新产品的开发，"新"古驰的品牌风格越来越符合时尚潮流，成为各界人士争相追捧的对象。同时，2016 年古驰与全球知名奢侈品线上专卖店 Net-A-Porter 开展合作，在品牌官方大众社交平台 Instagram 上推出 24HourAce 活动，这是古驰在数字营销方面的全新尝试。最后，古驰

---

① 〔英〕克里斯·比尔顿、〔新西兰〕斯蒂芬·卡明斯：《创意战略》，第 55~95 页。
② Sukajan 是 "Suka" 和 "Yokosuka" 的合成词，其中 "Suka" 是 "Yokosuka"（横须贺）的简称，"Jan" 则是 "Jumper" 的日语缩略。这就是这件意义特殊而又个性强烈的手信单品的英文由来。在二战后的横须贺港，大批美国士兵经这里撤离回国，有一位士兵将他的飞行员夹克带到当地的一家裁缝店，要求师傅将自己的名字和自己的这段经历用彩线绣在夹克上，以作纪念。这就是第一件横须贺夹克。《大家都在讨论 Sukajan！why？》，搜狐时尚，2016 年 9 月 22 日，http://www.sohu.com/a/114888070_486381。

也在建设品牌官方的线上渠道,为品牌提供更多宣传推广的机会,也为消费者提供更多购买渠道。

而斯特拉·麦卡托尼的市场创新则是从环保角度出发,坚持可循环利用的设计理念,这为品牌赢得一片赞誉声。同时,在设计方面,斯特拉·麦卡托尼还塑造出一种全新且个性鲜明的定制风格,将男性与女性审美完美融合。品牌从生态价值角度,为世界时尚产业的战略创新带来巨大的变革。它带动了更多品牌将有机材料和人工合成材料用于产品设计。在减少杀戮、保护动物的同时,也减少对自然环境的破坏。①

Zara 则是通过将容量创新与市场创新完美结合,保持品牌的持续增长。首先,Zara 运用长尾理论中"多款式,小批量"的经营理念,遵从任何产品不第二次进入店铺销售的方式,有意识地营造短缺,通过大量产品(设计团队每年提供超过 18000 件单品)的快速更新(平均周期 10~14 天)满足不同消费者的个性化需求。同时,Zara 拥有一套非常强大的信息反馈体系,将消费者对产品的反馈快速从零售端传递回公司。这些反馈信息以最快的速度传递给设计团队,引导设计师修改或研发新的创意设计,以便提供最符合消费者需求的产品。②

(三) 边界创新和学习创新

战略创新第五个维度边界创新是沿着产品生产到消费的价值链为

---

① "Stella McCartney," http://www.kering.com/.
② Derek Thompson, "Zara's Big Idea: What the World's Top Fashion Retailer Tells Us About Innovation," *The Atlantic*, November 13, 2012.

消费者创造全新的产品和购物体验，分散或者共享产业链条是一种再创新的方式。这种创新超越或蔑视传统的边界，对看起来完全不能混杂在一起的事物进行混合、匹配或者并置，① 在突破传统边界的同时，创造出新的产品分类，满足日益多样化的消费需求。战略创新第六个维度学习创新的目的是在开发创新的过程中进一步创新，调整产业链条，分为三种主要类型：市场前的学习、市场成功后的学习和市场失败后的学习。② 学习创新有利于品牌在策略定制、市场营销和销售反馈中不断地进行创新改革，并随时调整和修正战略创新策略，最大限度地提升品牌的商业价值。

古驰于2015年中旬在上海开设全球首家餐厅——1921 GUCCI，不同于之前以氛围营造为主的古驰咖啡厅（GUCCI CAFÉ），餐厅为消费者提供西式高级正餐。这正是经典奢侈品品牌在经营传统的奢侈品品牌服装、配饰等产品之外，努力拓宽市场进行产业链条重组的模式，突破产业边界，跨渠道跨行业经营推广品牌文化内涵，使更多消费者有机会体验一种奢华的生活方式。这是古驰边界创新和学习创新的完美体现。

斯特拉·麦卡托尼秉持的偏爱环境保护、可持续发展、绿色生态的理念，使它将可循环利用的材料融入产品设计和生产中，突破原有时尚企业的边界，学习新兴技术进行产品的设计、研发和制作。品牌将环保理念与时尚高度融合，在传递时尚品位的同时，传递品牌独特的精神价值内涵。消费者喜爱麦卡托尼是对品牌文化价值和精神追求的认同，不再是对时尚流转的简单追逐。

---

① 〔英〕克里斯·比尔顿、〔新西兰〕斯蒂芬·卡明斯：《创意战略》，第55~95页。
② 〔英〕克里斯·比尔顿、〔新西兰〕斯蒂芬·卡明斯：《创意战略》，第55~95页。

而 Zara 设计开发了无人能及的供应链体系，这也是品牌创意战略的核心所在。① 它帮助 Zara 理顺复杂的销售流程，使所有产品可以同一时间在世界范围内的 Zara 零售店铺上架销售。在潮流瞬息万变的时代，产品的快速流转显得格外重要，以最快的速度将商品传递至消费者手中，是 Zara 供应链最大的功效。Zara 供应链的运用打破了时尚公司传统的产业链模式，在学习的同时进行创新，为 Zara 品牌的成功奠定了基础。

从以上分析不难看出，在新时代新形势下，创意战略对品牌的发展起到了不可小觑的作用。古驰利用创意战略改革自 2015 下半年起成为最热门的奢侈品品牌。从消费者统计来看，年龄在 34 岁以下的顾客数量增长了 50%。"新"古驰的一系列产品成功赢得千禧一代的欢迎。② 开云集团对创意战略进行适当调整，使消费者对古驰的文化价值重新认同，在增加商业价值的同时也提升了投资回报率。

斯特拉·麦卡托尼对创意战略充分的利用，使 2010~2013 年公司在伦敦的店铺（包括两家直营店）最高收入增长超过 60%，达到 2840 万英镑（约 4400 万美元），利润为 340 万英镑（约 500 万美元）。截至 2013 年，通过其他方式联合经营，斯特拉·麦卡托尼在全球 70 多个国家拥有 30 家直销店、20 家特许经营店和 600 位合作批发商，市场资源评估其全球年收入在 1.5 亿~2 亿美元。③

---

① "Stella McCartney," http：//www.kering.com/en/brands/luxury/stella - mccartney；K. Ferdows, A. M. Lewis & A. D. J. Manhua, "Zara's Secret for Fast Fashion," *Harvard Business Review*, 2005, Vol. 82, No. 11.

② "Zara Expiation," March 18, 2015, http：//www.bloomberg.com/news/articles/2015 - 03 - 18/inditex - full - year - profit - meets - estimates - on - zara - chain - expansion.

③ "Stella McCartney," http：//www.kering.com/en/brands/luxury/stella - mccartney.

Zara 的战略模式则是以紧跟流行趋势进行创意设计为核心,以供应链和客户信息反馈系统为依托,利用快速生产和运输流程将新产品以最短的时间传递至零售终端。Zara 创造出一种全新的创意战略模式,以应对瞬息万变的时尚潮流。利用创意战略,2014 年 Zara 第四季度增长速度为过去两年同期最快,2015 年和 2016 年也都保持着持续增长。Zara 的母公司 Inditex 集团表示,"这是一个积极的结果,即强劲的销售动力"。① 2016 年前九个月,Zara 销售量增长了 11%,达到 164 亿欧元。② 为了更加清晰地对比以上三个品牌的运营特色,特制作表 1。

表 1 三个品牌案例的运营特色比较

品牌	品牌定位	运营特色
古驰 (Gucci)	传统奢侈品品牌	经典设计元素与时代潮流结合 研发新型原料,降低成本 改变设计风格,开拓年轻人市场 尝试数字化营销,建设品牌官方网络销售平台 跨界经营,开设餐厅和咖啡店等
斯特拉·麦卡托尼 (Stella McCartney)	新兴奢侈品品牌	提出绿色环保,循环利用的经营理念 废弃材料的再开发和利用 将男女审美融合,形成独特的设计风格
Zara	快时尚品牌	紧跟潮流趋势,学习借鉴奢侈品品牌设计,原创设计成本极低 控制成本,价格低廉 新品数量多,产品更新速度快 强大的信息反馈体系 独一无二的供应链

---

① "Zara Expiation," March 18, 2015, http://www.bloomberg.com/news/articles/2015-03-18/inditex-full-year-profit-meets-estimates-on-zara-chain-expansion.
② "Zara Annual Report 2016," September, 2016, http://Inditex sales up 11% to 16.4 billion in first nine months of 2016.

三 奢侈品品牌与快时尚品牌战略创新模式比较

创意战略是基于蓝海战略和波特价值理论提出的全新的品牌营销理论。其中,克里斯·比尔顿和斯蒂芬·卡明斯提出的战略创新模式对以上三种市场定位不同的品牌的分析和观察更为透彻。为了得到更清晰的认知,以下将从商业创新模式的六个维度(价值创新、成本创新、容量创新、市场创新、边界创新、学习创新等六度创)分别对三个品牌进行横向比较分析,以获得比较完整的结论。

1. 品牌创新模式的特点及横向比较

表2展示了古驰商业创新包含的内容,分别是第一度价值、第二度成本、第四度市场以及第五度边界创新。表3展示了斯特拉·麦卡托尼商业创新包含的内容,包括第一度价值、第二度成本、第四度市场以及第五度边界创新。表4展示了Zara商业创新包含的内容,分别是第一度价值、第二度成本、第三度容量、第四度市场、第五度边界以及第六度学习创新。最后,通过表5展示了三个品牌对时尚战略应用方式的不同特点。

表2 古驰的六度创新模式

创意战略维度	创新模式	具体体现
第一度:价值创新	经典元素再设计	Michele将红绿织带、竹节手柄、经典丝巾印花图案的经典元素与现代流行趋势结合,设计出全新的符合现代审美的新产品
第二度:成本创新	低价材料	以竹节手柄代替传统皮革手柄
第三度:容量创新	无	不适用

续表

创意战略维度	创新模式	具体体现
第四度：市场创新	年轻人市场以及其他市场开发	全新的产品设计帮助品牌开拓了年轻人市场 在上海开设 1921 Gucci 餐厅,对时尚市场外的其他市场进行开拓
第五度：边界创新	跨界经营	数字营销,建立品牌官方网络销售平台 在上海开设 1921 Gucci 餐厅,打造奢华生活方式,推广品牌文化价值
第六度：学习创新	无	应向其他奢侈品品牌或时尚品牌学习

表3　斯特拉·麦卡托尼（Stella McCartney）的六度创新模式

创意战略维度	创新模式	具体体现
第一度：价值创新	绿色环保、可循环利用、保护动物	推行绿色环保和可循利用的设计理念,提倡动物保护,产品制作过程中不使用任何动物制品
第二度：成本创新	循环利用废弃材料	从废旧塑料瓶中提取聚酯 产前废物利用
第三度：容量创新	无	不适用
第四度：市场创新	环保人士市场	环保主义消费者如果喜欢这种极简的设计风格,将会持续关注品牌动向,成为品牌的忠实消费者
第五度：边界创新	环保与时尚	打破环保与时尚的边界,将环保理念融入时尚设计中,突破原有材料的限制
第六度：学习创新	无	应向其他奢侈品品牌或时尚品牌学习

表4　Zara 的六度创新模式

创意战略维度	创新模式	具体体现
第一度：价值创新	使普通大众也可以拥有时尚产品	追逐时尚潮流,将流行趋势快速发布,以低的价格、高的品味赢得大众消费者的青睐
第二度：成本创新	低成本	无原创设计成本,设计师只是负责搜寻流行趋势并将所有流行元素完美结合 制作成本低

续表

创意战略维度	创新模式	具体体现
第三度：容量创新	新产品数量多，更新速度快	每年提供超过18000件产品 新品更新时间为10~14天
第四度：市场创新	拓展年轻人、时尚人士市场	不断更新符合潮流趋势的新品，吸引年轻消费群体消费
第五度：边界创新	生产链、供应链（物流链）	独一无二的供应链体系，新品更新时间为10~14天，新产品在Zara全球零售店铺同一时间上架销售
第六度：学习创新	设计学习奢侈品客户反馈体系	设计紧随流行趋势，模仿奢侈品品牌设计 零售店铺建立强大的信息反馈体系 及时收集销售反馈意见，随时调整设计和生产方案

表5　三个品牌的创新模式比较

创新模式	古驰（Gucci）	斯特拉·麦卡托尼（Stella McCartney）	Zara
第一度：价值创新	√	√	√
第二度：成本创新	√	√	√
第三度：容量创新	X	X	√
第四度：市场创新	√	√	√
第五度：边界创新	√	√	√
第六度：学习创新	X	X	√

注：√代表有，X代表无。

2. 奢侈品品牌和时尚品牌创意战略思维模式的差异

依据表2至表5中的分析，传统奢侈品品牌、新兴时尚品牌和快时尚品牌的战略思维模式存在巨大的差异。随着时代的发展和互联网技术的运用和推广，三类品牌针对市场变化都进行了相应的战略创新调整。

从价值创新维度，以古驰为代表的传统奢侈品品牌主要依托品牌历史文化价值传承，对老经典进行新演绎，突破旧有品牌形象，创造新的品牌价值，赢得消费者青睐。以斯特拉·麦卡托尼为代表的新兴奢侈品品牌则选择从设计理念入手，结合人们越来越注重环保和绿色生活方式的特点，为消费者带来新价值。而以 Zara 为代表的快时尚品牌，主要推行将时尚平民化的经营理念，使时尚不再局限于精英文化，而是逐渐走向大众，使时尚变得更加普及化。

从成本创新维度，传统奢侈品品牌古驰是由于战乱等外部因素被动地寻求解决办法，属于无意识的成本创新。新兴奢侈品品牌斯特拉·麦卡托尼由于其创始人的生活理念进而采用环保材料的举措，并不完全出于对成本创新的考量，同样属于被动成本创新。然而，快时尚品牌 Zara 完全不同。Zara 创始人奥特加（Amancio Ortega）先生创立品牌的初衷就是希望普通人可以拥有并享受时尚单品，所以创立时的重要考量就是成本创新模式。

从容量创新维度，诞生于佛罗伦萨的古驰有着深厚的文化积淀和悠久的历史，一直秉承工匠精神和手工制的模式并延续至今。对于斯特拉·麦卡托尼而言，纵使不能实现传统奢侈品的纯手工制作，也不能与 Zara 等快时尚品牌比生产速度。所以，对于传统奢侈品品牌和新兴奢侈品品牌而言，容量创新并不太适合其品牌发展。而对于流行时尚品牌 Zara 而言，其竞争核心就是产品的快速流转和更新。Zara 设计团队每年为消费者提供超过 18000 件产品，目的就是使消费者第一时间消费当下的流行时尚。可以说，对于 Zara 而言，价值创新、成本创新与容量创新的结合为 Zara 今日的成功奠定了基础。

从市场创新维度，传统奢侈品品牌古驰将老经典融入设计创新中，带动消费群体年轻化，逐步拓展至年轻群体市场。同时，利用跨界经营开设咖啡店和餐厅，以达到多渠道发展的目的。新兴奢侈品品牌斯特拉·麦卡托尼从创立伊始就提出环保和循环利用的理念，突破传统奢品牌市场边界，为品牌的发展找到全新的市场增长点。而快时尚流行品牌 Zara 作为市场营销的优秀案例，开创出独具特色的 Zara 商业模式，以低价格高品位的产品和迅捷的更新速度，快速占领了流行时尚市场。

从边界创新维度，许多传统奢侈品品牌如古驰都试图打破传统奢侈品品牌产业链条，开展数字化营销模式，同时融合多种产业，开展跨界经营；通过新传播手段和新产业对品牌文化价值进行宣传推广，提高消费者的认知度，达到增加商业价值的目的。新兴奢侈品品牌斯特拉·麦卡托尼则是将环保理念与时尚创意设计紧密结合，使两种完全不同的元素重组融合，引发时尚设计理念的巨大变革。而快时尚品牌 Zara 创立的生产链和供应链（物流链）体系打破了流行时尚品牌以设计为主的传统商业模式，使 Zara 可以在众多竞争者中脱颖而出。

从学习创新维度，由于传统奢侈品品牌和新兴奢侈品品牌在经营理念上更保守传统，所以对市场变化的反应不如流行时尚品牌那般迅速。而时尚流行品牌以 Zara 为代表，在学习其他奢侈品品牌和时尚品牌商业模式的同时，不断进行开拓创新，制定适应自我发展的创意战略。这也是非常值得传统奢侈品品牌和新兴奢侈品品牌借鉴和反思的。

四 结语

随着时代的发展和时尚产业的变化，消费者的区隔不再仅仅是根据人口统计学中对消费者行为模式的分类而划分。消费者购物需求逐渐多元化，个人价值实现和身份认同变得越发重要。许多奢侈品品牌都在通过调整战略创意模式来迎合消费者的新需求。2014年，贝恩公司（Bain Company）对1400名中国消费者进行的调查显示，他们不断在奢侈品品牌和快时尚品牌之间转换。70%的受访者表示他们喜欢尝试不同的风格，更倾向于产品的多元化。[①] 从对古驰、斯特拉·麦卡托尼和Zara的案例分析中不难看出，未来奢侈品品牌的发展已不再是简单依托设计与创意的结合，而是需要通过战略创新的调整将品牌文化价值变为可传播的文化标签，以此传递品牌的精神内涵，这样才能持续赢得消费者的关注和喜爱。从对三个品牌的战略创新分析可以发现，不论是经典奢侈品品牌还是新兴奢侈品品牌，都需要加入学习创新的战略规划。例如，Zara独特的物流链使其在激烈的市场竞争中具有绝对的竞争优势。

在新时代新形势下，奢侈品品牌调整创意战略需要从生活方式、文化价值、创意创新、市场拓展、客户管理、品牌营销等多个维度进行考量，从而达到跨界与融合的目的，同时向其他品牌学习，调整创意战略，为奢侈品品牌在未来保持持续发展奠定基础。

[①] "China's Luxury Market Shrinks in 2014 as Luxury Brands Adapt to Shifting Consumer Preferences," Bain Company official website,［2015-01-20］.

参考文献

[1] 孔淑红:《奢侈品品牌历史（第二版）》,对外经济贸易大学出版社,2014。

[2] 薛仁进:《浅谈企业内部价值链分析》,《经济视野》2013年第1期。

[3] 〔英〕克里斯·比尔顿、〔新西兰〕斯蒂芬·卡明斯:《创意战略》,向勇译,金城出版社,2015。

[4] Catherine Schwab &Elisabeth Couturier, *Talk about Fashion*, 2011.

[5] O. S. Crofton &G. L. Dopico, "Zara-Inditex and The Growth Of Fast Fashion," *Economic and Business History*, Vol. 15, 2007.

[6] K. Ferdows, A. M. Lewis & A. D. J. Manhua, "Zara's Secret for Fast Fashion," *Harvard Business Review*, Vol. 82, No. 11, 2005.

[7] L. Brinded, "Gucci Is Cool Again," *Business Insider*, Feburary, 2016, http：//uk. businessinsider. com/kering – and – gucci – 2015 – financial – results – sales – income – outlook – 2016 – 2.

[8] "China's Luxury Market Shrinks in 2014 as Luxury Brands Adapt to Shifting Consumer Preferences," January20, 2015, http：//www. bain. com/about/press/press – releases/chinas – luxury – market – shrinks – in – 2014 – press – release. aspx.

[9] F. Chantial, "Kering Sees First' Tangible' Results Of Gucci Rebranding," July 29, 2016, http：//fashionista. com/2016/07/kering – h1 – earnings – gucci – growth.

[10] Derek Thompson, "Zara's Big Idea：What the World's Top Fashion Retailer Tells Us About Innovation," *The Atlantic*. November 13, 2012, https：//www. theatlantic. com/business/archive/2012/11/zaras – big – idea – what – the – worlds – top – fashion – retailer – tells – us – about – innovation/265126/.

[11] "Report Design Industry Research," January 15, 2010, http：//www. designcouncil. org. uk/resources/report/design – industry – research – 2010.

[12] "Stella McCartney," KERING, http：//www. kering. com/en/brands/luxury/stella – mccartney.

[13]《大家都在讨论 Sukajan！why？》,搜狐时尚,2016年9月22日,http：//fashion. sohu. com/20160922/n468975676. shtml。

[14] "Wildlige Rriendly 2014," April 17, 2014, http：//wildlifefriendly. org/2014/04/17/stella – mccartney – becomes – first – global – fashion – brand – to – join – the –

wildlife – friendly – enterprise – network/.

[15] Zara Annual Report 2016, Septemper, 2016, http：//Inditex sales up 11% to 16.4 billion in first nine months of 2016.

[16] "Zara Expiation," March 18, 2015, http：//www.bloomberg.com/news/articles/2015－03－18/inditex－full－year－profit－meets－estimates－on－zara－chain－expansion.

Thinking on the Strategic Innovation Models of Luxury Brands

—Comparative Analysis of Gucci and Other Brands

Wang Le

Abstract：Based on the six-degree innovation model of creative strategy proposed by Chris Bilton and Stephen Cummings (value innovation, cost innovation, volume innovation, market innovation, boundary innovation and learning innovation), this paper compares and analyzes creative strategy models of luxury brands and fashion brands, in order to explore the ways of reforming luxury brands through creative strategies, make changes to the six-degree innovation model and explain related thinking on the creative strategy models of luxury brands.

Keywords：Fashion Industry; Luxury Brands; Pop Brands; Strategic Innovation Model

澳门文化产业与社区融合互动研究

郭道荣　丁锦潞　叶建赓[*]

摘　要：澳门拥有得天独厚的中西文化资源，其文化产业在社区中扮演着重要的角色。但由于澳门博彩业在经济中占主体地位，文化产业在规划、政策、创意空间拓展、经营模式和人才培养等方面与社区缺乏密切互动。本文首先探讨文化产业与社区的内涵，对澳门文化产业与社区在城市文化层面、空间结构层面、经济结构层面、文化人才层面等方面融合互动的机理进行分析。本文借鉴日本、中国台湾的成功经验，考虑将文化产业的发展与改善社区居民生活空间相结合，提出促进文化产业与社区融合互动、活化与再利用文化产业空间、引导社区居民互动与体验、注重技术开发程度等

---

[*] 郭道荣，澳门城市大学博士，珠海城市职业技术学院讲师，岭南师范学院客座教授，研究方向：文化创意与旅游发展；丁锦潞，澳门城市大学博士，经济师，珠海城市职业技术学院客座教授，云南财经大学客座教授，研究方向：服务经济、消费者行为、文化旅游；叶建赓，澳门城市大学博士，研究方向：文化遗产旅游。

建议。

关键词： 澳门　文化产业　社区文化　公共创意　文化互动

澳门文化产业发展仍处于初级阶段。近年来，特区政府不断加大扶持力度，制定出台《澳门文化产业发展政策框架》，明确澳门文创产业发展途径、具体发展策略及实施举措，并持续给予资金支持。①而随着文化强国战略的实施，文化产业的带动和关联效应日益突出，人们对精神文化产品的需求也随之增加，文化产业越来越受到社会各界的关注。然而，文化产业与社区相结合层面上融合互动的机会相对较少，而实际上，社区才真正是从底层促进文化产业发展的坚实力量和宣传助手。

一　文化产业与社区的内涵

（一）文化产业的内涵

"文化产业"（Culture Industry）作为一个独特的术语，于20世纪初出现在霍克海默和阿多诺合著的《启蒙辩证法》一书中，亦可译为"文化工业"。文化产业作为一种特殊的文化形态和特殊的经济形态，影响了人们对文化产业本质的把握，不同国家从不同角度对文化产业

---

① 王鹏：《澳门博彩业与文化产业的融合互动研究》，《旅游学刊》2010年第6期，第57～65页。

有不同的理解。联合国教科文组织从文化产品的工业标准化生产、流通、分配、消费的角度对"文化产业"的界定为：按照工业标准，生产、再生产、储存以及分配文化产品和服务的一系列活动。

2003年9月，文化部制定下发《关于支持和促进文化产业发展的若干意见》，将文化产业界定为："从事文化产品生产和提供文化服务的经营性行业。文化产业是与文化事业相对应的概念，两者都是社会主义文化建设的重要组成部分。文化产业是社会生产力发展的必然产物，是随着中国社会主义市场经济的逐步完善和现代生产方式的不断进步发展起来的新兴产业。"2004年，国家统计局对"文化及相关产业"的界定为：为社会公众提供文化娱乐产品和服务的活动，以及与这些活动有关联的活动的集合。

综观港台，文化产业发展态势较好。台湾地区针对文化、创意与产业的结合，于2002年颁布《挑战2008发展重点计划》，其中包含"文化创意产业发展计划"，将文化、艺术与设计等产业融合到创意产业中。2003年成立的"文化创意产业推动小组"这样定义"文化创意产业"：源自创意或文化累积，透过智慧财产的形式与运用，具有创造财富与就业机会的潜力，促进整体生活提升的行业。①

为推进经济适度多元，尤其是促进文化产业的形成和发展，特区政府制定《文化产业基金》行政法规草案。文化产业基金资助项目包括促进文化产业孵化、产业化或规模化，推动文化创意商品的研发、设计、生产、营销和推广，以及促进知识产权登记。同时，基金可用

---

① 张梅青、张蕾：《文化创意产业与社区交融互动模式研究——借鉴台湾社区营造实例》，《山西财经大学学报》2010年第S2期，第151~152页。

来奖励在文化产业领域做出重要贡献的企业、个人或团体。澳门特区行政会2013年10月25日宣布完成讨论，设立文化产业基金。按照这项行政法规草案，文化产业基金的启动资金包括一笔两亿澳门元的款项。自2010年至今，通过各类专项资助、支援计划资助非牟利团体和私人的文化活动项目2000多个，资助金额近1亿澳门元。文化产业在澳门的发展，强化了中西文化特色，对旅游业具有一定的推动作用。

相对而言，中国对文化产业的界定为：文化娱乐的集合，区别于国家具有意识形态性的文化事业。文化产业本身主要参与创作和销售，给消费者带来精神上的享受，广义上指以"文化设计"为核心，涵盖大众消费领域的产业形态或产业要素的业态；狭义上则包括文学艺术创作，如戏剧创作、音乐创作、摄影、舞蹈、工业设计等。文化产业自20世纪以来已被许多国家和地区明确为战略产业或支柱产业。具有前瞻眼光的国家或地区，围绕文化、艺术和设计制定了不同的分类系统，阐释文化产业不同的外延。综合许多学者及专家的研究成果，结合现代产业转型升级的实际，文化产业可以这样定义：依靠文化和创意的元素，借助人类的智慧、现代网络以及电子技术，对文化资源、文化产品、文化服务等进行再创造和品质提升，并具有知识产权的高附加值的业态。

虽然基于不同的角度，世界各地区或各机构及个人对"文化产业"的定义不尽相同，但其本身的精神性、文化性、娱乐性等基本特征保持不变。文化产业日益成为经济社会发展的增长点，其作用很大程度上是促进制造型社会向创意型社会转变。其内涵在社会各产业形态中得到充分体现。

（二）社区的内涵

从逻辑上看，"'社区'的英文是'community'，含义异常广泛"。德国社会学家腾尼斯最早这样认为，社区指的是一种基于血缘关系或自然情感的社会有机体，有点接近平常所说的"乡村小社会"。我国一些学者认为"社区是进行一定的社会活动、具有某种互动关系和共同文化维系力的人类群体及其活动区域"。据美籍华裔社会学家杨庆坤教授1981年的统计，社区一词共有140多种不同的定义，但总体上包含三个理论分析角度。一是从人与社会的关系角度看，社区是指"在一定位置上的互动和由这种互动产生的群体。所以，社区是互动与处于一定位置的合法化的群体。这种群体和空间社区的力量能够联合和引导其成员的行为，以导致其内部的相互依赖以及成员与群体一致的情感"。二是从文化理论的角度看，"社区是指一个特定空间的团体中的人，由重要的社会行动联结，产生了情感上的同一体"。三是从空间理论的角度看，社区是指人居住的物质空间，空间对社区是十分重要的，因为任何社会体系都是具有一定空间结构的实体。

二 澳门文化产业与社区融合互动的机理分析

随着文化产业的迅猛发展，学术界研究的重点多集中在产业融合方面，即不同产业或同一产业内的不同行业通过融合互动融为一体，逐步形成新产业。作为新兴产业，文化产业挖掘并传承优秀文化，带动经济发展，提升文化品质，重塑社区形象，使文化与资源有效融合。实践证明，文化产业和社区彼此影响、相互促进，其融合互动的机理主要体现在以下四个方面。

（一）城市文化层面

澳门具有460多年的中西文化沉淀，其厚重的文化，对于全世界而言，显然是少见的。因此，对于这些蕴藏着澳门历史文化的社区文化资源，需要大胆地开发并利用，特别需要加入现代元素，进行全方位策划与包装，从而推动澳门文化产业的发展。这不仅体现了文化的价值，更能促进澳门社区与文化产业深度融合，最终提升澳门的城市文化品位。

（二）空间结构层面

文化产业发展需要足够的空间。从文化的视角来看，这个空间具有其独特性。在文化产业开发与利用过程中，社区便是空间结构的实体，其作为腹地，承载着社区文化景观、空间环境等。文化产业在社区发展进程中，有必要对社区空间的基础设施进行改善、改造，使整个空间布置体现文化创意的特色，只有这样，文化创意元素才能融入社区，从而营造一个集文化人才、文化资源、经济效益于一体的社区环境。

（三）经济结构层面

文化产业的发展需要一个漫长的过程。发展文化产业，不能置当地经济结构于不顾，也不能与当地经济发展总体目标背道而驰。文化产业作为 21 世纪的朝阳产业，已成为国民经济新的增长点，在推动结构调整、经济增长和社会主义精神文明建设中发挥着越来越重要的作用。2017 年 4 月 20 日，文化部印发《文化部"十三五"时期文化产业发展规划》，可见文化产业已被列入国家发展战略，在经济发展中占有重要地位。为此，文化产业发展必须从当地经济实际情况出发，设计并确立与当地社区经济发展水平相适应的发展理念，这样才能够有效地推动经济社会发展。

（四）文化人才层面

文化人才是发展文化产业的最基本保障。文化产业人才作为文化软实力的推动者，充分体现了其重要性。然而，很多城市大力提倡发展文化产业，却忽略加强人才培养，未真正地把人力资源开发作为头等大事来抓。文化产业发展，文化创意是灵魂，而人才在文化产业中占据主体地位，也发挥着主导作用。因此，澳门应根据本地的实际情况，科学地开发文化人才，把握城市发展的脉搏，有效地延续中西文化特色，不断提升文化产品的竞争力。

从上述分析可知，文化产业与社区营造的融合互动，是经济与文化的融合、文化与人才的互动、空间与文化的融合互动，它们相互促进，和谐发展。

三 文化产业与社区融合互动的社会价值

创意产业之父约翰·霍金斯在《创意经济》一书中指出，全世界创意经济每天可以创造 220 亿美元的价值，并以 5% 的速度递增。一些国家增长的速度更快，美国达 14%，英国为 12%。[①] 文化产业之所以能够创造如此令人瞩目的经济价值，是因为其具备社会价值的功能。

（一）盘活遗产建筑，社区自身环境得以美化，城市文化品位得以提升

随着城市中心区的价值成本升高，房地产业开始开拓城区以外的区域，如澳门半岛以外的氹仔、路环等区域，那么澳门半岛遗留下来的大量工业大厦在传统产业外迁后仍保持很好的结构形态，就成为文化产业的园地。工业遗产是城市发展和经济建设的结晶，那些传统的生产方式，深深地刻在几代居民的记忆中。为此，工业资源可成为阅读城市文化历史的重要物质载体，对其加以合理利用，对维护城市历史风貌、提升城市形象具有重要作用。可以说，文化产业在老工业区的聚集发展将工业区转变成文化区，不但盘活了工业建筑遗产，使之成为新的生产力的载体，而且使其间凝聚的历史价值融入艺术气息，提升城市文化品位。

（二）文化创意凝聚创意人才的新力量

文化产业因其以文化、创意为核心内容，具有知识产权的高附加值业态，具有很强的渗透力，能够渗透进许多产业部门，特别是对制造业起到较大的推动作用。"伦敦模式"就是一个典型案例，一群年

[①] 常玉娥：《浅议文化创意产业及其辐射影响力》，《当代经济》2012 年第 21 期，第 58~60 页。

轻的新锐设计师集聚到地价便宜的郊区，创作类型多样化的原创产品，主要以数字技术、时尚和工艺设计、原创音乐、原创美术等创作类型为主，多种原创类型并存。因文化产品的广泛传播，这里很快就成为国际知名艺术家的聚集地。文化创意群体的集聚凝聚了文化创意人才新力量，储备了大量文化创意人才，进而增强当地文化产业的竞争力。

（三）文化产业与社区融合，提升社区居民文化素质

文化创意赋予社区新的文化内容和经济活力，正因融合互动，传统生活的原貌和现代文化的时尚感才会统一在独具韵味的空间中，而正因营造出这样的文化空间，社区居民文化素质才不断得到提升。众所周知，文化创意渗透到各行业，有助于满足居民的精神生活需要，有助于文化产业和社区互融互通、共同发展，有助于扩大内需、刺激消费。

四 文化产业与社区融合互动的成功范例

综观世界各地区，文化创意产业与社区融合发展的案例并不少，而做到真正意义结合发展的案例却异常稀少。日本、中国台湾的文化产业与社区融合的进程中涌现出很多成功的案例。

（一）日本：促进都市与社区再生

日本将文化产业与社区总体营造相结合，策略上一方面调查地方

文化特色、产业特性及资源；另一方面提升产业科技，促进都市与社区再生。日本从19世纪末开始关注当地的文物，最初重点关注重要的建筑物，如名胜古迹等。后来经过多次修订，不断拓展文化产业的概念，从一个单体文物扩展到一个街区、一件文物所处的环境。对于都市与社区活化，日本的典型案例较多。譬如，纺织产业兴盛期所建造的锯齿状屋顶工厂，至今留存300栋，可再加以利用，用于发展文化产业；大商店的砖造仓库也可再生利用，作为展览空间的"有邻馆"；等等。

（二）台湾：经济型农园社区

顶菜园社区前身顶菜园是新港乡内一个荒村，住着几十户人家。2003年启动"乡下还原"社区打造计划，社区内不设围墙，尽力呈现农业时代的景观，而且不依赖小区特征来营销小区，而走一条特殊的路来打造当地人的童年记忆。2004年获得劳委会多元就业方案经济型补助的一个乡土计划，主要工作人员约50人，经营的重点是建构集生态教学、乡土文化休闲为一体的社区文化空间，囊括交趾陶、制香、有机蔬果、新港饴、酱油、酿酒、火鸡场等多项文化创意产业。[①]

从经济层面看，园区发展出文物展示馆、荒村商店、休憩区、特色商店等多种文化创意产业，它们互动发展。另外，园区各处都摆放了不同的古文物，如嘉义客运售票厅、古井、水肥车等，而庭园咖啡区、烤肉区、表演广场、心湖等都是当地的经济特色产业区。与此同

---

① 傅利平、刘元：《文化创意产业与社区营造互动发展研究——以台湾顶菜园社区为例》，《吉林师范大学学报》（人文社会科学版）2015年第4期，第88~93页。

时，园区出售当地的特色商品，有三脚及圆筒沙发凳、特色小木匾、养生柠檬醋等。这一系列文化产品及服务均融入了当地经济特色，为游客提供了不同的休息娱乐观景服务。

从文化层面看，社区大力开发农村文化，使新时代的人们得以深入了解最原始的农村文化。布袋戏作为台湾传统戏曲，得到延续和发展。顶菜园庄走纯乡土味路线，建筑物由已有 50 年左右历史的木头电线杆为素材来打造，以 20 世纪五六十年代的四合院，以及超大型木桶改建的甘仔店和音乐教室做衬底，再配以阿嬷级的嫁妆和日常农具，以及优美的造园景观，组合成令人倍感兴趣又眼前一亮的乡土味园庄。

从空间结构看，为保留品味台湾早期文化的空间，园区内到处可见废物利用的成果：老旧的猪舍经过改造后变为"猪舍客栈"；木制的电线杆成为小木屋的建材，里面放置的都是早期的农村文物；粮食局存放粮食的仓库成为可以泡茶聊天的包厢；另有相当引人注意的"县宝级"文物，即嘉义客运早期也是目前唯一的售票亭。这些改造使社区的空间环境得到美化，而且社区景观吸引了来自世界各地的游客。

从人力层面看，社区充分利用各层次人力，尤其是高龄者再就业成果显著。社区通过吸引青年返乡、对人力资源进行整合和开发，为社区营造提供更加充足的人力保障。

通过文化产业与社区融合互动，加以全方位的策划、创意营造，原本的一个荒村，变成一个令人向往的文化社区，让游客享受到比较高级的文化体验，也让居民拥有发展的机会，将当地的文化特色融入其中，最终使社区走上经济稳步发展的轨道。

五 澳门文化产业与社区融合互动存在的问题

目前来看,澳门社区居民于文化产业发展中参与度较低,特别是极少参与文化产业与社区融合互动。在规划、政策、创意空间拓展、经营模式和人才培养等方面,大都由创意机构主导及参与。这些突出问题主要体现在以下几方面。

(一) 文化产业与社区融合互动不够

文化产业发展,必依赖当地社区文化资源,包括有形资源,如大三巴牌坊、妈祖庙、卢廉若公园等;无形资源,如娘妈诞(天后诞)等。这些社区文化资源未能很好地与文化产业相融合,导致旅游业缺乏创新。而传统形式的旅游活动,在澳门主要体现为旅游观光、博彩体验、购物体验等,未真正地结合文化产业进行融合互动,导致社区与文化创意脱节。

(二) 社区居民互动不够

澳门社区居民参与文化产业与社区互动不够,其原因有多方面。首先,澳门政府提供优越的生活环境,从 2008 年起,每年给永久居民和非永久居民派发"红包",每人 5400 元至 9000 元不等,每年红包支出涉及财政资金约 58.35 亿元;其次,澳门文化产业起步慢,处于初级阶段,居民对文化产业的了解不够;最后,澳门居民的生活习惯、行为未能很好地融入文化创意元素,对这些缺乏认识。总的来说，社区居民缺乏对社区文化尤其是澳门历史文化的传承与保护意识，只是作为旁观者，互动参与性低。

(三) 缺乏活化与再利用的意识

澳门社区文化资源丰富，但由于某些原因未能较好地开发和利用。例如，旧区一些工业楼具有工业遗产的宝贵价值，需要扭转对工业遗产僵化的保护方式，扭转推倒重建的城市更新方式，扭转对工业遗产改造的任意性。

(四) 社区文化资源开发过度

文化资源开发过度现象正纷纷在各地出现。一般来说，出于逐利心理，为了迎合当前及游客短期需求，有关部门对某些文化资源的开发没有任何节制。这样的过度开发，使资源受到严重破坏，污染了本就干净的自然环境。可以说，对文化资源的过度开发，只是短期逐利行为，对社区及城市旅游经济的可持续发展没有益处。

此外，当前澳门创造型、复合型文化产业人才稀缺，在某种程度上削弱了文化核心竞争力，而且文化产业融入社区也缺乏人才支撑。

六 澳门文化产业与社区融合互动的建议

社区是一个不竭的文化资源。文化产业需融入社区，挖掘社区文化资源，才会更好地推动产业发展。鉴于澳门文化产业与社区融合互动之中存在问题，兹提出如下建议。

(一) 促进文化产业与社区融合互动

中国文化创意产业界的著名学者厉无畏曾经精辟地指出:"当人的创造力成为主体资源,资源的内涵和外延就得到了更深刻更广泛的拓展,一些具有历史积淀的物质载体(如'歌德堡'号沉船、上海的石库门建筑等)、民间传说(如南海观音、牛郎织女等)、民俗风尚(如节庆祭祀、对歌等)、小说故事(如《三国演义》《西游记》《聊斋志异》等),均可纳入资源的范畴,加以开发和利用,成为对促进经济增长有用的资源。"①

这种开发和利用社区文化资源的效果,则取决于人类创意的发挥。可以说,文化创意可来自社区里生命与成长的故事,来自儿童、老人记忆中的生活点滴。依托社区文化资源优势,充分挖掘及利用历史文化资源,推进社区与文化产业深度融合,提升澳门的吸引力。

(二) 引导社区居民互动与体验

目前来看,澳门居民不完全具有较高的文化创意鉴赏力及消费需求。居民高龄化、人口异质化等痼疾也阻碍社区形成组织力和凝聚力。但无论如何,社区居民长期生活在当地,对这里的情况了如指掌,如果他们对社区的文化建设没有参与感,那将会失去一个重要方面的支撑。所以,首先要将社区居民培养成社区文化产品和服务的消费者,引导他们互动与体验,使他们成为社区发展的不竭动力。当

---

① 李嘉曾:《澳门发展历史文化旅游的思考》,《"一国两制"研究》2016年第3期。

然，在这个过程中，要适当利用社区民众的力量，活化与再利用文化资源空间，挖掘文化资源的有用元素，在融合互动中刺激不同阶层、不同年龄层次的社区居民的文化需求，鼓励他们参与体验。

（三）活化与再利用文化产业空间

创意产业在老工业区的聚集发展将工业区转化成文化区，带动了本地区的经济发展和文化复兴，不但盘活了工业建筑遗产，使之成为新的生产力的载体，而且使其间凝聚的历史价值融入了艺术气息。而随着时间推移，文化产业空间需要不断地活化与再利用，这就需结合游客和居民的文化需求进行更新。

（四）注重技术开发程度

为满足文化体验的旅游需求，必须正视这类社区的特殊性及其固有的一些制约因素。澳门要打造社区旅游景点的特色，自身核心景点的建设尤显重要。就目前来看，许多旅游景点存在低水平重复建设问题。这关键是景点设计理念存在问题。从设计理念上讲，旅游资源的开发不仅要体现独特性，还要凸显文化内涵。旅游景点不在大，具有独特的文化内涵则荣，具有民族和地方特色则盛。对于文化创意融入社区，必须合理把握旅游开发的"度"，避免开发不足造成的资源浪费或开发过度带来的文化破坏，以免残缺的文化气息和过度的商业化氛围、旅游特色同质化等现象泛滥。

根据中央政府的战略部署，澳门正在朝着经济结构调整的目标努力迈进，特别是致力于"世界旅游休闲中心"建设。当前，恰逢全球的城市都在向生活城市转型，就生活空间而言，都应注重社区的功能分布，注重文化产业与社区融合互动，重塑生活环境，积极激发社区居民的空间创造能力，营造体验与消费并重的社区文化生活氛围，促进澳门文化产业蓬勃成长，推动澳门经济适度多元可持续发展。

参考文献

［1］王鹏:《澳门博彩业与文化产业的融合互动研究》,《旅游学刊》2010年第6期。
［2］张梅青、张蕾:《文化创意产业与社区交融互动模式研究——借鉴台湾社区营造实例》,《山西财经大学学报》2010年第S2期。
［3］常玉娥:《浅议文化创意产业及其辐射影响力》,《当代经济》2012年第21期。
［4］傅利平、刘元:《文化创意产业与社区营造互动发展研究——以台湾顶菜园社区为例》,《吉林师范大学学报》（人文社会科学版）2015年第4期。
［5］李嘉曾:《澳门发展历史文化旅游的思考》,《"一国两制"研究》2016年第3期。

Study on the Integration and Interaction of Macao's Cultural Industry and Communities

Greebig , Apolloossoo Jinhao Ding, Ye Jiangeng

Abstract: Macao is endowed with unique Chinese and Western cultural resources, and its cultural industry plays an important role in the communities. However, due to the dominant position of its gaming industry, the cultural industry lacks close interaction with the communities in terms of planning, policy, creative space expansion, business models and personnel training. This article first discusses the connotations of the cultural industry and the communities, and analyzes the mechanism of their integration and interaction from the aspects of urban culture, spatial and economic structure, cultural talents and other aspects. It also draws on the successful experiences of Japan and Taiwan, considers combining the development of the cultural industry with the improvement of the residents' living space, and proposes to promote the integration and interaction of the cultural industry with the communities, to activate and reuse the space of the cultural industry, to guide the interaction and experience of community residents and to focus on the d of technology development.

Keywords: Macao; Cultural Industry; Community Culture; Public Creativity; Cultural Interaction

以环境戏剧为媒介传播澳门城市文化品格

陈 岩[*]

摘 要：作为东西方文化交融的城市，澳门历史城区多处遗迹已被联合国教科文组织列入《世界遗产名录》，具有发展环境剧场的先天优势。本文在传播媒介语境下探讨以澳门历史文化、风土人情为元素创作环境戏剧作品，在戏剧作品中植入传统文化元素与现代价值取向，在提振区域经济的同时，塑造并彰显澳门城市文化品格。

关键词：艺术产业 环境戏剧 大众传播理论

澳门是一座东西方文化交融荟萃的历史名城，见证了近现代东西方文化在这片土地上的碰撞与对话，积淀形成了现今独特的城市文化品格。澳门历史城区作为中国第 31 处世界遗产，到今天大部分依然保

---

[*] 陈岩，北京大学新闻与传播学院文学硕士，上海大剧院艺术中心党政办公室主任，研究方向为传统文化传播。

持着原有面貌，甚至延续原有功能，一方面体现了中华文化对外来文化的包容，另一方面也印证了中华文化强盛的生命力。它不仅是澳门文化的重要组成部分，更是中华文化乃至世界文化的珍贵遗产。

一个城市的文化设施是代表政府开展文化展示与交流的重要阵地，其文化活动更是充分彰显了城市的文化个性。威尔伯·施拉姆称，"人类传播的特征是使人类社会有别于动物社会的主要特征"，[①]在这个时代，一切文化的传承与发展都必须经由传播完成，文化设施除了具有展示功能，还应当承担起"传播"的社会责任与历史使命。本文在分析艺术产业与区域经济共生共荣关系的基础上，使用传播理论探讨创作环境戏剧让更多的澳门市民以及来自全世界的游客深度感受、体验和领略这处文化遗产的魅力的现实意义，在满足人们旺盛的艺术需求的同时，充分发掘文化艺术的经济价值，传递澳门的价值观，从而促成"双赢"的局面。

一 艺术产业助推区域经济

打造艺术商圈和文化节庆是近几十年西方现代社会文化经济的典型表现形式，也是西方城市经济复苏的重要手段之一。伦敦西区是英国表演艺术产业的代名词，参观剧院是游客游览伦敦的一项重要行程。据统计，2014 年有 1474.5 万人次进入伦敦剧场，而伦敦人口仅为 860 万人，这个数字较之 2013 年增长了 1.1%，总票房增长了

---

① 〔美〕威尔伯·施拉姆：《传播学概论》，何道宽译，中国人民大学出版社，2010，第 3 页。

6.5%，达到6.2亿英镑，相当于近60亿元人民币。游客的造访除了带来门票收入外，各种与看戏相关的消费如用餐、住宿、交通和购买节目册、纪念品等衍生商品的消费也相当可观。纽约百老汇是与伦敦西区齐名的戏剧中心，自20世纪80年代美国纽约市政府打出"纽约就是剧院，纽约就是百老汇"的宣传口号以来，经典剧目常演不衰，使百老汇成为西方戏剧行业的一个巅峰代表，代表着戏剧和剧场行业的艺术成就和商业成就，是纽约市艺术产业的重要支柱。2014年，百老汇剧场观众人数累计超过1300万人次，总收入达到13.62亿美元。与2013年同期相比，观众人数增长13%，票房收入增长14%。在一洋之隔的日本，四季剧团以引进和制作本土版音乐剧《猫》为起点，首次将"长期公演"这一概念植入日本，① 2016年取得了3700场演出、超过300万人次观演的经营成绩，同时以高达16亿元人民币的营业收入、1/6的日本本土市场占有率成为"亚洲最大演出团体"。艺术产业不仅带动了区域文化消费，还带动了剧场周边经济效益的提升，实现了艺术与经济的双赢。

戏剧与旅游的结合不仅限于大都市，这种业态也"在全球蓬勃发展起来"。② 伦敦以西180公里埃文河畔的斯特拉特福小镇因戏剧家莎士比亚而成为著名的旅游观光景点，尤其吸引了全球各地的众多戏剧爱好者。每年4月23日，小镇都会举办纪念庆典活动，包括戏剧会演、展览、戏剧研讨讲座、盛装游行、庆祝晚会等。以2016年为例，

---

① 王翔浅：《艺术与经营的奇迹——浅利庆太和他的四季剧团》，中国戏剧出版社，第22页。
② Howard L. Hughes, "Theatre in London and the Interrelationship with Tourism," *Tourism Management*, Vol. 19, No. 5, 1998, pp. 445–452.

驻扎在此的英国皇家莎士比亚剧团在摄政公园露天剧场上演《亨利五世》，由罗伯特·黑斯蒂执导，奥利弗奖最佳女配角米雪儿·泰瑞反串演出亨利一角，为观众带来感官与心灵上的盛宴；《仲夏夜之梦》是莎翁于1596年为伯克利家族的婚礼创作的，420年后该剧回到它原来的地方，将伯克利城堡庭院作为环境剧场；GB剧团演员以极具现代气息的古装扮相在艾波比城堡的莎士比亚露天剧场为观众献上莎翁经典之作《皆大欢喜》和《罗密欧与朱丽叶》。此外，皇家莎士比亚剧团每年还推出莎翁主题家庭亲子活动、青少年表演训练、戏剧节、朗诵会、故事会、周末和暑期课程等戏剧教育项目，这惠及53万儿童和青少年，进一步稳固了访客群体。

加拿大斯特拉特福的经济发展主要依靠莎士比亚戏剧节。新闻工作者汤姆·帕特森提议以莎士比亚的出生地斯特拉特福命名小镇，通过打造莎士比亚戏剧节振兴小镇经济。1952年10月1日，该地立法通过莎士比亚戏剧节后，自1953年开始，每年有将近60万名戏剧迷及游客在斯特拉福德的15个演出场所欣赏近百场优秀剧目的演出，戏剧节已成为戏剧艺术交流和展示的舞台。莎士比亚戏剧节主要在4个剧院演出，分别是节庆剧院、埃汶剧院、汤姆·帕特森剧院和工作室剧院。2003年，莎士比亚戏剧节庆祝创立50周年，上演了18个剧目，吸引了67万多名访客，创造了历史纪录。在产品策略上，戏剧节推出与景点尼亚加拉瀑布打包产品，包含门票、旅游、住宿、精致的餐饮服务，还可以享受个人及团体定制服务。2017年，戏剧节还与麦克马斯特大学举办莎士比亚研讨会，为与会者提供沉浸式戏剧体验，如学术讲座、与演员互动交流、讨论课程、开幕宴会等。此外，还为高中生、大学生和青年艺术家提供分层培训教学，不断拓展新的访客群体。

澳门艺术节是由澳门特区政府文化局主办的年度艺术盛事，至今已举办二十八届，历届艺术节都以"戏剧、音乐、舞蹈"三大表演艺术为主，辅以曲艺、杂技、多媒体、展览等项目，以满足市民和游客的不同观演需求。第二十五届澳门艺术节以"脉动"为主题，寓意艺术为生活带来澎湃动力，共推出戏剧、舞蹈展览等节目30项，计200场次，吸引观众38676人次；第二十六届澳门艺术节以"此时·彼语"为主题，探索表演艺术的多样性，共推出节目30项，计66场次，吸引观众18216人次。艺术节中，话剧剧目占比达55%，这表明观众对于参与娱乐心情与理性思考两者结合的艺术作品的需求高于其他种类的艺术形式。

艺术和市场原本是两个不同的社会领域，但是随着社会经济的发展，艺术越来越需要以市场作为工具，在市场中体现价值。从以上的实例中可以看出，第一个层次，艺术产业在遵循艺术创作规律的同时，如果能够更好地遵循市场运行规律，不仅能带来可观的经济效益，还能让市场变为艺术创意与发展的土壤。第二个层次，艺术活动可以对消费群体进行"提纯"，过滤掉仅仅停留在简单观光旅游等基础层次的消费群体，筛选后的人群对艺术产品消费的情感关联度及黏合度更高。第三个层次，促进艺术衍生品的设计创意与生产销售产业，以及与商业融合运作，在融资赞助、品牌公关等方面形成互惠互利的共赢局面。在区域内，打造新的艺术产业链条，从传承、保育文化遗产到培育城市文化产业，从完善城市功能到提高城市品位，这都能产生积极而长远的影响。

二 环境戏剧的传播价值

戏剧是一种通过模仿生活而对生活意义加以探索的方式,① 较之音乐、美术等感性艺术,通过参与戏剧活动,观众在产生共鸣的前提下,更容易与"舞台发生联系",② 从而获得理性感知。与东方戏曲舞台上强调制造陌生化效果不同,西方戏剧主张制造生活感。文艺复兴时期西班牙戏剧学的代表人物维迦(Lope de Vega)认为,只有真实感才能吸引大多数观众,"用真实来欺骗观众看来是一个好办法",这是他最信奉的戏剧秘诀。③

在电视等新媒介蓬勃发展的冲击下,基于戏剧观众流失的现实,美国著名戏剧导演兼理论家理查德·谢克纳1968年在《戏剧评论》杂志中提出"环境戏剧"概念。他指出,戏剧应该废弃固有的表演场所,通过表演行为制造一个演员与观众不存在分隔和障碍的空间,以塑造真实感,由此探索演员、观众共同参与艺术创作的方式,激发共鸣,唤回观众对戏剧表演形式的认同。

关于环境戏剧空间设计,谢克纳在《环境戏剧六原则》中认为,要"为每出戏设计整个空间,包括表演空间、观众空间和技术空间"。1989年,谢克纳访问上海人民艺术剧院,执导了环境戏剧《明天就要

---

① 〔美〕理查德·加纳罗、特尔玛·阿特休勒:《艺术:让人成为人》,舒予、吴珊译,清华大学出版社,第253页。
② 〔德〕贝托尔特·布莱希特:《陌生化与中国戏剧》,张黎、丁扬忠译,北京师范大学出版社,第31页。
③ 余秋雨:《世界戏剧学》,长江文艺出版社,2013,第134页。

出山》,讲述了江西插队青年悲欢离合的故事,演出空间充分利用了上海人民艺术剧院的剧场和室外草坪。剧场内的幕布全部被拆除,舞台的一侧延伸到观众席,并在舞台的另一侧搭起看台。剧场的各个出入口被利用起来,营造一种观众为看演出又被四处出入的演员包围的场景。演出过程中,演员邀请观众到草坪上与他们一起舞蹈,进入剧场后,表演红卫兵揪斗走资派场景的时候,将一名观众也拉到舞台上去。环境戏剧彻底拆除了演员和观众之间的第四堵墙,空间依据情节逐层展开,给观众带来"沉浸感",真正将观众的视觉、听觉、触觉打开,使其投入到整台戏剧中去。

英国著名戏剧导演彼得·布鲁克在《空的空间》中提到:"我可以选任何一个空的空间,然后称它为空旷的舞台。如果有一个人在某人的注视下经过这个空的空间,就足以构成一个剧场行为。"[①] 他执导的里程碑式的环境戏剧《摩诃婆罗多》分为三部:《骰子游戏》、《森林中的放逐》和《战争》。在法国阿维尼翁戏剧节上,演出场地是一块在城市中挖出的玫瑰色石灰巨石,高达100英尺,上面洒满闪烁的黄沙,其后是波光粼粼的池塘,观众坐在脚手架上欣赏表演。一侧是微微燃烧的火焰和印度花环,如祭坛状排列;另一侧是打击、管弦乐队。演出持续九小时,借助水、火、土元素,带给观众强烈的视觉冲击,以反映强烈的戏剧冲突,使观众获得身临其境的感觉。

就谢克纳理解的环境戏剧而言,环境"是戏剧行动发生的地方","是被什么包围着、支撑着、卷裹着的、包含着的相互套着的东西,

---

① 〔英〕彼得·布鲁克:《空的空间》,耿一伟译,台北:"国立表演艺术中心",2015,第20页。

但它也是参与的和活动着的，一个活的系统的连接体"，不受舞台和观众限制，只有让演员、观众和环境各因素交流共鸣，才能达到增强戏剧与观众黏合度的目的。通过这些实践，戏剧从业者越来越意识到戏剧的本质在于它是由演员和观众共同参与的活动，观演者也意识到戏剧体验可以超越空间无限延展。

现代舞美声光电技术的快速发展为环境戏剧提供了更多可能。内地各大景区纷纷利用实景打造"印象"和"又见"两大系列"旅游+演艺"产品，把传统民俗和历史文化融入演出，每年吸引观演人数超过530万人次，年票房收入超过11亿元。不同于国内投资巨大的实景演出，国外戏剧团体则更倾向于利用真实环境自身的美学价值打造低成本的环境戏剧作品，以引导观众对戏剧传递思想本身的思考。2015年布拉格国际演出设计与空间四年展中的参展剧目，就呈这样的趋势。巴西迷魂剧团利用船上和沿岸特定场所演出《三种巴西》，驳船载着演员和观众在圣保罗被污染的铁特河上航行，以此反映城市化带来的问题和巴西人河流般漂浮的身份问题。希腊色雷斯实验剧院在位于希腊与土耳其边界的埃弗罗斯河三角洲演出《欧洲下午茶》，这条河流是人们进入欧洲寻求庇护的主要通道之一，剧团用表演表现为逃离饥饿、贫穷、暴力和战争而被逮捕、监禁、驱逐或丧生生命的绝望之感。

伴随着共享经济的快速发展、绿色环保理念的深入人心，充分开放城市公共场所，将其打造为户外表演空间，作为环境戏剧演出的场所，有三个好处：首先，可以大量地削减室内剧场昂贵的舞美制作预算，以及因技术合成、彩排等前期工作在声光电使用上的费用等，在节约制作成本的同时，助力城市环保；其次，彻底改变剧场等待观众的局面，让艺术家走出剧场，走进人群，充分吸引更多的观众；最后，打破传统的镜框式的观演模式，消除人与人之间的隔阂，建立分享模式，建立观众与演员之间"零距离"的关系以及观众与观众之间"多互动"的联系，从而重新定位环境戏剧艺术与城市生活之间的关系，这正是环境戏剧产生并存在的意义。

三 "环境戏剧"的传播策略

匈牙利学者豪泽尔认为："真正的艺术作品不仅是表达，而且是传播。"[1] 艺术的本质是文化，文化价值才是传播的最终价值。艺术传播过程中，表演者运用陌生化的技巧，构建出一个与外界隔离的空间，在这个空间里营造一种情感氛围，通过使用表演技巧联结观众，从而改变他们的感性思维和理性认知。艺术传播，天然地具备共享的特质，"使人类能够以艺术的方式打量、照看自然世界和生活世界，使自然世界和生活世界被赋予艺术的意义、情感和价值，进而在自然世界和生活世界之间构建起一个艺术世界"。[2]

大众传播学是一门20世纪新兴于西方的学科，美国学者拉斯韦尔提出的"5W传播模式"奠定了大众传播学的基本框架，他认为传播学研究主要涉及控制分析、内容分析、媒介分析、受众分析和效果分析。艺术传播活动从艺术作品的生产开始，通过舞台呈现进行传递，

---

[1] 〔匈〕阿诺德·豪泽尔：《艺术社会学》，居延安译，学林出版社，1987，第134页。
[2] 陈鸣：《艺术传播原理》，上海交通大学出版社，2009，第1页。

最后由观众接受艺术体验产生反馈得以实现。环境戏剧已发展为一门集戏剧文本、舞美技术、表演艺术、导演艺术等于一体的综合艺术，它的传播活动与音乐、美术等艺术相比更为复杂。本文将从传播主体的确定、传播受众的定位、传播内容的打造和传播媒介的拓展四个方面阐述环境戏剧的传播策略。

1. 传播主体的确定

作为传播的开始，传播者是传播活动的引领者，高质量的传播者对传播活动起着积极的作用。进入数字化媒体时代后，传播主体多元化趋势明显。在环境戏剧的传播活动中，传播主体主要是表演者、剧作者和观众。

德国导演卡斯托夫在戏剧创排过程中，意识到"艺术是一种依靠即情即景的创造才能获得成功的工作，而不是工厂按部就班的生产工作或制作过时工艺的工作"，[①] 表演者需要通过诠释角色形象，利用自身的形象去说服、感染观众。由于削弱了舞美效果，环境戏剧传播效果的取得就不仅对表演者的表演技艺有要求，审美品位、人格品质等方面的素养也起到很重要的作用。优秀的传播者可以吸引粉丝、凝聚观众，与之长期有效地积极互动，将自己打造为意见领袖，从而逐渐实现信息的两级传播。

谢克纳在最初提出"环境戏剧"概念之时，曾一度忽视戏剧文本的作用，强调即兴戏剧给观众带来的新鲜感。然而，戏剧文本正是价值观传递的精神源头，优秀的戏剧作品也正是通过文本传播的方式得

---

① 〔美〕皮埃尔·约特·德·蒙特豪克斯：《艺术公司——审美管理与形而上学营销》，王旭晓、谷鹏飞、李修建等译，人民邮电出版社，2010，第293页。

以保存和流布，环境戏剧尽管依托了真实场景，有着一定的即兴创作成分，但优秀的戏剧文本依然是戏剧作品成功的基础。优秀的戏剧文本能够帮助导演呈现创作意图，激发演员的表演想象力。有些戏剧演出前，通过举办剧本朗读活动，在不借助任何其他舞台元素的环境下，让观众感受剧本文本的魅力，可以帮助戏剧演出活动取得更全面的反馈。

观众在某种意义上也可以成为传播主体的组成部分。如果观众具备良好的教育文化背景，就容易产生较强的判断能力和主观见解，对各种事物和现象能做出合理的判断和解释，基于以上情况获得的反馈对成功实现传播活动也能起到很大的作用。

2. 传播受众的定位

官方数字显示，2016 年澳门接待超过 3000 万名游客，这是过去 10 年中第一次过夜游客数量多于不过夜游客，澳门由于与内地有着相似的传统文化，更是吸引了 2800 万名内地游客到访。旅游活动，实质上是购买文化、消费文化、享受文化的过程。英国牛津布鲁斯克大学研究员罗伯特·范德维恩认为，"游客是营销活动的一部分，让用户产生内容，让用户生产内容，他们无形之中成为这个旅游目的地的大使"。从这个角度来看，旅游活动也是文化传播与交流的过程。充分发掘观光型游客资源，通过打造环境戏剧植入旅游产品，让游客与旅游目的地产生情感关联，满足旅游者精神享受的需要，能对游客再次造访产生强烈的吸引力，也利于旅游目的地通过游客开展口碑传播营销。

19 世纪法国戏剧理论家萨塞（F. Sarcey）在其《戏剧美学初探》

中提出:"不管是怎样的戏剧作品,写出来总是为了给聚集成观众的一些人看的,这就是它的本质……观众是必要的,必不可少的条件。戏剧艺术必须使它的各个'器官'和这个条件相适应。"① 梅兰芳先生曾说,"观众有'看热闹'和'看门道'之分",而且"总是看热闹的占多数"。② "看热闹"的热情是不会长久的,只有"看门道"的内行观众才是达成传播效果的力量。浙江乌镇自 2013 年起开始打造乌镇戏剧节,以"加强国际戏剧交流,发展和繁荣国内戏剧文化,实现江南小镇文艺复兴"为目标,以拥有 1300 年历史的乌镇为舞台,不仅上演世界级精品戏剧剧目,还通过设立"青年竞演单元"鼓励青年戏剧导演、编剧、演员创作与表现,成功地将观光游客转型为黏合度更高的专业游客,长期吸引话剧人才及粉丝。通过对受众定位进行细分,开展有针对性的整合营销活动,打通了传播渠道,切实增强了传播效果。

3. 传播内容的打造

艺术传播源于体验。"环境戏剧"以戏剧文学作品为内容,通过戏剧表演的传播行为,形成以观演和体验为主的传播活动。在传播过程中,"环境戏剧"以"沉浸式"的观感,让传受双方达成共识,促使观众积极主动地参与到传播活动中,真正形成双向交流,从而使传受双方产生心灵共鸣,进行精神交流,形成共同的审美取向、文化心理和价值认同等,实现由物质到精神的转换。经过这种转换,久而久之,形成一种文化沉淀或精神文化形态,潜移默化地影响人们的思维和行为方式,成为人们的行动指南和社会生存准则。

---

① 汪流等:《艺术特征论》,文化艺术出版社,1986,第 451 页。
② 梅兰芳口述、许姬传记录《舞台生活四十年》第 2 册,中国戏剧出版社,1961,第 6 页。

上海石库门历史文化风貌旅游景区是上海极具开放性和包容性的公共空间之一，自2016年起举办"表演艺术新天地"艺术节，以打造"城市客厅"的形象，这是内地首个在商业空间举办专业艺术节的商业景区。艺术节期间，整个商业空间变成剧场，观众身在其中，可以体验到戏剧、音乐、绘画、舞蹈等多种艺术门类。观众在艺术节期间穿行于新天地区域时，会感受到无处不在的表演艺术，并且有可能亲身参与到表演中去，使艺术与生活无缝衔接。2016年，北京柒零柒恩剧团原创环境戏剧《你听·新娘》在新天地猫空咖啡厅上演；2017年，该剧团将继续在新天地北里镜花水月餐厅推出《你听·同学会》，观众以消费者的身份出现在咖啡厅、餐厅，佩戴耳机，以"听"戏的方式感受精心设计的故事和"邻桌"的生活化表演，在生活中体会戏剧性场景，在戏剧性场景中感受生活。2017年艺术节期间，新天地屋里厢博物馆还推出了浸没式互动京剧《京探》，沿着狭窄的木质楼梯上楼后，会发现生、旦、净、丑等分布在不同的房间进行表演。观众不但可以流动观看，更可以近距离观看京剧演员的面部表情和肢体动作，以感受国粹的魅力，获得新的体验。

澳门环境戏剧的探索从20世纪末就已开始初露端倪。1999年，澳门石头公社剧团在澳门半岛通往离岛唯一的跨海大桥上演出了《大桥上的梦游日子》，来来往往的过客既是观众，也是演出的一部分；2001年，石头公社剧团联合日本、墨西哥的艺术工作者在澳门文化中心外面一个建筑结构原有的流水设计斜坡演出《拾遗记》，表演、场地以及场地四周的环境水乳交融。剧团创作者认为，"在一个个有趣的公共空间，艺术家在其中进行创作及演出，面对的主要是作品和环境之间的互动，观众绝大多数是为看表演而主动到场欣赏，这种既来自日常生活、文化环境，又异于日常生活、文化环境的时空经验，能为观众揭开澳门这座城市的另一番风貌"。

4. 传播媒介的拓展

传播媒介的革新使艺术的传播变得更快更广，有时甚至因为传播媒介的革新，艺术也会产生与新型媒介环境相适应的艺术形式。[①] 借助不同文化的碰撞与摩擦，通过媒介的拓展，用艺术的方式探讨空间与公众的关系，使历史文化鲜活起来，就能达到更好的传播效果。

澳门特别行政区政府文化局2015年年报统计数据显示，在澳门，作为文物景点开放参观的文化遗产参观人次屡创新高。玫瑰堂，世界遗产，由圣多明我会（道明会）创建于1587年，供奉着玫瑰圣母，教堂旁的圣物宝库收藏了300多件澳门天主教珍贵文物，2015年参观人数达1354434人次；岗顶剧院，世界遗产，原称伯多禄五世剧院，建于1860年，是中国第一座西式剧院，供音乐剧等文艺演出之用，也是当年葡人社群举行重要活动的场所，2015年参观人数达84825人次；郑家大屋，澳门现存建筑面积最大的民居建筑群，既有广东传统民居的特征，同时也糅合了很多外来文化的影响，反映了澳门建筑中西合璧的特点，有很高的人文价值，中国近代名人郑观应就在此完成举世闻名的著作《盛世危言》，2015年参观人数达95268人次。以上数字远远超过这些文化遗产单纯作为剧场使用时所集聚的人数。

以山西平遥实景体验剧《又见平遥》为例，该剧囊括了戏剧、舞

---

① 石仲祺：《现代科学与艺术的融合简议》，《艺术学》第5卷第3辑《艺术与城市：产业与传统》，学林出版社，2011。

蹈、音乐等多种艺术形式,以平遥古城建筑为背景,由室外实景走向室内情景,逐渐展开剧情脉络,讲述平遥票号东家赵易硕抵尽家产、远赴沙俄保回分号王掌柜一条血脉的悲情故事。在此,环境戏剧呈现的意义在于,不仅是一次演出活动,还是一次平遥民俗、历史的传承,是一次当地文学样式的回溯,是一次平遥精神的提炼展示。通过环境体验的方式,带领观众寻找遗落在物质文明身后的文明与文化。充分利用文化遗产的环境空间打造环境剧场作为"活化"的传播媒介,一手传承,一手创新,让世界艺术文化滋养中国传统文化,仍是一个值得深度探讨的话题。

美国社会哲学家刘易斯·芒福德说:"城市是文化的容器。"澳门的城市空间既包含具有深厚传统内涵的中华文化,又容纳了以葡萄牙文化为代表的西方文化,冲突与包容共存,先天地具有戏剧的意味。将澳门的历史文化、风土人情、生活方式、价值观念融入环境戏剧,制造热点、事件,通过高效利用信息时代的各种传播方式和手段,积极主动地推广和扩散城市形象,传播城市文明的信号,让游客不仅可以游览观光,还能在美学体验中和历史文化的浸染下获得新的感悟,也让城市的品格浸润街区的每个角落。

参考文献

[1] 〔美〕理查德·谢克纳:《环境戏剧》,曹路生译,中国戏剧出版社,2001。

[2] 陈鸣:《艺术传播原理》,上海交通大学出版社,2009。

[3] 〔英〕彼得·布鲁克:《空的空间》,耿一伟译,台北:"国立表演艺术中心",

2015。

[4]〔德〕贝托尔特·布莱希特:《陌生化与中国戏剧》,张黎、丁扬忠译,北京师范大学出版社,2015。

[5]〔德〕汉斯-蒂斯·雷曼:《后戏剧剧场(修订版)》,李亦男译,北京大学出版社,2016。

[6]叶农:《明清时期澳门戏曲与戏剧发展探略》,《中央戏剧学院学报》2010年第3期。

[7]穆凡中:《"大三巴"的四百年戏缘——澳门戏剧略论》,《艺术百家》2009年第1期。

[8]朱江勇等:《论旅游景区几种戏剧表演空间范式》,《旅游论坛》2008年第2期。

Communication of Culture Style in Macao through the Media of Environmental Theatre

Chen Yan

Abstract: As an urban area with the fusion of Eastern and Western culture, the Historic Centre of Macao has the natural advantage of developing environmental theatres for its historical ruins listed in World Heritage by UNESCO. In this essay, it would be considered and discussed on the basis of communication theory that environmental theatre works can be created using the history, culture and customs of Macao, and be embedded with traditional cultural elements and modern value orientation, in order to promote regional economy as well as shaping and manifesting the culture and style of Macao.

Keywords: Art Industry; Environmental Theatre; Mass Communication Theory

城镇化进程中社区文化遗产的创意营造

齐 骥　孙鸿妍[*]

摘　要：社区是充满了归属感和生活方式共性中的多样性的地域单元和时空坐落，是文化遗产传承创新的鲜活经验和创新智慧的磁场和容器。社区以活态的空间构成和动态的参与机制，最大限度地实现了文化遗产原真性保护，也提供了以社区为载体实现文化遗产创意营造的基础条件。社区避免了传统文物保护割裂"物"与"人"关联、拉长"历史"与"现实"距离以及划定"馆区内"和"馆区外"保护割裂的文化传承困境。以时间逻辑和空间逻辑重构社区文化遗产传承和创新路径，以故事逻辑呈现、诠释、传播文化遗产内涵和价值，是城镇化进程中文化遗产活化和社区精神重塑的

---

[*] 齐骥，博士，中国传媒大学文化发展研究院硕士生导师、副教授，新型城镇化研究中心主任。文化部文化产业专家委员会委员，文化产业（中国）协作体青年创业指导委员会委员，主要研究方向为城市文化经济、文化规划、文化遗产保护与开发；孙鸿妍，中国传媒大学2015级博士研究生，主要研究方向为动画文化产业、知识版权保护与开发。

有效方式，也提供了一种以文化遗产为主线，记得起历史沧桑、看得见岁月留痕、留得住文化根脉的创意营造路径。

关键词： 城镇化　社区　文化遗产　中国故事

社区是人的聚集及形成结构化空间的社会过程。文化与社会因素的相互依赖是社区形成的动因，因此，社区不仅是人的群居地，更是文化的组织和社交的单元。文化遗产尤其是非物质文化遗产的内容多来自民间，它们凝聚着群众的集体智慧并在日常生活中薪火相传，一方面充满了较强的文化认同感和情感归属，另一方面延续着难以磨灭的文化记忆与价值共识。作为充满归属感并孕育和涵养多元生活方式的地域单元和时空坐落，社区是文化遗产传承创新的鲜活经验和创新智慧的储存器，对文化遗产价值的重拾与未来的重塑起着至关重要的作用。

一　城镇化进程中文化遗产的社区坐落

（一）社区在文化遗产传承中的定位

首先，社区是文化遗产完整性的基因库。城镇化进程中，社区以其特有的角色和作用，在历史文化教育、乡土情结维系、文化身份认同、城市特色塑造等方面维系着一个地区和民族的文化生态系统。城镇化进程中，社区的演进与记录文化遗产"活态性"、体现文化遗产"传统性"、具有文化遗产保护"整体性"的遗产功能演绎总是保持同步更新，对文化遗产的传承和创新起到重要作用。而文化遗产保护与传承的目标就是让遗产走进人们的日常生活，融入社会经济发展，带给人们以精神享受和智慧启迪，向人们昭示未来发展方向。社区作为重要的组织单元和生活空间，在使邻里之间和睦相处、精神有所归依、心理得到安全的过程中所形成"社区感"，在一定程度上可以起到替代发挥传统村庄生活模式的部分优势的作用，可以更好地为"人的城镇化"提供丰厚土壤。

其次，社区是文化遗产多样性的容器。社区作为一个"生命体"，充满了人性光辉与生活气息，蕴含着城市文脉和城镇景观的多样性。在社区包容多元文化和承载多样化生活图景的背景下，文化遗产尤其是非物质文化遗产又大多源自社区，其发轫与民俗、民间活动和乡土生活有紧密关联，它们本身又是对社区共同价值观与社区群体精神世界的集中反映，深厚地积淀和蕴含着社区的历史记忆和社区民众的智慧情感，代表了具有群体特征的"社区期望"与"社区意识"。[①] 基于上述两方面的互动，以社区为基本单元和发展载体，生成了文化遗产群落式活态发展的空间尺度，从而避免文化遗产在城镇化进程中遭遇种种矛盾和困境。

最后，社区是文化遗产本源性的场域。在城镇化集中式、规模化改造与文化遗产保护复杂性矛盾突出的境况下，社区多元参与机制成为维护文化遗产"不离本土"的传承和实现文化遗产生活化的最好场域。例如，以社区学校为代表的社区教育在普及文化遗产相关知识、提高遗产保护意识方面已经展现出其他正规教育在遗产传承方面无可

---

① 蔡丰明：《上海城市民俗文化遗产的保护》，《社会观察》2005 年第 2 期。

替代的优越性。因为文化遗产尤其是非物质文化遗产对人本身的依附性较强，在当代社会文化的传播方式中，这些自然的、本源性文化因素，很容易被现代科技带来的规模化复制消解。而社区正好提供了一个适宜其价值传承的场域，在这个具有共同根基和更易形成认同的族群中，文化遗产可以更充分融入群体，使社群成员能够在传承中产生密切的互动关系，形成浓厚的群体氛围。

（二）社区在城镇化进程中的价值

第一，社区能够加强文化遗产在城镇化消解传统文化语境下的城乡认同。文化是城市的灵魂。城市不仅是人类文明的聚合地，而且还是各种旧文化的存储器和新文化的发生器。当前城市文化的认同危机一方面是由外来文化与本土文化的冲突造成的，另一方面也是由现代文化对传统文化的疏离和拒斥引起的。[①] 我国的乡土文化尤其是民族地区根植性较强的文化遗产资源，其原本就在科学化、商业化、全球一体化的竞争中处于劣势，在文化冲突和文化冲击中，文化遗产的表现形态和呈现方式不断式微，并由此造成恶性循环，使许多文化遗产伴随着城镇化进程不断被破坏、被消解。以"社区"为单元，既可以有效保护当下的"社区"文化遗产，又能够聚焦未来（潜在）"社区"文化遗产的发展，既着眼于文化遗产不离本土的文化涵养与抚育，又强调社区居民生活美学的当代重构和文化融合，为文化遗产在社区空间的保护、生存和发展提供了有效的手段和创新的路径，是创

---

① 张海燕：《城市记忆与文化认同》，《城市文化评论》2011 年第 4 期。

造一个具有集体认同感和文化认同感的城市形象、打造具有文化认同感的记忆之城的有效路径。

第二，社区可以维护文化遗产在城镇化进程不均衡状态下的相对稳定。社区的特定文化空间是非物质文化遗产赖以产生和发展的土壤。社区文化空间的特质与文化遗产的传承方式和使用方式有着密不可分的关系。然而在当前社区发展中，文化遗产生存的文化空间和传承主体往往难以得到全面重视，在城市空间中，居民因为失去了城市记忆而对"家园"的失去充满焦虑；在乡村地区，对社区文化遗产的破坏性开发与技艺流失严重，村落遗产不断消失。而城镇化进程中的"社区"构建，扮演着"栖身之所"和"精神家园"的双重角色，为文化遗产传承提供了稳定的物理空间、心理空间和记忆空间。"城市的日常生活、市民风尚、城市风情和城市精神，借助时间和空间的流转，把记忆的碎片连缀成章，让本是封闭的城市空间敞开自己的一己情怀来容纳天地万物，于是城市记忆和文化认同在这一过程中不断得以生成或拓展。"[①] 而社区鲜明的族群意识和社区成员相对稳定的族群关系在一定程度上提高了文化遗产的稳定性，并赋予了社区文化以历史温度和发展特色，使社区成为城镇化进程中有效的"文化容器"和"文化磁场"。

第三，社区或将实现文化遗产与社群成员在城镇化进程中相互受益。社区的社会组织要素和社会存在特征，决定了文化遗产的社区参与保护模式，但如何有效实现当地社区民众的利益并使其受到尊重，

---

① 张海燕：《城市记忆与文化认同》，《城市文化评论》2011 年第 4 期。

同时减少将遗产保护完全变为政府行为带来的弊端，使保护项目和社区发展二者实现双赢仍是当前社区文化遗产保护的难点。社区文化遗产保护和传承方式，一方面缓解了城镇化同质发展、千城一面的危机，并在一定程度上解决了社区缺乏主题、缺少特色的盲目发展问题；另一方面以旧城改造和新区开发对社区全方位的建设为契机，可以充分激发社区文化遗产保护的能动性和创造力，从而有效摆脱政府原来在文化遗产保护中从设计、组织、决策、实施和评判大包大揽的角色，创新社区文化遗产发展路径。

二　文化遗产与社区割裂状态下的传承弊端

（一）阻隔了"物"与"人"的关联

文化从来具有一种穿越时空的巨大力量，而博物馆从诞生之日起就是文化的最佳载体。传播文化、促进交流是博物馆应有的文化自觉。英国著名学者贡布里希（E. H. Gombrich）在《艺术与人文科学的交汇》的演讲中就曾指出："在人类智慧的生命中，我们把人文科学看成记忆官能。"作为人类记忆的存放之地，这些记忆不仅需要合理的保护，更需要合理的输出，让更多的人分享这些珍贵记忆。传统博物馆通常只是建树文物本身的信息，[①] 对文化遗产的保护方式往往更为"刻板。"例如，博物馆的收藏、研究、保护、展示、教育五大职

[①] 沙莎：《博物馆如何留住"文化根脉"》，《陕西日报》2015年4月24日，第5版。

能中,"保护"往往被视为博物馆的天职,其最常规保护方式就是以展品的形态保护文物。无论是遗物还是遗迹,无论是历史文物还是民族文物,无论是按时间、地域分类还是按质地分类,这些文物都是实体、课件的,是支撑博物馆教育、研究、欣赏等功能发挥的唯一基础。虽然近年来出现了数字博物馆、虚拟博物馆等新兴陈列展示载体,但仍脱离不了对原始馆藏文物的依托。这些陈列更侧重于以静态的方式突出"物"的价值和审美,而不擅长用动态的方式呈现"物"与"人"的联系。

然而,从民族文化的传承和文化景观和谐发展的角度看,"文物"绝不能脱离造就它的物质条件、环境与民众基础。如果只在博物馆里摆放一些反映民族文化的"物质",那么这些"物质"只能起到代表一个民族的"文化符号"的作用,而不能体现它对"非物质文化"所起到的作用和二者之间不可分割的紧密关系。正如"在充满诗意的优良构造的博物馆里,出于内心的无奈,我们不是因为发现了喜爱的古玩而感到安慰,而是因为忘记了尘嚣而感到心安"一样,人们走进博物馆,不仅是看文物本身,更多的是通过博物馆体会祖先留给我们的精神、知识、审美经验。所以,文化遗产传承一旦脱离了"人"以及人所构筑的"情怀",就脱离了一种有序的文化更新与重建,静态的、冰冷的文化遗产便难以焕发时代的光彩和留住历史的体温。

(二)拉长了"历史"与"现实"的距离

在以"互联网+"为时代背景的城镇化进程中,信息触角愈加敏锐,文化变革愈加迅速,许多作为遗产的传统景观和传统习俗或正成为以"文化自卑"为代表的"文化包袱",成为它们日益强烈和迅速要摆脱的束缚。一面是具有悠久历史但现实中又岌岌可危的古村落和古建筑,一面是生活在近乎危房的文物建筑中向往"水泥森林"式现代生活却又经济拮据的居民。历史遗留的生存困境和现代文化的市场冲击,使许多古村落在城镇化进程中没落,其文化遗产也因失去了原生土壤而不断遭到冲击。位于广东西北的连南瑶族自治县的南岗古排村就是一例。

在20世纪80年代初的城镇化建设中,在政府资助下,寨民大多搬到山下,随后又流入广东各个城市。由于各种原因,那里已经房屋残破,基本没有人居住。据相关资料记载,南岗古排曾是全国规模最大、最古老的瑶寨,始建于宋朝,鼎盛时期有民居700多栋、1000多户、7000多人,保留着368幢明清时期建的古宅及寨门、寨墙、石板道。2009年,南岗古排被授予"中国历史文化名村"的称号。但如今大量的建筑因为异地城镇化带来的人口流失出现不同程度的损毁甚至倒塌。与离开本土的城镇化相伴随的,是文化遗产的逐渐消失以及精神认同的逐渐泯灭。可以说,在现代化使人们"衡量舒适和方便的标准"发生极大变化①的同时,文化遗产在"对传统的文化价值规范、社会生活准则以及政治合法性的怀疑,乃至激进的批判和攻击"的"破旧立新"中变得更加"不安全",因而亟须通过摆脱其生存和发轫的载体——传统乡村及其文化的"束缚"与现代社会对接。

事实上,当今许多城镇化进程中的古村落往往都选择了这种直接

---

① 陈立旭:《欧美日历史文化遗产保护历程审视》,《中共浙江省委党校学报》2004年第2期。

粗暴的方式进行现代化转型，而其主体却始终无法真正融入城市生活，城镇化留给文化遗产的是破败的乡村外壳及断裂的文化乡愁。而传统村落的消失或被破坏，毁掉的不单是一座建筑、一个村庄，还会丧失孕育传统手工业、地理地标产品、民间文学、民间戏曲文艺等文化和特质产品的平台。这也进一步说明，离开本土和离开社区的文化遗产传承方式，与居于深宫之中的文物一样，只能是静态标本式展示、"临终关怀"式关注。

（三）划定"馆区内"与"馆区外"的界限

文物是看得见的物质文化遗产，背后却蕴藏着看不见的非物质文化遗产。社区传承方式与生活有机融合，与居民精神生长和审美历程呈立体嵌入状态，相对于以往传统博物馆对文化遗产的保护方式，更加生动、具体。传统博物馆往往以"馆区"为具体界限，文化遗产被"孤立"在馆区内，而广大居民在馆区外难以感受到文化遗产带来的文化浸润，也难以让馆区周边的居民因文化认同产生文化自豪感，进而以文化自觉的方式参与到文化遗产的保护、文化空间的重构及文化精神坐标的重建中来。例如，1997年列入《世界文化遗产名录》的丽江古城其遗产价值堪与雅典、罗马、威尼斯等比肩。但10年后，丽江古城的纳西族居民从原来的4万人左右减少到几千人，大多数人搬离了古城，过度商业化与原住民流失，异化了遗产空间的文化内核，消解了遗产资源的文化精神。尽管在博物馆的发展中，"生态博物馆"开发理念一度流行，使许多自然地景与文化景观结合的博物馆不断活化，与生产、生活的结合逐渐紧密，并在开发理念上以"没有围墙的博物馆"为建设原则,但因为与生活不完全对接和居民非全域式融入,因利益驱动而被打上"景区"的烙印,难以通过增强居民文化认同感建立以文化治理为纽带的文化遗产传承与创新的新场域。

三 时空形塑:社区文化遗产的创意营造思维

(一)从固态到活态:社区文化遗产的空间逻辑

文化遗产是广大民众为满足日常生产、生活需要而创造积淀的智慧结晶,其诞生的空间是活态的生活和生产,因此,文化遗产"不是供移植或替换的模块,更不是铁铸石凿、僵硬凝固的古董"。[①] 在文化遗产的空间逻辑构建上,我国许多城镇往往割裂了"旧城改造"与"新区开发"的关系,对文物和文化遗产进行固态保护,或在旧城改造中陷入对古建筑、古街区的单一保护,抑或在新区开发中陷入对仿古建筑的盲目迷恋,文化遗产诞生的空间正义诞生于最广泛的社会生活的不断发展,当其生存空间被固化、禁锢时,便会产生异化,进而使其"真实性""完整性"的原生状态日渐式微且难以修复。

文化遗产一旦与区域社会文化发展相衔接,与日常生活图景相融合,便逐步进入一种不同的社会主体能够相对平等、动态地享有空间权利,相对自由地进行空间生产和空间消费的理想状态。从这一维度看,文化遗产的空间逻辑主线,是活态的文化遗产形成的生态组群及

---

① 张保国主编《新疆对外开放战略研究》,新疆人民出版社,1989,第167页。

其构成的生态系统。例如，集合特殊文化资源结合的线性或带状区域内的物质和非物质文化遗产族群形成的文化线路，把多样的地理、自然和文化景观关联，并由于经过地区和区域的不同展示出各自的风格和特征，让活跃的文化流动更好地将遗产资源置于真实的空间范畴去生存和演绎，使文化遗产从静态向动态、从单个遗产向群体遗产转变，拓展了文化遗产的空间，使文化遗产得以保存。

（二）从静态到动态：社区文化遗产的时间逻辑

如果说空间逻辑是延续文化遗产的技术手段，那么时间逻辑便是延续文化遗产的情感体验与怀乡范式。构筑活态的文化遗产传承发展机制，是构筑文化遗产最优化的生存方式，而动态的文化遗产则是避免将文化遗产置身于"历史断层"中而割裂其活态的存在。例如，位于山西省东南部晋城市北留镇境内的皇城村由内城和外城两部分组成，枕山临水，依山而筑，城墙雄伟，雉堞林立，官宅民居鳞次栉比，是一组别具特色的古代建筑群。在建筑格局上，皇城村的内城为明代遗构，外城为清代所建，遗产价值十分突出。作为重要的历史文化遗产和乡村社会的缩影，皇城村因其深厚的文化积淀、丰富的历史信息、意境深远的文化景观，具有"史考"的实证价值、"史鉴"的研究价值、"史貌'的审美价值"。皇城相府旅游景区就是以这组古建筑群为载体兴建的，并比较完整地保留了原貌，现已成为国家5A级旅游景区。虽然居住其中的村民已经整体迁出，在附近建立了新村，但很多村民仍可以回古村工作，对皇城相府的记忆和感情得以保留，与村落的关系也不会断绝。文化遗产的保护与活化，最大限度地存留了古村落的历史记忆,从其储存的历史细节和记忆中,人们可以找到村落文化的根脉。

文化遗产的未来,很难完全在定格于特定历史时间点上对物化形态的即器物层面进行机械的、被动的封存式保护,即静态保护,而是将历史的时间坐标不断拉伸,将文化遗产赖以生息的原生状态不断延展,从而实现在社会历史发展的过程中不离本土的动态保护、更迭创新。也就是说,从"时间"的逻辑主线中寻找赋予遗产传承创新的鲜活思路,通过历史与未来的对话,在"留住往日的时间"里、在"再造往日的空间"的过程中实现文化遗产的时间价值。但遗憾的是,目前我国对许多濒危的文化遗产均采取了"输血式"的静态保护方式,尽管在一定的时间逻辑上确保了文化遗产的阶段性安全,但从长远看只是权宜之计。一些濒危遗产可以花钱将其保护下来,但如果不能活态传承,便只能是"死灵魂",最终只能以"过去时"的陈列方式进入历史博物馆。以"时间无限"弥补"空间有限"并改造、重构和创造新空间,是实现从静态到动态的文化遗产发展的时间逻辑的有效方式。

(三) 形塑地域社会:社区文化遗产的情感归属

"地域社会"是基于地缘关系形成的集团、结构和各种社会关系的总和,作为地域内居民生活的场所(或空间),"地域社会"铭刻着本土生活和生产的痕迹,反映了人们日常生活的体验和民间智慧,在其逐渐退出现实生活之后,又将成为人们乡土记忆和寄托乡愁情感的载体。[①]

[①] 周星:《文化遗产与"地域社会"》,《河南社会科学》2011年第2期。

地域社会对文化遗产保护与传承的贡献在于,它提供了历史文化空间和居民生活空间交织的社区。其中,时间逻辑、空间逻辑和故事逻辑可以在地域社会得到有机统一,文化遗产的活态生存和动态发展可以在地域社会获得不离本土的传习和演绎。

以地域社会为单元,形成多元社会参与机制,实现动态场域的再生,是保护文化遗产的最优路径。"地域社会"有利于形成较强的归属感和认同感,而得到珍视和重视的文化遗产及无形文化遗产的传承人将因此获得文化自豪感,"'尊重'无形遗产及其艺术家/实践者是最重要的。'尊重'赋予这些艺术家和实践者一种'自豪感'(sense of pride),而'自豪感'是自发性的无形文化遗产保护行为最有力的驱动力。培育文化自信以及由此而衍生的自觉参与和多元参与,是文化遗产在城镇化进程中传承文脉、重构动力的基础"。[1] 基于文化认同,以文化自觉为内在的精神力量,通过增强居民的文化认同感建立的以文化治理为纽带的新城镇,也是保护文化遗产最好的时空。

四 故事逻辑:社区文化遗产的创意营造路径

(一)文化遗产的故事逻辑与社区价值重拾

社区是诠释文化遗产时空逻辑的重要场所,而文化遗产重构的故

---

[1] Noriko Aikawa, "An Historical Overview of the Preparation of the UNESCO International Convention for the Safeguarding of the Intangible Cultural Heritage," *Museum International*, Vol. 56, 2004, pp. 137 – 149.

事逻辑则赋予社区可持续的生机。社区文化遗产的构成形态，恢复和重建了时间和空间，体现了"时空交叉共存"的特殊价值。为什么许多古村落可以在传承文化遗产的同时焕发文化产业的生机？正是那些透露着历史信息的空间形态，往往有着艺术创作必不可少的"时间素材"。它不仅留住了往日的时间，而且再造了往日的空间。① 以浙江省桐庐县荻浦村为例，作为历史文化名村，荻浦村"古造纸文化"历史悠久，清代嘉庆年间，荻浦村全村便有上百只纸槽，以荻溪石滩为主要晒纸厂，生产规模很大，造纸一度成为全村主要经济来源。荻浦村不但留下了"古法造纸"完整而生动的遗址，而且记录了"拌草以→腌草→踏草、洗草→捞纸→扦纸→晒纸→理纸→刨纸"这一作为非物质文化遗产的复杂工艺。荻浦村就地城镇化形成的社区，将"古法造纸"作为重要遗产景观予以活化，一方面规划设计造纸博物馆，诠释古法造纸文化；另一方面打造与社区居民深度融合的遗产旅游体验区，将造纸文化和孝义文化、古戏曲文化、古树文化融合，将造纸遗迹与古松垅、范家井和申屠氏始祖墓址等古迹融合，共同营造开放的文化景观，它们与城市商业圈、居民生活圈、高校创业空间楔形融合，重塑了晋华的鼎盛时期。将时间价值转化为可复制、可再生的非线性逻辑，将空间价值转化为可回忆、可体验的建设逻辑，形成了社区文化遗产的故事逻辑。可见，时间和空间素材提供了古村落创造故事价值的逻辑，并完成了就地城镇化进程，在村落体制向社区建制转变的过程中，文化遗产与社区融合，形成了特殊的时空魅力。

---

① 胡惠林：《时间与空间文化经济学论纲》，《探索与争鸣》2013 年第 5 期。

(二) 文化遗产的故事传播与社区复兴

"讲好中国故事"是重构文化遗产传承创新的思维方式，社区赋予乡土中国鲜活的实践路径和生动的传播平台。传播是保证社会遗产代代相传的重要机制之一。传统民间文化凝聚着乡土生活的情感和智慧，体现了独一无二的特性。以故事逻辑表达文化遗产，可以更好地让传统文化在现代语境下焕发新的生机，从而以更广谱的方式维护文化安全、延续文化遗产生命、传承城镇演进中的基因谱系。例如，电视纪录片《舌尖上的中国》从主题到内容均体现着文化遗产传承的视角，将中国人最质朴的原生状态、和谐共存的自然相处之道及人们对自己家乡情感的坚守，通过对饮食文化的剖析而展现出来，而正是基于"故事逻辑"，纪录片瞄准的不仅是作为美食的文化及作为美食烹饪、酿造、制作技艺的文化遗产，还将地理地貌、地方建筑、特色文物等物质文化元素与制作工艺、民间习俗等非物质文化元素融合，展现了对吃的敬仰、对血缘的共鸣产生的欣喜和因对故里的眷恋产生的归家的期盼。例如，在第二集《主食的故事》中，进行谷物加工的"石磨盘"和"筛"属于物质文化遗产，石磨将谷物碾成粉末，用筛过滤掉粗粒杂质的工艺属于非物质文化遗产，[①] 最后做出来的主食花卷则传递着丰收的喜悦和阖家团圆的幸福感。作为一种故事逻辑，"吃在中国"成为全世界的共识，文化遗产的价值共鸣演绎为主流国家话语体系中积极展现国家形象的传播手段。不难看出，"讲好中国

---

① 参见王丹《论文化遗产传播类电视纪录片的创作方法》，《新视界》2013年第12期。

故事"强调文化遗产当事人的能动性,以社区中的"人"为主角,激活他们对地方文化的理解、对文化遗产的诠释、对乡土文化革新的愿景,实现人、文、地、景的融合,它们构成了城市更新与社区复兴的中坚力量。

社区文化遗产发展的本质是在"不离本土的文化传承与创新"的前置条件下,实现遗产可持续发展。以社区为时空坐落,以故事逻辑和故事传播为线重拾社区价值、推动社会复兴,是在"讲好中国故事"语境下将中华民族优秀传统文化保护好、传承好、发扬好,让文化遗产成为滋养民族心灵的清泉,成为培育民族精神沃土[①]的重要索引。

(三) 文化遗产的故事延续与社区规划

以社区为载体延续文化遗产的文化基因,必会将社区带入一种新的情境模式,这种模式既体现了城市作为一个具有想象力的恢宏巨作所发挥的重塑自然的能力,又传达着人们的精神力量——人不再依赖自然,而是构建了一个新的可操控的载体——城市。在这一背景下,文化遗产在城镇化进程和社区可持续发展的双重主线中,势必需要以客观、审慎、前瞻的规划为引领,以广阔的视角、全球化的眼光、战略性的思维规划社区文化发展路径,设计文化遗产社区化生存中的成长模式,是新型城镇化进程中文化创新和发展的有效方式。

实现文化发展与城市成长"多规合一"的协作规划,是社区文化

---

① 王福州:《非遗讲述中国故事》,《人民日报》2015年1月13日,第14版。

遗产可持续发展的逻辑起点，城市规划与文化规划"双规合一"越来越成为城市演进的要求。随着城镇化进程的不断推进，外部环境与内生动力的变化使未来的城乡发展无法沿袭既有的路径，粗放、短视的治理模式已经难以为继。同时，随着城乡规划日益为社会公众所认同与熟悉，越来越多的社会主体要求通过城市规划来表达自身利益诉求。城市规划与文化规划"双规合一"，正是在基于文化认同的前提下，以文化自觉为内在的精神力量，以文化创造活力激发人们探索集约高效、功能完善、环境友好、社会和谐、个性鲜明的新城市发展空间的主体行为，体现了以"文化弹性"和"文化自觉"推进文化治理的路径创新。城市规划与文化规划"双规合一"，通过主动寻求一种创造性文化增生的范式实现了文化的包容性发展，以较强的规训弹性，实现了沟通协作下的多元治理，这有助于改善社会管理模式。[①]实现从单向度的规划立法到多向度的规划协商，这不仅是文化规划的范式创新，更是文化治理的路径创新。

值得注意的是，在社区文化规划中，独立精神和国际视角是两个重要的维度。就前者而言，在全球化背景下，世界上的城市在城市形态、制度规范、市民行为等方面日趋雷同，只有文化上的区别显得尤为重要、更有价值。秉持规划的独立精神，是社区成长和建设"破立并举"的过程，也是社区文化遗产保存文化记忆、复兴文化价值的过程。就后者而言，文化规划的路径是全球视野下"顶层设计"与"路线图"并行不悖的有效范式。城市的演进展现了人类从处于草莽未辟

---

① 胡惠林：《国家需要文化治理》，《学习时报》2012年第6期。

的蒙昧状态到繁衍扩展至全世界的历程。文化规划即建立在传承城市记忆、绵延城市文脉、永续城市基因、发掘城市性格、重塑城市品质的基础上。文化规划的编制,首先需要广阔的视野和战略思维,以广泛吸纳和融合世界城市多元文化和多维生态为积淀,以注入人文关怀、关注人文精神、融入人文内涵的思考和探索,设计城市文化产业发展的战略路径。

Creative Construction of Community Cultural Heritage in the Process of Urbanization

Qi Ji, Sun Hongyan

Abstract: A community is a geographical unit and space-time location full of the sense of belonging and the diversity in the commonness of lifestyle. It is also a magnetic field and container of fresh experience and innovative wisdom for cultural heritage inheritance and innovation. It has achieved the authenticity protection of cultural heritage to the maximum extent with a living spatial composition and dynamic participation mechanisms, and at the same time, provided the basic conditions for realizing the creative construction of cultural heritage with the community as the carrier. Thus, it has avoided the dilemmas in traditional cultural relic protection of separating the "objects" from the "people", extending the distance between "history" and "reality" and treating the protection of areas "inside" and "outside" museums differently. Reconstructing the inheritance and innovation path of community cultural heritage by time and space, as well as presenting, interpreting and disseminating the connotations of cultural heritage and value levers in the logic of stories, is an effective way to activate cultural heritage and rebuild community spirit in the process of urbanization, and provides a path of creative construction that takes cultural heritage as the main line, which enables the recollection of the history, the view of the marks of the years and the retaining of the roots of the culture.

Keywords: Urbanization; Community; Cultural Heritage; Chinese Story

资源价值与"社区性特征":
韩国釜山文化产业发展的"地方营造"

王 涛*

摘 要:城市的发展离不开文化,有文化的城市才更具气质和魅力。城市文化具有地域性和独特性,资源要素也各有不同,基于此发展的文化产业,是城市可持续发展的根基和动力。文化产业的本土发展,表现出地域上的"社区性文化特征",其资源要素的价值就会较好地转化为生产力。在文化资源要素价值和"社区性特征"地方认同的双重动源下,城市与产业之间、产业与产业之间不断探索、融合创新,这一点,韩国釜山的经验值得借鉴。釜山经验、釜山模式是以文化和文化产业为主导发展城市的经验和模式,即考虑到釜山城市的演进特征和文化资源价值,把握城市文化的脉络、格局、特性,强调地方性和社区融入,看重产业融合

---

* 王涛,韩国国立釜庆大学人文与社会科学学院博士,韩国庆熙大学技术经营大学院客座教授,主要研究方向为城市文化与管理、旅游与文化产业、民族与民俗等。

和"地方营造",进而推动城市文化产业的多元化、融合、创新。韩国和釜山的文化自觉和内生性、文化产业的持续创造力,既与城市中的文化"场"等机理关系有关,也与韩国社会和家庭结构"格局"的特殊性有关,在文化产业空间发展的"地方营造"等方面亦有诸多实践范例。

关键词: 资源价值　社区性特征　文化产业　地方营造　釜山

一　引言

"呷一口月光入酒,漫天星光作陪。霓虹烂漫,倒影成双,一个人的旅程也可以如此炫美。"这是2014年《在釜山》杂志夏季刊(6~8月)扉页上"韩国视角"中的一段充满诗意的词话。这段话,诗情画意,既完美表达了旅行者自由惬意之情,也生动描绘了流光溢彩、诗音如画的"炫美"的城市景致。生活离不开城市,城市离不开生活。在城市人的生活中,文化扮演着愈加重要的角色,城市文化本身亦是现代文明的表征和市民生活的精神载体。文化的城市,才有气质和魅力;文化城市的多元化、动态发展、融合创新,是现代生活的常态特征和城市可持续发展的动源。

在东亚诸国及地区中,韩国是一个城市文化与文化城市研究的典型。20世纪70年代以来,通过"汉江奇迹"等国家经济振兴计划和政策,韩国成功实现了由农业国向工业国的转型,经济腾飞,成为

"亚洲四小龙"之一。1992年8月24日中韩建交后，两国交往日益频繁密切。中韩地缘接近、文化相通、关系友好、交流广泛，尤其是近些年来，两国深化战略互信，"韩流"与"汉风"势不可挡，中国各地刮起第三次"韩流"，建交以来两国的人文交流已处于历史最好时期。可以发现，以 K-POP 音乐、韩剧、动漫等为代表的"韩流"，除了席卷包括中国在内的东亚、东南亚地区外，也传播到蒙古国、俄罗斯乃至西亚、欧洲、非洲、美洲及澳洲，影响范围之广、影响人数之众，实属罕有；韩国文化产业内容丰富、形态多样、推陈出新，文化内涵多元，产业化运作成熟。这些无疑与其生成土壤和文化环境，即国家文化政策、城市文化肌理、文化产业地方特征、市民文化意识、文化产业融创等相辅相成、关联紧密。

釜山，韩国第二大城市、东北亚著名海港，号称韩国的"夏季首都"，是一座山海交融的海滨文化城市，也是著名的国际旅游城市和节庆之都。在釜山，能让旅行者流连忘返、自由惬意地"呷一口月光入酒"，在城市"霓虹烂漫"中独赏"炫美"风景的，是这个城市与众不同的人文气质和文化体验，是和谐融洽的文化肌理和文化产业的多元聚合与融合创新。釜山的案例，也是韩国城市文化与文化城市命题中关于文化、文化产业角色与影响的缩影和恰当写照。

本文的文本评述，基于实地的田野调查，即针对釜山的主要文化地标、文化产业富集区、代表性案例目的地和独特的文化互动现象，进行多次深入的走访和观察，对其城市文脉演进和整体特征做宏观把握和阐述，对其文化产业本土化发展、地域的"社区性"特质、"地方营造"的空间案例、发展模式与经验等做中微观分析和考察。

资源价值与"社区性特征":韩国釜山文化产业发展的"地方营造"

文中提及的相关概念和理论,大致有三。(1)"场"论。最早物理学中把某个物理量在空间一个区域内的分布称为"场",如温度场、密度场、引力场等,后运用于多个研究领域。本文将"场"论借用,以城市空间分布的维度,在"探因与归结"部分研究釜山的文化产业在布局和结构上的相互关系,提出"文化场"在釜山城市文化产业空间上的连接、吸引和内生聚合效应中的重要作用。(2)"地方理论"或"社区性文化特征"。前者最早是人文地理学中对"人-地"关系研究的理论,包含地方感、地方性、地方认同、地方归属、地方营造等多个相关概念,后来在多个学科研究中得以运用,用以说明地方性的属性特征,已形成一个完整的研究体系;后者是社会学中社区研究者最早提及的,后来在民族学、文化人类学等多个学科被广泛引用,虽然文本上的表述略有不同,但表达语意强调地域上"社区性"特征的意思相近。在梳理釜山城市文脉、分析釜山城市文化产业特性及考察釜山典型"地方营造"案例目的地的过程中,提出了"社区性文化特征"这一文本表述,基于社会学、民族学、文化人类学者的社区研究思路,并在其中加入"文化"一词,意在呈现釜山城市地域文化的特殊性及产业在社区融入和产业融合中的文化资源价值。另外,"地方营造",即"地方性"的推演,又与其互为关联,同属"地方理论"的内容范畴。(3)"差序格局"。费孝通先生在《乡土中国》一书中对中国传统社会和家庭结构特征的描述,即以自己为中心并由此推展出去的一种人伦次序、组织形式和社会关系。近代中国,无论在社会整体结构上还是家族家庭肌理中,都依然体现这种几乎千年不变的"差序格局";而有别于中国"格局"的是西方的"团体格局"。本文将社会学、文化人类学研究中的"差序格局"借用，在"探因与归结"部分试对韩国社会中"东西兼有"的"格局"进行比较分析，以探究韩国及釜山文化产业空间改造与发展中特有的持续创造力的成因。

需要说明的是，选取韩国釜山市作为研究对象，是基于域外视角下的横向性的对城市的较为深入的案例探析，是以当地特有的地域性社会文化要素及其关系为逻辑依据和立论视角展开的研究，即作为韩国典型性大城市的釜山市，其独特性区位和社会文化要素、特有的地方性民俗文化特征、倚山沿海沿江的地理地貌、文化资源的结构及价值的丰富与多元，是贯彻本文研究的基本要素和考察剖面。

其中，结合文化产业发展和空间改造的经验和模式，以文化空间资源和地方性为视角，将提及釜山的广安里地区、迎月路、甘川文化村、电影节会场、文化会馆等代表性案例目的地。

二 诗意城市的古今：釜山的文化脉络与格局

从城市发展史的视角来看，釜山城市文化的产生、发展、演进、结构、文脉、肌理虽一波三折，却特征明显、井然有序，文化产业发展之盛，有其先天条件和人文环境，乃各方协力的结果，水到渠成。

釜山位于朝鲜半岛东南端，与日本九州福冈隔海相望，属温带海洋性季风气候，四季分明，冬暖夏凉，昼夜温差较大。温和的气候、海滨的自然环境，处于东北亚陆路终端和海路十字路口的地理位置，决定了这座城市历来的海港特色和交通枢纽地位。三韩时代，釜山地区以东莱为中心,即北区靠近起伏如锅鼎的众多丘陵地带附近发展。统一新罗时期(618～901),根据中国的地名标记,初次使用东莱县的地名,之后,作为釜山早期政治与行政中心的东莱,在城市发展中起到了至关重要的作用,尤其是对中国同时期唐朝官制的继承和文化的吸纳。李氏朝鲜(1392～1910)初期,釜山出现于史料典籍中,以"浦"为后缀,称为釜山浦,"釜山"是因东莱佐川洞地区起伏丘陵中的甑山外形如铁锅而得名,"浦"是因东莱以南靠近大海边缘的小港口而得名。彼时,海上贸易开始兴起,天然深水良港的存在,迅速使釜山转向海洋方向发展,城市对外贸易日盛。

在釜山市博物馆里,专设韩日关系室,虽称之为"室",但展览面积、规模很大,藏品珍贵丰富。其中,不仅有绘制精细的壬辰倭乱前李氏朝鲜王朝、中国明朝、日本国力比较示意图,还特别用多图标注了釜山在东北亚地区的地理区位,并不惜借用电子灯光技术,将北起日本北海道,串联东京都、京都、大阪,至九州福冈,通过韩日间海峡中的日属对马岛海路,到达釜山港,在朝鲜半岛由釜山所在的东南端,向北连接大邱、大田、首尔,迄于平壤,再经过南北方向的第二条通道,完整形象地呈现在观展者眼前。在釜山博物馆,作为非物质文化遗产,朝鲜时期的"通信使"资料得到有效系统的保护并陈列展示,不仅有卷轴的长版画册,还复原了当时通信使的行列,行进队伍庞大齐整,各级官吏等级有别,各色人物栩栩如生。在朝鲜通信使行进队伍中,有众多日本人夹杂其间,典型的日本发式和服装。可见,除受传统的中国文化的强烈影响外,近代韩国尤其是最邻近日本列岛的釜山受日本影响之大。韩国东北亚文化学会于 2015 年 8 月 19

日在韩日海峡间的日属对马岛上的公民会馆举办了第 30 届国际学术研讨会，主题就是"韩国通信使问题研究"。

1873 年，釜山正式开埠，开埠后日益成为日本侵略的桥头堡。日本人在此新建众多的军事设施和办事机构，越来越多的日本移民涌入，现在靠近釜山连接正南端的影岛区与市中心所在的中区的影岛大桥下的老式居民区，多半都是日式旧居，二三层的日本式样的老楼老房交错分布，均是近现代日本移民及其后代的世居之地。为了还原历史、保护古迹，釜山市政府也并未对这一市区核心地段拆迁重建，而是极力加以修缮、复原、保护。狭窄的巷道，佝偻的老人依然挪步其中，做着家务或是贩卖些生鱼片，这是对釜山历史和城市文化多样性的一种尊重。

当然，韩日交往虽不平等，却不是单向的。釜山对日本交往的逆向性尤其显著。日本的殖民侵略，客观上反倒给釜山带来了发展机遇，近现代韩国的对日外交机关、海上贸易机构、军事补给基地大多都设立于此。生鱼片市场、海鲜市场兴起，日本料理店出现于街头巷尾，城市建筑发生变化，日本式的生活方式成为上流官商竞相效仿和追逐的时尚。日据时期（1910～1945）和半岛内战时期（1950～1953），是釜山城市文化塑造和发展的关键年代和特殊时期，日本移民、战争难民相继涌入，流亡政府与爱国人士外逃避难于中国，人员流动频繁，客观上使城市文化发生变化。这期间，中国及中国文化起到的作用仍然不可小觑。

众所周知，朝鲜半岛上如今存在同属一个民族的两个国家。1948 年，韩国政府成立，实行以美国为主导的资本主义制度。韩美结盟，使韩国与美国关系密切，韩国也日渐成为美国涉入亚太事务尤其是东北亚地缘政治的前沿阵地。不得不承认，当代韩国文化中的诸多元素，与美国文化关系甚大。如果说韩国曾经受中国文化、日本文化的影响巨大，而且这可能是韩国本土文化生成的根基和内生来源，但意在"去中国化""去日本化"后，当代韩国文化中的美国特性则愈加根深蒂固，如影随形，随处可见。釜山的城市文化亦是如此。

三 "国家-城市"关系互动下的资源价值与地方性

通过梳理和评述釜山城市发展的文脉和格局，可以发现，釜山城市的"地方性"文化特性，有与韩国其他城市相通的共性，也有自身在发展过程中不断形成、演进的个性。共性是指作为韩国文化重要单元的城市的共同文化特征，即韩国文化的特征，映射和体现于城市文化中；个性是指同一国中每座城市独有的文化魅力，依托地方文化整体特征，并以当地的自然、风俗、节庆等资源要素得以呈现。釜山的城市文化，是韩国文化的缩影和对韩国文化的诠释；文化性城市釜山，其定位为海洋之城、节庆之都，在海洋与大陆文化"冲突-融合"中见证城市发展的兴衰，也正彰显和创造着韩国代表性海洋城市文化的个性，也便顺其自然成为其城市文化"地方性"的整体特征。

通过城市看韩国文化，我们首先要做一些研判。作为一种地缘概念上的国家和城市，我们自然不能武断地说："现代韩国和釜山的城市文化就来源于中国，同时受日本和美国影响。"这种判断，是多数中国学者的认识。

的确，韩国和韩国的城市，在其早期历史中受中国文化影响甚大，与中国文化一脉相承、同宗同源。虽同属儒家文化圈，但自近现代以来，中韩文化实是已形成了各自十分鲜明的文化特征，区别已然很大。

对于韩国文化，笔者可用"三里文化"来形象说明其地域特性。"三里"是由韩语发音音译而来。"里"是韩语中"리"字的发音，"三里"是指"우리""빨리""요리"三个末尾以"리"音结尾的韩语单词，翻译成中文，分别为"我们""快点""料理"。与中国人相比，韩国人动辄言必说"我们、我们的"，中国人常以此调侃和嘲讽其民族自大。而事实上，因为缺乏对韩国文化和语言的足够了解，普通中国人常曲解韩语中"우리"（意为"我们"）一词的真正含义。实际上，韩国人将"우리"广泛运用于口语，仅仅只是一种语言学、修辞学中的惯用语法和使用习惯而已，并不带有太多感情色彩或是意识偏见。另外，韩国的急性子文化，不同于中国的"慢文化"。用以旧时贫寒人家为越冬食用而腌制的泡菜，常于现代韩餐中作为"盘餐"出现，几乎每餐必食，必不可少，传统泡菜腌制技艺也已被联合国教科文组织批准列入《口传与非物质文化遗产名录》。由此，韩国也被中国人戏谑为"泡菜王国"。"三里文化"既形象地部分诠释了韩国文化的地域性特征，也呈现出不同文化语境和体系下人们在文化理解上的差异。在思想意识、行为习惯、对事物的看法、对价值观的研判等方面，两国甚至已然迥然相异。

中韩不同的文化语境和体系，笔者暂且称之为"韩半岛文化"与"东亚大陆文化"。以两国分别所处"朝鲜半岛"和"东亚大陆"的地域特征来区分两国特有文化，意在说明不同的文化土壤下形成的两国文化特性的诸多区别。

韩国城市的文化亦表现出很多与他国的差异，尤其与中、日相比，"趋不同"胜过"趋同"。从釜山的城市文脉和肌理结构中可见，经过一波三折的历史变迁和受到周边国家文化的巨大影响，城市文化表现出强烈的生命力。在韩国国家文化良好的人文环境下，城市文化已获得内生性和创造力，具有较强的地域文化特征，即地域上的"社区性文化特征"。基于地域文化，整合文化要素，运用于产业发展，形成和创造了其独有的文化资源价值。在国家层面，K-POP音乐、韩剧、动漫、综艺节目、韩国电影、电子竞技、旅游观光、购物、整容、料理等，都是其文化产业"地方性"特征的具体表现。在城市层面，釜山的海洋性地貌、港口、海鲜、南方风俗、电影产业及由此衍生出的众多节庆活动，如海洋节、沙雕节、渔祭、电影节、舞蹈节、烟花节等，以及众多地域性本土特色鲜明的文化空间资源，如曾为水营驻地的广安里海滩、海云台地区的迎月路、沙下区的甘川文化村、水营区的生鱼片广场、影岛大桥下的日本老宅区、釜山电影节主会场"电影的殿堂"、艺术演艺的中心"釜山文化会馆"等，都是其重要的文化产业空间再造的载体和场域，都蕴含着釜山丰富的特有的社会文化资源要素及产业价值，体现了其文化产业的"地方性"特征，也使釜山文化产业的本土化空间营造成为可能，为其创造了良好条件。韩国及釜山，其文化形式之多、内涵之深、衍生之广；文化产业化程度之高、运作之成熟、影响之久远；文化产业空间再造的空间、地域、场所，在城市生活中延展开来，融入城市和社区肌理，这些都是很好的启发和借鉴。

　　文化资源及产业的发展，由己到人，向外推展，在"国家－城市"互动中，呈现为广义上的"泛"差序格局，影响从家庭到整个社会的各圈层的组织结构和体系。同时，在这个互动发展过程中，又存在不可忽视的两个变量，即普遍具有的较强的市民意识和基于社会协作的一定的西式"团体格局"，它们既强调作为个体的个性创造，又注重团体协作的一致性，讲究整体的步调一致和协调发展。"国家－城市"的互动关系，还在宏观维度表现出不同于中国等国家的特性，即作为资本主义国家的基本价值观的影响、文化资源元素和产业链条的高度"协作、自由、开放"，形成较强的产业力量。从韩国及釜山"国家－城市"关系互动视角来看，这些因素、动向和特点是韩国及釜山的文化资源的良好运作和文化产业"社区性特征"良性模式的必然产物。

　　一定程度上，从地缘上来韩国及其城市是中国文化在朝鲜半岛的良好继承者。近代以来，社会内部的变革和国家外部形势的变化，使其不可避免地又深受日本及美国文化的影响。韩国城市普遍注重文化城市的定位和文化产业的发展，自觉思考文化"地方性"和城市持续发展的动力。以釜山为例，借助地方文化资源发挥产业价值，充分有效地融入城市、城区、社区、街区，是韩国城市文化产业本土良性发展的重要路径和动源。

四　"广安里"文化产业田野观察："社区性特征"多元与融创

　　注重文化资源的价值，强调文化的"地方性"和产业的社区融合，在文化资源要素价值和"社区性特征"地方认同的双重动源下，城市与产业之间、产业与产业之间不断探索、动态发展、融合创新，这一点，釜山的经验值得借鉴。釜山文化产业发展的实践，是韩国城市地方文化资源价值和文化产业"社区性特征"的最好示例，其中又以位于釜山市水营区的广安里海滩地区为典范。

现在釜山已进入后工业时代，虽然造船业、汽车业、港口物流业、水产品加工业等在釜山产业结构中仍然举足轻重，但多年来传统工业支柱产业的比重优势已不再那么明显，产业结构优化调整后，市区很少见到工厂企业，以文化产业为主导取代以工业为主导，是釜山城市发展的现状和未来。釜山的特性，已更多表现为一种文化特性。

文化、文化产业的大发展，不仅表现在产业权重上，更表现在诸多城市文化现象中。号称"世界第三大文化产业输出国"的韩国，文化多元聚合，文化产业"融合创新"，以釜山市广安里海滩地区为例，通过多次实地走访和观察，便可其资源价值和"社区性特征"管窥一斑。

釜山地处海滨，全市依山而建，面朝大海，自西部洛东江河口向东的沿海地区，有众多港口码头、海水浴场，其中以海云台、广安里、松亭、松岛等海水浴场最为出名。广安里海水浴场位于中部的水营区，西起龙湖湾游船码头，迄于水营湾帆船竞技场和民乐水岸公园附近，沿海滩建有宽敞的海边漫步道，全长约 3 公里。在这里，沿广安里海滩而建的约 3 公里长的海边漫步道上，不仅可以饱览全韩最佳良港海湾的美景，而且可以领略到釜山城市文化现象及文化产业发展中所有的精髓，还可明显地看出构成人性化之城的釜山城市文化产业的基本特征和发展动向。

华灯初上，笔者自西向东沿广安里海岸漫步，从"龙湖湾－二妓台公园"附近的MEGA－MART超市出发，走在大海边缘的漫步道上，右侧是海，海风轻拂。步道不宽，却用色彩和塑胶材质的不同区分出人行步道和自行车骑行道。左侧沿街商铺依次是咖啡厅、赛车行，却低调不张扬。渐渐会看到游艇、老式捕鱼工具、渔业陈列馆，不一会儿便走到釜山著名的广安里樱花大道的路口。在路口，第一次出现运动器械区和休息区，有配以偌大图片的游览导图，机动车禁止通行。

沿着靠海的右侧步道前行，步道渐宽，有十余米，骑行道在外侧，以深红色塑胶加以区分。人行步道上，男女老幼，或散步，或慢跑，或遛狗，或约会，骑行的人多起来。这一段步道西侧的白色立体墙面上，用黑色颜料分别绘有"郑瓜亭遗迹纪念""水营农场""广安里大桥""插秧劳作人"等图案，黑白水墨，向市民展现和还原了这里的历史原貌。这一段步道长约800米，中段设有洗手间，再次出现运动器械区和休息区。此时，海面已完全呈现，广安里大桥西段已展现眼前。继续前行，进入广安里海滩地区，可见宽阔的沙滩、海岸线、海水浴场，从路边开始，每十步就有一面韩国国旗"太极旗"，岸边有海钓的人。真正的广安里海边漫步道就此开始，左侧是沿街高楼与商铺，中间是双向两车道的马路，右侧是海边漫步道，最右侧是沙滩、海岸、大海和海面上的双墩斜拉大桥——广安里大桥。

夜晚，游人如织，却井然有序。漫步道上有造型各异的座椅、雕塑、醒目的游览示意图，修剪齐整的花木，每隔几十米，便有向海滩方向延伸开去的观景处,以供游客取景拍照,不至于挡住后面行人的去路。游客、情侣、家人,或悠闲地坐在漫步道的海边阶梯上,或径直下去走在宽阔的沙滩上,面朝大海。广安里大桥桥身上缀饰的各色设计感十足的灯闪闪发光,每晚8点,还有桥身灯光秀,会有游船在海面上游弋,吸引很多游客。

继续前行,必定会遇见街头艺人,或是独唱,或是组合,或是演出团体的义演,也会在节日庆典期间观看到免费的露天公演。艺人们的演出水平很高,表演形式也颇为多样,清新的流行音乐和说唱饶舌的R&B,最受年轻人喜爱,每每围观者甚众。这些观众,有随声附唱的,有挥舞手臂的,个个陶醉其中,自得其乐。这一音乐与文化的互动共享场面,令人感慨万千。

在Hotel Homers酒店前的海边漫步道上,举办有漫画展。上了年纪的画家们背对着大海,悠然地坐在路边,等待着给客人画像。

在Me World大楼前的海边漫步道上,有一座大型主题雕塑,以鱼形为主要特征,高大醒目,这便是著名的釜山"生鱼片广场"。附近餐厅、酒馆、海鲜店林立,夜幕降临,沿海的广场空地上摆满了餐桌,各地的人们会聚于此,吃饭、喝酒、聊天,场面蔚为壮观。酷爱饮酒的韩国人,往往通宵达旦,与海天同醉。

在WHO西餐厅前的海边漫步道上,有一个半人多高的石柱台,台面口是一块凹进去的圆形镜面,往镜面里看,会发现镜底倒立着几座高楼,不一会儿,镜中会有人露出笑脸跟你打招呼。这个石柱台圆镜,叫"穿越时空",镜中的场景预设的是德国法兰克福,镜中所见的与你互动之人,也并非法兰克福当地人。"穿越时空"的设计灵感,来源于地球村，世界文化多种多样，只有相互尊重、彼此友好、面露微笑，才能和谐共处在同一个地球上。

在 Thursday Party 酒吧前的海边漫步道上，设有灯光技术投影装置，通过高科技将光影投射在沙滩上，光影动态流走，光影内容是英文版的西方名言警句。这便是广安里海滩有名的"光的艺术"。"光的艺术"被一位年轻的大学生加以运用，这位大学生将光影技术掌握后，在几十米外相邻的漫步道边架起一台摄录机，他摄录的光影同样可以投射到海滩细软的沙面上，光影的内容就是简单的"사랑해"（韩语意为"我爱你"），可以调整光影焦距和投影位置，只需站在沙滩上，带有韩文"我爱你"字样的光影就会投射到他们脚下的沙滩上，"咔嚓"留影。以这座横跨东西的气势恢宏、流光溢彩的大桥为背景，海风拂面而来，大海与彩桥交相辉映，怎不叫人流连忘返；此情此景，和爱人、家人一起合影留念，在光影投射下表达爱意，怎不让人心潮起伏。凝聚着智能与人文完美结合的"爱的光影"，每次收费 5000 韩元，没有强买强卖，游人络绎不绝，平实而生动地体现着城市文化和人文精神的融合创新。

在广安里海边漫步道上，各种文化多元共生。不经意中，你会看到西装笔挺的西方青年，手拿各种有趣的图片，跟路人愉快地聊天，也许他们是在传教，希望你周末参加教会活动。不经意中，你会在不起眼的角落看到一群游人，兴致勃勃地围坐着欣赏歌手、魔术师的表演。不经意中，你会在 7 月遇到为期一周的广安里文化节，双向两车道届时封路，街头就随处可见各种创意小铺、文化展览、手工制品，人们竞相游走其间。各地人们在此相遇相会，各种文化在此碰撞聚合，人们悠闲地漫步在海边，各得其所，自得其乐。

广安里地区的文化产业业态多样，功能齐全，沿海滩岸线延展的空间布局合理，实现了空间上的互补、呼应、衔接，空间的文化资源利用度高，其文化产业改造和发展的态势，是釜山城市文化和文化产业大发展的缩影。从对广安里地区的田野考察中还可以看出，沿海观光、水营地貌①、生鱼市场、渔祭民俗、岁时礼仪、时尚街区、文化创意等带有浓郁釜山本地特色的社会文化要素，被充分利用和调配，其沿海各空间区域范围内的文化产业发展、融合，带有强烈而显化的地域特色，处处体现着釜山海岸地区及所在的水营区的本地化和社区化的文化样式、属性、特征，社区性文化特征显著。

釜山强调人性化发展和人文关怀，意在打造文化"多元化"和文化产业"均衡发展"的创意型现代产业经济，强调城市的"地方性"和"社区融入"，文化产业发展基于地域特征、依托社区发展、嵌入市民生活，以求尽快形成以釜山为中心的韩国"东南经济圈"，凸显其作为东北亚文化节庆之都和海洋枢纽的地位。釜山文化产业的发展，与当地社会、文化、经济发展高度融合、衔接，互为肌理，协同发展，多元推动，深入人心，这种发展经验和范式，的确值得细究和借鉴。

五 文化产业发展：韩国及釜山的模式与实践

对国家和城市而言，文化产业的升级十分重要；"文化＋"和

---

① 朝鲜时代，广安里所在地区为庆尚南道水军驻扎地，故名"水营"，该地区现为釜山市"水营区"。

"文化产业+"的宏观思路和发展格局，是未来的方向和趋势。釜山正在实践，成果丰富，已近乎完成，这些是釜山城市文化"多元聚合"和"融合创新"理念模式下的先进经验，也是注重文化资源价值和地方性文化特征良性发展的必然结果。

在全球化和互联网时代，"和而不同""多元融创"的韩国文化和文化产业生机勃勃。2013年12月，在韩国SBS电视台上映的《来自星星的你》几乎同步在中国播出，并迅速掀起"都教授"热潮，"星"迷众多，一时风靡全球。该剧获得成功后，其产业运作模式的创新实践也被传为佳话。《来自星星的你》一剧除在韩国仁川大学校园等地点取景外，还在位于釜山市附近的海岛"长蛇岛"6处重要的露天外景地取景，分别是"山茶花隧道""猫头鹰瞭望台""长蛇岛分校－竹岛小学""连理枝树""临海公演舞台""艺术之屋"。

未拍《来自星星的你》之前，长蛇岛只是釜山市外位于巨济岛西南方向1公里处的普通小岛，相较而言，韩国第二大岛巨济岛更加有名。然而，出品方HE Entertainment和发行方SBS电视台早已料到，该剧播出后必定火热，就选取普通小岛"长蛇岛"作为外景地，在原有开放的海上公园基础上，边拍边建新的景点，如"临海公演舞台"的多层观景阶梯等。《来自星星的你》使长蛇岛海上公园的旅游景点得以完善，并得到宣传和营销，很多国外游客慕名而来，一睹剧中男女主角的浪漫场景，而长蛇岛也与巨济岛串联成一条成熟的观光线路，成为众人熟识的花开满地的求婚圣地。韩剧《来自星星的你》的"剧－景"开发和运作模式，是韩国文化产业升级、创新的成功典范和生动案例。

另一个值得研究的案例是2016年2月在韩国KBS电视台播出的《太阳的后裔》。它是一部16集的水木迷你剧，在国内再次掀起"韩剧热"，男女主角宋仲基和宋慧乔的"二宋"组合人气爆棚。一部韩剧，牵动数亿人，剧情感人，音乐婉转动听，并由此衍生出很多文化产业部类。有网友评论道："我们追捧的不单是人物的俊美。"仅就音乐而言，这部16集的迷你剧共有10首歌曲穿插其中。韩剧《太阳的后裔》的"剧-音"联动模式是一大亮点，不走寻常路，在《来自星星的你》运作模式基础上，新中创新，衍生了10首电视剧歌曲，捧红了十多位歌手，影响了亿万观众。

釜山是韩国第二大城市，有400万人，是著名的世界观光城市，享有"节庆之都""海洋之城""影像名城""文化活动的天堂"等称誉。作为一个中等体量和规模的城市，却有着自己独特的城市气质和魅力，有着显著的城市文化形象。釜山经验、釜山模式值得借鉴。

釜山经验、釜山模式是以文化和文化产业为空间主导发展城市的产业发展经验和模式，即基于釜山当地特有的城市演进特征、社会文化要素和地方性资源价值，拓展和再造文化产业空间，即文化空间和文化生产力的"经营和再造"。这具体体现在以下几个方面。

（1）釜山有城市形象的一系列标识系统，并被广泛运用于各类公共设施和空间场所。如公交车车头上部的LED显示屏除显示车次线路、起讫站点名称等基本信息外，还不断滚动，显示釜山的城市LOGO："Dynamic Busan"（动感釜山）。广安里海水浴场所在的水营区的海边步道上印有醒目的设计感十足的字样"Sea You"和广安里大桥的形象，以凸显海洋文化元素。地铁2号线沿海岸连接城市东部与西部，当要停靠著名海水浴场景区的站点时，车厢内的报站声都会辅以"海鸥""海浪"的声音，人性化十足。而各类旅游宣传手册和市区地图，在机场、车站、地铁、大学、酒店都能方便地免费取阅，中文资讯读物也都各有特色鲜明的标识性图文，如《在釜山》的封面为"Colorful Korea on Your Hand"、《来到釜山》的封面为"DESIGN YOUR TRAVEL"、《外国人釜山生活指南》的封面为"Life in Busan"等。

（2）在重视文化产业整体性的同时，又与其他韩国城市"趋不同"，空间利用与产业业态协作同步互动，错位发展，凸显优势。如着重发展节日庆典活动，活动形式多样，数量众多，同时又追求质量，求新求变。如今，作为"节庆之都"的釜山远近闻名，庆典活动的形式也很多样，这从表1中可以看出。而从质量和规格上看，釜山电影节、釜山海洋节都已成功举办多届，成效显著。尤其是釜山国际电影节，作为亚洲最具影响力的电影节之一，已上升为城市文化的战略高度，成为城市对外交流的名片。釜山电影节的空间发展，依托原有的釜山南浦洞地区成熟的影视工业和商业环境，在海云台地区又新建了大型的电影节主题建筑载体"电影的殿堂"，以此作为电影节新的主会场，与南浦洞地区实现了空间上的互补、呼应、衔接，将通往"电影的殿堂"的沿海街道重新改建为电影主题观光街区，立有电影人物雕塑，挂有电影故事插画，并铺设了釜山第二个真人星光大道，供游人在电影节期间游览参观。釜山"影像名城"的赞誉，家喻户晓，集中凸显了城市文化形象，较好地诠释了文化产业空间布局与营造所发挥的功用，极大地增强了整个城市的文化属性，进而也提高了城市的国际竞争力和知名度。

表1　2016年釜山重要庆典活动

月份	庆典活动名称	日期	场所
4月	第33届釜山国际短片电影节	4.22~4.26	"电影的殿堂"
	第5届釜山洛东江油菜花节	4月中下旬	大渚生态公园
	广安里渔坊节	4.22~4.24	广安里海水浴场一带
5月	2016朝鲜通信使节	5.1~5.3	龙头山公园、光复路一带
	海云台沙雕节	5月底6月初	海云台海水浴场
6月	2016釜山国际车展	6.2~6.12	BEXCO会展中心
	第12届釜山国际舞蹈节	6.3~6.7	海云台、釜山文化会馆
	第8届釜山"市长杯"国际冲浪大赛	6.24~6.26	海云台海水浴场
	第9届釜山港庆典	6月中旬	东三革新地区一带
7月	第11届釜山国际儿童与青少年电影节	7.14~7.19	"电影的殿堂"
	第42届釜山美术大展	7.22~8.21	釜山市立美术馆
8月	第21届釜山海洋节	8.1~8.7	海云台海水浴场、广安里海水浴场等
	第11届釜山国际魔术节	8.4~8.7	海云台海水浴场
	第17届釜山国际摇滚节	8.26~8.28	三乐生态公园
	第4届釜山国际喜剧艺术节	8月底	BEXCO会展中心
9月	第19届釜山国际旅游展	9.9~9.12	BEXCO会展中心
	2016釜山双年展	9.10~11.12	釜山市立美术馆、釜山文化会馆等
10月	2016釜山One-Asia节	10.1~10.23	BEXCO会展中心
	第25届釜山札嘎其节	10.6~10.9	札嘎其海鲜市场
	第21届釜山国际电影节	10.6~10.15	"电影的殿堂"、南浦洞、光复路一带
	第12届釜山烟花节	10.21~10.22	广安里海水浴场
	第16届釜山国际电影中介暨电影产业博览会	10月中旬	BEXCO会展中心
11月	2016釜山招聘会	11.3	BEXCO会展中心
	2016国际游戏展示会G-star	11.17~11.20	BEXCO会展中心
	第8届釜山圣诞树文化节	2016.11.26~2017.1.1	南浦洞、光复路一带
12月	2016新年市民敲钟仪式	12.31	龙头山公园

资料来源：根据《在釜山》2014年夏季刊的相关内容整理而成。

（3）认真地对待与文化有关的公共场所。政府重视文化场所的建设，投入巨资，除因举办亚运会、APEC会议兴建的大型建筑外，釜山市设施一流的代表性大型建筑，基本都是文化设施和场馆，如釜山博物馆、釜山文化会馆、釜山市立美术馆、釜山水族馆、釜山电影节主会场"电影的殿堂"、BEXCO会展中心、联合国纪念公园等，且空间分布上相对集中，有利于形成区域化的文化集聚效应，也便于开展各类专项节庆活动。这些文化设施、场馆、公园（见表2）设计和管理先进，均使用了最新的高科技技术，电子化和信息化程度很高。例如，釜山博物馆主体是由两个场馆连体组成，并附建有文化体验馆、户外展览馆、大礼堂、小礼堂等场馆；从侧门出口处便可拾级而上，进入市民公园，而开放的市民公园又与釜山文化会馆相邻，釜山文化会馆则由两座金碧辉煌的大型建筑构成，适合举办大中型演唱会

表2 釜山主要文化设施、场馆、公园

类型	名称
文化类设施、场馆	釜山博物馆、釜山大学博物馆、釜山文化会馆、BEXCO会展中心、水产科学馆、国立海洋博物馆、影岛海洋文化空间、釜山渔村民俗馆、东莱邑城壬辰倭乱历史馆、临时首都纪念馆
艺术类设施、场馆	釜山市立美术馆、釜山电影节主会场"电影的殿堂"、釜山电影摄影工作馆、BIFF电影广场、国立釜山国乐院
休闲类设施、场馆	釜山水族馆、亚运会乡村俱乐部、水营湾帆船竞技场、儿童大乐园、乐天百货楼顶乐园、釜山动物园
城市公园	联合国纪念公园、釜山市民公园、海云台中央公园、APEC渡口公园、金刚公园、民乐水岸公园、二妓台公园、太宗台公园、中央公园、龙头山公园、江西体育公园、岩南公园、釜山庆南赛马公园、水营遗址公园

资料来源：笔者整理。

和文艺演出,也是釜山国际舞蹈节等活动的举办地之一。沿釜山文化会馆的二馆向西,步行3~5分钟便可到达开阔的联合国纪念公园。

六 探因与借鉴:文化场、创新力与"地方营造"

首先,关于文化及文化产业的"场",以上述提及的文化场馆为例,几处主要的文化产业设施、场馆、公园等载体和场域间馆馆相连、路路相通、开放式的连体规划,便于节庆活动的组织安排,最优地集中了文化资源,产生文化集聚效应。这种资源不断叠加,聚合效应愈加明显,不断向外扩展,便形成了区域的"文化土壤"和环境——文化的"场"。从更大的维度看,在釜山,事实上,有文化历史遗迹展览富集的"场",有艺术文艺富集的"场",有体育休闲运动富集的"场",有旅游观光购物富集的"场",有流行音乐、酒吧、咖啡厅富集的"场",有大学文化街区富集的"场"。一个个文化"场"与市民不断互动,相互影响,由此整个城市文化氛围浓郁,市民文化素质不断提升,文化特性愈加显著。釜山的特性,已更多地表现为一种文化特性。其文化资源价值和文化产业得以较好发展,得益于釜山这座城市各文化资源要素之间,文化"场"与"场"之间,文化的市民之间,文化资源要素、文化"场"、文化市民之间的多维度多面向的紧密关系和良性互动,这种文化元素与肌理的不断聚合,产生了具有典型范式的釜山文化产业发展的"场"及"场效应",逐步形成和塑就了釜山文化产业发展中彼此呼应和互动的独特性。从城市空间分布的维度看,釜山文化产业布局和结构之间的肌理关系,加速了文化产业各资源要素的内部整合,"文化场""文化产业场"在釜山城市文化产业发展中起着连接、吸引、呼应和内生聚合等重要作用。

其次,韩国和釜山在文化上虽多元共处,但其社会和家庭结构依然受到儒家文化圈的极大影响。儒家讲究伦理纲常。费孝通先生在《乡土中国》一书中说道,中国"人与人往来所构成的网络中的纲纪,就是一个差序,即伦","这个社会结构的架格是不能变的,变的只是利用这架格所做的事"。韩国和釜山作为国家和城市,其社会结构基本仍遵循这种"差序"人伦,即以"己"为中心讲究差等次序,这就是费孝通所说的"差序格局",全社会尊老爱幼,崇尚礼仪。但同时,又兼具西方社会的团体格局的特点,群己界限分明,讲求国会、宪法、真理、教义,市民的公民意识较强,这种团体格局又不同于传统中国的"差序格局"。所以,韩国和釜山的文化产业得以成功实践、转型升级,其文化产业的要素在空间发展和营造中得以有机串联与衔接,其资源价值和地方性特征得以较好地整合与凸显,其文化产业和文化空间发展过程中所呈现出的内生性动力及普遍的文化的自觉与创造力,都可能与韩国"社会、家庭、个人"兼具"差序格局"和"团体格局"的特征有关。也就是说,"这个社会结构的架格是不能变的,变的只是利用这架构所做的事";① 在对待文化和文化产业的发展模式和路径选择上,在对变与不变的研判中,他们可以不受体制机制的束缚,解放思想,灵活实践,在规则和权责分明的情况下,调动各种生产要素,充分发挥创造力,不断地多元聚合、动态发展、融合创

---

① 费孝通:《乡土中国》,中华书局,2013。

新,这包括对空间关系的利用。这也是现代城市文化发展的持久动力,是现代城市文化产业空间发展的可取之道。

最后,以"地方营造"和空间视角做研判。以迎月路为例,韩国釜山市的迎月路位于釜山东北的海云台区,是"海云台"海水浴场通往"松亭"海水浴场的海滨山腰(卧牛山山腰)一段郁郁葱葱的林荫路。夹在釜山市东北郊两个知名避暑景区之间的迎月路,本是一条不知名的郊外小路,经过地域性的资源规划和整合、文化产业空间业态的打造、环境的优化、空间的营造,现已发展为釜山乃至韩国著名的海滨文化艺术休闲街区,有海滩、樱花、松树、步道,有各式咖啡厅、西餐厅、甜品店,还有十多家别致典雅的画廊。此外,还建有满足人们休闲需求的场所,代表性的有 DD (Dreamplant&Dreamsmile) 牙科医院、Hanseam 教堂、冬柏 ART 中心等。与日本九州隔海相望的釜山迎月路,同时还是全韩观赏月出的最佳景点,吸引大批人前来约会、聚餐、漫步、赏月,成为日常休闲好去处,被誉为"釜山蒙马特"。① 釜山迎月路成为韩国南部著名的摄影、休闲、文化艺术的产业聚集地,成为代表性的空间改造案例,是基于其特定区位条件和地域性社会文化特征属性的成功的空间营造典范,生动再现和诠释了文化产业发展中的资源整合和空间利用的重要性和必要性。

由迎月路的案例,显见文化产业发展的釜山经验、釜山模式,是以文化和文化产业为空间主导发展城市的产业发展经验和模式,即基于釜山当地特有的城市演进特征、社会文化要素和地方性资源价值,

---

① 王涛、金昌庆:《"环城岛"发展与人文营造:上海新型城镇化建设的模式与路径刍议》,《上海城市管理》2016 年第 6 期,第 32~36 页。

拓展和再造文化产业空间。它看重空间营造，积极利用原有空间资源，依据特有的社会文化要素，巧妙地对特色文化资源进行嫁接、扩展和创造性再生。在空间和产业的互动和衍生过程中，既实现了对传统文化资源的空间保护，又实现了对特有文化元素的侧重产业力的开发。

从实践层面上看，在城市更新、产业升级、地方性再生等宏观视域下，釜山文化产业发展的实践中还有很多典型的成功范例。比如，依据历史、经济、地理位置、文化、社会，突出发展特色、文化元素等，甘川文化村很好地借用了传统文化资源，使原有的空间重生。作为港口城市的釜山，对沿海地区的文化产业空间进行有针对性、有主题性的再开发；借用"电影都市"的良好影响和口碑，凭借电影制作和外景拍摄的资源优势和有利条件，釜山中区正在积极推动地域性文化产业空间的再生；以釜山 F1963 为代表的文化艺术空置空间，得到了极大的整合和活用，旨在凸显城市文化艺术品位，主题鲜明，吸引大量受众慕名前往。

仅就"地方营造"和空间视角而言，作为研究对象的韩国釜山，给我们带来的启发和借鉴有以下几个方面。它强调地方性的"文化营造"和社区融入，讲究空间资源的充分利用和均衡发展，注重再造空间的文化营造。它突出主题，个性鲜明，凸显原生性和创意性，进而推动城市文化产业空间发展的多元、融合、创新。它善于借用原有的文化资源，善于活用特色的文化元素，善于运用特有的地方民俗节日和国际庆典，善于应用现代化的技术和手段，对文化产业空间进行嫁接、扩展和再生；在空间和产业的互动和衍生过程中，保护与开发并举，实现了对传统空间的保护和对特有文化产业的开发的有机结合和共同发展。釜山的各个文化产业的主体功能空间和场域，既有小范围的空间和业态之间的互动与协作，又有更大范围的空间场域之间的互补与呼应。釜山各地文化产业业态多样，功能齐全，空间资源的利用度高，资源价值和地方性特征明显。釜山文化产业的空间再造，与当地社会、文化、经济发展高度融合、衔接，互为肌理，协同发展。釜山文化产业的"空间再造"，表现为一种鲜明的"地方营造"，是文化空间与文化产业双重互动下的"经营和再造"。这些文化和文化产业发展的实践经验及特征属性，的确值得进一步探究。

七 结语

基于城市文化的资源价值和地域独特性特征，本文对文化产业发展和产业空间再造的韩国代表性城市釜山市展开具体考察，既有文本式的分析，也有田野式的走访观察，并对态势、经验、模式、实践、案例等路向加以研判和归结。

釜山的特性是文化性的资源要素各有不同，在文化产业发展过程中，强调文化产业与其他社会发展剖面和向度上的充分融合，表现出较强的社会人文属性和地域上的"社区性文化特征"，使其资源要素的价值得以较好地转化为生产力。在文化资源要素价值和"社区性特征"地方认同的双重动源下，文化产业空间改造和发展得以逐步升级，各要素和部门之间不断探索，多元互动，融合创新。

釜山文化产业发展和空间改造的实践，强调地方性的"文化营造"和社区融入，讲究文化资源的充分利用和均衡发展，注重再造空间的文化营造，凸显原生性和创意性，以激发区域内文化产业发展的内生性、产业力和持续创新力。釜山文化产业的"再造与升级"，表现为一种鲜明的"地方营造"，是文化空间和文化产业的"经营和再造"。韩国及釜山的文化与文化产业的实践经验及特征属性，值得我们进一步探究。

参考文献

[1] 肖红缨：《试论城市精神》，《江汉论坛》2004年第8期。

[2] 沈金箴、周一星：《世界城市的涵义及其对中国城市发展的启示》，《城市问题》2003年第3期。

[3] 章仁彪：《城市文明、城市功能与城市精神》，《同济大学学报》（社会科学版）2005年第2期。

[4] 鲍宗豪：《培育世界城市的城市精神》，《毛泽东邓小平理论研究》2003年第3期。

[5] 陆大道：《我国区域开发的宏观战略》，《地理学报》1987年第2期。

[6] 冷观：《城市精神与城市现代化》，《上海经济研究》2003年第4期。

[7] 黄建富：《世界城市的形成与城市群的支撑——兼谈长三角城市群的发展战略》，《世界经济研究》2003年第7期。

[8] 苏智良：《东亚双雄：上海、东京的现代化比较》，《上海师范大学学报》（哲学社会科学版）2007年第4期。

[9] 苏智良、江文君：《双城记：上海纽约城市比较研究》，《上海师范大学学报》（哲学社会科学版）2008年第5期。

[10] 陈向明、周振华、黄建富：《世界城市：国际经验与上海发展》，上海社会科学院出版社，2004。

[11] 王伟年：《城市文化产业园区因素及地域组织研究》，博士学位论文，东北师范大学，2007。

[12] 郑国楠：《基于问卷调查的北京798文化创意产业集聚区影响力研究》，《科技与企业》2013年第13期。

[13] 占绍文、辛武超：《文化产业园区的界定与评价指标体系研究》，《天府新论》

2013 年第 1 期。

［14］石宁：《西安市文化产业集聚区多重效应研究》，硕士学位论文，陕西师范大学，2013。

［15］钟雅琴：《基于创新的文化产业升级路径：以深圳为例》，《中国经济特区研究》2015 年第 1 期。

［16］蜀秦、徐琴：《全球化的创意产业与城市空间再造》，《世界经济与政治论坛》2007 年第 2 期。

［17］花建：《文化产业集聚发展对新型城市化的贡献》，《上海财经大学学报》2012 年第 2 期。

［18］花建：《"一带一路"战略与我国文化产业的空间新布局》，《福建论坛》（人文社会科学版）2015 年第 6 期。

［19］胡惠林：《论文化产业的属性与运动规律》，《上海交通大学学报》（哲学社会科学版）2007 年第 4 期。

［20］胡惠林：《时间与空间文化经济学论纲》，《探索与争鸣》2013 年第 5 期。

［21］李亚薇：《文化创意产业视角下的城市发展——以北京市和上海市文化创意产业发展为例》，《特区经济》2012 年第 11 期。

［22］段云诺：《沈阳、广州区域文化产业比较研究》，硕士学位论文，辽宁大学，2013。

［23］高宏宇：《文化及创意产业与城市发展：以上海为例》，博士学位论文，同济大学，2007。

［24］朱彩清：《让历史、现在与未来共生息——韩日都市更新专题考察与启示》，《城市住宅》2016 年第 4 期。

［25］王颖：《中国文化产业发展战略研究综述》，《经济论坛》2009 年第 2 期。

［26］李炎：《论文化经济与时间空间的现代流变——与胡惠林教授商榷》，《探索与争鸣》2013 年第 9 期。

［27］杨吉华：《是过剩还是"战略性短缺"？——与张晓明、胡惠林、章建刚等教授商榷》，《当代经济管理》2013 年第 11 期。

［28］金兑铉：《韩国文化产业国际竞争力研究》，博士学位论文，吉林大学，2010。

［29］安东尼·奥勒姆、陈向明：《城市的世界：比较和历史视野下的空间》，上海世纪出版集团，2005。

［30］Anthony M. Orum and Chen Xiangming, *The World of Cities: Places in Comparative and Historical Perspective* (Oxford: Blackwell Publishers, 2003).

［31］Denise Yong, Honghai Deng, "Urbanization, Agriculture and Industrialisation in China, 1952 – 91," *Urban Studies*, Vol. 35, No. 9, 1998, pp. 1440 – 1441.

［32］Glenn T. Trewartha, "Chinese Cities: Numbers and Distribution," *Annals of the*

Association of American Geographers, Vol. 41, 1951, pp. 331 – 332.

[33] Kang Chao, "Industrialization and Urban Housing in Communist China," *The Journal of Asian Studies*, Vol. 25, No. 3, 1966, pp. 383 – 385.

[34] 정진섭. 더블다이아몬드 모델에 근거한 한국과 미국 영화의 경쟁력 분석 – "왕의 남자"와 "악마는 프라다를 입는다"중심으로 [J]. 전문 경영인연구, 2008, Vol.11 No.2, pp.89-113.

[35] 장주영. 장소성의 맥락에서 지역디자인의 특성 연구 – 부산성 의 관점에서 부산지역 디자인의 해석 –[J]. 한국디자인포럼, 2017, Vol. 54, pp. 123-132

[36] 주수현, 유영명, 김형빈. 지방정부 메가이벤트 개최가 문화산업에 미치는 효과분석: 부산 APEC 을 중심으로 [J]. 지방정부연구, 2005, vol.9, no.3, pp. 155-178

[37] 주수현, 유영명, 원광해. 부산지역 문화산업클러스터 분석에 관한 연구 [J]. 산업경제연구, 2007, vol.20, no.5, pp. 1821-1845

[38] 윤영득, 윤소희. 신문화도시 부산의 문화산업 특화와 문화컨텐츠 개발 [J]. 문화산업연구, 2009, vol.9, no.1, 통권 16 호 pp. 93-114

[39] 주수현, 유영명. 전국 및 부산 문화산업의 파급효과 비교분석 [J]. 관광레저연구, 2006, vol.18, no.1, pp. 195-214

[40] 오미일, 손은하. "세계도시 부산": 공간 기획과 산업전략 [J]. 인문연구 2012, vol., no.66, 통권 66 호 pp. 161-196

[41] 나스치카코 /Nasu Chikako, 미즈누마 카즈노리 / 水沼一法, 김종희, 정기영 /Jung Gi-Young, 마츠우라 케이코 / 松浦「子. 日本文化の「承活動に「する アンケート調査の結果と考察 – 日系子女コミュニティ「釜山日本村」の場合 –[J]. 일어일문학, 2014, vol., 61, pp. 141-159

Value of Resources and "Community Characteristics": "Local Construction" of Cultural Industry in Busan, South Korea

Wang Tao

Abstract: The development of a city is inseparable from its culture. Culture endows a city with temperament and charm. It is regional and unique, and is of different resource elements. The cultural industry developed on the basis of such culture is a foundation and driver of the sustainable development of the city. In the local development of the cultural industry, if it shows regional "community cultural characteristics", the value of its resource elements will be more easily turned into productivity. Driven by both the value of cultural resource elements and the local identity of "community characteristics", continuous exploration, dynamic diversity and integration of innovation will happen between the city and the industry, and among different industries. In this context, the experience and practices of Busan and other places of Korea are worth learning from. Busan experience, or the Busan model, uses culture and the cultural industry to lead the development of the city, that is, to consider its characteristics of urban evolution and the value of its cultural resources, to grasp the context, patterns and features of its urban culture, to emphasize regionality and community integration, and to focus on industrial integration and "local construction", thus promoting the diversification, fusion and innovation of its cultural industry. The cultural consciousness and endogeneity of Busan and Korea, as well as the sustained creativity of the cultural industry, are related not only to the cultural "fields" and other mechanisms in the city, but also to the unique "pattern" of Korean social and family structures. Besides, there are many practical examples in the "local construction" of cultural industry space and other aspects as well.

Keywords: Value of Resources; Community Characteristics; Cultural Industry; Local Construction; Busan

异质状态：传统历史园林的边界在都市中的感知效能

周功钊*

摘　要：面对当下城市环境与传统园林文化概念发生脱节的境况，包括现有的园林遗产景点模式，笔者也是持保留态度，作为历史痕迹的建成遗产如何重新建立与当下生活的联系和认知关系便成了当务之急。笔者的论述将对象聚焦于作为遗产的明清园林，园主的个人立场以及建成环境的地理空间内容在园林营造以及当下的感知中有着重要的意义。传统园林自身在城市环境中的异质感，使其公共属性和边界的问题跨越古今。笔者从宁波明代遗园独秀山的园林活动开始，到其作为近代开放场所，描绘历史印记，从而赋予其独特的空间意义。笔者借助图像资料梳理和发掘城市园林的历史脉络及其空间对城市的影响，并与当下的园林景点模式进

---

* 周功钊，中国美术学院建筑系博士生，外聘讲师，译著有〔日〕隈研吾的《我所在的地方》（2015）、〔英〕罗伯特·塔弗纳的《帕拉第奥与帕拉第奥主义》（2017）。

行比较。除此之外，位于杭州的勾山樵舍，其空间环境促使笔者进行了一次体验园林和城市生活的在场写作。本文试图发现建成遗产与城市空间在这种跨历史和空间条件下所能发生的新的互动关系，并探讨这种方式如何帮助我们释放现有历史园林遗产的空间潜力，建立现有城市空间在历史文化酶促作用下的关系。

关键词： 建成环境　公共领域　边界　异质　感知

虽处山林，而斯园结构之精，不让城市。

——童寯

因借无由，触情俱是。

——〔明〕计成

镜子使我所占据的地方既绝对真实，同围绕该地方的整个空间接触，同时又绝对不真实，因为为了使自己被感觉到，它必须通过这个虚拟的、在那边的空间点。

——〔法〕米歇尔·福柯（Michel Foucault, 1926 – 1984）

一　现象和问题

"具有生命力、创造力、看似无限的适应能力，展现中国传统的园林，现在需要面对一个现实，即这个绝不会让形式封闭固定、使物体和事件静止的文明,正面临着瘫痪和死亡的危险。"闵福德(John Minford,1946—)在《中国园林:象征符号的死亡》一书中对喧闹拥挤的传统园林做出了如上诊断,他认为往昔的痕迹只剩下一些诗意的名字,感情上的意义已经丧失。① 明代计成(1582~?)的造园著作《园冶》在经历了时间和空间的抛弃后,在20个世纪30年代回到纷乱的中国,正如当时知识分子所面对的分裂政治局面和文化洗牌,园林文化也受到社会转型的威胁。随着当下风景园林在城市化发展模式下的变革,原先停留在工匠群体之间的造园技术,逐渐趋于提供布景和生活休闲。1952年,以苏州园林为代表的历史园林修复工作开始;1959年,国家发文公布了"大地园林化"等绿化方针。②

(一)园林的模式

一味放大和"现代化"的传统园林(近代园林的开始),与发轫于宋代郭熙(1000~1090)山水画论的"小中见大"的传统园林立意完全不同,无从寻迹如欧阳詹(756~800)诗中城市山林的"隐":"墙外人寰,入门云林,使人心以之闲神,以之远华"。园林

---

① 〔美〕舒衡哲:《鸣鹤园》,张宏杰译,北京大学出版社,2009,第25页。
② 园林与城市的关系随着近代城市发展的进程开始被重视。1953年,江苏省委书记柯庆施参观完苏州园林后,认为应当把苏州的园林恢复起来,以吸引游客。苏州市委随即决定加强古城保护,对苏州古城的文物古迹进行大规模修复,但如今没有一座明代园林以最初的"形式"保存下来。拙政园东园的改造就是完全按照近代公园的尺寸进行的,一方面,是解决庞大的游客容量问题;另一方面,在近代经济模式下,已经无法短时间再现私家园林尺度和规模的建造。"公园"的出现更多的是受西方文化影响的产物,特别是外国殖民者在城市内建造的开放场所,比如广州沙面租界公园(1861),以及之后国人自建的公园形式,如无锡锡金公园(1906),它并非"传统园林"自然发展的结果。最明显的就是园林边界的退化。参见赵纪军《中国现代园林:历史与理论研究》,东南大学出版社,2014年,第25页。

学者陈从周（1918~2000）以苏州拙政园东部的改造为例，认为其亭子结构的放大使始自明代的园林意境发生了变更，同时也提到了当时所常用的"大园包小园"的手法，即化整为零、分中有合。[①]童寯（1900~1983）将这种没有文化情境的游览戏称为"人看人，人与人互为对景，……要在名园上罩一个玻璃罩，让游客在罩外观看"。[②] 笔者认为，这些对园林现状的悲愤更多的还是对传统文化形态上的依恋。

从如今苏州园林的管理与经营状态来看，学者们四五十年前所关心的问题仍没有得到解决，作为景点收费开放的园林已然成为一种面向大众进行消费导向的媒介——"旅游城市"的文化产业模式。古迹（遗产）只是文化在保守意识形态下的再生产，在某些特定的时间与空间里被神圣化，成为权力和消费的空间。[③] 那么市民或者观者的主体性何在？

笔者希望从这里开始厘清问题，传统园林审美面对当下的城市状况是否还能成立？曾经作为审美意识形态的标准能否解决以上问题？当然，正如冯纪忠所说，传统的观念势必需要转向，以帮助当下的观者更好地参与。历史不是单一的真理，而是可以理解的想象，是意识

[①] 陈从周：《贫女巧梳头》，陈从周：《帘青集》，同济大学出版社，1987，第4页。
[②] 陈从周：《不到园林，怎知游客如许》，陈从周：《帘青集》，第32页。古典园林在过去也一直遇到游客繁多的情况，"狮子林和拙政园，皆为郡中名胜。每当春二三月，桃花齐放，菜花又开，合城士女出游，宛如张择端《清明上河图》也"（钱泳），所以笔者认为人数增多并不足以影响园林体验上的下降。
[③] 联合国世界文化遗产的对象也由纪念物、建筑物群、遗址扩展到文化地景。文化地景则更注重古迹的再使用和历史空间意义的诠释。传统园林过于强调对其历史的"纪念"，以致几乎吞噬了一切试图理解这一历史的行为，导游的解说剥夺了空间自我展现的可能，成为一种广告式的标签，反复驯化观者的思维。

形态或是意象化了的意识形态的经营。如果文化不被生产成知识,将不再被认知和创新。

(二) 记忆与边界

中国传统园林的独特文化背景(包括欣赏方式)以及园林与当代社会空间和意识形态的断层,使古迹保护需要针对性讨论。反观传统园林自身的发展脉络,其空间形成和文化表征与记忆十分相关。[①] 记忆和具体情境共同参与下的环境形成了园林场地(place)的定义。相比于历史(即便它自身的可靠性需要怀疑)的建构过程,记忆是面对过去、当下和未来的现象,是与永恒的现在之间的真实联系;空间的讨论需要记忆的繁衍,它是个人的,更是集体的,更需要历史的分析方式和批判性话语。法国学者皮埃尔·诺拉(Pierre Nora,1931 -)提出了"记忆之场"的概念,即我们面对的当下,被历史影响下的生活,已经不再是传统社会,它不认识记忆赖以根植的场域(realms)。[②] 感知方式的转变将历史学家引向了曾经放弃的传统对象,园林的形象比历史事实更长久,它象征着三种记忆场下的生活条件。正如集体记忆所带来的,古迹保护正面临全球化流动空间与历史固有地方空间的互相牵引,

---

[①] 笔者在硕士学位论文《藏书园林的想象与记叙——从"娜嬛福地"的文学写作谈起》中详细论述了记忆如何通过文本和物理空间营造来展示园林的意义,以及历史信息的历时性在记忆的操作下产生的共时性效果。

[②] 〔法〕皮埃尔·诺拉主编《记忆之场》,黄艳红等译,南京大学出版社,2015,第6、10页。诺拉的"记忆之场"指的是那些残留物,即尚存有纪念意识的一种极端形态。它是由一个从根本上被卷入变迁和更新的集体通过诡计和意志所分泌、设置、确立、建构、决定和维持的。

而两者的矛盾显得尤为紧张。① 该矛盾产生于笔者直接的身体感知,即园林与其所在城市环境之间的"边界"状态。

西晋时期,园林与城市分离,个人的愉悦需要更为接近自然的环境;但是到了唐宋时期,立志要做隐士的人在城中的私家园林中发现了比郊区更好的空间和环境。但是这种地理(城市)空间的约束并不妨碍他们对这种来自山野自然的表达(绘画和诗歌),它们甚至与实际情况完全相悖。这种非物象的判断(有些时候是避而不谈的)始终存在于知识分子的园林活动中。从明代文徵明(1470~1559)所绘制的《拙政园三十一景图册》中可以看出,作为园林边界、物理存在的墙体在画面中基本无从寻迹,画中的边界随着主题时而是云朵,时而是无尽的水面,读者通过这些内容无法联想到这是一处位于城市内部的园林。

与个人立场不同,园林不得不面临当下"公共领域"的问题,计成在《园冶》的"借景"中不断强调这种(设计)方法,也是试图在自然物和建筑空间体验之间建立观者的地方认知:因借无由,触情俱是。作为一种事实性生产出的情境(它们不在"公园"的政治意识形态范畴,即便它们已经被归类于其中),人的行为和视觉自然而然地展现园林的(文化被悬置的)例外状态。正是出于这点,园林的历史意义正面临感知的考验,一种游离于再现的历史和当下的记忆之间

---

① 夏铸九先生从"网络社会"理论开始的古迹保存思考,认为正是全球化给人带来的不确定感迫使他们(民众)建构自身所依恃的历史感。参见夏铸九《异质地方之营造·理论与历史》,台北:唐山出版社,2016,第76页。

的知觉判断。① 处于边界位置的行动、活动、叙述和符号一起构成这个特定的场所和地方，它扰乱了原有城市经验。

作为一种建成遗产，园林很少具有精确断代痕迹的物件（比如建于唐代的佛光寺），它的形式已经离开过去（很可惜，它几乎被彻底更替，一些 20 世纪 50 年代的物件堆砌），但是异于当下（完全脱离当下可以理解的生活模式），它几近"奇观"（spectacle）、"异质"（heterotopia）和"神圣"（sacred）空间的概念，即"将诸种事物、场所、动物或人民从共通使用中移除、并将它们转移到一个分隔的领域"。② 但是边界一旦被瓦解或者没有边界，经历分割和迭代后暴露在城市文化中的"神圣的"园林又该如何被理解和再生产呢？

这些问题一直在挑战抽象理论的现场化，即传统园林如何"当下化"？观者如何利用记忆来完成这次面对边界现象的观察？笔者并不从对象的历时性方式来讨论这种当下的利弊（虽然它们是一种判断标准），也并非只针对私家园林这个类别，因为传统园林在城市化和规

---

① 传统园林历史发展中人与自然互动关系的显现，可能潜在地与以西方"景观建筑学"（Landscape Architecture）所要讨论的"风景 – 建造"概念进行了比较。不同于建筑设计，园林或者环境景观的塑造必须基于人文、社会、自然的相互作用。这种身体性的判断在《园冶》中已经被广泛提及，正如"借景"篇中强调的，"夫借景，林园之最要者也。如远借，邻借，仰借，俯借，应时而借。然物情所逗，目寄心期，似意在笔先，庶几描写之尽哉"。历史和当下的身体性现象学的结合是体验园林的关键。
② 这三个概念中，"spectacle"来自居依·德波（Guy Debord, 1931 – 1994）的文献。"spectacle"出自拉丁文"spectae"和"specere"等词语，意思是观看、被看，台湾学者常翻译成"奇观"，它与从景观而来的"landscape"的意义并不同。"heterotopias"来自福柯，其概念在大卫·哈维及列斐伏尔理论的推动下，成为主体的行动与都市的策略，用于建构可能性的空间。"sacred"在意大利哲学家阿甘本（Giorgio Agamben, 1942 – ）的概念中和"宗教的"（religious）有着相似的意思，本文中所要讨论的"园林"所体现的宗教性并不是与儒、释、道等意识形态等价的"宗教"层级，所以这里用"神圣的"或许更为恰当。参见〔意〕吉奥乔·阿甘本：《神圣人》，吴冠军译，中央编译出版社，2016，第 23 页。

划标准下并没有被物理性地废弃（相反，有些被过度保护）。所以，笔者试图利用可以被感知的"例外状态"（State of Exception）来对这种现象进行理解和界定（并不是为了寻找答案），这种感知结构并不来自某一具体知识（它来自园林形式本身的感知）。进入边界，某种程度上甚至需要对抗（counter-sites）或城市空间异化（超越传统的进步意义，来自边界）的推动，来引发主客体之间的互动。

二 领域的异质

园林边界的缺席来自不得不面对的城市感知。它们存在于历史图像中，而且一定是被真实感知（过）的、由历史形成的。园林的知识结构帮助那些记忆浮现并参与体验，进行对城市的批判性认知。笔者将对两个具体案例进行书写，它与对园林史实的推论和复原并不相同。留存的园林文字成为回忆的载体，配合图像进行的身体性情境写作，表现这种动态连续空间分析上的差异所带来的异质作用。

（一）独秀山、后乐园、中山公园

独秀山位于宁波市中山公园内，周长约20米的庭园于明弘治十一年（1498）由张姓受远监建造。[①] 按《独秀山记》中的记载，即"公

[①] 刘钎纂修的成化《宁波府志》记载："天顺间，孝感张公瓒来守是邦，政行民悦，百废俱兴，实切留意于此。"但天顺年间（1457~1464）与媒体记载的弘治十一年不符。一说是布政使左参政刘洪（广东人），不过刘洪只是《独秀山记》的撰写者。独秀山的基地位置是明清及民国时期当地衙署所在地，相关的园林史书籍曾将这类园林归为衙署园林。笔者在本次论述中并不做此分类，因为除了较为特殊的寺庙园林外，这类园林都共享相同的造园理念和审美意识形态。

谓州以山名，而城中皆平地，四时之景，无所于观，名与实弗称，乃相廨宇之西隙地之间，聚石以为之山"，可知园林的兴造来自对自然地理的"借"，即宁波城外的四明山（宁波明时称明州）。在无土山之地的城市来模仿四明山，实则形成一种地方（place）的意识。这并非简单的符号，叙述中对具体连续体验过程的描写交代了认知方式："横六口，纵视横居半，高得五分，纵之三。周回群峰错峙，俯者，仰者，向者，背者；若奔，若蹲，若倚，若斗。左右二小岭绕出其巅，构亭于中，以适意凲之。下有清凉洞，可坐八九人，盛夏阴风飒然。"虽然说独秀山的在场体验与园记并非一一对应，但文字的修辞成为一种结构，其与空间记忆成为后世之士再写作与再创造的原点。

光绪年间，薛福成（1838~1894）从边界开始，重新拾起关于这座园林的描写，"知造物者之理不可穷"（《后乐园记》），遗园独秀山的体验直接影响其西侧的云石山房（宁绍台巡道李可琼所建）的改建，并命名为"后乐园"。两处历史遗园的迭代——"偶一徘徊，如适山野，……坞东构亭，隔池与螺髻亭相对，为暑日观荷之所，曰送香亭。其西积土为露台，以恣登眺四迤。植桂十余株，谓之小山丛桂。……余登露台四望天童太白诸山，遥矗数十里外，隐隐如屏障"（《后乐园记》），以亭对亭，以露台对土山，城市园林与自然之边界相互关照，结构在互文中延续。在园中，差异性的游观体验，使两处园林不断地比较其自身的状态和身份。

1929 年，因社会活动和功能的需要，旧道署、独秀山、后乐园一起被纳入现在的中山公园范围内。不同于全国其他的中山公园，开放的城市尺度与进入方式直接将市民活动与两处明清传统园林并置对话。除了其带有的政治标签外，传统园林活动仍然在继续（笔者的写作也算是一种尝试）。

(二) 公共领域的转型

王之祥先生曾于 1938 年 7 月拍摄了位于中山公园门前的金鸡山（亦称金鸡石）。鄞县（今宁波）政府意在金鸡山前立抗战阵亡将士纪念碑，用的是一块完整的太湖石（今已不存）。园林的意趣直接成为城市政治活动的标志。

传统园林发展进程中出现过公共化的问题吗？宇文所安（Stephen Owen，1946 - ）认为，园林这个"私人领域"是既存在于公共世界又不受公共领域干扰的"壶中天地"。① 其学生杨晓山从唐宋园林和文学的角度来探讨"私人领域"与社会政治等因素的互动。除了作为展现个人的雅趣之地外，园林也是旧党的活动场所，它们时不时成为公众政治力量的一部分。

与当下将园林作为文化遗产的观念不同，20 世纪前后园林景观还是一种习俗性的场所。许亦农博士从 19 世纪描绘苏州游园活动的文字中得出结论，园林的价值在于感性愉悦，并不考虑其突出的文化意义，甚至园主会进行相对应的展示以吸引游客。② 笔者认为，这种场所感的多种感知性参与是其公共领域转变的象征，园林的意义并没有

---

① 宇文所安对园林"私人领域"界定为："一系列物体、经验以及活动。这些物体、经验以及活动属于一个独立于社会整体的个人主体。所谓社会整体可以指国家，也可以指家庭。"参见该书"译者的话"与"导论"，〔美〕杨晓山：《私人领域的变形》，文韬译，江苏人民出版社，2008，第 2 页。

② 〔澳〕许亦农：《作为文化记忆的苏州园林》，〔美〕米歇尔·柯南：《城市与园林——园林对城市生活的文化的贡献》，陈望衡译，武汉大学出版社，2006，第 324、340 页。也有记录显示，民国 2 年，开始有苏州园林陆续对外开放。但是苏州园林的文化操作规避了其参与公共政治的能力。

丧失在场所与客体交互作用的过程中，对象没变，讨论的范围变了。所以，公共领域化并不只是近代的问题，它是传统园林活动中的例外状态，不只出现一次，但是其出现必然带来某种修正。这类"修正"或是"修复"（restoration）的问题模糊了园林变迁的复杂图景（瓦解产生了迭代）。

正如薛福成对独秀山和云石山房的区域营造，作为有别于城市的异质空间，历史成为园林参与者的镜像，它们所产生的反身性（reflexivity）效果让市民认识自身，并建构主体性。① 台湾学者夏铸九以台湾板桥林园为例，认为这种反身性使园林修复的公共性直接面对（公共领域的）政治。异质空间感知（视觉和身体）的意识形态也使其自身内部产生变革。该观点可以关联到米切尔（W. J. T. Mitchell）对风景所具有的权力效力的判断："作为一个形象、形式或者叙述行为出现的背景，风景发挥了环境、场景或视野的被动作用。"② 这种判断用于中国传统的园林文化固然有些偏颇，但是20世纪初至50年代，公共转型使园林再次被纳入政治话题。伴随相关的战争及结社等活动的出现（前者更多的是作为一种可用的空间，后者则更在意某种宣传的效能），以及园林及其图像的公开化，其文化意义也随之发生转变。不光是中国内部本身的转变，早在18世纪欧洲传教士开始著书立说来讨论东西方园林之不同时，这种"图像化"的感官经验已经出现差异。

---

① 《古迹保存作为一种异质空间的营造》，夏铸九：《异质地方之营造·理论与历史》，第2~14页。台湾的园林营造带有很强烈的自我认识的背景，即从大陆来到另一个地方后，对这种空间所寄予的个人或者集体记忆的认知。另外，台湾的民主思潮使问题的聚焦点还是回到城市的公共空间中来。

② 〔美〕W. J. T. 米切尔编《风景与权力》，杨丽、万信琼译，译林出版社，2014，第1页。

这里还需要提及一点的是,"园林"迄今仍然是作为"事件"或者"活动"(event)的范畴被讨论,但是它仍然没有脱离其原本(被保护)的空间属性(文化意义上的隐喻思维)。当它被日常生活介入时,它反而成为例外的状态,公共性质在这里被附加说明,一种来自文化的政治边界,对于无法共享历史信息的人,这样的空间不存在先前的秩序,也没有提示:它不是作为制度专门建立起来的,它就在这里。

(三)边界的表征

那些只停留在将历史自圆其说的修复,其实并没有面对当下城市的问题(或者是避而不谈),因为体验和感知的主体直接来自城市。[①]从独秀山到中山公园,当传统园林介入城市的历史体验过程中时,它仍共享着与所谓的以苏州园林为代表的、相似的园林价值观和论述体系。"从隔墙之外的模仿"到"公园门口湖石边的结社",从作为边界外的模仿开始,它自然成为一种行动因素。在中国传统园林话语中,园林的墙等边界的设定必然会被考虑到其政治性(包括逃离),即便漫步苏州园林无限延伸和冗长的连续高墙之外,也并无法勾连起城市与园林的想象,它们(古代的园林阅读者)借助图像(山水画、地图)与文字等语言性实践来进行辨析。

基于当下空间类型基础,异质状态在空间的实践(本文所要谈到的感知)激活了这个地方,使之变成想象力渲染的对象。位于杭州

---

① 凯文·林奇(Kevin Lynch, 1918 – 1984)在《城市意象》一书中确认了"边界"是作为一种心理状态来理解城市的要素之一。

"柳浪闻莺"东侧的"勾山樵舍"则代表这种异质边界。清代著名学者陈兆崙（1700~1771，字星斋，号勾山）筑宅第于此，据历史记载，这里曾是被石砌高墙屏蔽的院落，此处的土山亦称勾山。

从图像资料来看，勾山周围在作为民居时，仍有残余的院墙，勾山樵舍一直处于城市及其（西湖）园林的交接位置（过去杭州城西部边界清波门所在位置，今城门与城墙都无留存）。经历过几次修整、于2016年开放的勾山区域，除了被移除的院墙外，其土石池树的空间状态基本没有发生变化。景区周边的商业规划使庭园不再是个人的居所财产，过往的行人更多将其作为一个标志物，并不进入参与。

笔者沿着石板登上假山，行为举动立刻被行人视为异类（只不过这种奇怪的举动是合法的）。过程中高度和位置的变化使行人的视线发生不同的关系。从舒展漫步的城市道路立刻转向只能容下一人的山石空间，体验者会立刻察觉自己存在（être）在这处园林中，你的位置（和道路间的高低）、距离（和周围房子的远近）、光线（稍做变化便处于树荫下）；它就像是一个特殊的剧场：树枝的高度迫使你低头，你只能扶着身边的湖石侧身而过，你背对着道路，小心翼翼回望街道的环境，行人纷纷议论（像是担心你的危险），但是他们需要继续快步向前走，只能短暂地用余光瞥视你无声的表演（前一刻你也是观众的一部分）。你不断重复相似的动作，以确认自己的位置和朝向（这显然是徒劳的），直到走出园林。你没有办法记起完整的路线（地理坐标法几乎失效），反复几次，脑中只有关于树石和身体体验上的微差，以及与行人的无言问答。

对于有过传统园林（诸如苏州园林）体验的笔者来说，前半段的体验与它们并无相异,但是当(游园的)行为与城市漫步者发生关系时,处于边界两侧的人都在判断园林空间的存在状态(是静止的图像还是感知活动的互动游戏),即一种互文性(Intertexuality)。相比于作为城市纪念场所的金鸡山,勾山樵舍显得愉悦得多。行为、感知的发生使传统园林以反身性的效果认识到自己及记忆场域的存在。

三 结语

从独秀山和勾山樵舍开始的城市园林体验,显然在苏州园林等遗产景点以及大规模西化的城市公园中无法体会到。它们不是作为一个历史宝匣中的符语(前者),就是对一种城市生活的简单延长(后者)。作为设立的学科,园林设计、建筑遗产保护以及风景学之间产生的认知分野,对于解决中国传统园林问题仍然收效甚微。①

回到最早的问题,即如何体验。冯纪忠精确地分析了园林与公园所带来的感受上的不同变化,即在进行视觉分析之时将园林中的体验对照于古人的诗句,它超越了文化知识的界限,直接影响着感知的方式。② 这种体验不是对"真正客观"的描述(它不是精确的记忆),

---

① 风景学是日本近代传统园林学西化后所产生的新概念。从中村幸夫的理论著作《土木空间の造形》(技报堂,1967)中可以看出,中村将风景作为社会、自然和物的环境,并用符号学(Semiotics)的方法进行空间和行为的讨论。
② 冯纪忠引用"安得帆随湘势转,为君九面写衡山"来讲其中导线虽然曲折,视点则始终都在同一标高。《组景刍议》,赵冰、王明贤主编《冯纪忠百年诞辰研究文集》,中国建筑工业出版社,2015,第99~101页。

而是要借助异质空间展开相关的记忆和体验：记忆帮助建立体验的知识，体验构成记忆的信息。

笔者希望借助这次写作获得一次对抗全球化、重新界定城市公共空间的机会。古迹保护需要躲开乡愁式的陷阱，重新界定其受到挑战的意义。一种再结构与城市社会力量使文化资产（cultural properties）作为一种新兴的遗产产业（heritage industry）已经浮现，将经由古迹保存手段经营的地方空间介入社会（都市）发展的片段中（segments）。所以，活化古迹和城市文化的关系必须提到发展的前沿。地方社会的结构与动力透过集体记忆的建构，可表现出人在空间文化形式的活力（对于文化保护的自主性），或者说，古迹的保护就是在营造一个生活空间（社区）。所以，"城市-园林"指向了一种异化空间的接受，虽然这种异化一直是受争议的，正如文章开头所引童寯先生的话，城市需要接受传统园林的考验。

参考文献

[1]〔明〕计成著《园冶注释》，陈植注释，中国建筑工业出版社，1988。
[2] 童寯：《江南园林志》，中国建筑工业出版社，1984。
[3] 陈从周：《帘青集》，同济大学出版社，1987。
[4] 赵冰、王明贤主编《冯纪忠百年诞辰研究文集》，中国建筑工业出版社，2015。
[5] 赵纪军：《中国现代园林：历史与理论研究》，东南大学出版社，2014。
[6] 夏铸九：《异质地方之营造·理论与历史》，台北：唐山出版社，2016。
[7] 苏州市园林和绿化管理局编《苏州园林风景志》，文汇出版社，2015。
[8]〔美〕舒衡哲：《鸣鹤园》，张宏杰译，北京大学出版社，2009。
[9]〔美〕米歇尔·柯南：《城市与园林——园林对城市生活的文化的贡献》，陈望

衡译，武汉大学出版社，2006。
[10]〔美〕W.J.T. 米切尔编《风景与权力》，杨丽、万信琼译，译林出版社，2014。
[11]〔美〕杨晓山：《私人领域的变形》，文韬译，江苏人民出版社，2008。
[12]〔法〕皮埃尔·诺拉主编《记忆之场》，黄艳红等译，南京大学出版社，2015。
[13]〔意〕吉奥乔·阿甘本：《神圣人》，吴冠军译，中央编译出版社，2016。
[14]〔日〕中村良夫：《风景学入门》，陈靖远译，华中科技大学出版社，2014。
[15] 冯仕达：《苏州留园的非透视效果》，《建筑学报》2016年第1期。

Heterogeneity: Perceived Effectiveness of the Boundaries of Traditional Historic Gardens in Cities

Zhou Gongzhao

Abstract: At present, urban environment is totally irrelevant to the cultural concept of traditional gardens. And I also hold a reserved attitude to the model of turning existing garden heritage into tourist attractions. It has become an urgent task to re-establish the connection and cognitive relationship between the present life and the trace of the history-built heritage. The article focuses its discussion on the heritage gardens of the Ming and the Qing Dynasties. The personal stand of the garden owners and the geographical space content of the built environment are of great significance in garden construction and current perception. The heterogeneity of traditional gardens in urban environment makes the problem of their public attribute and boundaries an ever present one. In the article, Duxiu Mountain, a garden in Ningbo of the Ming Dynasty which has become a park in modern times, is taken as an example to illustrate the fact that the trace of the history has given the space meaning again. With the help of image data, I combed through and explored the historical context of urban gardens and the influence of their space on the city, and compared it with the current patterns. In addition, the spatial environment of the Goushan Firewood House in Hangzhou also prompted me to write on the spot on the topic of gardens and urban experience. The article tries to find out new interactions that may happen cross time and space between the built heritage and the urban space, and discuss how this way can help us to interpret and release the spatial potential of existing garden heritage, and to establish the relationship of existing urban space under the influence of the history and the culture.

Keywords: Built Environment; Public Domain; Boundary; Heterogeneity; Perception;

提升澳门手信食品品牌形象，传播澳门文化

任玉洁 邝婉桦[*]

摘 要：澳门有丰富的文化资源和地域特色，提升手信食品的品牌形象有助于使澳门文化"走出去"，提升澳门的城市形象。本文建议澳门手信食品业应着重开发25~35岁的消费者，强调澳门手信食品老字号品牌具有独具特色的加工工艺以及世代相承的文化内涵，对手信食品市场进行细分，扩大推广宣传，加强行业内外部协作，提升品牌的视觉形象，最终提升消费者的购买意愿。

关键词：澳门 手信食品 品牌形象

2015年，国家"十三五"规划提出，支持澳门建设世界旅游休闲

---

[*] 任玉洁，工商管理博士，澳门城市大学城市管理学院讲师，研究方向：视觉传达设计、文化产业管理、设计管理、艺术管理；邝婉桦，里斯本大学博士，澳门城市大学商学院副教授，博士生导师，研究方向：人力资源管理、企业管理、比较管理、策略管理。

中心，发展旅游业等服务业，促进经济适度多元可持续发展。如今，以博彩旅游业为支柱产业的澳门正在把世界旅游休闲中心作为定位，致力发展为以博彩业为支柱产业的高素质旅游城市。为支持和推广"澳门制造"，特区政府投入资源加强宣传推广"澳门品牌"，协助企业开拓商机，借此提升澳门整体竞争力和城市形象。

一 澳门手信食品及其市场现状

澳门作为中西文化碰撞与交融的旅游城市，拥有丰富的文化资源，具有地域特色。近年来，到澳门旅游的人越来越多，这大大促进了旅游业的发展。尤其自从2003年澳门对内地开放自由行以来，澳门人均购物消费节节攀升。

自1999年澳门回归以来，食品在澳门旅游发展中占据重要的地位，尤其2003年中央政府推出部分内地居民赴港澳地区"自由行"，这项政策使澳门旅游人数从回归前的每年数百万人激增到2300多万人。人均食品支出中，游客在澳门的手信消费接近饮食消费的一半。澳门特区政府统计调查局关于游客消费的调查资料显示，2000～2009年，在澳门旅游的游客人均消费额中，手信食品方面的支出比例保持在10%以上。

（一）手信食品

"手信"通常是指人们出远门回来时捎给亲友的小礼物，并非按计划购买的大件或贵重商品，因信手捎来，故称"手信"（何文明，

2014），台湾称之为"伴手礼"。"手信"的说法主要出现在粤港澳地区，而且主要是指手信食品，澳门特区政府统计暨普查局将"手信食品"作为"旅游购物"分类下的统计指标。因此，本文认为澳门的手信具有旅游商品的特性，并被很多来澳门旅游的游客购买，当作旅游纪念品或赠送他人。

关于澳门手信食品的由来，据澳门咀香园饼家总经理黄若礼介绍，20世纪由于往来澳门与香港的客船需要航行四个小时，来来往往的客人买些点心在船上吃，有些客人或许有意，或许无心，就多买些，回家时送给亲友，慢慢演变成澳门手信。到了20世纪七八十年代，澳门手信食品业慢慢发展起来。

澳门手信食品业的产品主要有杏仁饼、鸡仔饼、老婆饼、蛋卷、糖果等糕点，产品种类大同小异，质量和口感差别不大。除作坊式的家庭工作坊手工制作手信食品外，几家大品牌都使用了机器加工生产的方式，以提高产量。

（二）澳门主要手信食品品牌发展状况

创立于1997年的钜记饼家经过20年的发展，在澳门拥有21家连锁分店，在香港拥有7家分店，在新加坡拥有1家分店。钜记饼家在澳门自设厂房生产，员工人数超过400人，成为澳门手信食品业连续14年的销量冠军。钜记饼家首创过往潜在消费者免费试吃，产品有三百多款，口味众多，店铺门口有手工制作演示，获得了消费者的好评。前几年投资拍摄的电视剧《巨轮》在香港TVB电视台播出，钜记品牌在港澳珠地区得到广泛推广。

咀香园饼家创立于 1935 年，最初以炭烧杏仁饼、月饼出名，由 1999 年澳门回归时的两家扩展到如今 14 家分店，每年营业额有 10%～40% 的增长。

创立于 2004 年的"十月初五饼家"的总店位于澳门十月初五街，目前在澳门只有一家店，市场开拓主要在中国珠三角城市的商场和大型超市，以及网络渠道，如淘宝、天猫商城。由于协助香港 TVB 拍摄电视剧《十月初五的月光》，受到好评，十月初五饼家得到推广。

创立于 1906 年的晃记饼家位于澳门官也街，现传至第三代，可谓百年老店，店主坚持手工制作，目前仅有一家店铺。鸡仔饼、老婆饼、鲍鱼酥、红豆饼等产品受到广泛好评，晃记饼家经常是门前排长队，购买的人络绎不绝，产品当天卖完为止。

"最香饼家"是澳门本地人和香港人比较喜欢的手信食品品牌，香港著名美食家蔡澜曾经评价其为澳门最好的手信饼家。此外，还有一些手信品牌，主要集中在大三巴景点附近，如凤城手信、大三巴手信、奇华饼家等。

英记饼家，创立于 1928 年，2014 年被佳景集团收购后对品牌重新定位，以全新形象在澳门开设分店，截至 2016 年底，在澳门开设了 10 家分店。

（三）老字号手信食品品牌

吴水龙、卢泰宏和苏雯（2010）通过对"老字号"品牌命名的研究，总结了老字号企业应具备以下条件：应是在工商部门登记注册的经营年限不少于 50 年的企业；应有良好的商业信誉；应具有鲜明的地域文化特色；应有世代相承的独特的工艺、技能或经营特色。

参考学者意见及商务部的认定标准，可以把咀香园饼家、英记饼家、晃记饼家、最香饼家等称为澳门老字号手信品牌。

到澳门旅游，很多人会带一些手信食品回去送给亲朋好友。作为旅游城市的重要符号，澳门手信食品浓缩了澳门的地域风情，承载着旅行者旅行的意义，对传播地域文化和提升旅游城市形象有重要作用。手信食品业是旅游业的高附加值产业，有助于活跃和繁荣旅游市场，对旅游经济的发展有促进作用。

在旅游商品市场中，游客对旅游地商品市场的信息获取不完全，有知名度、良好声誉的品牌可以使游客节省搜集信息的时间和精力，降低购买风险。老字号品牌具有鲜明的传统文化背景和深厚的文化底蕴，是历史积淀下来的中华民族的宝贵财富。很多老字号品牌凭借其独具特色的加工工艺及世代相承的经营理念深受广大消费者的喜爱。老字号品牌本身代表一种品质、一种信誉、一种形象。

老字号品牌一方面根植于传统文化的沃土，具有深厚的文化底蕴；另一方面也是与过去那个时代紧密相连，容易带给消费者一种"过时的""不合时宜的"印象，降低在消费者心目中的形象。基于此，很多学者提出老字号品牌需要创新发展，提升其品牌形象，从而增强消费者的购买意愿。对于企业来说，当务之急是如何通过适当的营销组合策略来影响品牌形象在消费者心目中的直接反应，塑造符合消费者心目中期望的品牌形象。

二 品牌形象

Park 等学者指出,为了满足消费者需求,企业管理者应该赋予品牌一个总体抽象的"品牌概念",这个概念或者有功能性含义,或者有象征性含义。品牌形象随着品牌的产生而产生。品牌形象是人们对品牌的总体感知,它作为认知概念时,是消费者信息加工过程中的重要组成部分。[1] 企业品牌管理的核心是塑造消费者心目中正面的品牌形象,以达到增强品牌竞争力、实现企业营销目标的目的。[2]

现有文献中,基于消费者心理要素的视角研究品牌形象处于主流地位的文献较多。很多研究者关注消费者对品牌的心理反应,如Herzog 认为品牌形象是品牌在消费者心目中"印象的总和";Park 等把品牌形象定义为消费者对品牌的"理解"、"知觉"或"评价"。

Keller 探讨品牌形象特性,主要分为品牌联想的形态、品牌联想的强度、品牌联想的喜好度以及品牌联想的独特性。品牌联想形态又分为属性、利益和态度。属性,是区分产品或服务的物理特性;利益,是消费者赋予产品或服务属性的个人价值及意义,也是消费者认为产品或服务所具有的功能,以及它所呈现的更广泛的意义;态度,是消费者对品牌的整体评估,是形成消费者行为的基础。

综观国内外品牌形象概念的发展,从品牌名称到品牌的产品品质

---

[1] K. Blawatt, "Imagery an Alternative Approach to the Attribute-image Paradigm for Shopping Centres," *Journal of Retailing and Consumer Services*, Vol. 2, Issue 2, 1995, pp. 83 – 96.
[2] 江明华、曹鸿星:《品牌形象模型的比较研究》,《北京大学学报》(哲学社会科学版) 2003 年第40卷第2期,第107~114页。

再到象征意义，品牌形象承担了不同的功能。根据上述文献，本文将品牌形象定义为消费者对品牌的印象或消费者对品牌产品属性所持有的知觉概念，也是与品牌名称相连接的品牌联想与属性的总和。品牌形象是消费者对品牌的综合评价与感知，是消费者在品牌传播过程中对个人接收到的品牌信息进行选择和吸收，形成对品牌的记忆等综合感知，是品牌代言物与消费者个体之间的沟通工具。

三 案例分析

英记饼家主要以生产传统口味的杏仁饼、蛋卷、月饼、中式唐饼为主。2014年被澳门佳景集团收购后，以全新品牌形象，采用"礼"作为品牌的核心意念，在各层面演绎"礼"，将中国人古今中外交际中"礼"的精神融入生活。

英记饼家对产品市场进行细分，并请香港艺人谭咏麟作为品牌代言人，重新设计产品包装、网站、品牌标志等视觉形象，特别是将产品包装重新设计，并致力于研究，推出多种创新口味的产品，如瑶柱杏仁饼、薄荷柠檬王等。除追求创新外，还保留传统的风味产品，将创新与传统很好地结合起来。无论是在广告设计包装上还是在广告代言人的铺排策略上，都给消费者耳目一新的感觉。

图1至图4显示了英记饼家的宣传信息。

英记饼家老板请设计师对品牌重新包装和定位，产品走高档路线，价格高于市场价。对营业员的服务技巧和素质进行培训，其他大部分品牌的营业员的营销技巧一般是通过试吃招揽客户。英记店员跟

图1 英记饼家标志

图2 英记饼家单品包装

图3 英记饼家产品摆放设置

图 4　英记饼家明星代言广告

随顾客一对一介绍产品，比如海藻糖是低糖产品，强调健康饮食的概念，包装体积比其他品牌小，设计的花纹图案精美，更适合作为礼物送给朋友，深受日本、韩国游客喜欢。

据统计，2016年1月与2017年1月相比，虽然来澳门的内地游客减少，但是购买英记手信食品的内地游客比例上升了11个百分点，并且韩国游客比例上升了4个百分点，如图5、图6所示。

从年龄构成来看，如图7、图8所示，消费者年轻化现象明显，25~35岁的消费者是购买最多的一类人群。

从以上统计数据可以看出，英记在重新塑造品牌形象之后，购买英记手信食品的内地消费者明显增加，25~35岁的消费者明显增加。而内地游客是来澳门游客的主要构成部分（依据澳门特区政府统计暨普查局2015年数据，内地游客占百分之六十七），因此，英记饼家对品牌形象的塑造取得了很好的市场效益。

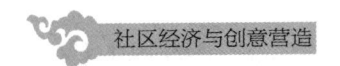

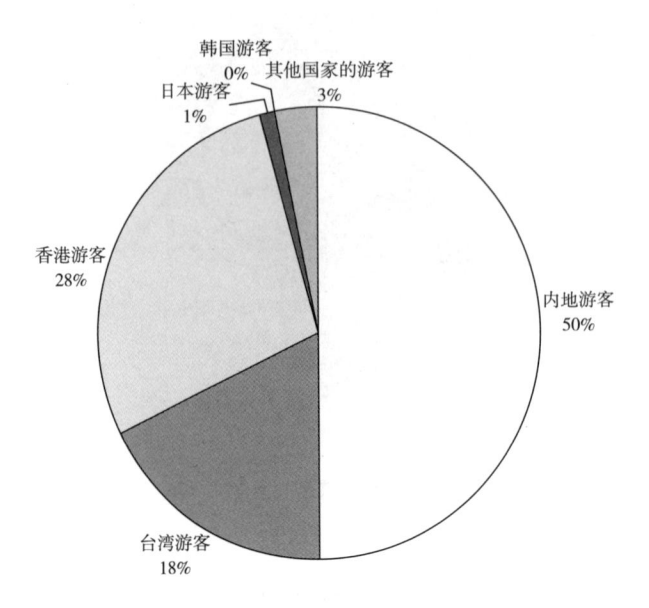

图 5　2016 年 1 月购买英记手信食品的游客比例

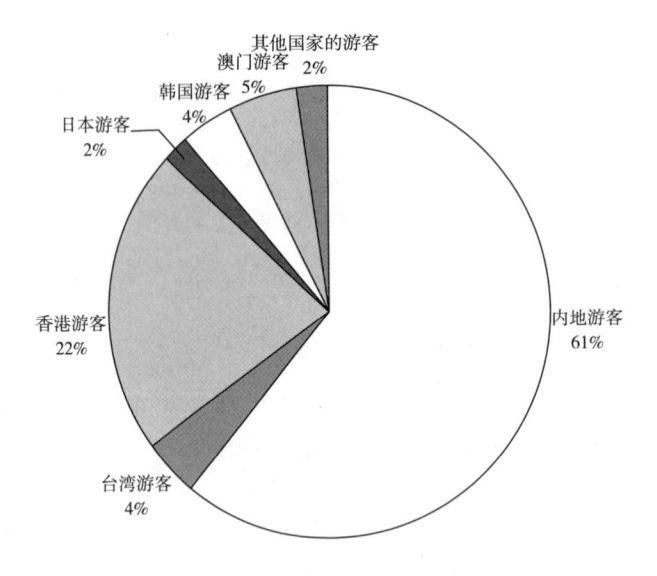

图 6　2017 年 1 月购买英记手信食品的游客比例

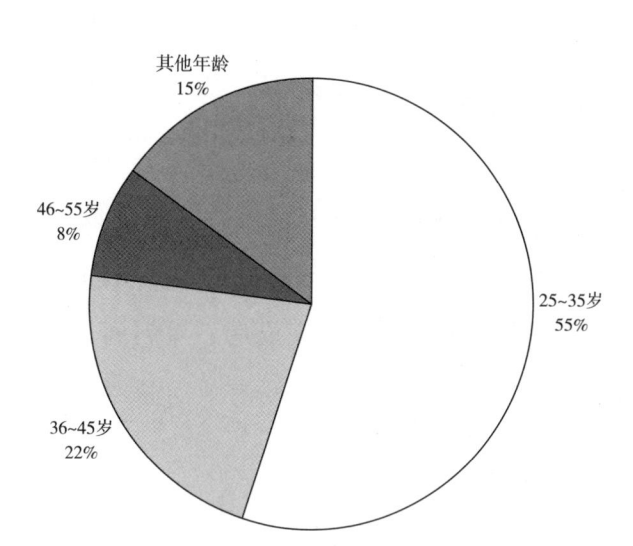

图 7　2016 年 1 月购买英记手信食品游客的年龄构成

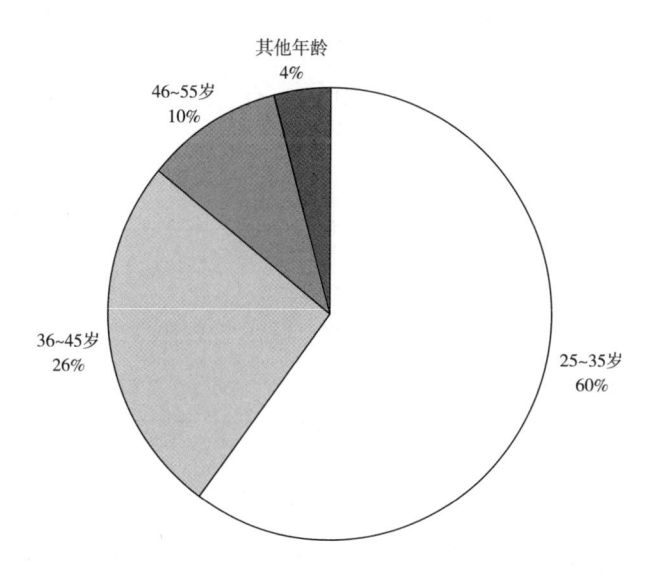

图 8　2017 年 1 月购买英记手信食品游客的年龄构成

四 问卷调查及描述性统计结果

本文用随机便利取样的方法,在澳门游客流量最大的关闸、大三巴、新马路议事厅前地、港澳码头等地发放500份问卷,抽取有代表性的样本来推估总体。在调研问卷完成后,对问卷的质量进行检验,剔除不合格问卷61份,最后回收439份有效问卷。

(一) 描述性统计情况

(1) 购买次数

439份有效样本中,购买1~2次的人数最多,为141人,占32.1%;其次是10次以上,有125人,占28.5%;再次是3~5次,有108人,占24.6%;最少的为6~10次,有65人,占14.8%(见表1)。

表1 购买人次统计

购买次数	人数(人)	占比(%)
1~2次	141	32.1
3~5次	108	24.6
6~10次	65	14.8
10次以上	125	28.5

(2) 购买倾向

439份有效问卷中,购买钜记的受访者最多,有224人,占51%;购买咀香园的有68人,占15.5%;购买其他品牌的有62人,占14.1%;购买英记的有43人,占9.8%;购买两种以上品牌的受访者有 42 人，占 9.6%。

439 份有效样本中，购买品牌的总数为 504 人次。购买钜记的有 259 人次，占 51.4%；购买咀香园的有 101 人次，占 20.1%；购买英记的有 56 人次，占 11.1%；购买晃记的有 33 人次，占 6.5%；购买最香的有 24 人次，占 4.8%；购买十月初五的有 18 人次，占 3.6%；购买其他品牌的有 13 人次，占 2.6%；购买两种以上品牌的受访者有 42 人次，占 9.6%。这说明消费者大多数偏向于买钜记饼家的手信食品，其次是咀香园、英记、晃记、最香、十月初五等（见表2）。

表 2 受访者手信食品品牌购买倾向

排序	品牌	购买人次	占比（%）
1	钜记	259	51.4
2	咀香园	101	20.1
3	英记	56	11.1
4	晃记	33	6.5
5	最香	24	4.8
6	十月初五	18	3.6
7	其他品牌	13	2.6

（3）购买用途

购买用途中，用于赠送他人的人数最多，有 262 人，占 59.7%；其次是用于自己品尝，有 99 人，占 22.6%；两者都有的 78 人，占 17.8%（见表3）。这说明消费者购买手信食品主要用于赠送他人。

（4）性别

439 份有效样本中，男性有 187 名，占总样本数的 42.6%；女性有 252 名，占总样本数的 57.4%。

表3 受访者手信食品购买用途统计

购买用途	人数(人)	占比(%)
自己品尝	99	22.6
赠送他人	262	59.7
两者都有	78	17.8

（5）年龄

439份有效样本中，25～35岁年龄段的人数最多，共有246人，占总样本数的56%；其次为36～45岁年龄段，有112人，占总样本数的25.5%；再次为46～55岁年龄段，有43人，占总样本数的9.8%；最少的是56岁及以上年龄段，有10人，占总样本数的2.3%。这说明购买手信食品的消费者集中在25～35岁这一年龄段，与英记饼家提供的数据一致。

（6）学历

439份有效样本中，高中及高下以下学历的有94人，占总样本数的21.4%；大专学历的有139人，占总样本数的31.7%；本科学历的消费者最多，为156人，占总样本数的35.5%；硕士及硕士以上学历的有50人，占总样本数的11.4%。

（7）受访者类型

439份有效样本中，澳门居民89人，占20.3%；内地游客177人，占40.3%；香港游客126人，占28.7%；台湾游客7人，占1.6%；外国游客2人，占0.4%；来澳劳务人员37人，占8.4%，其他1人，占0.2%。这说明来澳门的游客仍然以内地游客为主。

(8）婚姻状况

439 份有效样本中，有 234 人未婚，占 53.3%；196 人已婚，占 44.6%；其他 9 人，占 2.1%。

(9）月收入

439 份有效样本中，个人月收入在 5000 澳门元以下的有 102 人，占 23.2%；月收入在 5000～10000 澳门元的有 100 人，占 22.8%；月收入在 10000～20000 澳门元的有 131 人，占 29.8%；月收入在 20000～50000 澳门元的有 87 人，占 19.8%；月收入在 50000 澳门元以上的有 19 人，占 4.3%。

表 4　人口统计学特征

变量	类别	样本数（份）	占比（%）
性别	男	187	42.6
	女	252	57.4
年龄	25 岁以下	38	8.7
	25～35 岁	246	56.0
	35～45 岁	122	27.8
	45～55 岁	53	12.1
	55 岁以上	18	4.1
学历	高中及高中以下	94	21.4
	大专	139	31.7
	本科	156	35.5
	硕士及硕士以上	50	11.4
受访者类型	澳门居民	89	20.3
	内地游客	177	40.3
	香港游客	126	28.7
	台湾游客	7	1.6
	外国游客	2	0.4
	来澳劳务人员	37	8.4
	其他	1	0.2

续表

变量	类别	样本数(份)	占比(%)
婚姻状况	未婚	234	53.3
	已婚	196	44.6
	其他	9	2.1
月收入	5000 澳门元以下	102	23.2
	5000~10000 澳门元	100	22.8
	10000~20000 澳门元	131	29.8
	20000~50000 澳门元	87	19.8
	50000 澳门元以上	19	4.3

(二) 描述性统计的分析情况

受访者中内地游客最多，其次是香港游客、澳门居民、来澳劳务人员、台湾游客、外国游客，这个结果与澳门特区政府统计暨普查局对游客构成的统计一致。这说明来澳门的游客越多，购买手信食品的消费者越多，而且手信食品的消费者以内地游客为主。

受访者中，购买手信食品最多的是25~35岁的消费者，超过总受访人数的一半，而且未婚的本科学历的游客最多。笔者推测这是由于以游客为主的消费者，面对当地特产，他们比年纪大的人群更容易接受新鲜事物，而且这类人群更热衷于自由行，他们有更多的机会在自由行的时间里购买手信食品。

受访者中，除了月收入50000澳门元以上的消费者比较少以外，其他档次收入的消费者的区分并不明显，这说明各个档次收入的消费者都喜欢购买手信食品。

受访者中，购买1~2次的消费者最多，说明很多消费者是游客，很可能是第一次来澳门旅游。购买手信食品用于送人的占大多数，说明消费者喜欢把手信食品当作礼物赠送他人，因此可以推测将手信食品当作礼物赠送时，消费者会更注重品牌的名声和包装的精美程度，包装精美的有名气的品牌更受欢迎。

受访者中，消费者最喜爱的品牌是钜记，选择钜记的受访者占一半以上，其次是咀香园、英记、晃记、最香、十月初五等品牌。钜记与香港 TVB 电视台合作，在珠三角地区得到广泛宣传推广。消费者选择钜记最多，这可能与钜记的门店最多，并且与开在关闸、大三巴、新马路喷水池、外港码头等人流量非常大的地方有关，热闹的景点频繁出现钜记的门店，为消费者的购买提供了便利；而且，钜记首先开创了免费试吃的营销方式，并在店铺门口演示现场手工制作，以吸引潜在消费者进店消费。另外，钜记的手信食品中，消费者可选择的种类非常多，并且有很多导购员跟随消费者指导购买，为消费者包装整齐，包装的提手处不勒手，相比其他品牌服务更体贴周到。在澳门，钜记已经连续 14 年销量第一，属于澳门手信食品品牌里的大牌，是目前权威的知名品牌，注重面子、有从众心理的消费者往往喜欢购买钜记的手信食品。

五 结语

1. 结论

品牌形象的提升有助于增强购买意愿，提高购买率。购买澳门手信食品的人中内地游客最多，其次是香港游客、澳门游客、台湾游客、外国游客；购买 1~2 次的消费者最多；25~35 岁的消费者最多；消费者最喜欢购买钜记的手信食品，其次是咀香园、英记、晃记、最香、十月初五等。

2. 建议

（1）细分市场，明确品牌定位

澳门手信食品业应该进行市场细分，找准每个品牌的市场定位，有针对性地提升品牌形象。

本文建议澳门手信食品业应着重针对 25~35 岁的消费者开发市场，针对这一类人群接受新鲜事物快的特点，开发适合于这类人群的小型礼品包装及适合自由行的包装形式。

在市场现有的手信食品中，多数以口味区分系列，如英记有其他品牌没有的海藻糖系列，适合不爱吃甜或者不能吃糖的消费者的需要。此外，还可以开发以功能区分系列，如送师长、送同学、送朋友、送家人等的包装小礼盒，针对不同的系列分别设计包装的规格和包装样式，使消费者在视觉上很容易识别用途，节省时间成本，在选择时方便快捷。手信食品的包装越精美，消费者越喜欢，包装方便、结实、不易裂开、不勒手这些功能上的细节做得越好，消费者对品牌的印象越好。

老字号的手信食品品牌应该对市场的变化做出迅速的反应，做到及时创新、合理定位，以创办时间早、有世代相传的加工工艺和配方、精益求精的传承精神为出发点，挖掘属于自己品牌的故事，打造老字号品牌文化，唤起人们的怀旧情结，做到既回归传统又不失现代气息。

（2）提升品牌形象，加强品牌传播

样本统计显示，购买钜记手信食品的消费者超过半数，钜记几乎每家店铺门口都挂着"连续十四年销量第一"的横幅，强调行业销量第一的品牌形象。门口的免费试吃招揽消费者，并有手工制作现场演示，这都起到了很好的宣传推广作用。钜记早期通过与TVB合作拍摄电视剧等途径对品牌进行推广；推广渠道方面，与娱乐场、银行等大型企业或机构的合作也使钜记在澳门本地消费者中的地位得到巩固。

澳门手信食品老字号品牌应该借鉴钜记的推广方式，强调老字号品牌本身具有世代相承的文化内涵，是澳门本土文化的一部分，是澳门文化的部分象征，结合节庆活动或者积极参加大型文化赛事，适时进行推广宣传。强调澳门手信食品的象征性形象，并通过手工制作的演示及对物料来源的宣传，展现澳门食品质量，让消费者放心食用。

（3）发挥行业协会的作用

笔者在对澳门手信食品行业协会的访谈中了解到，行业协会虽有定期交流，但是由于该行业圈子小，产品雷同，各企业之间的竞争非常激烈，导致交流在很多方面受阻。

行业协会应该发挥作用，制定规则防止不正当竞争，并与高校、政府等的研究机构合作，为行业统计数据，制定科学的管理办法，鼓励小企业主定期参加生产或管理培训，更新观念，及时创新。此外，行业协会还应该与旅游业、文化产业合作，扩大本行业的影响力，与其他行业共同发展。

(4) 与文化产业合作,延长产业链

澳门手信食品对游客来说承载着旅行的意义,是澳门的文化符号,它不仅是食品,还是旅游商品。澳门手信食品业应该借助澳门政府适度多元化发展经济和文化的政策,延长其产业链,创造可持续发展的机会。

澳门手信食品业可以与文化产业结合,将老字号品牌的文化传承和技术传承的文化内涵与具有澳门特色的视觉元素相结合,设计开发旅游纪念品,生产具有食用功能与使用功能的手信食品或衍生品,使消费者在吃完食品后能够对澳门留下有形的记忆,使澳门文化"走出去",以此来传播澳门文化。

参考文献

[1] 澳门特区政府统计暨普查局网站:http://www.dsec.gov.mo/home_zhmo.aspx。

[2] 江明华、曹鸿星:《品牌形象模型的比较研究》,《北京大学学报》(哲学社会科学版) 2003 年第 40 卷第 2 期。

[3] 何文明:《中文旅游指南译前准备:文本特点概述——以〈欧风华韵七彩澳门〉旅游指南为例》,《考试周刊》2014 年第 86 期。

[4] C. W. Park, B. J. Jaworski & D. L. MacInnis, "Strategic Brand Concept-Image Management," *The Journal of Marketing*, Vol. 50, 1986, pp. 135 – 145.

[5] K. L. Keller, "Conceptualizing, Measuring, and Managing Customer-Based Brand Equity", *The Journal of Marketing*, Vol. 57, No. 1, 1933, pp. 1 – 22.

[6] K. Blawatt, "Imagery an Alternative approach to the Attribute-image Paradigm for Shopping Centres", *Journal of Retailing and Consumer Services*, Vol. 2, Issue 2, 1995, pp. 83 – 96.

Upgrade Macao Local Food Brand Image to Spread Macao Culture

Ren Yujie, Kuang Wanhua

Abstract: There are rich cultural resources and regional characteristics in Macao. Upgrading Macao local food brand image may help Macao culture to "go out" and improve the image of the city. In allusion to the result of the research, we suggest that Macao's local food product industry should not only focus on developing market among consumers of 25 to 35 years old, but also put an emphasis on the unique processing crafts of Macao local food old brands as well as the culture connotation of patrimony. Moreover, Macao's local food product industry should also carry out market segmentation, extend promotion, enhance internal and external collaboration of the industry and upgrade brand's visual image, so that consumers' purchase intention could eventually be elevated.

Keywords: Macao; Local Food; Brand Image

智能影像传播与想象空间的未来

张 啸 杨得聆[*]

摘 要：区域是被定义的"想象空间"，影像通过网络传播创造新的区域，区域文化以直观的沟通方式得以延伸到疆界以外。人与机器深度混合互动使影像可以通过各种媒体终端随时介入我们的生活，观众通过影像认知世界，成为网络世界的信息节点，信息节点连接形成网络世界的新区域。观众盯着屏幕的同时，媒体设备的屏幕也在"盯"着观众，经过数据收集和分析，机器可以"分析"与"理解"观众对影像的选择和反应，机器正以大数据和网络等方式触及影像创造的根源，未来大数据与人工智能将"代理"影像创作，是构成"想象空间"的重要元素。机器智能可以在影像与区域环境之间建立关联，人工智能通过网络调配视频引导观

---

[*] 张啸，法国巴黎第八大学信息与传媒科学博士，广州美术学院副教授，研究方向：数字媒体、文化传播；杨得聆，广州美术学院美术学硕士，广州美术学院讲师，研究方向美术学、艺术传播。

看，能够影响人们对区域环境的体验、认识和理解。区域和地方文化应该进入全球文化、网络文化和数据文化生态圈，未来区域的演变将是地理、传统、人文与人工智能共同形成的想象空间与精神共同体。

关键词： 区域　影像　想象空间　"代理"　大数据　人工智能

"我们出生于一个互联的世界。"① 影像通过网络传播创造想象空间，区域文化得以以直观的沟通方式延伸到疆界以外，地区文化的意义可以在各种想象空间中不断混合从而变得复杂多变，这成为这个"互联的世界"的重要文化特点。大数据正介入影像的创作、传播和制作，机器学习和人工智将可以成为产生影像文化的方式，甚至影响区域文化意义的产生、传播和对它的理解。各种数字媒体机器设备随时伴随着我们，人与机器日益深度融合形成人机共存的数字人文主义生活状态。观众盯着屏幕的同时，媒体设备屏幕也在"盯"着观众，智能媒体终端能够不断收集观众的数据，监视观众的行为，通过网络和算法分析，机器可以"理解"观众对影像的反应并形成数据，为影像的创作、传播和制作提供数据基础。随着机器学习和人工智能的快速发展，机器依靠对网络视频数据的深度学习，如果可以主动"认知"影像内容，"理解"人们的行为和思想，那么影像的传播发展会

---

① 马克·艾略特·扎克伯格（Mark Elliot Zuckerberg）:《没有人从一开始就知道如何做，你需要的只是开始》（2017年5月26日，扎克伯格在哈佛大学的演讲），http://mp.weixin.qq.com/s/sCvFFH79xMSzl4QvQCgXfA，最后访问日期：2017年5月27日。

走向哪里？区域文化在人机共存的生活状态中会怎样变化？在互联的网络环境中个人与观众群的关系是怎样的？数据怎样驱动影像文化再生产？本文从网络与影像创新区域的演变入手，探索大数据和网络等怎样触及影像和文化的根源，探讨智能影像传播与想象空间未来发展。

一 影像创造的新区域：信息节点链接成的想象空间

影像通过网络传播形成的想象空间构成新的区域文化。区域不只是自然地理空间，也包括本地的传统文化，文化与传统可以视为区域的第二自然，代表着本地区各种关系的总和。但网络的全球化发展驱动世界各地的文化符号和内容加速交流，影像媒介使区域文化得以以直观的沟通方式延伸。"当今的世界文明好像会变成由图像所构成的'蚕茧里的蚕蛹'。"① 海量影像、网络和媒体终端形成影像空间，影像空间构成全球意义网络，人们通过影像分享文化意义，以视听信息的方式认识和理解世界，形成"精神共同体②"。区域的概念在网络世界更趋向虚拟，区域文化符号需要进入流动的网络信息时空，加入全球文化生态，与其他文化融合产生新的符号、内容、精神和意义，保持区域本土的文化生命力，也在全球文化生态中融入本地文化内容，扩

---

① 〔德〕霍斯特·布雷德坎普（Horst Bredekamp）：《图像行为理论》，宁瑛、钟长盛译，译林出版社，第1页。(原著 *Theoriedes Bildakts* 于2010年由德国柏林的 Sunhrkamp Verlag 出版社出版)
② 〔英〕齐格蒙特·鲍曼（Zygmunt Bauman）：《作为实践的文化》，郑莉译，北京大学出版社，2015，第108页。(原著 *Culture as Praxis* 于2001年由英国伦敦的 Sage 出版社出版)

大区域文化影响。

区域是地理的、物质的，也是价值观念和实践的，区域文化受到自身变化和跨文化交流影响，处于不断变化的过程中。传统的区域概念局限于以土地为基础的地理空间，强调稳定。然而，区域本身会因受到政治、战争、移民的影响而变化。例如，澳门在秦代属南海郡番禺县，晋代属于宝安县，唐代属于东莞县，南宋属于香山县，明代葡萄牙商人开始逐步进入澳门。澳门地区的城市景观妈阁庙等中华传统建筑融入南欧建筑风格，城市文化随之不断改变，中华传统文化和南粤地方文化不断吸收西方元素，形成今天中西合璧的澳门文化。所以，区域是受人为影响的结果，是包含自然、时间、文化、符号的连续体，既可以体现在地域等传统地理观念中，也可以体现在文化内容与传播中。

因此，"区域"可以是被定义的想象空间，影像可以创造虚拟时空。"区域……是我们的利益、幻想与需求的人工制品。"① 这种"人工制品"与地域等自然环境相关联，形成区域文化的基础。达内尔·福德指出，"活跃的文化因素作用于相对静止的种族和物理环境等物质"，② 赋予自然环境人文形态。文化内容的产生和传播与媒介紧密相关，媒介对活跃文化因素、建立关联起到关键作用。影像作为当代最普遍使用的媒介之一，是"使用机器铭记人们的历史、信仰、态度、欲望和梦想"，③ 各种文化因素可以通过影像与自然环境关联起来，形

---

① 〔美〕阿尔君·阿帕杜莱（Arjun Appadurai）：《草根全球化与研究的想象力》，〔美〕阿尔君·阿帕杜莱主编《全球化》，韩许高、王珺、程毅、高薪译，江苏人民出版社，2015，第9页。（原著 *Globalization* 于2011年由美国达勒姆的 Duke University Press 出版）

② C. Daryll Forde, *Habitat, Economy and Society* (London: Metheun, 1963), p. 7.

③ 罗伯特·休斯（Robert Hughes）语。

成对环境的想象与认识。想象与时间相连构成记忆，建构社会传统，形成群体认同，进而定义"想象空间"－"区域"。创造影像是定义"想象空间"的方式，它创造的虚拟时空也属于"想象空间"的一部分，也是今天构成"区域"的基本因素。在影像的虚拟时空里模拟区域环境，是创造自然环境与文化环境相结合的拟像，人们可以在拟像中认识和定义自己。

随着网络的全球化发展，区域概念的中心与边缘正在模糊，甚至可以是离散分布的整体。区域是包含自然、时间、文化、符号的整体，可以是由媒介构成的虚拟时空，区域中的人们分享"想象空间"里的意义，是"精神共同体"。"这是一个'流'的世界"，[①] 海量影像不断在网络世界中流动，想象不再静止于地理空间而是随着网络信息流不断变化。网络使世界各地的文化不断加速流动，"活跃的文化因素"可以随时跨越时空，与任一地域的"种族和物理环境"相关联。数字媒介如网络影像将自然环境转变为拟像，"种族和物理环境"可以以信息的形态在网络世界流动，文化与环境的关联可以是信息与信息的融合。网络以信息的方式建立"想象空间"，分布在世界各地的人们通过网络聚集，只要接受这个"想象空间"的精神和意义，就可以形成新的"区域"和文化。

新的"区域"可以是以数字或数据存在的网络链接，如网络社群、视频网站，人们通过信息相连形成"区域"。随着网络的社会化普及，区域可以流动、变化甚至以散点分布的状态存在于网络世界

---

① 〔美〕阿尔君·阿帕杜莱（Arjun Appadurai）：《草根全球化与研究的想象力》，〔美〕阿尔君·阿帕杜莱主编《全球化》，第5页。

中。今天的人们越来越依赖网络认识世界，正变为网络中接收与传递数据的"信息节点"。扎克伯格创办脸书（Facebook）时的理想是"……有人会把整个世界都连接起来……在全世界建立社群"，[①] 每天有几亿在线观众在脸书上创造数十亿视频观看量。不断更新的数字设备使任何人都可以方便地创作、上传、观看影像，根据 YouTube 2017 年 3 月的统计，"每分钟有 300 多小时的视频上传到 YouTube"，[②] "每天 YouTube 上有近 5 万亿视频被观看"。[③] 海量视频信息创造新的"想象空间"，分布在世界各地的人们通过网络可以认识地球任何区域，接受来自其他地方文化的影响。作为现代营销学奠基人之一的西奥多·莱维特（Theodore Levitt）指出，"全球性企业看待世界各国不是看它们有什么不同之处而是看它们的相同之处……各种企业不断地寻求在各方面将一切事物标准化，形成一个共同的全球模式"。[④] 美国 Netflix 公司在全球拥有约 93800000 名观众，其中约 89090000 名是付费观众，这些观众分布在世界不同地区，生活在不同的文化环境中，使用不同的语言交流，但他们拥有一个相同之处：喜爱观看 Netflix 在

---

① 马克·艾略特·扎克伯格（Mark Elliot Zuckerberg）：《没有人从一开始就知道如何做，你需要的只是开始》（2017 年 5 月 26 日，扎克伯格在哈佛大学的演讲），http://mp.weixin.qq.com/s/sCvFFH79xMSzl4QvQCgXfA，最后访问日期：2017 年 5 月 27 日。

② "300 hours of video are uploaded to YouTube every minute."（笔者翻译）Fortunelords, March 23, 2017; "36 Mind Blowing YouTube Facts, Figures and Statistics – 2017," https://fortunelords.com/youtube-statistics/, accessed May 28, 2017.

③ "Almost 5 billion videos are watched on Youtube every single day."（笔者翻译）Fortunelords, March 23, 2017; "36 Mind Blowing YouTube Facts, Figures and Statistics – 2017," https://fortunelords.com/youtube-statistics/, accessed May 28, 2017.

④ 大卫·莫利（David Morley）、罗宾斯·凯文（Kevin Robins）：《认同的空间：全球媒介、电子世界景观和文化边界》，司艳译，南京大学出版社，2001，第 20 页。（原著 *Space of Identity* 由英国阿宾顿 Routledge 出版社于 1983 年出版）。

线播放的影视节目，可以接受 Netflix 传播的影视内容。Netflix 在线影视传播就是它的观众群的"利益、幻想与需求的人工制品"，影视内容的文化影响力使这个观众群在网络世界创造一个新的"区域"，共同分享影视内容和意义，萌生新的共识。"每一代人都扩大了我们认同的'自己人'。对我们来说，它现在涵盖了整个世界。"① 在这个"区域"里，Netflix 的观众群更像是接收与传递视频数据的"信息节点"，Netflix 通过大数据分析创作与传播观众喜爱的影视内容，并实时智能监视观众的观看行为，得到观众对影片的反应数据信息，以便在创作新的影视内容时不断强化这个相同点，更新、加强和扩大这个"想象空间"的精神、意义和影响。

面对网络全球化的影响，传统区域文化需要适应这个"'流'的世界"，通过数字化或数据化方式向网络输送传统区域文化的符号、内容、精神和意义，对全球其他地区的文化保持开放，以更灵活多变的方式创建新的"想象空间"。区域文化符号与内容在网络世界的呈现和再使用是扩大其文化全球影响力的重要方式，在线影像是重要的媒介工具，可以以直观的方式将地方文化符号和内容延伸至网络世界，以视听方式影响其他地区的观众，形成新的想象与认识。全球化发展使不同区域的文化通过网络等媒介不断融合，产生新的全球认同的文化内容，地方文化既要向全球网络输送文化符号，与全球文化环境融合，也要在区域本土积极接受网络文化的影响，在保持传统文化特点的

---

① 马克·艾略特·扎克伯格（Mark Elliot Zuckerberg）：《没有人从一开始就知道如何做，你需要的只是开始》（2017 年 5 月 26 日，扎克伯格在哈佛大学的演讲），http://mp.weixin.qq.com/s/sCvFFH79xMSzl4QvQCgXfA，最后访问日期：2017 年 5 月 27 日。

基础上加强与"互联的世界"的沟通。此外,最近几年快速发展的大数据、智能分析、机器学习、人工智能等技术,将对影视的创作和传播产生深刻影响,算法和机器将可以通过视频在新的"想象空间"创造意义,大数据与人工智能将与地域和文化一起,构建未来的区域。

二 大数据与人工智能:影像未来创作与传播的"代理"

大数据的深入发展使影视创作和传播趋向智能化,算法以量化的方式帮助影视专业机构获得观众对影片的反应,更精准地掌握观众的需求,以数据分析与智能的方式帮助专业机构创作影像,为观众创造新的幻想。影像的创作与传播不再只是人的行为,影视观众群更像"区域"里的信息节点,为影像"想象空间"不断贡献数据信息。大数据与人工智能介入数字或数据网络链接,可以"代理(Agent)"影像,"想象空间"里的符号与意义产生,成为构成未来区域的基础部分。

在人工智能科技发展的趋势下,数据驱动可以"代理"影像的投资决定,参与影像创作,甚至直接制作影像;这些影像又以数据的形式在网络传播,增加的新的数据信息又供给新的影像创作,数据与数据的交换形成新的影视文化再生产。算法以理性的方式参与人创作影像的投拍决定,智能与数据信息介入影像创作者的创意,随着人工智能识别影像内容的能力不断增强,未来机器甚至将可以直接自动创作,独立制作影像。影像创作者的理性预测、心灵认知、个人体验、审美、判断、意志甚至创作自由,都有可能被算法逐步模仿学会,并逐渐被"代理"。人与人、人与机器的影像信息互动传播,将会使以人为中心的影视文化的创作和传播转向智能创作与传播发展。

影像表现人们对生活的体验，是人对自然、社会和文化环境的思考。诞生于近代人文主义语境，其创作和传播皆以人的价值为核心。人是生活的创造者，创作影像作品表现人的感情和思想，影像是文化故事的讲述工具。在人文主义语境中，人的价值得到充分尊重，影像创作带有鲜明的"个人"特色。虽然在网络世界传播，但影像所创造的"想象空间"依然还是人工制品，透过影像我们感受到个人的兴趣、意志和思想自由，影像内容通过视听感官进入观者的内心，是个性化作品对观者个体的感染，在心灵之间建立沟通，进而得到多数人的认可，聚合成观众群体，也形成文化传播的基础。

大数据和算法是将很多观者个人的行为汇总并分类，构成各种观众群数据，"观众"数据成为观者个人的信息"仿像"（Simulacra）[①]和影像创作者的信息"代理"。大数据和算法是将观众群的行为数据化、量化，并分类构成各种资料，通过算法和智能分析得出观众对视频创作和传播的反应和与行为相关的各种信息，例如喜爱某类题材的影片，不喜欢某剧中的某个角色等。这些依靠数据来量化的资料是专业机构对观者个人的理解基础，根据分类信息构成对观众群体的基本认识，与影视专家的思考、直觉和判断相结合，为影视作品的成功增加"胜算"。例如，Netflix 会仔细跟踪："观众什么时候暂停、倒带或快进；观众在哪一天看某影视内容（Netflix 公司已经发现人们在周末观看电视节目和电影）；看某影视内容的日期；具体什么时间看的内

[①]〔法〕让·波德里亚：《象征交换与死亡》，车槿山译，译林出版社，2006。

容；观众的地址（包括邮编）；用什么设备观看（喜欢用平板电脑看电视节目还是用 Roku 看电影？人们更多使用苹果平板电脑观看'只为孩子'节目？）；什么时间暂停和停止观看内容（如果观众曾经返回观看）；观众给予的评级（每天约 400 万）；观众的搜索（每天约 300 万）；观众浏览和滚动网页的行为。"① 从观看视频的空间到时间、内容选择、观看频率甚至播放快进快退等，越来越多的行为细节被 Netflix 形成数据，这些细小行为的数据都是以算法分析个人喜好、习惯的信息基础。观者的个人价值趋向为观众群体信息提供数据，而不属于资料量化范畴的个人复杂的个体感受，则是不具有数据价值的信息噪声而已。观者个人感受与观众数据趋于分离，喜怒哀乐只是来自观者群体的数据流，将各种数据信息分析聚在一起就可以构成"观众"，数据分析出的信息就是观众感受。影像创作者对这些数据的理解则先于对观者"个人"的理解："观众"数据就是观者"个人"，网络数据取代观者"个人"本身，成为个人的信息"仿像"。基于观众信息"仿像"的影像创作是和创作者与观众群数据的互动，数据告知创作者观众对影视内容的反应，为影像的创作与传播提供观众市场信息参考，隐藏在创作者与传播者的经验、审美甚至直觉内部，成为

---

① "When you pause, rewind, or fast forward; What day you watch content (Netflix has found people watch TV shows during the week and movies during the weekend.); The date you watch; What time you watch content; Where you watch (zip code); What device you use to watch (Do you like to use your tablet for TV shows and your Roku for movies? Do people access the Just for Kids feature more on their iPads, etc. ?); When you pause and leave content (and if you ever come back); The ratings given (about 4 million per day); Searches (about 3 million per day); Browsing and scrolling behavior." （笔者翻译）Zach Bulygo, "How Netflix Uses Analytics To Select Movies, Create Content, and Make Multimillion Dollar Decisions," https://blog.kissmetrics.com/how-netflix-uses-analytics/, accessed May 28, 2017.

影像创作者的信息"代理"。

数据化"观众群"将使观者不再以自我为中心，机器使"个人"成为全球网络的信息节点，共同形成影像意义网络链接，构成影像的"想象空间"。人文主义向数字人文过渡使人不再是自我的中心而逐渐转向人与机器的混合，人机共存是机器参与人的意志，人的判断与机器智能的界限将变得含混模糊，以人为中心正向人与机器混合的模糊区域转移。在网络社区中，来自世界不同地区的人们在线交流，比如微信和微博上的短视频、在影像内容上的点赞或评论等，人和机器智能[1]彼此影响，传播影像信息。观者对视频的选择会受到来自网络的数据的影响，例如烂番茄（Rotten Tomatoes）影评网站上的打分和评论会影响他的观看选择；视频网站会追踪观者的浏览记录，并通过智能分析观者的喜好，主动推荐视频建议其观看，观者个人的视频观看和行为又会通过机器记录形成数据上传网络，他在烂番茄或视频弹幕（Video barrage）网站上的评论又形成信息传播影响其他观众。"个人"通过网络不断接收影像信息，也在不断输送个人数据通过网络传播，使"个人"成为网络世界的信息节点，信息节点彼此相连，互相输送信息，与机器智能参与共同思考和判断影像的思想和价值，人与机器和全球网络共同形成影像"想象空间"。

大数据与算法正参与影视投拍决定。传统影视统计往往是根据在

---

[1] "计算机只需分析 10 个赞，对某个对象性格的判断就好于对象的同事；分析 70 个赞就好于朋友或室友的判断；分析 150 个赞就好于家庭成员的判断；300 个赞就好于伴侣的判断。"《计算机比朋友更了解你的性格》，雷锋网，2015 年 1 月 14 日，http://www.leiphone.com/news/201501/BssFGnVcTddIpt5e.html, accessed May 28, 2017.

影片播放之时或之后的抽样数据统计推导，而大数据算法是根据网络的海量数据尤其是观众的行为数据事先计算预测影片收看率，根据大数据和算法预测出的概率更精准。电影数据统计可以影响影视制片公司的制作决定，例如我国乐视影业的电影《小时代》和美国 Netflix 公司的网络连续剧《纸牌屋》在决定投资之前，乐视影业主要通过微博作为主要数据获取来源，并辅以视频网站信息作为补充，乐视公司通过大数据和算法了解到："在前期，'小时代'已成为新浪娱乐和新浪微博影视排行榜第一的热词；在电影排行榜搜索指数位列第 8 位；官方抛出的 PS《小时代》海报微活动，统计到超过 140 多万条相关微博话题；预告片发布不久，在新浪、腾讯微博被转发超 25 万次，点击量过 500 万；图书商城中的同龄读物：……《小时代》销量超过 2443 万册。"① 在决定投资《纸牌屋》之前，Netflix 已经知道："很多用户从头至尾完整地观看了大卫·芬奇导演的电影《社交网络》；英国版《纸牌屋》已经获得收视成功；看过英国版《纸牌屋》的观众很多也看了凯文·斯派恩的电影和/或大卫·芬奇导演的电影。"② 数据挖掘（Data Mining）为制片公司提供详细的观众行为信息，如乐视影业的微博数据分析："从年龄构成看，平均年龄 20.3 岁的年轻人是主力

---

① 《从〈小时代〉浅析"大数据"的样貌（非影评）》，榜上有名猫，2014 年 7 月 20 日，https：//movie.douban.com/review/6771842/，最后访问日期：2017 年 4 月 24 日。

② "A lot of users watched the David Fincher directed movie. The Social Network from beginning to end; The British version of 'House of Cards' has been well watched; Those who watched the British version "House of Cards" also watched Kevin Spacey films and/or films directed by David Fincher."（笔者翻译）Zach Buiygo， "How Netflix Uses Analytics To Select Movies, Create Content, and Make Multimillion Dollar Decisions," 2013, https：//blog.kissmetrics.com/how–netflix–uses–analytics/, accessed May 28, 2017.

军；从性别构成看，女性受众超过80%，其中50%是微博达人（活跃群体）。"① 这些数据理性体现了观众群的喜好与关注的热点信息，预测剧本投拍的市场价值，部分代理了制片投资决定，直接影响了影视作品的投拍。

影像创作也会受到大数据分析的影响。机器不再仅是导演、摄像师或设计师创作使用的工具，机器分析得出数据也逐渐参与影像内容的创作，与创作者的生活体验、个人观念、个性化视听语言、审美、创意等相混合，使无意识的智能与有意识的心灵结合起来共同创作影视作品。商业驱动下的创作不仅需要审美与个人创意，更需要精准和有效，数据驱动影像创作更符合商业需求。以《小时代3》为例，在剧情创作方面，制片公司根据微博数据仔细分析："了解其对情节、演员的评价，从而对场景、角色戏份进行增减。其关注的企业品牌，不乏各大奢侈品品牌，从中能推定受众的心理趋向。了解到受众热衷讨论那些名牌服装，为此《小时代3》特意用上了7000多套。了解到《小时代1》天台上喝醉酒桥段受欢迎，继而续集会把类似情景尽量保留甚至强化。"②

在未来，数据驱动与人工智能甚至可能直接代理创作和制作影像。机器学习（Machine learning）识别视频技术使机器可以主动认知视频内容，视频内容识别正由过去的标记内容标签向智能自动识别发

---

① 《从〈小时代〉浅析"大数据"的样貌（非影评）》，榜上有名猫，2014年7月20日，https：//movie.douban.com/review/6771842/，最后访问日期：2017年4月24日。
② 《从〈小时代〉浅析"大数据"的样貌（非影评）》，榜上有名猫，2014年7月20日，https：//movie.douban.com/review/6771842/，最后访问日期：2017年4月24日。

展。例如，谷歌公司的"云视频智能API①……使用强大的深度学习模型……推广应用于YouTube等大型媒体平台……它允许开发人员通过直接输入实体的名词方便地搜索和找到对应的视频内容（名词如'狗'、'花'或'人'，动词如'视频'、'游泳'或'苍蝇'）。该技术甚至可以提供（对视频中）这些实体出现时的文本理解，例如搜索'老虎'，用户可以在谷歌云端库中通过视频合辑找到所有包含老虎的精确镜头"。②智能识别影像内容使机器可以开始认知影像里再现的自然、社会与人文内容，甚至逐渐理解"人们的历史、信仰、态度、欲望和梦想"。内容识别是视频编辑的基础，算法也可以成为影像智能创作的认知"心灵"，奠定影像智能制作的基础。

美国麻省理工学院的计算机科学与人工智能实验室（Computer Science and Artificial Intelligence Laboratory，CSAIL）研发的"深入学习视觉系统"（Deep-learning Version System），通过专门训练过的人工神经网络（Artificial Neural Network，ANN），"通过YouTube视频和电视节目训练……，可以预测（视频里的两个角色）是否两个人将拥

---

① 应用程序接口，英语为Application Programming Interface，简称API。
② "[...] Cloud Video Intelligence API [...] uses powerful deep-learning models, [...] applied on large-scale media platforms like YouTube. The API is the first of its kind, enabling developers to easily search and discover video content by providing information about entities (nouns such as 'dog', 'flower' or 'human' or verbs such as 'run', 'swim' or 'fly') inside video content. It can even provide contextual understanding of when those entities appear; for example, searching for 'Tiger' would find all precise shots containing tigers across a video collection in Google Cloud Storage." （笔者翻译） "Announcing Google Cloud Video Intelligence API, and More Cloud Machine Learning Updates," Google Cloud Platform, March 8, 2017, https://cloud.google.com/blog/big-data/2017/03/announcing-google-cloud-video-intelligence-api-and-more-cloud-machine-learning-updates, accessed May 28, 2017.

抱，亲吻，握手或击掌"。① 通过成百上千小时的网络视频学习，机器可以开始理解和熟悉人类行为所表达的含义，根据对图像上某人行为的理解，机器能够像人类一样推测此人的想法，并预测接下来的几秒他将要做出什么行为。② 依靠网络视频内容识别与分析，机器可以学习通过算法"理解"影像视频里角色的表演和想法，甚至可以"预知"角色接下来将要表演的内容。对人类行为的熟悉和理解也是影视角色表演和编排创作的基础，机器依靠数据、网络视频、算法，能够模仿人的"意志"，尝试判断角色的表演行为。

麻省理工学院的卡尔·范德里克（Carl Vondrick）和安东尼奥·托拉尔巴（Antonio Torralba）、马里兰大学（University of Maryland）的罕默德·皮尔斯瓦士（Hamed Pirsiavash）开发了"场景动态生成视频系统"（Generating Videos with Scene Dynamics），能够通过识别和分析一幅静态画面的前景和背景内容，根据这个静态画面内容自动生成一个短视频。"我们使用大量未标记（内容）的视频，用以研究场景动态模型，来实现视频识别目标（如动作分类）和视频生成目标（如预测未来）。我们提出使用带时空卷积架构的对抗网络，将一幅静态画面里的前景内

---

① "Trained on YouTube videos and TV shows [...], the system can predict whether two individuals will hug, kiss, shake hands or slap five." （笔者翻译）Adam Conner-Simons, Rachel Gordon, "Teaching Machines to Predict the Future," June21, 2016, http：//news.mit.edu/2016/teaching-machines-to-predict-the-future-0621, accessed May 28, 2017.

② "'Humans automatically learn to anticipate actions through experience, which is what made us interested in trying to imbue computers with the same sort of common sense,' says CSAIL PhD student Carl Vondrick, [...]. 'We wanted to show that just by watching large amounts of video, computers can gain enough knowledge to consistently make predictions about their surroundings.'" （笔者翻译）Adam Conner-Simons, Rachel Gordon, "Teaching Machines to Predict the Future," June21, 2016, http：//news.mit.edu/2016/teaching-machines-to-predict-the-future-0621, accessed May 28, 2017.

容从背景中分离。实验表明,该模型可以(根据这幅静态画面里的前景和背景内容自动)生成一段一秒以上的全帧小视频,……我们表明该模型可以合理预测静态图像里(的内容)的未来(的事件)。"① 系统识别输入的静态图像后,依靠网络视频数据智能理解图像内容,预测其运动,并按照预测的运动将图像内容自动生成动态短视频。机器使用网络视频数据分析和算法实现自主创作,影视创作可以脱离人的意志由算法独立完成,机器能够"代理"人的创作"自由",可以自主制作影像。

数据驱动影像创作体现了数字人文深入认知自然与社会、参与文化再生产的发展趋势。人文主义认为人类自己是所有意义的本源,但是人们正与机器深度结合,"人"自身正发生改变,不再是唯一的中心,数字人文语境里人与机器混合的模糊区域正在成为新的中心,形成新的意义本源。人文主义语境中的影像体现了人对自然与社会的观察、体验、思考和表达,人们依靠自己创造的意义本源使用影像创造文化;而数字人文语境中的影像是算法对网络数据信息的再使用——用来产生新数据,不断扩大网络信息量,是智能机器根据对人类的算法理解,使无意义的数据产生符合人们认知的意义,是数据对数据的

---

① "... We capitalize on large amounts of unlabeled video in order to learn a model of scene dynamics for both video recognition tasks (e.g. action classification) and video generation tasks (e.g. future prediction). We propose a generative adversarial network for video with a spatio-temporal convolutional architecture that untangles the scene's foreground from the background. Experiments suggest this model can generate tiny videos up to a second at full frame rate…and we show its utility at predicting plausible futures of static images." Carl Vondrick, Hamed Pirsiavash and Antonio Torralba, "Generating Videos with Scene Dynamics," 2016, http://web.mit.edu/vondrick/tinyvideo/, accessed April 24, 2017.

交换，而"人、机"共存成为数据交换的媒介。

因此，区域的形成不仅包括地域和文化，大数据与人工智能也将成为构成区域的重要因素，数据驱动影像创作和传播是数据和算法开始逐步介入影视文化生产的根源，将以智能方式改变"我们的利益、幻想与需求"，区域也可以是机器智能化的信息制品，人们共同分享的"想象空间"里的符号和意义也可能来自数据分析，是分享数据的网络信息节点共同体。

三 影像与区域环境的关联：网络与人工智能引导对环境的想象

影像通过网络能以直观的方式介入人们对区域环境的认识和理解，网络和人工智能用影像影响观众对环境的认识，使大数据和算法分析调配影像内容与自然环境关联起来，使机器智能化的信息制品能够形成人们对环境的想象与认识。算法引导人们对环境的想象和理解，机器智能影响人们文化记忆的形成。视频内容通过网络和媒体终端与自然环境体验相融合，为身在自然环境里的观众呈现新的拟像。大数据与人工智能可以作用于"想象空间"的形成，"区域"自然环境体验在网络世界中不断流动和变化。

法国的艺术家正在试验一个新的项目"行走剪辑（Walking the Edit）"，通过网络将观众在区域里的行走游览体验与视频结合起来，形成对自然环境新的认识。"行走剪辑是一个'走出一部电影'创意系统：您行走的记录将通过我们的手机应用（程序）转化成一部影片。……神奇的是，视频、图像以及其他数据能够（通过这个系统）

实现地理定位，创造一个'增强空间'。但是我们还在思索……我们怎样把这些丰富的信息转化成一个故事？我们能否使用这些地理化的信息建构叙事？我们怎样才能让游览更加连贯地介入增强空间、丰富（观众的）体验？"①

"行走剪辑"系统由云端数据库、记录观众行走路线的地理定位应用程序、根据观众选择和行走路线剪辑的视频呈现系统三部分组成。系统云端数据库里预存了大量的视频文件，这些文件用圆圈标示，并且视频内容都对应了相应区域的地理位置，其内容与这些地点发生的故事有关，视频时间长短用圆圈大小表示，内容主题用不同的颜色加以区分（如绿色代表历史档案，玫红色代表访谈等）。依靠地理定位技术，"行走剪辑"系统可以识别和记录观众行走的路线，并在数据库里自动查找到与地点对应的备选视频文件呈现在观众的智能手机屏幕上，既可以智能推荐观看，也可以由观众选择。观众可以根据视频的内容主题和时长做选择，也可以选择收听或者预览视频来了解主要内容，然后选择。观众行走的速度和在某地点停留的时间决定了对应地点视频的持续时间，当观众走进下一个地点时，他可以继续选择观看所对应的新的视频。观看过的视频根据观众行走的路线顺序排列，这样，系统就将观众的行走和视频选择结合在一起，"剪辑"

---

① "Walking the Edit is an innovative system to 'walk a movie': your recorded walk will be translated into a movie through our iPhone app' ... It's great that videos, pictures and other data can be geolocalized thus creating an 'augmented space'. But we are left to wonder ... how can we turn this abundance of information into a story? Can we build a narrative with all this geolocalized information? How can we make a visit to this augmented space a more coherent and enriching experience?" Walking the Edit, 2013, http：//walking‐the‐edit.net/en/, accessed May 28, 2017.

构成一段影像叙事。在剪辑影像的同时，观众的手机连接到系统数据库，将已行走的地理和剪辑信息传输入系统记录下来；然后观众在电脑前可以一边欣赏自己的视频剪辑，一边查看所对应的行走路线地理信息。

"行走剪辑"系统通过网络调配影像内容与区域自然环境关联起来，使人们对"区域"自然环境的体验与网络世界融合，人工智能与移动媒体终端通过视频为"想象空间"创造意义。身处区域自然环境中的观众可能来自世界各地，带着各自不同的文化背景走进这个区域。自然与人文环境给观众身临其境的区域体验，影像通过网络向观众不断输送与该区域有关的文化符号、内容、精神和意义，观众体验的是自然环境与文化环境相关联的区域景观，产生新的区域认识和理解。而实现这种关联体验的是大数据和人工智能，它把不同区域的文化导入"互联的世界"，通过网络不断搅拌产生在全球流动的文化内容。"该项目的艺术目的是让任何人都可以在准备好的视听素材和……（自己）行走的基础上，创造自己唯一的个人影片。……简而言之，根据所选择的基于地理位置信息的视频素材，每个由观众创造的（参观）行程经过我们的'编辑引擎'数字化跟踪，将实时生成属于他们自己的独一无二的个人电影。"[①] 观众在现实空间里的行走速度和停留时间剪辑了影像，而对应具体空间的影像为观众提供了跨时空的信息交流，

---

① "The artistic aim of the project is to enable the creation of unique and individual movies by anybody, based on already existing audio – visual material and ... a walk. ... In short, each trajectory recorded by a visitor creates a numeric trace which, once analysed by our 'editing engine', will generate in realtime an individual and unique movie based on geolocalized footage." Walking the Edit, 2013, http：//walking – the – edit. net/cn/, accessed May 28, 2017.

他们可以聆听或观看过去摄制的影像，作为自己当时行走体验的信息补充，这些补充的影像信息反过来又作用于观众对周围环境的认识，影响他们的停留时间和行进速度；观众在真实环境里的意识和行为决定了影片的剪辑，而影片的内容又与观众的意识产生互动，影响观众的行为。最终，呈现在电脑屏幕上的影片是环境、影像和观众行为体验互动的结果，是观众对来自影像的"想象空间"的个人体验和认识。

在网络化社会，机器将成为人的一部分，甚至可以取代个人成为新的价值核心；算法也可以成为今天人文主义的一部分，将是隐藏在影视文化后面的新的意义来源。如果人工智能在未来实现影视创作和传播的代理，那么人们对区域环境的认识和理解会怎样演变？分布在世界各地的人们可以通过网络和视频认识区域，使传统区域的中心与边缘变得模糊，然而如果视频创作和传播是由大数据和机器自动生成，那么区域的概念会怎样演变？既然"行走剪辑"系统可以是观众在区域环境里的意识流[①]与影像的互动，那么经过算法挑选推荐的自动创作的视频会怎样影响观众的意识与认知？"区域"存在于人的意识还是大数据中？既然我们存在于以网络链接的信息节点中，那么生成视频给我们体验的人工智能赋予我们怎样的"想象空间"？

[①] "'意识流'原是西方心理学上的术语，最初见于美国心理学家威廉·詹姆斯的论文《论内省心理学所忽略的几个问题》。他认为人类的意识活动是一种连续不断的流程。意识并不是片段的衔接，而是流动的。这是'意识流'这一概念在心理学上第一次被正式提出。20世纪初，法国哲学家亨利·柏格森的'绵延论'强调生命冲动的连绵性、多变性。他关于"心理时间"与"空间时间"的区分、关于直觉的重要性以及奥地利精神分析学家弗洛伊德的无意识结构和梦与艺术关系的理论，都对意识流文学的发展有过重大影响。"意识流文学，维基百科，https：//zh.wikipedia.org/wiki/%E6%84%8F%E8%AF%86%E6%B5%81%E6%96%87%E5%AD%A6，最后访问日期：2017年5月29日。

四 结语

区域的发展需要面对全球化、网络化和数据智能化的大趋势，把区域传统文化符号和内容传给网络世界的"想象空间"，进入全球文化、网络文化和数据文化生态圈。互联的世界使今天的人们更像网络信息节点，需要甚至依赖影像信息交流，影像通过网络提供认识和理解，所以大数据和算法将在影像传播、跨文化交流、文化符号交换中产生影响，是构成未来区域的重要因素。随着人工智能的发展，与人们形影不离的媒体终端能够主动观察观众、分析观众、学习观众，机器或许甚至能够独立思考如何代理影像内容从而不断迎合观众，未来"想象空间"或许将更趋向机器智能。文化故事塑造区域和人，影像构成的"蚕茧"在数字人文环境里伴随智能技术不断发展，人工智能不断学习，深入理解人类、社会和自然。机器创作与传播影像介入全球意义网络，算法能够成为意义的本源之一，人工智能可以与地理、传统和人文共同形成未来的区域和文化。

参考文献

[1] C. Daryll Forde, *Habitat, Economy, and Society* (London: Methuen, 1963).
[2] J. Drucker, "Introduction to Digital Humanities: Introduction," 2013, UCLA Center for Digital Humanities, http://dh101.humanities.ucla.edu/?page_id=13, accessed April 28, 2017.

[3] Zach Bulgyo, "How Netflix Uses Analytics To Select Movies, Create Content, and Make Multimillion Dollar Decision," 2013, https：//blog. kissmetrics. com/how‐netflix‐uses‐analy‐tics/, accessed April 21, 2017.

[4] Adam Conner-Simons, Rachel Gordon, "Teaching Machines to Predict the Future," June 21, 2016, http：//news. mit. edu/2016/teaching‐machines‐to‐predict‐the‐future‐0621, accesse‐d May 28, 2017.

[5] Fortunelords, "36 Mind Blowing YouTube Facts, Figures and Statistics‐2017," March 23, 2017, https：//fortunelords. com/youtube‐statistics/, accessed April 18, 2017.

[6] Google Cloud Platform, "Announcing Google Cloud Video Intelligence API, and More Cloud Machine Learning Updates," 2017, https：//cloud. google. com/blog/big‐data/2017/03/announci‐ng‐google‐cloud‐video‐intelligence‐api‐and‐more‐cloud‐machine‐learning‐updates, accessed April 25, 2017.

[7] IBM, "What is Big Data?" https：//www. ibm. com/big‐data/us/en/, accessed April 18, 2017：

[8] "E-médiation culturelle," http：//chaire. fr/emediations‐culturelles/, accessed April 28, 2017.

[9] Bernard Marr, "Big Data：How Netflix Uses It to Drive Business Success," April 21, http：//www. smartdatacollective. com/bernardmarr/312146/big‐data‐how‐netflix‐uses‐it‐drive‐business‐success, accessed April 21, 2017.

[10] "House of Cards," Netflix Technology Blog, March 11, 2014, http：//dvdca. com/download/21319‐1/house_ of_ cards_ s1_ ‐_ front. jpg, accessed April 24, 2017.

[11] Nielsen Launches, "Nielsen Twitter TV Ratings," October 7, 2013, http：//dh101. humanities. ucla. edu/? page_ id = 13, accessed April 28, 2017.

[12] "Macbeth," Public Broadcasting Syste, 2010, http：//dvdca. com/download/21319‐1/house_ of_ cards_ s1_ ‐_ front. jpg, accessed April 24, 2017.

[13] Phillip Slmon, "Big Data Lessons From Netflix," 2014, https：//www. wired. com/insights/2014/03/big‐data‐lessons‐netflix/, accessed April 24, 2017.

[14] Carl Vondrick, Hamed Pirsiavash and Antonio Torralba, "Generating Videos with Scene Dynamics," 2016, http：//web. mit. edu/vondrick/tinyvideo/, accessed April 24, 2017.

[15] 〔美〕阿尔君·阿帕度莱（Arjun Appadurai）：《草根全球化与研究的想象力》，〔美〕阿尔君·阿帕度莱主编《全球化》，韩许高、王珺、程毅、高薪译，江苏人民出版社，2015。（原著 *Globalization* 于 2001 年由美国达勒姆 Duke University Press 出版）

［16］〔英〕弗雷德·英格得斯：《文化》，韩启群、张鲁宁译，南京大学出版社，2004。

［17］〔法〕让·鲍德里亚（Jean Baudriltard）：《象征交换与死亡》，车槿山译，译林出版社，2006。

［18］〔英〕齐格蒙特·鲍曼（Bauman Zygmunt）：《作为实践的文化》，郑莉译，北京大学出版社，2015。（原著 *Culture as Praxis* 于 2001 年由英国伦敦的 Sage 出版社出版）

［19］戴维·莫利（David Morley）、凯文·罗宾斯（Kevin Robins）：《认同的空间：全球媒介、电子世界景观和文化边界》，司艳译，南京大学出版社，2001。（原著 *Space of Identity* 于 1983 由英国阿宾顿 Routledge 出版）

［20］王海东：《从"观众来信"到"满意度调查"——我国电视观众调查研究的发展轨迹探析》，《当代电视》2008 年第 5 期。

［21］常启云：《颠覆与重构：大数据时代下的广义收视率》，《新闻知识》2014 年第 12 期。

［22］马克·艾略特·扎克伯格（Mark Elliot Zuckerberg）：《没有人从一开始就知道如何做，你需要的只是开始》（2017 年 5 月 26 日，扎克伯格在哈佛大学的演讲），http：//mp.weixin.qq.com/s/sCvFFH79xMSzl4QvQCgXfA，最后访问日期：2017 年 5 月 27 日。

［23］《从〈小时代〉浅析"大数据"的样貌（非影评）》，榜上有名猫，2014 年 7 月 20 日，https：//movie.douban.com/review/6771842/，最后访问日期：2017 年 4 月 24 日。

［24］《计算机比朋友更了解你的性格》，2018 中国人工智能安防峰会，2015 年 1 月 4 日，http：//www.leiphone.com/news/201501/BssFGnVcTddIpt5e.html，最后访问日期：2017 年 4 月 22 日。

The Future of Intelligent Image Communication and Imaginary Space

Zhang Xiao, Yang Deling

Abstract：The region is defined as the "imaginary space", where images create new areas through network communication. And regional culture may extend beyond the boundaries by means of intuitive communication. In-depth human-machine interaction enables images to be interwoven into our lives at any time through a variety of media terminals. The audience can get to know the world through images and become an information node in the cyber world which links together to form a new region in the cyber world. While the audience is staring at the screen, the screen of the media device is also "staring" at the audience. After the data is collected and analyzed, the machines can "analyze" and "understand" the audience's choice and reaction to the images. The machines are touching the root of image creation with big data and the Internet. Big data and AI will become "agents" of future image creation and constitute important elements of the "imaginary space." Machine intelligence can be associated with images and regional environment, while artificial intelligence can guide video watching through network deployment and influence people's experience, awareness and understanding of the regional environment. Regional and local cultures should enter the ecosystem of global, network and data culture. And the future evolution of the region will be the imaginary space and spiritual community formed by geography, tradition, humanities and artificial intelligence.

Keywords: Region; Image; Imaginary Space; Agent; Big Data; Artificial Intelligence (AI)

澳门智慧城市与社区经济对可持续发展的战略研究

丁锦澔 郭道荣[*]

摘 要：2017年5月6日，"一带一路"国际合作高峰论坛成功举办，本届论坛在合作举措中重点提到，要加强创新合作，支持数字经济和智慧城市等领域的创新行动计划。在第三次联合国住房和城市可持续发展大会上，有学者指出，人类可持续发展的未来将由城市决定。澳门社区经济与智慧城市的结合，本质上是造福于居民，实现本地的可持续发展，构建战略性全球城市治理系统。首先，社区经济的核心是将游客引入澳门的社区和街巷中，提高游客的旅游感知体验，将游客消费吸引到娱乐场以外的商业经济个体和组织中，拓展本地的零售业服务范围和服务群体，助力澳门中小

---

[*] 丁锦澔，澳门城市大学博士，经济师，珠海城市职业技术学院客座教授，云南财经大学客座教授，研究方向为品牌营销、国际化战略、服务经济、消费者行为、智慧旅游；郭道荣，澳门城市大学博士，珠海城市职业技术学院讲师。研究方向：文化创意，旅游发展。

微企业发展，从整体上改善澳门的经济收入来源比例和经济增长结构，引导游客的价值方向和关注点。其次，智慧城市的目标在于依托大数据、互联网和信息技术等科技优势，改善传统的城市运行和管理模式，提高生产和生活的效率和便捷性，充分满足城市系统的数据生成与分享，在不同国家和地区的治理架构层次间搭建桥梁，实现科学与政策的互动并引领全方位的经济发展，最终带来城市的总体进步。因此，从社区经济和智慧城市的核心与目标来看，二者的最终目的都是发展经济并为居民提供更加宜居的生活环境。本文认为，建设智慧城市和发展社区经济是未来30年澳门可持续发展的重要保证，是澳门达到世界先进城市水平的强大驱动力。

关键词： 智慧城市　社区经济　可持续发展　澳门

一　智慧城市与社区经济的提出和重要意义

根据联合国人口议题2009年世界人口趋势报告，2008年世界城市人口首次超越农村人口。至2050年，发展中国家城市人口比例将从44%上升到67%，发展中国家城市人口将达到53亿人；发达国家城市人口比例将从74%上升到86%，发达国家城市人口将达到11亿人；世界70%的人口将是城市居民（见图1）。如果不对城市化加以管理规划，随着经济周期性衰退，社会不公平的矛盾问题必然增多，贫民窟数量必然增加，同时也会使气候变化加剧，给环境造成灾难性影响。①

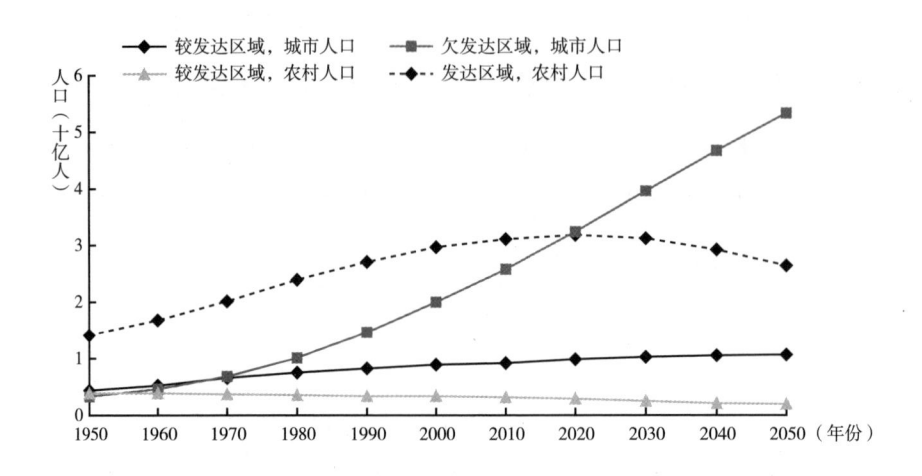

图 1　1950～2050 年世界城市和农村人口分布

资料来源："摘要"，《世界城市化前景（修订版）》，2007。

2016 年，联合国人居署发布《2016 世界城市状况报告，城市化与发展：新兴未来》。报告指出，全球 1/5 的人口集中在排名前 600 位的城市，其地区生产总值占全球的 60%。每 20 年召开一次的联合国住房和可持续城市发展大会，是全球范围内最高级别的有关城市和住房问题的大会，2016 年 10 月在厄瓜多尔成功举办。本届联合国住房和可持续城市发展大会，有 167 个国家的 3.6 万人参与，大会通过的《新城市议程》（*New Urban Agenda*）规定了如何规划和管理城市，其中《范例新城标准（IGMC）3.0》（见图 2）是全面评估和指导新的

---

① "要点"，《世界城市化前景（2007 年订正本）》（联合国出版物，ESA/P/WP/205），2008；《世界 城市化前景（2007 年订正本）》（光盘，POP/DB/WUP/Rev.2007）。

和现有城市区域的可持续发展的重要举措，6个维度分别是空间规划与开发、基本服务、环境、经济、社会、文化，这为新型城市化转型和新型城镇化政策中涉及的可持续发展、城市管理和经济开发做出了重要贡献。

图2　《范例新城（IGMC）标准3.0》

资料来源：第十一届全球人居环境论坛。

智慧城市作为由美国副总统戈尔提出的数字地球①的延伸，先后经历了数字城市②、无线城市③、平安城市④、智慧城市⑤大致四个发展阶段，既有一致性又有差异性。在不同的发展阶段，基本目标都是提高居民生活水平、增加就业岗位、扩大内需、改善经济状况、实现社会的可持续发展。但不同的发展阶段又各有侧重点，数字城市注重公共沟通和社会信息基础建设，无线城市注重社区互动方式的转变，平安城市更关注吸引新移民和增加经济活动，智慧城市侧重于人与环境。总的来说，是为了从整体上提升城市的竞争力和吸引力，⑥解决城市化面临的问题，如交通拥堵，固气液废弃物排放等。以智慧城市为基础的智慧增长是以社区经济为导向的解决方案，提供交通拥堵、环境污染、空间规划与资源分配不均、公共成本增加等一系列问题的解决方案。⑦

---

① A. Gore, "The Digital Earth: Understanding Our Planet in the 21st Century," *Australian Surveyor*, Vol. 43, No. 2, 1998, pp. 89 – 91.

② T. Ishida, "Understanding Digital Cities," in *Digital Cities* (Heidelberg, Berlin: Springer, 2000), pp. 7 – 17.

③ Wireless Philadelphia Executive Committee, "Wireless Philadelphia Business Plan: Wireless Broadband as the Foundation for A Digital City," City of Philadelphia, 2005.

④ L. Van den Berg, ed., *The Safe City: Safety and Urban Development in European Cities* (Ashgate Publishing Ltd., 2006).

⑤ R. G. Hollands, "Will the Real Smart City Please Stand Up? Intelligent, Progressive or Entrepreneurial?" *City*, Vol. 12, No. 3, 2008, pp. 303 – 320.

⑥ K. A. Paskaleva, "Enabling the Smart City: The Progress of City E-governance in Europe," *International Journal of Innovation and Regional Development*, Vol. 1, No. 4, 2009, pp. 405 – 422; T. Herrschel, "Competitiveness and Sustainability: Can 'Smart City Regionalism' Square the Circle?" *Urban Studies*, Vol. 50, No. 11, 2013, pp. 2332 – 2348.

⑦ A. Downs, "Smart Growth: Why We Discuss It More Than We Do It," *Journal of the American Planning Association*, Vol. 71, No. 4, 2005, pp. 367 – 378.

社区不仅是某一具体地点，而是社会网络①，是参与的媒介②，社区内的经济合作行为是一种经济共同体，通过建立共同市场促进共同体内经济活动的和谐发展。③ 社区经济的概念来自城市经济学，④ 其目的是在人口更紧密的社会活动网络中，在个人和组织之间探讨社会资本、社会经济和区域发展。⑤ 在社区经济中，其内部成员间的信任水平、互惠性、共同的行为标准和规范、共同的价值观等认可度水平高，⑥ 高认可度水平的新社区经济为本地企业创业提供了良好的基础环境，能够有效提高创业成功率并促进本地经济发展。⑦

因此，探讨社区经济和智慧城市的效应，对于城市化建设、产业转型，知识社会，统筹规划，社会、政治、经济、文化协调发展，以及可持续性等都具有非常重要的意义。

---

① B. Wellman, *Networks in the Global Village* (Boulder, Colo.: Westview Press, 1999), pp. 87-89.

② D. Schuler, "Community Networks: Building A New Participatory Medium," *Communications of the ACM*, Vol. 37, No. 1, 1994, pp. 38-51.

③ D. Henton, J. Melville &K. Walesh, "The Age of the Civic Entrepreneur: Restoring Civil Society and Building Economic Community," *National Civic Review*, Vol. 86, No. 2, 1997, pp. 149-156.

④ R. L. Bish & H. O. Nourse, *Urban Economics and Policy Analysis* (McGraw-Hill Companies, 1975); H. W. Richardson, *Regional and Urban Economics* (London: Pitman, 1979).

⑤ H. W. Richardson, *Regional and Urban Economics* (London: Pitman, 1979); E. L. Glaeser, S. S. Rosenthal & W. C. Strange, "Urban Economics and Entrepreneurship," *Journal of Urban Economics*, Vol. 67, No. 1, 2010, pp. 1-14.

⑥ E. L. Glaeser, "The New Economics of Urban and Regional Growth," in *The Oxford Handbook of Economic Geography* (Oxford University Press, 2000), pp. 83-98.

⑦ E. L. Glaeser, S. S. Rosenthal & W. C. Strange, "Urban Economics and Entrepreneurship," *Journal of Urban Economics*, Vol. 67, No. 1, 2010, pp. 1-14; H. W. Richardson, *The New Urban Economics and Alternatives* (Routledge, 2013).

二 智慧城市、社区经济和可持续发展的关联性研究

1. 在基础设施层面，智慧城市依托物联网、大数据和云存储，是信息互联互通的结合体，通过新一代互联网技术能够更好地发挥社区经济的优势

Ishida 指出，居民 80% 的收入是在住宅 20 英里范围内消费的，Hampton 和 Gupta 认为，社区是个人获得支持性关系的结构，大范围的社会变化能够影响个人的关系网，进而影响个人获取信息的渠道和资源分配的方式。① 社区在个人的支持性关系中主要起到语境作用，② 改变社区传递信息的方式有助于提高个人在社区中获取和反馈信息的速率和渠道。商业个体和组织在社区中获取信息的速度越快，内容越广泛，反馈和传达的速度越快，渠道越多，经济的循环周期就越短，可持续性发展能力就越强。③ 依托于物联网、大数据和云存储的智慧城市倡导社会互动，而街道企业与社区经济能够显著增加社会互动频率，由社会互动引起的资源互换，增加了社会资本，并对增加个人财产价值具有相同的作用。④ 社区经济通过服务和商品

---

① K. N. Hampton & N. Gupta, " Community and Social Interaction in the Wireless City: Wi-fi Use in Public and Semi-public Spaces," *New Media & Society*, Vol. 10, No. 6, 2008, pp. 831 – 850.

② A. Biswas & E. A. Blair, "Contextual Effects of Reference Prices in Retail Advertisements," *The Journal of Marketing*, Vol. 55, No. 3, 1991, pp. 1 – 12.

③ Y. E. Chan, S. L. Huff, D. W. Barclay & D. G. Copeland, "Business Strategic Orientation, Information Systems Strategic Orientation, and Strategic Alignment," *Information Systems Research*, Vol. 8, No. 2, 1997, pp. 125 – 150.

④ Y. M. Ioannides, "Residential Neighborhood Effects," *Regional Science and Urban Economics*, Vol. 32, No. 2, 2002, pp. 145 – 165; W. Tsai & S. Ghoshal, "Social Capital and Value Creation: The Role of Intrafirm Networks," *Academy of Management Journal*, Vol. 41, No. 4, 1998, pp. 464 – 476.

交易的形式，平衡社会资本的流动，① 新一代互联网技术是社会资本流动的管道，并加快了资本流动的速度，成为社区经济发展的催化剂和媒介。

2. 在应用层面，智慧城市由智慧政务、智慧产业和智慧民生构成，是经济结构多元化、经济协调可持续增长和居民获得经济文化增长红利的基础路径

智慧政务、智慧产业和智慧民生是智慧城市的三大重要组成部分，由上及下，由内到外，全面阐释了依托信息交流科技（ICT）智慧城市的应用途径。智慧政务能够显著提高行政办公效率和透明度，是以市民为导向的公共服务系统，是建设开放政府的基础。② 智慧产业是指应用ICT的产业和与ICT相关的产业，通过新一代物联网、大数据和云存储，传统企业拓宽了营销渠道、产品种类和服务范围，并进一步丰富了消费者的产品体验，智慧产业促进并带动了产业升级和产品更新换代，特别是能够缩短企业生长周期，保证企业处于持续增长阶段和增长不饱和期。③ 智慧民生以智慧穿戴、智慧家居、智慧社区为主，通过社会信息化（如安全预警、一卡通等）提高城市居民居

---

① P. Somerville & G. McElwee, "Situating Community Enterprise: A Theoretical Exploration," *Entrepreneurship & Regional Development*, Vol. 23, No. 5 – 6, 2011, pp. 317 – 330.

② C. E. Jimenez, A. Solanas & F. Falcone, "E-government Interoperability: Linking Open and Smart Government," *Computer*, Vol. 47, No. 10, 2014, pp. 22 – 24.

③ P. Lombardi, S. Giordano, H. Farouh & W. Yousef, "Modelling the Smart City Performance," *Innovation: The EuropeanJournal of Social Science Research*, Vol. 25, No. 2, 2012, pp. 137 – 149; M. E. Porter & J. E. Heppelmann, "How Smart, Connected Products Are Transforming Competition," *Harvard Business Review*, Vol. 92, No. 11, 2014, pp. 64 – 88.

住舒适度、便利性和安全感。① 智慧民生极大地改变了城市居民的生活方式和生活环境,以及城市发展的可持续能力。② 智慧城市显著提高了城市居民的生活质量和生产力水平,由此进一步丰富了就业市场结构,增加了居民平均经济收入,③ 构建智慧城市对城市可持续发展和城市居民生活满意度提高都具有显著作用。④

3. 在战略层面,以智慧城市推动创新型社会,深刻认识并充分利用知识价值,是本地、区域和全球城市社区经济网络战略系统中的重要基础,是实现安全、可靠和资源环境节约利用,保证人类可持续发展的前提条件

在经济网络全球化背景下,知识价值在创新型社会中尤其重要,只有通过企业创新增强市场竞争力,才能进一步扩大和增加企业的市场份额和收益。对于本地、区域和全球城市社区经济网络中的企业,市场竞争的激烈程度越高,创新意识越强烈,通过知识价值转移的社会资本越多,平均社会生产效率越高,制造单位产品和服务的成本越

---

① R. Blasco, Á. Marco, R. Casas, D. Cirujano & R. Picking, "A Smart Kitchen for Ambient Assisted Living," *Sensors*, Vol. 14, No. 1, 2014, pp. 1629 – 1653.
② A. Ghaffarian Hoseini, N. D. Dahlan, , U. Berardi & N. Makaremi, "The Essence of Future Smart Houses: From Embedding ICT to Adapting to Sustainability Principles," *Renewable and Sustainable Energy Reviews*, Vol. 24, 2013, pp. 593 – 607.
③ J. M. Shapiro, "Smart Cities: Quality of Life, Productivity, and the Growth Effects of Human Capital," *The Review of Economics and Statistics*, Vol. 8, No. 2, 2006, pp. 324 – 335.
④ Å. Brandt, K. Samuelsson, O. Töytäri & A. L. Salminen, "Activity and Participation, Quality of Life and User Satisfaction Outcomes of Environmental Control Systems and Smart Home Technology: A Systematic Review," *Disability and Rehabilitation: Assistive Technology*, Vol. 6, No. 3, 2011, pp. 189 – 206; M. Chan, E. Campo, D. Estève & J. Y. Fourniols, "Smart Homes: Current Features and Future Perspectives," *Maturitas*, Vol. 164, No. 2, 2009, pp. 90 – 97.

低，越能够激发市场活力。① 通过改变社会经济增长的结构和比例，随着时间的增长，中小微企业通过创新、创意和提供更多的就业职位能够为社会创造更多的经济收入。② 城市经济已经占全球价值增加值的 90% 以上，城市已经成为世界经济活动的重要单元，通过智慧城市搭建本地、区域和全球城市社区经济网络系统（见图3），能够提供稀缺资源、高级生产要素的共享平台，利用网络的无限性消除过度城市化与土地变化对环境造成的负面影响，实现可持续发展。③

三　可持续发展将成为未来澳门重要的经济增长点

1. 澳门服务业的健康发展是可持续发展的重要基础，经济持续稳定增长要紧跟"世界旅游休闲中心"的政策定位、粤港澳大湾区城市群建设和"一带一路"的发展背景

在 2016 年的文化产业论坛上，有专家学者认为，澳门应该以发展

---

① A. C. Inkpen & E. W. Tsang, "Social Capital, Networks, and knowledge Transfer," *Academy of Management Review*, Vol. 30, No. 1, 2005, pp. 146 – 165; R. Owen, P. Macnaghten & J. Stilgoe, "Responsible Research and Innovation: From Science in Society to Science for Society, with Society," *Science and Public Policy*, Vol. 39, No. 6, 2012, pp. 751 – 760; D. Ahlstrom, "Innovation and Growth: How Business Contributes to Society," *The Academy of Management Perspectives*," Vol. 24, No. 3, 2010, pp. 11 – 24.

② R. Owen, P. Macnaghten & J. Stilgoe, "Responsible Research and Innovation: From Science in Society to Science for Society, with Society," *Science and Public Policy*, Vol. 39, No. 6, 2012, pp. 751 – 760; D. Ahlstrom, "Innovation and Growth: How Business Contributes to Society," *The Academy of Management Perspectives*," Vol. 24, No. 3, 2010, pp. 11 – 24; I. N. Dubina, E. G. Carayannis & D. F. Campbell, "Creativity Economy and A Crisis of the Economy? Coevolution of Knowledge, Innovation, and Creativity, and of the Knowledge Economy and Knowledge Society," *Journal of the Knowledge Economy*, Vol. 3, No. 1, 2012, pp. 1 – 24.

③ K. C. Seto et al., "Urban Land Teleconnections and Sustainability," *Proceedings of the National Academy of Sciences*, Vol. 109, No. 20, 2012, pp. 7687 – 7692.

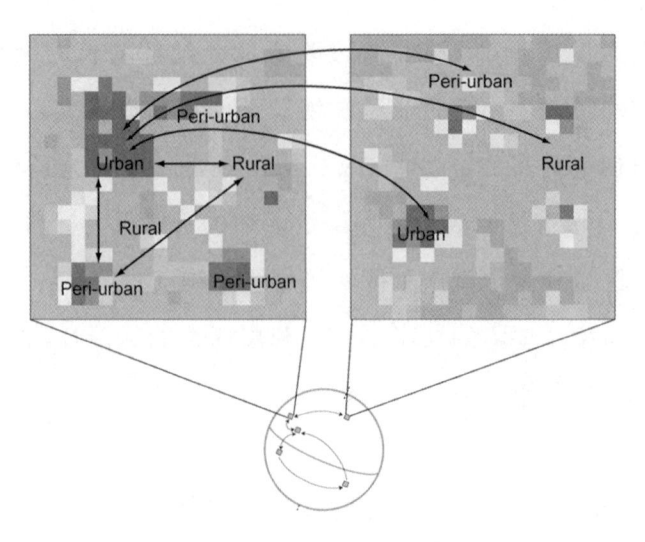

图 3　遥距城市土地搭建全球城市网络系统

资料来源：K. C. Seto et al., "Urban Land Teleconnections and Sustainability," *Proceedings of the National Academy of Sciences*, Vol. 109, No. 20, 2012, pp. 7687-7692。

港口贸易为主，在"一带一路"背景下，将自身建设成为中葡国家贸易的出入口。首先，就自然条件而言，澳门与香港不同，不具备发展商品贸易的天然深水港，澳门岛、氹仔岛和路环岛现在也不具备再造大型港口的土地条件。其次，从经济增长贡献的角度，以发达国家美国为例，其78%以上的经济增长贡献来源于服务业，[①] 2016 年，我国服务业增加值比重达到 51.6%，[②] 2015 年澳门服务业增加值比重达到 92.2%。[③] 如果转向港口贸易和制造业等，其对澳门经济增长的贡献可能会下降。

[①] 世界银行《世界发展指标》4.2。
[②] 《李克强在第十一届夏季达沃斯论坛开幕式上的致辞》（2017 年 6 月 27 日），中国政府网，http://www.gov.cn/xinwen/2017-06/28/content_5206164.htm。
[③] 澳门特别行政区政府统计暨普查局 2015 年《澳门产业机构》。

澳门建设世界旅游休闲中心是国家"十二五"规划的目标，《粤澳合作框架协议》明确了澳门、珠海和广东三地的重要地位，规划了澳门未来的发展蓝图。国家发展和改革委员会对世界旅游休闲中心的定义为："具有世界高知名度，符合世界现代化标准，形成良好的公共卫生、安全、环保体系，可为人们获得生活的健康、愉悦、消遣以及提供商业和其他目的的活动的地方。"[①] 澳门建设世界旅游休闲中心，以现代化的设施设备、优良的服务品质和宜居的生活环境满足各类人群所需，是满足高知名度、高水平、高标准的多种到访目的的重要保证，同时也是保证经济持续发展的必要条件，是未来澳门经济的重要增长点。

2017年3月，在十二届全国人大五次会议上，粤港澳大湾区被正式提出，成为继美国纽约湾区、美国旧金山湾区、日本东京湾区的世界第四大湾区。粤港澳大湾区城市群的开发与合作，发挥港澳"一国两制"的独特优势，衔接国家经济发展和对外开放的重要职能，是充分利用区域经济一体化，实现基础设施规划和建设协同效应的最大化，集中推动供应链的整体连接，使中小微企业充分融入区域和全球价值链，进一步发挥产业合作和科技创新与现代服务业结合的重要基础。澳门在现代服务业和体制上的优势是粤港澳大湾区城市群产业升级，区域经济一体化和创新合作的重要构成基础，利用粤港澳大湾区城市群的区域平台和整合优势，充分发挥澳门地区产业特色，从经济结构多元化的角度激活澳门地区社区经济，引导澳门地区中小微企业

---

① 简万宁：《"旅游休闲"刍议》，《澳门日报》2013年3月24日，第C09版。

蓬勃发展，挖掘澳门地区的协调可持续发展潜能，是未来澳门经济重要的增长点。

2017年5月16日，"一带一路"国际合作高峰论坛成功举办，在合作举措方面，强调要加强创新合作，支持数字经济和智慧城市等领域的创新行动计划，加强互联网时代创新创业交流；在合作目标方面，强调在公平竞争、尊重市场规律和国际准则的基础上，促进经济增长和扩大贸易投资。澳门在"一带一路"建设中扮演着"沟通枢纽"的角色，发展澳门的服务业，不应该仅仅局限于旅游服务业，金融服务业是澳门在"一带一路"中沟通拉美和非洲葡语国家的新的可持续增长点，为人民币国际化①、双边本币结算和发展本币债券与股票市场提供更加灵活的金融服务平台，为"一带一路"沿线国家特别是葡语国家提供更加便利、更加专业和更加集中的金融服务。自2013年提出至今，"一带一路"紧紧围绕政策沟通、设施联通、贸易畅通、资金融通和民心相通的五通政策，是连通欧亚大陆的可持续发展之路，把握"一带一路"建设的机遇，顺势而为，因势利导，是澳门未来经济的重要增长点。

2. 人口密度增加及城市化发展失衡将远超环境承载力，引导企业和游客的价值观念和关注点转变是澳门经济与文化可持续发展的重要任务

新生人口和资本在少数发达城市集中，大量外部人口集中涌入少数发达城市，导致发达城市人口密度增加，城市化建设失衡，严重超

---

① 国际货币需要具备的几个条件：主权货币的全面可兑换、国际收支逆差和有深度的金融市场。曹远征：《澳建葡语系人币清算中心有优势》，《澳门日报》2017年5月30日，第A10版。

出了资源和环境的承载力。① 因为财富积累，物质生活丰富和工业产业开放式发展，固体废弃物、水和气体排放物对环境的破坏作用日益显现。可持续发展是引入工业生态化，减少垃圾和废弃物排放，将城市化进程中人口密度增加和技术产业进步造成的新陈代谢，逐渐减少至对环境无危害水平。仅仅依靠"堵"，采取工厂停工、限制人口迁移和限制机动车数量增加和进入等方式，无法从根本上消除城市化发展产生的负面影响，却可能因此造成经济增长放缓、失业人口增加、企业生产成本上升等问题。采取"疏"和"堵"结合的方式，既能有效满足经济增长和提高就业率的需求，也能有效缓解人口密度增加和环境资源发展失衡问题。

澳门是世界人口密度最高的地区之一，2016年人口密度达到每平方公里21400人，② 土地总面积从1912年的11.6平方公里③增加到2016年30.5平方公里，2016年总人口为652700人④（含外地雇员和外地学生），人口密度呈逐年递增趋势。2016年，入境澳门旅客共30950336人次，旅客总消费526.6亿元；⑤ 本地失业人口7900人，总体失业率为2%。⑥ 每年大量涌入的游客，活跃了本地经济，为澳门提供了大量就业岗位，但也增加了澳门交通环境的压力，导致人流过度集中于少数景区和市区交通拥堵等问题。澳门面临土地等资源的掣

---

① V. Henderson, "The Urbanization Process and Economic Growth: The So-what Question," *Journal of Economic Growth*, Vol. 8, No. 1, 2003, pp. 47–71.
② 澳门特区政府统计暨普查局2016年《环境统计》。
③ 澳门特区政府新闻局《澳门便览》。
④ 澳门特区政府统计暨普查局2017年《人口统计》。
⑤ 澳门特区政府统计暨普查局2016年《旅游统计》。
⑥ 澳门特区政府统计暨普查局2017年《就业调查》。

肘，这导致单位土地面积人口密度高、人均资源稀缺和房价持续攀升等社会经济问题。另外，内地与澳门在社会、经济和文化方面的沟通、交流愈加频繁，通关和交通便利性等因素持续向好，越来越多的澳门居民选择在内地定居，2016年澳门居民中，在内地出生人口数是在澳门本地出生人口数1.03倍。①

除了人口增加带来的巨大挑战外，城市化发展也对资源与环境构成重大威胁。2010年，建筑废料堆填总面积平均每月为162818.4立方米，至2016年平均每月为272425.1立方米，月均增加15658.1立方米。② 2010年，垃圾焚化中心平均每月接收垃圾26785.47吨，至2016年平均每月接收垃圾43106.84吨，月均增16321.37吨。③ 面对资源稀缺、土地面积狭小、本地人口增加和大量游客涌入的现实，要实现世界旅游休闲中心的政策定位，澳门的环境承载力将面临更多挑战，可持续性已成为澳门经济与文化发展的首要前提。

城市化发展需要综合考量国家和地区的本土特征，通过交通基础设施覆盖区域中的节点、网络和核心三部分，并据此构成城市的沟通网络。④ 城市化进程就是不断在人口和经济增长之间，以及自然资本与环境的承载力之间平衡和调节。⑤ 增加基础设施建设投入，有利于

---

① 澳门特区政府统计暨普查局2016年《中期人口初步统计结果》。
② 澳门特区政府环境保护局《环境数据》。
③ 澳门特区政府环境保护局《环境数据》。
④ M. Antrop, "Landscape Change and the Urbanization Process in Europe," *Landscape and Urban Planning*, Vol. 67, No. 1, 2004, pp. 9–26.
⑤ W. E. Rees, "Ecological Footprints and Appropriated Carrying Capacity: What Urban Economics Leaves Out," *Environment and Urbanization*, Vol. 4, No. 2, 1992, pp. 121–130.

形成覆盖和连接街区、社区、城区的更加便捷的交通网络，疏导集中于少数旅游景点（如大三巴和新马路等）的游客。引导游客的旅游兴趣向澳门的社区和具有文化特色的街巷转移，能够有效拓展企业的发展空间，游客的分流有助于扩大澳门街道企业的服务范围，丰富街道企业的服务种类，提高中小微企业的服务质量，为澳门青年提供创业和多样化就业的便利环境，降低澳门失业率，改善澳门经济结构比例，形成适度多元化、多层次、互补性、富有弹性、充满活力和创造力的经济结构。同时，游客对澳门街区和社区文化兴趣点的转移，能够有效缓解主要旅游景点的交通压力和环境承载力，有利于充分全面开发和利用澳门的旅游资源环境与资源优势。

"据联合国环境署估算，2010年全球环保产品和服务的市场需求达1.3万亿美元。英国政府认为2010年全球低碳经济市场价值3万亿英镑（约占全球GDP的8%）。据统计分析，全球环保产业在今后一段时期将以年均8%的速度增长。"[1] 环保产业的巨大市场需求将是引爆下一轮经济腾飞的燃点，抓住潜在发展机遇，发挥本地优势，保障居民的生存和可持续发展空间。利用现有优质教育基础，引进优质教育资源，注重鼓励和培养澳门新能源和绿色环保科技人才，发挥智慧城市的数字化网络优势，通过将物联网、云存储和大数据与新能源结合，鼓励社会各界利用更加清洁、更加高效、更加环保的绿色能源，并采取更加安全、节能和绿色的环保措施，保护环境和维护自然生态平衡，引导更多澳门企业关注和分享绿色能源和环保产业的发展成果，吸

---

[1] 2016年国家信息中心报告《我国节能环保产业的特征、现状及发展趋势》。

引企业价值点转向科技、能源、环保、信息和文化等行业,实现澳门经济文化和环境的可持续发展,为未来澳门培育新的经济增长点。

四 建设智慧城市和打造社区经济是澳门可持续发展的必然趋势

1. 从本地社区网络,区域一体化到全球城市社区网络,寻求跨区域和跨组织的发展合作,解决构成城市危机的土地、人口、资源、环境等方面的问题已经成为全球共识

人口、资源、环境和社会等方面的问题,以及过度依赖本地集中和单一的优势,忽视外部环境的变化,思维意识教条僵化,是城市危机的主要根源(如"汽车之城"底特律的破产)。[①] 由于城市危机的影响,特大城市的人口正面临净流出的风险,因此越来越多的经济增长已经转变为寻求如何提升可持续能力与国际竞争力,从而消除城市危机的负面影响。提高城市质量[②]已经成为后全球化整合时代新的关注点。

---

① M. Jayne, C. Gibson, G. Waitt & D. Bell, "The Cultural Economy of Small Cities," *Geography Compass*, Vol. 4, No. 9, 2010, pp. 1408 – 1417; M. H. Desan, "Bankrupted Detroit," *Thesis Eleven*, Vol. 121, No. 1, pp. 122 – 130; W. J. Baumol, "Macroeconomics of Unbalanced Growth: The Anatomy of Urban Crisis," *The American Economic Review*, Vol. 57, No. 3, 1967, pp. 415 – 426; P. Dreier, "America's Urban Crisis: Symptoms, Causes, Solutions," *NCL Review*, Vol. 71, 1992, p. 1351.

② R. Giffinger, C. Fertner, H. Kramar & E. Meijers, "City-ranking of European Medium-sized Cities," *Cent. Reg. Sci. Vienna UT*, 2007; D. Das, "Urban Quality of Life: A Case Study of Guwahati," *Social Indicators Research*, Vol. 88, No. 2, 2008, pp. 297 – 310; J. M. Pennings, "The Urban Quality of Life and Entrepreneurship," *Academy of Management Journal*, Vol. 25, No. 1, 1982, pp. 63 – 79; L. D. Santos & I. Martins, "Monitoring Urban Quality of Life: The Porto Experience," *Social Indicators Research*, Vol. 80, No. 2, 2007, pp. 411 – 425; B. Ülengin, F. Ülengin & Ü. Güvenç, "A multidimensional Approach to Urban Quality of Life: The Case of Istanbul," *European Journal of Operational Research*, Vol. 130, No. 2, 2011, pp. 361 – 374.

土地、人口、资源和环境的发展限制，不仅需要建设城市内部的社区经济网络，还急需区域和全球范围内社区网络的协调与合作，以降低制度化交易成本，改善营商环境，营造更加开放的经济体制。[1] 任何社会都无法阻止开放经济的跨区域和跨组织的合作发展需求，城市集群化、产业集群化和企业集群化构建了区域和全球城市之间的社区经济体［如大湾区、"一带一路"、经合组织（OECD）］，通过区域内的资源共享与整合，降低开发成本，高效利用有限的土地、人口、资源和资本，提高经济发展效率。社区经济体可以有效解决因为资源约束导致的区域发展瓶颈、人口品质降低、交通拥堵、发展的利益与成本失衡、环境污染[2]等城市问题。以社区网络形成的大范围的跨区域的城市群落构成共生关系，[3] 优势互补，进一步提升了化解城市危机与风险的能力。在区域一体化和全球城市网络联合的基础上，以更绿色和更可持续的方式，实现人与自然的和谐、经济的稳定增长，是全人类的共识。

2. 从数量到质量，推动供给侧改革成为经济的新动能，资源的局限性要求突出发展品质，以智慧的方式提高城市品质已经成为全球共识

随着经济发展水平和居民生活水平的提高，社会消费需求也会进

---

[1] Edward J. Malecki, Technology and Economic Development: The Dynamics of Local, Regional, and National Change (University of Illinois at Urbana-Champaign's Academy for Entrepreneurial Leadership Historical Research Reference in Entrepreneurship, 1997); N. M. Coe, M. Hess, H. W. C. Yeung, P. Dicken & J. Henderson, "'Globalizing' Regional Development: A Global Production Networks Perspective," *Transactions of the Institute of British Geographers*, Vol. 29, No. 4, 2004, pp. 468 – 484.

[2] 例如，城市内新能源设备因为供应不充分，无法满足消费需求，导致消费者对新能源产品的需求过低。

[3] 共生关系是指处于同一区域的城市群落与不同区域的城市群落间互利共生，缺此失彼都不能生存的关系。每一个区域都有自身的资源优势和发展指向，坐落于各个区域的城市群自身的优势和特色也各不相同。

一步扩大，经济平衡和稳步增长的前提是社会生产的总产品能够满足当前的总消费需求。因此，由于消费需求结构升级，落后产品的过剩产能将逐渐失去消费市场，造成供大于求；而新兴产业的消费品，由于经济结构不匹配和产业落后，无法充分满足市场需求，造成供不应求，并最终形成供需矛盾。供给侧结构性改革要求的淘汰落后产能、提质增效、动能升级和产业转型，需要依靠知识和创新实现，并以此改变供需矛盾。在互联网与知识经济的支持下，传统行业将面临不断升级的压力，产业中的人员结构比例将面临调整，[①] 更多满足新兴消费需求的产品也将源源不断地供给市场。

城市在创造财富时与自然界相似，总是依靠不断产生的生态产品，[②] Rees 认为，在现有的科技水平下，人类至少需要 2 个地球才能让全部人口享受到更加宜居的生活环境，原因有三：一是科技无法持续提高生产力，二是人类资本无法替代自然资本（如能源、水、空气等），三是跨区域贸易无法根本解决地区发展限制。在注重科技创新，创意产业以及知识经济的同时，更应该重视发展的品质。更加注重物联网、云计算、人工智能等对科技提高城市品质的作用，以无形资源的无限性突破有形资源的局限性，[③] 催生新动能，升级产业结构，丰

[①] 例如，汽车司机替代了马车车夫，无人驾驶的计算机替代了汽车司机。新技术升级了产业结构，在创造了更多新工作岗位的同时，也将因此淘汰更多落后产业的岗位，实现产业更新换代。数字经济产值占中国国内生产总值的 30.6%，并带来 280 万个就业岗位，成为中国创新增长的新动能。刘崧：《智慧社会开启便利生活》，《人民日报》（海外版）2017 年 11 月 24 日，第 8 版。

[②] T. Jackson & P. Senker, "Prosperity without Growth: Economics for A Finite Planet," *Energy & Environment*, Vol. 22, No. 7, 2011, pp. 1013–1016.

[③] 根据摩尔定律的发展趋势，每平方厘米的存储量和处理速度将突破亿兆级，将人类所有的信息量容纳在几厘米的空间内指日可待。无形的网络空间给予人类无限的发展空间，超越了有形空间的限制。

富市场消费品,提高经济效率,以供给侧结构性改革提高发展的品质。澳门的发展瓶颈在于稀缺的土地资源、高密度的人口和有限的环境承载力,澳门资源的有限性要求更加注重发展品质。智慧城市主要以高品质和高标准的知识经济,实现经济社会的可持续发展。重视知识,是提高澳门文化教育等领域软实力的条件之一。① 关注智慧城市有助于提高人们对知识的认同感,为投融资创造更好的创新和创意环境,增强对创意和创新环境的保护与培养,降低知识经济的创业风险。②

人类将获取的物品作为自身的延展,占有的物品越多,越能够使自身获得满足。但是地球承载力无法无限制地扩张,以智慧的方式提升发展品质,寻求可持续性的方法是人类经济、社会、文化发展无法回避的现实。③

五 建设智慧城市和发展社区经济是未来30年澳门达到世界先进城市水平的强大驱动力

1. 建设智慧城市和发展社区经济是提高澳门特区政府执政水平,促进可持续增长,发展社会、经济、文化事业的有力助手

网络的存在具有普遍性,将多层次和多领域的社区经济网络与

---

① 2016年12月,澳门首次有了文化产业的统计数据,澳门特区政府统计暨普查局2015年《文化产业统计》。

② 邱晓华:《中国经济的今天和明天》,第一届中国金融创新发展高层论坛——十三五"新结构经济学"与分享经济下的绿色发展,2017。

③ T. Jackson & P. Senker, "Prosperity without Growth: Economics for A Finite Planet," *Energy & Environment*, Vol. 22, No. 7, 2011, pp. 1013 – 1016.

智慧经济紧密结合起来的能力，体现了澳门特区政府的执政力。良好的执政能力，能够为具有创新性和创意的商业个体与组织提供良好的经营环境。① 首先，政治领导力体现了政府团结各方、调配资源、完成困难与非常规目标的执政能力。② 对于领导力的评价，不仅是执政水平的表现，还表现为学习能力。③ 执政者充分学习先进科技、文化和理念，促进社会变革，不断夯实经济基础，改善上层建筑，为结合本地、区域和全球社区经济网络提供了必要条件。④ 其次，培育能够满足知识经济发展需求的基础环境，降低创新、创业和创富的成本，提高创业效率，增进群体协同，这样澳门居民才真正能从澳门的经济增长中获益。澳门本地社区经济的规模小、投入低、个体分散与博彩行业的规模大、投入高、设备设施豪华优势互补，以智慧城市的核心科技为驱动力，因地制宜，培养高科技人才，促进产业结构转型升级，是未来澳门经济发展重要的支撑点。再次，本地、区域和全球的社区经济网络，为澳门与区域和世界企业的交流建立了良好的沟通平台，能够更好地服务于"走出去"和"引进来"的战略方针。"走出去"和"引进来"不仅为企业创造了良好的生存空间，而且为执政者打造学习型组织、吸收先进执政理念、不断提高领导力创

---

① M. Girvan & M. E. Newman, "Community Structure in Social and Biological Networks," *Proceedings of the National Academy of Sciences*, Vol. 99, No. 2, 2002, pp. 7821–7826.
② C. N. Stone, "Urban Regimes and the Capacity to Govern: A Political Economy Approach," *Journal of Urban Affairs*, Vol. 15, No. 1, 1993, pp. 1–28.
③ L. Van den Dool, M. van Hulst & L. Schaap, "More Than A Friendly Visit: A New strategy for Improving Local Governing Capacity," *Local Government Studies*, Vol. 36, No. 4, 2010, pp. 551–568.
④ K. Marx, "A Contribution to the Critique of Political Economy," in J. F. Sitton, eds., *Marx Today* (New York: Palgrave Macmillan, 2010), pp. 91–94.

造了良好的条件。最后，将游客引入充分开发的智慧城市社区，能够疏导游客过度集中于少数旅游景点和旅游景区的人流压力，提升澳门特区的整体知名度和声誉，产生经济连锁反应，促进并带动澳门各行各业的发展。

2. 政策性风险和金融危机促使各国企业加快转型，以包容性增长推动澳门经济，培育创新型企业家，打造澳门的国际竞争力，是使澳门达到世界先进城市水平的有力保证

经济转型促使更加多元化的经济结构和新经济形态（如平台经济、创客经济、众包经济、跨界经济、共享经济等）的产生，科技创新正在深刻地改变着世界各国和地区的力量对比，重新塑造了大批具有国际竞争力的地区、核心城市和国际企业，深刻地改变了世界的政治经济格局。[①] 各国、各地区的政策性风险与全球周期性的金融危机，使企业创造竞争力的模式发生了巨大变化。[②] 企业不再完全依靠寡头和垄断地位，而是更加网络化、知识化和全球化，并在不断的进化演变中形成了以具备创新意识的企业家为核心的新国际化

[①] S. Claessens & S. L. Schmukler, "International Financial Integration through Equity Markets: Which Firms From Which Countries Go Global?" *Journal of International Money and Finance*, Vol. 26, No. 5, 2007, pp. 788 – 813; A. Hadjikhani &P. N. Ghauri, "The Behaviour of International Firms in Socio-political Environments in the European Union," *Journal of Business Research*, Vol. 52, No. 3, 2001, pp. 263 – 275; M. Singh Kumar, "Comparative Analysis of UK Domestic and International Firms," *Journal of Economic Studies*, Vol. 11, No. 3, 1984, pp. 26 – 42.

[②] M. E. Porter & V. E. Millar, "How Information Gives You Competitive Advantage," *Harvard Business Review*, July-August, 1985, pp. 1 – 13; M. E. Porter, *Competitive Advantage: Creating and Sustaining Superior Performance* (Simon and Schuster, 2008).

企业体系。① 新国际化企业体系正在以"全球买、全球卖、全球付、全球运、全球游"的形式重新创造世界，这些企业甚至已经富可敌国。② 同时，新国际化企业体系在转型升级中注重以知识经济引领全球消费者的需求，突破资源、环境、法律政策（如贸易保护主义）和经济发展阶段的局限性，加速了互联网、大数据和云计算等现代技术的应用。

Schwab 认为，互联网、大数据和云计算是世界的第四次工业革命，新工业体系在全球经济网络体系中的快速成长，体现了世界经济的包容性。③ "实现包容性增长，就是增强社会公平性和发展普惠性，就是实现可持续增长。"④ 增长模式的转变，改变了人们生产和消费的思维模式。第一，借助互联网、大数据和云计算的智慧经济平台，每个创业者都可以以平等的身份加入本地、区域和全球的经济网络中创业和创富。第二，在共享经济时代，资源和信息通常能够被充分利

---

① T. K. Madsen & P. Servais, "The Internationalization of Born Globals: An Evolutionary Process?" *International Business Review*, Vol. 6, No. 6, 1997, pp. 561 – 583; B. M. Oviatt & P. P. McDougall, "Challenges for Internationalization Process Theory: The Case of International New Ventures," *Management International Review*, Vol. 37, 1997, pp. 85 – 99; N. Coviello, L. Kano & P. W. Liesch, "Adapting the Uppsala Model to A Modern World: Macro-context and Microfoundations," *Journal of International Business Studies*, Vol. 48, No. 9, 2017, pp. 1 – 14. 例如，乔布斯的苹果、比尔盖茨的微软、扎克伯格的脸书、马云的阿里巴巴。2017 年 5 月腾讯市值超过深圳 2016 年 GDP，同年 11 月达到 5000 亿美元，市值接近台湾地区 2016 年 GDP，即 5299 亿美元。吴家明：《科技股盛宴：腾讯市值超深圳去年 GDP》，《证券时报网》2017 年 5 月 24 日。

② 陈秀兰：《腾讯市值破 5 千亿美元直逼台 GDP！新闻分析 - 科技巨头富可敌国，陆企写传奇》，《旺报》2017 年 11 月 22 日。

③ K. Schwab, *The Fourth Industrial Revolution* (Crown Business, 2017).

④ 《李克强在第十一届夏季达沃斯论坛开幕式上的致辞》（2017 年 6 月 27 日），中国政府网，http://www.gov.cn/xinwen/2017 - 06/28/content_ 5206164.htm。

用，因此激活并释放了闲置资源，降低了生产成本，[①] 扩大了消费途径，提高了经济效率，使消费者的消费观念发生了根本性的变革。[②]

包容性增长倡导充分就业和增加收入，以提供创新、创业和创富的环境作为根本宗旨，其要义是"人人参与、人人尽力、人人享有"。实现经济包容性增长是保证未来 30 年澳门社会长治久安与和谐稳定的基础。

六 结语

1. 全力打造澳门特色智慧城市，引入"互联网+"，以知识社会推动澳门特区管理和城市运行的新常态

2015 年，在第十二届全国人民代表大会上，国务院总理李克强在政府工作报告中提出"互联网+"行动计划。计划指出，致力于推动移动互联网、云计算、大数据、物联网等与现代传统产业结合，是知识社会的新常态。2016 年，国家出台推进"互联网+政府服务"的指导意见，意见指出要加快转变政府职能，提高服务效率和透明度。

[①] J. Bloem, M. Van Doorn, S. Duivestein et al., "The Fourth Industrial Revolution," *Things Tighten*, 2014.

[②] 消费者与提供服务者的身份经常互相调换，如共享旅行。游客通过互联网平台［如"爱彼迎"（Airbnb）、"沙发旅行"（Couchsurfing）等］与当地居民建立友谊。共享的观念能够帮助旅行者真正融入旅行目的地并体验成为当地人的生活方式，通过社交媒体的口碑分享，游客在旅行中不自觉成为了当地生活方式的传播者。共享旅行有助于不同文化的融合，游客可以选择居住在居民家中空置的房间里，了解当地的风俗习惯，居民也可以充当游客的导游，共享旅行为居民和游客提供一个不同语言和文化交流的机会。"游客与居民住在一起，玩在一起，聊在一起，通过旅游建立深厚的友谊，能够促进不同国家和地区人民之间的交流。游客与当地居民不经意间互相成为民间外交家。" I. M. Pérez-Ramos, C. Roumet, P. Cruz et al., "Evidence for A 'Plant Community Economics Spectrum' Driven by Nutrient and Water Limitations in A Mediterranean Rangeland of Southern France. *Journal of Ecology*, Vol. 100, No. 6, 2012, pp. 1315 - 1327.

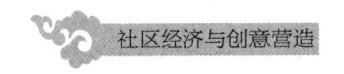

"互联网+"是知识社会发展的重要引擎，是产业革命的推动力，是新时期社会、经济、政治、文化可持续发展的重要基石。充分利用知识社会的创新机遇统筹规划，形成以互联网为实现工具、以智慧城市为基础设施的新常态，实行智慧政务、智慧产业和智慧民生，致力于建设社会公平和环境友好型社会。

互联网正在引导全球发生巨大变革，澳门打造智慧城市是依托知识经济，解决城市运行管理新常态中出现的问题的必要措施，是响应世界各国发展智慧经济的共同努力。可持续的知识社会发展是应对人口、土地和环境三大全球挑战的具体措施。明确智慧城市在澳门特区的政策地位，能够切实保持政策的连贯性和统一性，避免因为重要性被低估导致资金匮乏、数据生成和分享不完善等问题，从而充分发挥其促进经济社会发展的作用。

2. 本地、区域和全球的社区经济网络可以发挥新经济形态的协同效用，"全民参与，共建共享"的成果将直接惠及60多万澳门居民，以及正在不断增加、预计每年数以亿计的旅澳游客

李克强总理在2017年夏季达沃斯论坛上提出"人人参与、人人尽力、人人享有"的包容性增长理念。澳门独特的资源和经济状况决定了发展本地、区域和全球的社区经济网络，有助于激发全社会的经济活力，形成"大众创业、万众创新"的局面。社区经济的作用和作为全球三大生态系统之一的湿地类似，能够维系平衡，保证结构的多元性，吸纳、储备和释放增长动力，为可持续提供必要的生存环境。开发和利用本地、区域和全球社区经济网络，提高就业保障，完善服务品质，拓展服务种类和范围，为众多澳门中小微企业提供多样的市场机会，改变单一性的经济结构，丰富消费形式，满足游客日益增长的消费体验需求，是经济发展中不可或缺的重要一环。

以更加包容审慎的监管方式，开发本地、区域和全球的社区经济网络，逐步改善澳门经济结构，以更好地适应新经济形态，让澳门社会各界切实享受到澳门社会经济发展的红利。第一，社区经济网络的构建有助于"幸福产业"的发展，能够提升澳门居民整体的幸福感和获得感。旅游、文化、体育、健康、养老构成幸福产业五大支柱，[①]幸福产业拉动了消费增长，带动了消费升级，是旅游消费、文化消费、体育消费、健康消费、养老消费的理论出发点，[②]并开辟了文化旅游、体育旅游、健康旅游、养老旅游等一系列多元休闲旅游产业的社会投资新领域。[③④]第二，社区经济加速了城市化进程，改善了区域内的经济增长结构，不断提升土地等稀缺资源的利用效率，协调社会、经济、资源和环境的发展状况，确保城市可持续发展。[⑤⑥⑦]第三，

[①] 《李克强在第十一届夏季达沃斯论坛开幕式上的致辞》（2017年6月28日），中国政府网，http://www.gov.cn/xinwen/2017-06/28/content_5206164.htm。

[②] 《国务院办公厅关于进一步扩大旅游文化体育健康养老教育培训等领域消费的意见》（国办发〔2016〕85号），2016年11月28日，中国政府网，http://www.gov.cn/zhengce/content/2016-11/28/content_5138843.htm。

[③] 《国务院办公厅关于进一步激发社会领域投资活力的意见》（国办发〔2017〕21号），2017年3月16日，中国政府网，http://www.gov.cn/zhengce/content/201703/16/content_5177914.htm。

[④] 《国务院办公厅关于加快发展健身休闲产业的指导意见》（国办发〔2016〕77号），2016年10月28日，中国政府网，http://www.gov.cn/zhengce/content/2016-10/28/content_5125475.htm。

[⑤] E. L. Glaeser, "The New Economics of Urban and Regional Growth," in *The Oxford Handbook of Economic Geography* (Oxford University Press, 2000), pp. 83-98.

[⑥] H. W. Richardson, *The New Urban Economics: and Alternatives* (Routledge, 2013).

[⑦] J. Bloem, M. Van Doorn, S. Duivestein et al., "The Fourth Industrial Revolution," *Things Tighten*, 2014.

建立本地、区域和全球的经济网络能够有效提升旅游感知体验，将"快餐文化"转变为"慢餐文化"，延长和增加旅澳游客在澳门的逗留时间和旅澳频次，吸引其将澳门作为首选旅游目的地。① 引导世界游客与澳门各界建立全面的直接关联，获得更好的服务体验，让游客在慢游中能够以更贴近自身的视角，细致地观察澳门、感受澳门、体验澳门，并将这些经历和体验分享给需要的人。最后，澳门居民也能够从经济网络中获益，改善澳门居民的收入状况，拓宽澳门居民的收入渠道。

因此，本地、区域和全球的社区经济网络为将澳门建设成世界旅游休闲中心，与粤港澳大湾区协调同步，加强与"一带一路"沿线各国和世界的联系，使游客来源地结构多元化，吸引更多区域和国家的游客访澳，增强澳门与世界的文化交流与建立良好的沟通平台奠定了坚实的基础。

3. 以新技术、新产品、新业态、新模式、新思维结合专业服务与专业人才体系，促使澳门经济结构加快转型升级，以更加专业和包容的姿态实现澳门的可持续发展

经济结构转变主要依靠观察产业升级转换的人口比例。具体来说，就是观察服务业和科学技术的发展水平和相关从业者人数。新技术、新产品、新业态、新模式和新思维是产业升级的必要不充分条件，旨在为潜在市场提供更多种类和数量的消费产品，有效贡献于人均生产总值的增长。香港的专业服务（如金融、工程、咨询等）对经

---

① 赵珊：《"共享旅行"来了》，《人民日报》（海外版）2017年7月3日，第12版。

济增长的贡献率可媲美香港旅游业，2004~2014 年经济价值增长率累计达到 129%，高出经济增长率累计值 71 个百分点。① 打造澳门的专业化服务和培养专业的"阶梯级"人才队伍，形成青年领军人物、专业技术人员、杰出青年、优秀人才、资深专家等人才体系，充分发挥各领域和各层次人才所长，形成物尽其才、人尽其能、充分满足人类自我实现②的先进社会。③

科技创新和经济结构变化会对社会产生一定的负面影响，技术贬值和无形磨损将是未来城市化进程中，对于社会和个人而言不可避免的不断增加的成本。④ 经济增长导致社会中某些职业或者某些团体的衰落和地位的降低，通常这些团体或者从业者会抵制导致社会变革的经济增长。⑤ 以专业人才体系和专业服务建立澳门的经济结构基础，提升经济效率，意味着每个参与者的生产速率提高，每工时产品和服

---

① B. Cooil, T. L. Keiningham, L. Aksoy & M. Hsu, "A Longitudinal Analysis of Customer Satisfaction and Share of Wallet: Investigating the Moderating Effect of Customer Characteristics," *Journal of Marketing*, Vol. 71, No. 1, 2007, pp. 67 - 83.

② 马斯洛（Maslow）认为，自我实现是触发内在力量、超越自我、充分实现人的潜能和才干。人群中能够自我实现者不过 1/10，除个人条件外还会受到环境的影响。A. H. Maslow, *Toward A Psychology of Being* (Simon and Schuster, 2013).

③ "我说过，要把我们的事业发展好，就要聚天下英才而用之。建设网络强国，没有一支优秀的人才队伍，没有人才创造力迸发、活力涌流，是难以成功的。念好了人才经，才能事半功倍。"——《习近平总书记在网络安全和信息化工作座谈会上的讲话》（2016 年 4 月 19 日）。

④ 如学习新技术的成本、职业的转换成本等。某人通过多年努力，花费了大量成本获得了驾驶员的营运资格，希望能够通过从事该行业获取报酬。无人驾驶的出现减少了对该岗位的需求，让他失业，则他先期投入的成本无法获得回报。为了继续生存，他必须再次花费时间和成本学习其他技术，并转换岗位才能获得报酬。

⑤ S. Kuznets, "Modern Economic Growth: Findings and Reflections," *The American Economic Review*, Vol. 63, No. 3, 1973, pp. 247 - 258.

务数量的增加和平均工作时间的缩短,①②③ 从增长中获益,从获益中持续增长,不断循环往复,减少负面影响。Downs 认为,有创意的房地产开发企业、非政府的环保主义者和政府的规划管理者是经济智慧增长的关注者和推动者。但是更重要的是,在推动的过程中,构成经济网络主体的是本地居民,他们既是受益者也是政策执行对象,应当充分让本地居民了解并积极参与经济智慧增长的过程,这能够极大地减少政策执行的阻力。

4. 结合本地、区域、全球的社区经济网络和智慧城市建设的"两步"具体发展措施,以"三步走"战略,充分把握建设世界旅游休闲中心、粤港澳大湾区和"一带一路"的发展机遇,扩大优势地位,实现未来30年澳门的可持续发展,并努力达到世界先进城市水平

"三步走"战略分别对应的是建设世界旅游休闲中心、衔接区域范围的粤港澳大湾区联合体、对接"一带一路"。世界旅游休闲中心重点阐述澳门自身的城市特色和软硬件建设标准;粤港澳大湾区描述澳门在区域经济一体化中的地位和功能;"一带一路"协同澳门在世界共同体中扮演的角色,提供澳门融入全球城市网络系统的途径。"一带一路"、粤港澳大湾区和世界旅游休闲中心的政策议题和战略背景是一脉相承和不可分割的宏观战略规划整体,三者既有区别又有联

---

① S. Kuznets, "Modern Economic Growth: Findings and Reflections," *The American Economic Review*, Vol. 63, No. 3, 1973, pp. 247 – 258.

② Kim Jongsup, "Growth of Regional Economy and Income Inequality: County-level Evidence From Florida, USA," *Applied Economics*, Vol. 36, No. 2, 2004, pp. 173 – 183.

③ Hal Hill, "The Indonesian Economy: Growth, Crisis and Recovery," *Singapore Economic Review*, Vol. 52, No. 2, 2007, pp. 137 – 166.

系,是实现阶段性战略目标的重要指导方针。"一带一路"与粤港澳大湾区的建设是基于共商、共建、共享,与本地、区域、全球社区经济网络的创业、创新、创富是一条互补的发展道路,构建沟通网络,提高澳门开放水平,是澳门打造具有国际竞争力的宜居、宜游、宜业、绿色的世界先进城市的重要历史机遇。①

统一世界旅游休闲中心、粤港澳大湾区和"一带一路"在澳门经济发展中的职能、地位和连贯性,充分利用智慧城市的信息化产业基础,发挥本地、区域、全球的社区经济网络的能动性,建立人才体系,积极抢占信息化制高点,②确保未来30年澳门的可持续发展,建成世界一流城市,达到国际先进城市水平。

参考文献

[1]《世界城市化前景(2007年订正本)》(联合国出版物,ESA/P/WP/205),2008;《世界城市化前景(2007年订正本)》(光盘,POP/DB/WUP/Rev. 2007)。

[2] A. Gore, "The Digital Earth: Understanding Our Planet in the 21st Century," *Australian Surveyor*, Vol. 43, No. 2, 1998, pp. 89 - 91.

[3] T. Ishida, "Understanding Digital Cities," in *Digital Cities* (Heidelberg, Berlin: Springer, 2000), pp. 7 - 17.

[4] Wireless Philadelphia Executive Committee, "Wireless Philadelphia Business Plan:

---

① 2017年3月6日,十二届全国人大五次会议广东团全体会议,全国人大代表、广东省发改委主任何宁卡发言《六大方向建设粤港澳大湾区》。

② "面对信息化潮流,只有积极抢占制高点,才能赢得发展先机。……必须在信息化方面多动脑筋、多用实招。"——《习近平在贵州调研》(2015年6月17日)。

Wireless Broadband as the Foundation for A Digital City," City of Philadelphia. 2005.

[5] L. Van den Berg, ed. , *The Safe City: Safety and Urban Development in European Cities* (Ashgate Publishing Ltd. , 2006) .

[6] R. G. Hollands, "Will the Real Smart City Please Stand Up? Intelligent, Progressive or Entrepreneurial?" *City*, Vol. 12, No. 3, 2008, pp. 303 – 320.

[7] K. A. Paskaleva, "Enabling the Smart City: The Progress of City E-governance in Europe," *International Journal of Innovation and Regional Development*, Vol. 1, No. 4, 2009, pp. 405 – 422.

[8] T. Herrschel, "Competitiveness and Sustainability: Can 'Smart City Regionalism' Square the Circle?" *Urban Studies*, Vol. 50, No. 11, 2013, pp. 2332 – 2348.

[9] A. Downs, "Smart Growth: Why We Discuss It More Than We Do It," *Journal of the American Planning Association*, Vol. 71, No. 4, 2005, pp. 367 – 378.

[10] B. Wellman, *Networks in the Global Village* (Boulder, Colo. : Westview Press, 1999), pp. 87 – 89.

[11] D. Schuler, "Community Networks: Building A New Participatory Medium," *Communications of the ACM*, Vol. 37, No. 1, 1994, pp. 38 – 51.

[12] D. Henton, J. Melville &K. Walesh, "The Age of the Civic Entrepreneur: Restoring Civil Society and Building Economic Community," *National Civic Review*, Vol. 86, No. 2, 1997, pp. 149 – 156.

[13] R. L. Bish & H. O. Nourse, *Urban Economics and Policy Analysis* (McGraw-Hill Companies, 1975) .

[14] H. W. Richardson, *Regional and Urban Economics* (London: Pitman, 1979) .

[15] E. L. Glaeser, S. S. Rosenthal & W. C. Strange, "Urban Economics and Entrepreneurship," *Journal of Urban Economics*, Vol. 67, No. 1, 2010, pp. 1 – 14.

[16] E. L. Glaeser, "The New Economics of Urban and Regional Growth," in *The Oxford Handbook of Economic Geography* (Oxford University Press, 2000), pp. 83 – 98.

[17] H. W. Richardson, *The New Urban Economics: and Alternatives* (Routledge, 2013) .

[18] K. N. Hampton & N. Gupta, "Community and Social Interaction in the Wireless City: Wi-fi Use in Public and Semi-public Spaces," *New Media & Society*, Vol. 10, No. 6, 2008, pp. 831 – 850.

[19] A. Biswas & E. A. Blair, "Contextual Effects of Reference Prices in Retail Advertisements," *The Journal of Marketing*, Vol. 55, No. 3, 1991, pp. 1 – 12.

[20] Y. E. Chan, S. L. Huff, D. W. Barclay & D. G. Copeland, "Business Strategic Orientation, Information Systems Strategic Orientation, and Strategic Alignment," *Information Systems Research*, Vol. 8, No. 2, 1997, pp. 125 – 150.

[21] Y. M. Ioannides, "Residential Neighborhood Effects," *Regional Science and Urban Economics*, Vol. 32, No. 2, 2002, pp. 145 – 165.

[22] W. Tsai & S. Ghoshal, "Social Capital and Value Creation: The Role of Intrafirm Networks," *Academy of Management Journal*, Vol. 41, No. 4, 1998, pp. 464 – 476.

[23] P. Somerville & G. McElwee, "Situating Community Enterprise: A Theoretical Exploration," *Entrepreneurship & Regional Development*, Vol. 23, No. 5 – 6, 2011, pp. 317 – 330.

[24] C. E. Jimenez, A. Solanas & F. Falcone, "E-government Interoperability: Linking Open and Smart Government," *Computer*, Vol. 47, No. 10, 2014, pp. 22 – 24.

[25] P. Lombardi, S. Giordano, H. Farouh & W. Yousef, "Modelling the Smart City Performance," *Innovation: The European Journal of Social Science Research*, Vol. 25, No. 2, 2012, pp. 137 – 149.

[26] M. E. Porter & J. E. Heppelmann, "How Smart, Connected Products Are Transforming Competition," *Harvard Business Review*, Vol. 92, No. 11, 2014, pp. 64 – 88.

[27] R. Blasco, Á. Marco, R. Casas, D. Cirujano &R. Picking, "A Smart Kitchen for Ambient Assisted Living," *Sensors*, Vol. 14, No. 1, 2014, pp. 1629 – 1653.

[28] A. Ghaffarian Hoseini, N. D. Dahlan, , U. Berardi & N. Makaremi, "The Essence of Future Smart Houses: From Embedding ICT to Adapting to Sustainability Principles," *Renewable and Sustainable Energy Reviews*, Vol. 24, 2013, pp. 593 – 607.

[29] J. M. Shapiro, "Smart Cities: Quality of Life, Productivity, and the Growth Effects of Human Capital," *The Review of Economics and Statistics*, Vol. 8, No. 2, 2006, pp. 324 – 335.

[30] Å. Brandt, K. Samuelsson, O. Töytäri & A. L. Salminen, "Activity and Participation, Quality of Life and User Satisfaction Outcomes of Environmental Control Systems and Smart Home Technology: A Systematic Review," *Disability and Rehabilitation: Assistive Technology*, Vol. 6, No. 3, 2011, pp. 189 – 206.

[31] M. Chan, E. Campo, D. Estève & J. Y. Fourniols, "Smart Homes: Current Features and Future Perspectives," *Maturitas*, Vol. 164, No. 2, 2009, pp. 90 – 97.

[32] A. C. Inkpen & E. W. Tsang, "Social Capital, Networks, and knowledge Transfer," *Academy of Management Review*, Vol. 30, No. 1, 2005, pp. 146 – 165.

[33] R. Owen, P. Macnaghten & J. Stilgoe, "Responsible Research and Innovation: From Science in Society to Science for Society, with Society," *Science and Public Policy*, Vol. 39, No. 6, 2012, pp. 751 – 760.

[34] D. Ahlstrom, " Innovation and Growth: How Business Contributes to Society,"

The Academy of Management Perspectives," Vol. 24, No. 3, 2010, pp. 11-24.

[35] I. N. Dubina, E. G. Carayannis & D. F. Campbell, "Creativity Economy and A Crisis of the Economy? Coevolution of Knowledge, Innovation, and Creativity, and of the Knowledge Economy and Knowledge Society," *Journal of the Knowledge Economy*, Vol. 3, No. 1, 2012, pp. 1-24.

[36] K. C. Seto et al., "Urban Land Teleconnections and Sustainability," *Proceedings of the National Academy of Sciences*, Vol. 109, No. 20, 2012, pp. 7687-7692.

[37] 简万宁:《"旅游休闲"刍议》,《澳门日报》2013年3月24日,第C09版。

[38] 曹远征:《澳建葡语系人币清算中心有优势》,《澳门日报》2017年5月30日,第A10版。

[39] V. Henderson, "The Urbanization Process and Economic Growth: The So-what Question," *Journal of Economic Growth*, Vol. 8, No. 1, 2003, pp. 47-71.

[40] M. Antrop, "Landscape Change and the Urbanization Process in Europe," *Landscape and Urban Planning*, Vol. 67, No. 1, 2004, pp. 9-26.

[41] W. E. Rees, "Ecological Footprints and Appropriated Carrying Capacity: What Urban Economics Leaves Out," *Environment and Urbanization*, Vol. 4, No. 2, 1992, pp. 121-130.

[42] M. Jayne, C. Gibson, G. Waitt & D. Bell, "The Cultural Economy of Small Cities," *Geography Compass*, Vol. 4, No. 9, 2010, pp. 1408-1417.

[43] M. H. Desan, "Bankrupted Detroit," *Thesis Eleven*, Vol. 121, No. 1, pp. 122-130.

[44] W. J. Baumol, "Macroeconomics of Unbalanced Growth: The Anatomy of Urban Crisis," *The American Economic Review*, Vol. 57, N, o. 3, 1967, pp. 415-426.

[45] P. Dreier, "America's Urban Crisis: Symptoms, Causes, Solutions," *NCL Rev.*, Vol. 71, 1992, p. 1351.

[46] R. Giffinger, C. Fertner, H. Kramar & E. Meijers, "City-ranking of European Medium-sized Cities," *Cent. Reg. Sci. Vienna UT*, 2007.

[47] D. Das, "Urban Quality of Life: A Case Study of Guwahati," *Social Indicators Research*, Vol. 88, No. 2, 2008, pp. 297-310.

[48] J. M. Pennings, "The Urban Quality of Life and Entrepreneurship," *Academy of Management Journal*, Vol. 25, No. 1, 1982, pp. 63-79.

[49] L. D. Santos & I. Martins, "Monitoring Urban Quality of Life: The Porto Experience," *Social Indicators Research*, Vol. 80, No. 2, 2007, pp. 411-425.

[50] B. Ülengin, F. Ülengin & Ü. Güvenç, "A multidimensional Approach to Urban Quality of Life: The Case of Istanbul," *European Journal of Operational Research*,

Vol. 130, No. 2, 2011, pp. 361 – 374.

[51] Edward J. Malecki, Technology and Economic Development: The Dynamics of Local, Regional, and National Change (University of Illinois at Urbana-Champaign's Academy for Entrepreneurial Leadership Historical Research Reference in Entrepreneurship, 1997).

[52] N. M. Coe, M. Hess, H. W. C. Yeung, P. Dicken & J. Henderson, "'Globalizing' Regional Development: A Global Production Networks Perspective," *Transactions of the Institute of British Geographers*, Vol. 29, No. 4, 2004, pp. 468 – 484.

[53] 刘峣:《智慧社会开启便利生活》,《人民日报》（海外版）2017 年 11 月 24 日, 第 8 版。

[54] T. Jackson & P. Senker, "Prosperity without Growth: Economics for A Finite Planet," *Energy & Environment*, Vol. 22, No. 7, 2011, pp. 1013 – 1016.

[55] M. Girvan & M. E. Newman, "Community Structure in Social and Biological Networks," *Proceedings of the National Academy of Sciences*, Vol. 99, No. 2, 2002, pp. 7821 – 7826.

[56] C. N. Stone, "Urban Regimes and the Capacity to Govern: A Political Economy Approach," *Journal of Urban Affairs*, Vol. 15, No. 1, 1993, pp. 1 – 28.

[57] L. Van den Dool, M. van Hulst & L. Schaap, "More Than A Friendly Visit: A New strategy for Improving Local Governing Capacity," *Local Government Studies*, Vol. 36, No. 4, 2010, pp. 551 – 568.

[58] K. Marx, "A Contribution to the Critique of Political Economy," in J. F. Sitton, eds., *Marx Today* (New York: Palgrave Macmillan, 2010), pp. 91 – 94.

[59] S. Claessens & S. L. Schmukler, "International Financial Integration through Equity Markets: Which Firms From Which Countries Go Global?" *Journal of International Money and Finance*, Vol. 26, No. 5, 2007, pp. 788 – 813.

[60] A. Hadjikhani &P. N. Ghauri, "The Behaviour of International Firms in Socio-political Environments in the European Union," *Journal of Business Research*, Vol. 52, No. 3, 2001, pp. 263 – 275.

[61] M. Singh Kumar, "Comparative Analysis of UK Domestic and International Firms," *Journal of Economic Studies*, Vol. 11, No. 3, 1984, pp. 26 – 42.

[62] M. E. Porter & V. E. Millar, "How Information Gives You Competitive Advantage," *Harvard Business Review*, July-August, 1985, pp. 1 – 13.

[63] M. E. Porter, *Competitive Advantage: Creating and Sustaining Superior Performance* (Simon and Schuster, 2008).

［64］ T. K. Madsen & P. Servais, "The Internationalization of Born Globals: An Evolutionary Process?" *International Business Review*, Vol. 6, No. 6, 1997, pp. 561 – 583.

［65］ B. M. Oviatt & P. P. McDougall, "Challenges for Internationalization Process Theory: The Case of International New Ventures," *Management International Review*, Vol. 37, 1997, pp. 85 – 99.

［66］ N. Coviello, L. Kano & P. W. Liesch, "Adapting the Uppsala Model to A Modern World: Macro-context and Microfoundations," *Journal of International Business Studies*, Vol. 48, No. 9, 2017, pp. 1 – 14.

［67］ 吴家明：《科技股盛宴：腾讯市值超深圳去年GDP》，《证券时报网》2017年5月24日。

［68］ 陈秀兰：《腾讯市值破5千亿美元直逼台GDP！新闻分析 – 科技巨头富可敌国，陆企写传奇》，《旺报》2017年11月22日。

［69］ K. Schwab, *The Fourth Industrial Revolution* (Crown Business, 2017).

［70］ J. Bloem, M. Van Doorn, S. Duivestein et al., "The Fourth Industrial Revolution," *Things Tighten*, 2014.

［71］ I. M. Pérez-Ramos, C. Roumet, P. Cruz et al., "Evidence for A 'Plant Community Economics Spectrum' Driven by Nutrient and Water Limitations in A Mediterranean Rangeland of Southern France. *Journal of Ecology*, Vol. 100, No. 6, 2012, pp. 1315 – 1327.

［72］ 赵珊：《"共享旅行"来了》，《人民日报》（海外版）2017年7月3日，第12版。

［73］ B. Cooil, T. L. Keiningham, L. Aksoy & M. Hsu, "A Longitudinal Analysis of Customer Satisfaction and Share of Wallet: Investigating the Moderating Effect of Customer Characteristics," *Journal of Marketing*, Vol. 71, No. 1, 2007, pp. 67 – 83.

［74］ 陈然：《专业服务：香港闪亮的城市名片》，《人民日报》（海外版）2017年7月28日，第11版。

［75］ A. H. Maslow, *Toward A Psychology of Being* (Simon and Schuster, 2013).

［76］ S. Kuznets, "Modern Economic Growth: Findings and Reflections," *The American Economic Review*, Vol. 63, No. 3, 1973, pp. 247 – 258.

［77］ Kim Jongsup, "Growth of Regional Economy and Income Inequality: County-level Evidence From Florida, USA," *Applied Economics*, Vol. 36, No. 2, 2004, pp. 173 – 183.

［78］ Hal Hill, "The Indonesian Economy: Growth, Crisis and Recovery," *Singapore Economic Review*, Vol. 52, No. 2, 2007, pp. 137 – 166.

Study on the Effect of Smart City Building and the Community Economy of Macao on Sustainable Development

Apolloossoo Jinhao Ding and Greebig

Abstract: May 6, 2017 The "Belt and Road" Forum for International Cooperation was successfully held. And it was highlighted in the cooperation initiatives the need to strengthen innovative cooperation and support innovative action plans in the areas of digital economy and smart city. Scholars at the 3rd UN Conference on Housing and Sustainable Urban Development (Habitat III) pointed out that the outcome of sustainable development for human beings will be determined by the cities. To combine Macao's community economy and smart city building is in essence beneficial to the residents, and will help achieve the sustainable development of the city and build a strategic global city governance system. On one hand, the core of community economy is to introduce tourist traffic into the communities and streets of Macao, improve their perception of the tourist experience, attract tourist consumption to the individually-owned businesses and commercial organizations outside the casinos, expand the service scope and service groups of local retail services and enhance the development vitality of small, medium and micro enterprises, so as to achieve the overall improvement in the proportion of income sources and the economic growth structure of Macao, and guide the value orientation and attention of tourists. And on the other hand, the goals of a smart city are to improve the traditional urban operation and management models on the basis of the scientific and technological advantages of big data, the Internet and information technology, to increase the efficiency and convenience of production and living, to fully meet the need for data generation and sharing of the urban systems, to build a bridge between different levels of governance structures in different countries and regions, so as to achieve the interaction between science and policies, lead the all-round development of the economy, and ultimately bring about the overall progress of the city. Therefore, from the core and goals of community economy and smart city building, the ultimate purpose of both is to develop the economy and provide a better living environment for the residents. According to our study, we believe that building a smart city and developing the community economy are not only important guarantees for the sustainable development of Macao over the next 30 years, but also powerful driving forces for Macao to become a world-class developed city.

Keywords: Smart City; Community Economy; Sustainable Development; Macao

城随影动：电影文化资源与城市创意产业发展[*]

张经武[**]

摘　要： 电影文化资源包括物质文化资源和非物质文化资源两部分。电影物质文化资源是具有历史、艺术、科学、档案、学术或文化再利用价值的电影文化物质实体；电影非物质文化资源是以非物质形态存在的作品、技艺、仪式、风俗、节庆等精神文化形式。电影文化资源是优质文化资源，更容易被成功利用和嫁接，成为推动城市创意产业发展的文化资本。尊重并利用电影文化的"爆米花效应""火车效应""贫民窟效应"等，合理保护和利用电影文化资源，可以开拓出"电影文化+城市特色"、"经典影片+城市旅游"、"电

---

[*] 本文为国家社科基金项目"民族地区中心城市'文化特色危机'研究"（立项编号：15XSH014）的阶段性成果。
[**] 张经武，厦门大学艺术学博士，广西财经学院文化传播学院教授，广西文艺理论家协会会员，广西文化产业首批咨询专家，研究方向为电影与城市、文化产业等。

影场景＋现实体验"、"电影文化＋创意街区"、"电影科技＋城市游乐"、"电影元素＋商业经营"等创新模式，促进城市创意产业发展。

关键词： 电影文化资源　城市创意产业　互动

电影生产是人类的一种艺术和工业活动，在活动过程中会留下各种形式的文化资源。电影文化资源包括物质文化资源和非物质文化资源。电影物质文化资源是具有历史、艺术、科学、档案、学术或文化再利用价值的电影文化物质实体，主要包括电影建筑（电影厂、电影院、电影名人故居、电影城等）、电影设备、电影拷贝、电影道具、电影服装、电影剧本、电影海报、电影书刊、电影明星遗物、后电影产品等；电影非物质文化资源除了指电影作品精神内容本身处，还包括各种以非物质形态存在的电影拍摄、表演、制作、传播、修复等方面的特殊技艺、仪式、风俗、节庆等精神文化形式。

文化资源不是已经死亡的东西，在精神层面，它依然具备旺盛的生命力。文化资源保护的意义在于"将那些能够满足文化符号生产需要的器物、古迹、生活方式与艺术作品保护起来，形成可供参考和嫁接的历史文化文本，以扩大文化产业现存的符号谱系"。[①] 文化资源是活的历史文化文本，它具备潜在的文化利用价值。只要被创新创意的活水浇灌，它便可以在新的时代焕发新的活力。文化资源具备"再生性"，[②] 这一"再生性"是潜在的，需要被激发，激发的条件就是创新

[①] 朱大可：《文化批评：文化哲学的理论与实践》，古文轩出版社，2011，第70页。
[②] 胡惠林：《文化资源再生塑造"大片"灵魂》，《人民论坛》2007年第8期，第60页。

和创意。

城市文化孕育了电影文化，电影文化脱胎于城市文化且又反哺于城市文化，电影文化与城市文化之间是一种互相建构的互动关系。电影本身就是一种"城市性"存在，电影文化资源主要是一种城市文化资源，主要集中于城市。对电影文化资源的有效保护与合理利用能促进城市良性发展，这种发展方式是绿色环保高效的，不仅生产经济价值，更生产文化价值；不仅获取物质利益，更获得精神收益。相较于其他产业形式，这是城市比较理想的发展方式。故宫博物院院长单霁翔认为，文化资源是一个城市的"最大资产"，[①] 是一座城市的魅力和发展动力的来源。之所以被称作"最大资产"，是因为文化资源具备其他资源不可比拟的优越性，具备其他资源无法企及的创新可能性。在21世纪的城市，随着后工业时代的到来，文化消费成为推动城市产业发展的关键动力，文化资源发挥其强大作用正逢其时。

电影文化具备三大效应，分别是能产生辐射发散影响的"爆米花效应"，能诱发新奇感受和起到带头作用的"火车效应"，以及能产生异域效果的"贫民窟效应"。这三大效应正是电影文化资源能够深刻影响城市创意产业的内在机制。另外，与其他形式的城市文化资源相比，电影文化资源性质独特。其独特性体现在三方面，在时间上，年代不长，可追溯历史较为清晰，市民观众较为熟悉；在内容上，往往介入市民休闲生活，与市民生活联系紧密，受关注度高；在空间上，适应市民需求，便于市民融入和参与。这些独特性使电影文

---

① 单霁翔：《城市文化资源保护与文化城市建设》，《城市规划》2007年第5期，第12页。

化资源成为优质文化资源，更容易被成功利用和嫁接，成为推动城市创意产业发展的文化资本。

一 电影文化资源影响城市创意产业的机制

（一）爆米花效应：电影文化资源的发散价值

"爆米花效应"是电影文化产业的重要规律。这一规律与电影艺术的综合性及较强的影响力密切相关，它强调电影文化作为一个辐射的原点能产生发散价值。单一的电影作品能够影响电影产业的诸多环节，单一的电影产业能够作用于许多其他产业。它们像爆米花一样外爆，体量扩充为原来的数倍。电影的爆米花效应尤其鲜明地与城市发生联系，尊重并利用这一规律会有利于电影与城市的互动和双赢。

爆米花效应体现于电影文化产业的多种维度，每一维度都指向一种影响和变化过程。从电影艺术到电影产业，从电影产业到城市其他产业，从电影银幕放映到众多屏幕传播，从电影的眼前价值到未来价值，每一次前者影响后者的变化过程中都会产生爆米花效应。从电影艺术开始，影响越来越大，越来越多。美国学者巴里·利特曼（Barry R. Litman）认为，电影在影院放映以后，其实进入了一个不断"'扩窗'（Windowing）的过程"，[①] 不断在更多屏幕上传播，不断产生更多更广的影响。"扩窗"之"窗"其实不仅指放映屏幕的增多，更指电

[①] 〔美〕巴里·利特曼：《大电影产业》，尹鸿、刘宏宇、肖洁译，清华大学出版社，2005，第3页。

影发挥影响渠道的增多,产生爆米花效应频次的增多。

电影文化产业"爆米花效应"的原点和基础是电影文化资源,涉及电影作品、电影导演、电影明星、电影技术、电影物料(道具、手稿、剧本、机械、设备等)、电影建筑(电影制片厂、电影院、电影基地、电影博物馆、电影资料馆、电影名人故居等)等各个方面。要让这些基础材料产生更有效的爆米花效应,生产量多质优的电影文化资源是前提,科学保护和利用电影文化资源是关键。

(二)火车效应:电影的带头作用与奇观性

城市与电影之所以能够深入互动,这和现代性密切相关。城市和电影都是现代性事物,现代城市诞生了体现城市现代性的电影,电影记录并不断促进着城市的现代化。正是在此意义上,美国学者芭芭拉·门内尔(Barbara Mennel)提出了电影的"火车效应"(Train Effect)理论。"我提出'火车效应'概念,它包含在电影诞生之初的神话中。火车效应不在于准确代表历史事件,而是可以作为一个窗口了解现代性带来的不断变化的时空概念,它也和建构能够享受电影乐趣的专业的(乡下人一般无法做到)城市电影观众相关。"[1] 在芭芭拉·门内尔看来,在现代性的冲击下,在影像叙事的作用下,真实存在两种人和两种观众,一种观众将电影视看作神奇的游乐火车,另一种观众误以为电影中的火车是真的火车,产生恐慌心理。这两种类型的观众不仅反映了创造新的观看方式的必要性,还反映了新的服务行

---

[1] Barbara Mennel, *Cities and Cinema* (New York: Routledge, 2008), p.210.

业的诞生。电影将成熟的市民作为电影的理想消费者,向他们出售移动影像这一新发明带来的新娱乐。总之,"火车效应""关乎现代性的时空观念变化,关乎对现实中一般现象认知的调整,还有与汽车、火车相关的交通模式的变化,所有这些都参与形构新兴电影产业的经济矩阵"。[①]

概而言之,芭芭拉·门内尔的电影"火车效应"理论其实强调三点:(1)电影与火车都是现代性事物,都与城市密切相关;(2)电影是一种崭新而神奇的艺术,它如同火车的发明一样能够带来震惊效应;(3)银幕影像奇观建构了崭新的时空观念和现实认知,塑造了新的服务业态——电影产业。其实,"火车效应"是对电影文化产业特点和规律的一种生动概括,在芭芭拉·门内尔的理论基础上,我们还可以进一步赋予其意义。就文化产业维度而言,这一概括既明晰了电影文化的奇观性——火车式震惊,又指出了电影产业的带头作用——火车头式驱动。

"火车式震惊"首先涉及现实中的人们初次见到火车时的那种震惊的感受,这一震惊的感受正是"火车效应"理论的现实根基。许多小说、传记、散文和新闻作品,都写到了初见火车时人们巨大的震惊感。"火车式震惊"还涉及卢米埃尔兄弟的电影短片《火车进站》(又名《火车到站》)带给观众的震惊效果,这是电影"火车效应"理论的现象源起。许多版本的早期电影史著述中,都提到和此片放映现场相关的一个事实。当观众第一次看到影像中呼啸而来的庞然大物——

[①] Barbara Mennel, *Cities and Cinema*, p. 210.

火车时，许多人吓得目瞪口呆，四散奔逃，尖叫不已。这样的描述和报道可能有夸大之嫌，但也绝不是空穴来风。它表明，现代化大机器——火车的发明让人震惊，现代化艺术——活动影像的发明同样让人震惊，结合了这两者的早期短片《火车进站》更让观众震惊。这一震惊效应正是电影"火车效应"理论的要义之一，它脱胎于电影影像营造的奇观效果。电影的奇观性在电影诞生之初就已经出现，一直到现在都是支撑电影生存和发展的独特属性之一。市民来到影院观看电影，大多怀揣对奇观的期待，渴望看到电视、手机、电脑上看不到的震撼影像。注重电影的奇观性，这是电影创作生产的重要倾向，也是许多电影作品最终获得产业意义上成功的重要前提。

而另一意义上的电影"火车效应"指向电影产业维度，它的要旨在于电影产业具有类似于火车头的带动作用。"好莱坞有个关于'火车头'的理论，即一部影片的后面跟着一条由许多相关业务连接而成的产业链。"[1] "传统电影产品在整个电影产业链中的角色更像是一个火车头，其后的每一节车厢里都装满了各种产品。"[2] "电影票房成功的'火车头'效应，带来电影后续市场和周边产业的繁荣，推进了电影大产业的进步。"[3] 这些论点强调了电影作品对电影产业以及电影产业对其他产业的火车头式的带动作用，电影产业和电影带动的其他产业大部分聚集于城市，所以"火车头式驱动"说到底是电影对城市的带动。

---

[1] 金冠军、王玉明：《电影产业概论》，复旦大学出版社，2012，第143页。
[2] 丁峰、黄一峰：《电影消费者行为研究》，中国电影出版社，2011，第130页。
[3] 尹鸿、曹书乐：《影视传播研究前沿》，清华大学出版社，2012，第177页。

电影的"火车效应"启示我们电影文化资源作用于城市创意产业的两种智慧：一是充分发挥电影影像的奇观效应，充分彰显电影影像的区别性身份特征，生产出更多经典影片，让经典影片中的奇观影像资源成为城市创意产业可以嫁接的重要资源；二是充分发挥电影文化资源的带动作用，使城市创意产业充分受惠于电影文化资源，使经典影片的生命不仅在于票房，更能在衍生和延伸产业中得以延展。

（三）贫民窟效应：电影的"异域效果"

"贫民窟效应"（Favela Effect 或 Slum Effect）是指由贫民窟引起的某种独特作用，它涉及两个学科领域，一个是社会学，另一个是电影学。美国社会学家奥兰多·帕特森（Orland Patterson）所界定的"贫民窟效应"是指"社会功能失调的现实和其所产生的社会形象——这两方面会相互加深对彼此的影响。一旦这种模式被锁定了，贫民窟就变成了一个人人都想逃离的地方，那些先前在贫民窟定居过而后非常成功的人也会与其保持一定的社会距离"。[①] 这就是社会学领域的"贫民窟效应"，它强调贫民窟带来的"污名效应"和"逃离意图"，即人们对贫民窟会形成刻板印象和思维定式，认为贫民窟的人是病态和不值得信任的。非贫民窟的市民想远离贫民窟居民，贫民窟的居民也想逃离贫民窟，摆脱贫民窟的"污名"。

和社会学领域的"贫民窟效应"相反，电影学领域的"贫民窟效

[①] 〔美〕奥兰多·帕特森：《族群体分层的四种模式：欧美黑人的历程》，〔美〕劳瑞、〔美〕莫多德、〔美〕特莱斯主编《族裔特性、社会流动与公共政策：美英比较》，施巍巍等译，东方出版社，2013，第136页。

应"则带来"赋魅效应"和"旅游意图"。因为电影对特定城市贫民窟的呈现或表现，该城市被赋予独特魅力，吸引许多游客慕名前来旅游，尤其是到贫民窟旅游。例如，《上帝之城》带火了巴西里约热内卢的贫民窟旅游，《贫民窟的百万富翁》带火了印度孟买的贫民窟旅游。对于许多本地人而言，贫民窟产生社会学意义上的"污名效应"，即那地方是肮脏而丑陋的，那里的人是病态和不值得信任的。而对于异域的电影观众而言，那些贫民窟产生电影学意义上的"异域效果"，那些贫民窟所在的城市特色鲜明，充满异域风情，浪漫而有趣。

芭芭拉·门内尔认为，电影学意义上的"贫民窟效应"，"显示了全球资本主义和后现代语境下电影生产、发行和接受的复杂过程。……贫民窟效应也告诉我们许多有关城市的电影是如何被生产、分配和接受的"。[①] 这是非常深刻的观点，它一方面揭示了电影"贫民窟效应"与电影全球化生产和传播之间的关联，另一方面又促发我们思考与城市影像直接相关的电影如何赋予城市以魅力等耐人寻味的问题。

今天的许多电影作品都是全球合作的成果，多国投资，多民族合拍，多城取景，多处制作，相关范围可能遍及世界许多国家和城市。"银幕城市"要发挥"贫民窟效应"，产生"异域效果"，诱发和带动"电影旅游"，其必要前提是电影能够抓住城市特色做文章，在银幕影像中展现特定城市的个性和身份标签，让特定城市在银幕中呈现出强烈的异域色彩。越是抓住了城市特色，城市就越有可能被电影赋予异

---

① Barbara Mennel, *Cities and Cinema*, pp. 210 – 211.

域风情，产生"异域效果"，激发观众的旅游兴趣。这种"城市特色"可以是特色建筑、特色街区、特色景点，也可以是特色风俗和文化。像《碟中谍：神秘国度》里的伦敦泰晤士河、维也纳国家歌剧院、南安普顿发电站、摩洛哥城乌达雅古堡、卡萨布兰卡老城、麦地那，每一处取景地都能体现出所在城市的个性，让人领略到所在城市的特殊风情。《007：幽灵党》开头出现的墨西哥城亡灵节，展现了墨西哥城独特的城市风俗和文化，使整个墨西哥城笼罩在神秘气氛中。无论是有形的景还是无形的文化，只要在电影中彰显了个性和特色，就都有可能产生"贫民窟效应"，产生"异域效果"，最终吸引观众前来旅游。

美国学者霍华德·苏伯（Howard Suber）认为，"电影创作者总是为他们的影片孜孜不倦地寻找奇异的场所"，[①] 为的就是呈现"异域之美"。"贫民窟效应"呈现的"异域之美"产生的"异域效果"，构成电影旅游的策动力。作为电影文化资源核心的经典影片建构的"异域之美"，值得相关城市珍视，值得作为城市旅游发展的基础资源和创意源泉。

二 电影文化资源与城市创意产业的结合模式

尊重和利用电影文化的"爆米花效应""火车效应""贫民窟效应"，在有效保护电影文化资源的前提下，积极开发和利用各种电影

---

① 〔美〕霍华德·苏伯：《电影的力量》，李迅译，人民大学出版社，2008，第148页。

资源，重视电影元素的作用，重点发展电影主题公园、街区、住宿、餐饮、店铺和电影旅游，无疑是城市创意产业发展的一条创新路径。具体说来，电影文化资源与城市创意产业的结合主要有以下模式。

（一）电影文化 + 城市特色

此模式直接依托电影文化资源，将某座城市的特色定位为"电影之城"。其创意前提是所在城市具有深厚而悠久的电影历史文化，具有丰富而完好的电影文化资源遗存物。它将电影文化作为城市形象及特色的核心定位，注重营造整座城市的电影文化氛围，目标在于将整座城市打造为"电影之城"。在这些城市，电影的"爆米花效应"表现明显，城市创意产业发展充分受惠于电影文化资源。联合国教科文组织最早评定的英国的布拉德福德、澳大利亚的悉尼、韩国的釜山、爱尔兰的戈尔韦和保加利亚的索菲亚5座"电影之城"就是典范，洛杉矶、纽约、巴黎、戛纳、孟买等城市也都具有极强的示范意义，中国的上海、长春、青岛、厦门等城市也具备打造"电影之城"的潜质。

（二）经典影片 + 城市旅游

此模式利用的是电影文化资源的核心——经典影片资源，它与"电影旅游"密切相关，它将经典影片中与城市相关的取景地、故事发生地或者演员居住地作为旅游卖点，通过利用经典影片对相关地点的"增魅"传播来吸引游客，增加旅游收益。经典影片呈现了"异域之美"，发挥出"贫民窟效应"，吸引游客来到城市相关地点旅游，捕捉在经典影片中体会到的某种氛围和韵味，自觉或不自觉地比较影像中的城市与现实中的城市的异同，通过对现实图像的占有获得个人和经典影片之间的象征性联系，获得心理满足感。像《罗马假日》之于罗马旅游，《刘三姐》之于桂林旅游，《非诚勿扰1》之于北海道旅游，这些经典影片驱动的电影旅游不但延长了经典电影的艺术生命，又扩大了电影文化产业价值，带动了城市许多产业和更多领域的消费。

（三）电影场景＋现实体验

此模式利用的是经典影片资源中的奇观影像，通过在主题公园中将电影中的奇观场景在现实中还原，充分满足游客的怀旧心理和娱乐心理，让游客在重温经典影像场景的同时，还能体验亲自进入奇幻、恐怖或者浪漫影像场景的真实感。如环球影城、迪士尼好莱坞影城、长影世纪城、哈利波特主题公园等电影主题公园，其游玩项目中有相当一部分就是以电影奇观场景还原体验作为创意基础。这些游玩项目一般有两种还原形式，一种是"过山车"式体验，即乘坐过山车式座椅进行穿越式体验，在穿越过程中重现电影影像奇观；另一种是将影像奇观转换成舞台现实景象，直接观看固定舞台上呈现的电影经典场景真人秀。

（四）电影文化＋创意街区

此模式将电影文化资源作为核心、主要或者关键元素，通过打造融合电影、餐饮、零售、休闲等多种业态的电影文化商业综合体来实现城市与电影的良性互动。在此模式中，电影文化资源发挥着引领或者辐射作用,并且作为一种文化价值符号或者文化艺术环境带动周边其他产业发展。万达集团打造的许多文化地产项目,如青岛东方影都影视产业园、武汉楚河汉街等,其创意基础就是这一模式。国内一些老的电影制片厂在转企改制之后,有的也采用了这一模式,即一方面保留一部分电影建筑资源,另一方面配套建设融电影博物馆和电影主题街区于一体的电影文化商业综合体。

(五) 电影科技 + 城市游乐

此模式主要利用电影文化资源的非物质形式,借助电影科技,获得对某些公园娱乐项目的奇观体验和逼真体验。3D 电影技术、电影动画技术、全息影像技术等电影技术手段都可以为城市游乐项目尤其是室内项目所用。虚拟影像与现实之景结合在一起,营造出游乐项目体验的逼真感和刺激感。这一模式与电影场景还原模式类似,但它更广泛地存在于电影主题公园之外的许多游乐项目中,其体验主题涵盖了文学、戏剧、游戏、电影、电视等众多领域。如瑞典里瑟本游乐园、法国未来世界、台湾桃园小人国、厦门方特梦幻王国、深圳世界之窗、北京欢乐谷、广州长隆欢乐世界、大连发现王国、横店梦幻谷等娱乐主题公园,其室内项目大部分属于这一模式。

(六) 电影元素 + 商业经营

此模式以各种可以利用的电影文化资源作为创意元素,强调电影元素对城市各类商业领域的渗透和融入。换句话说,就是电影元素作为一种创意营销手段进入城市商业经营领域,让商业经营充满电影文化氛围，具备较高的文化附加值和创新性，最终提升和提高商业经营业绩和效率。电影主题餐厅、电影主题婚纱影楼、电影主题超市、电影主题咖啡馆、电影主题酒店、电影主题商业楼盘、电影主题居室装修、电影主题书店等许多成功案例表明，电影元素和城市商业的结合，经常会产生"1+1>2"的"爆米花效应"。在这些电影主题商业经营项目中，电影文化资源中的老建筑、老胶片、老机械、老海报、老技术等因素都可能充分发挥其创新价值。

三 珍视电影文化资源，发展城市创意产业

综观以上六种结合模式，它们都以电影文化资源作为创意基础或者基本手段，都以"文化经济"作为创新思路来勾连城市与电影，最终都产生"城随影动"的结果，促进了城市创意产业的发展。要保证这些模式取得成功，电影文化资源是最基础和最关键的要素。由此可见，有没有电影文化资源可以利用？电影文化资源是否得到有效保护？这是许多城市在发展文化产业时需要思考和面对的重要问题。

美国著名电影史学家大卫·波德维尔（David Bordwell）和克里斯汀·汤普森（Kristin Thompson）夫妇高度重视保护电影文化资源的意义，指出电影史尤其是早期电影史的写作全依赖保护至今的电影资源。电影资源不仅作为鲜活的证据支撑电影史的研究和写作，还作为后来电影创作生产的艺术基础和创意源泉发挥作用。电影文化资源同时为电影和城市提供基础资源、创新元素和创意空间。它是"想象中

的城市文化的有趣的生产者",① 可以作为文化资本生产出新的意义和价值。

在欧美发达国家的主要城市甚至小城市，电影文化资源保护一般都得到极大重视。在我国，电影文化资源保护意识还很淡薄，政府和民间都缺乏积极保护的自觉性和主动性，学界也缺乏相关研究，舆论界虽偶尔关注，但仍然不够重视。更为严重的是，我国电影文化资源正遭到惊人的破坏，亟待保护。电影文化资源总的保护原则应该是"固态保护+活态利用"。"固态保护"是指将文化资源固定下来，让其处于相对隔绝和不受干扰的状态。它强调的是一种积极保护的态度和初步保护的方法。"活态利用"的核心内涵是让文化资源活在当下，强调的是后期长久保护的科学对策。对于电影文化资源，首先应该以积极的态度将其以某种适合的方式固定下来，尽量避免使其继续受到毁坏，然后寻求活态利用的有效路径和方法，让电影文化资源与城市有效互动，既让电影文化资源获得可持续保护的资金和机制，又促进城市发展尤其是文化创意产业发展。珍视电影文化资源，在保护的前提下积极利用电影文化资源促进城市创意产业的发展，这就是电影文化资源"活态利用"的有效路径。

电影向城而生，因城而变，电影历史镌刻于城市文化史之中，城市历史也记录于银幕影像之中。城市带动电影，电影促动城市，城市与电影有着天然而密不可分的互动关系。对于城市管理主体而言，一方面要珍视和保护已有的电影文化资源，另一方面要促进新的电影文

---

① Deborah Stevenson, *Cities and Urban Cultures* (Maidenhead, Berkshire: Open University Press, 2003).

化资源的生成和累积。"欢迎来此拍电影"应该成为城市管理者起码的态度，然后在此态度下应该为电影文化产业在相关城市的发展提供科学合理的优惠政策和贴心细致的服务，推进"城随影动"和"城影互动"，实现"城影双赢"。

联合国教科文组织（UNESCO）从2004年10月开始设立"全球创意城市"（Creative Cities Network）的评选项目，旨在维护和倡导全球化时代的文化多样性，促进城市可持续发展。该项目将创意城市划分为民间手工艺之城、设计之城、电影之城、美食之城、媒体艺术之城、文学之城、音乐之城7种，截至2017年11月，已经有72个国家的180个城市获得"创意城市"称号。其中"电影之城"有13个，包括中国的青岛。最早荣膺这一殊荣的是英国的布拉德福德、澳大利亚的悉尼、韩国的釜山、爱尔兰的戈尔韦和保加利亚的索菲亚5座城市。[①] 布拉德福德成功的经验就是"提供更多的机会让市民能参与到电影的制作，营造'满城尽是拍摄组'的热闹氛围，……通过电影让来自世界的人交朋友，让不同语言、文化背景的人更广泛地讨论"。[②]该市所做的相关工作细致入微，体现于诸多方面。例如，开发了一种手机软件，当游客路过城市中曾拍摄影片的地点时，游客的手机会收到温馨提示——你正路过某某影片的拍摄场景，并立即播放一段电影片断。又如，周末向市民提供大量与电影相关的免费课程或讲座，

[①] 联合国教科文组织创意城市官网：http://en.unesco.org/creative-cities，最后访问日期：2017年11月13日。

[②] 《"电影之都"项目主任佩吉·亚历山大：欢迎各国人士来拍短片》，深圳新闻网，http://www.sznews.com/zhuanti/content/2010-12/08/content_5152595.htm，最后访问日期：2015年11月29日。

不同年龄的市民都可以参加，通过影像手段充分满足市民学习历史、文学、艺术知识的需求。此外，还专门出台资助政策，设立资助项目，以吸引全球电影爱好者来此拍摄电影短片。另外几座"电影之城"，同样以"欢迎来此拍电影"的积极态度，重视电影文化资源的保护与利用、生产和积累。悉尼设立了专门的电影基金和相关机构鼓励人们来悉尼拍电影，再加上其独特的自然条件和资源禀赋，成为众多电影公司追逐的对象，众多好莱坞经典影片在该市取景拍摄。釜山通过对釜山国际电影节的成功运营赢得了全世界的尊重，出台多项措施保障市民平等参与电影文化活动的机会和权利，还专门成立釜山电影委员会，从生产、发行到放映等各环节来支持和鼓励电影产业。戈尔韦主张将电影嵌入市民日常生活，成立专门的电影委员会帮助本土和外来电影制作机构，并出台措施保护城市电影文化资源和促进电影旅游发展。索菲亚则旗帜鲜明地支持中小微型电影企业和制作机构发展壮大，重视对年轻人进行电影创作和创业的支持，通过组织几个国际学生电影节赢得世界性声誉，还非常注重电影历史文化资源的保护。[①] 综观上述被联合国教科文组织最早认定的"电影之城"，它们的具体做法虽有不同，但都共同坚持两点：一是鼓励、支持和扶助电影在本地的生产；二是重视本地电影文化资源的保护和利用、生产和积累。

在欧美许多城市，相关政府部门和旅游产业部门非常重视利用电影文化资源，推进电影旅游开发，英国政府及相关部门的做法尤其值

---

① 联合国教科文组织创意城市官网，http://en.unesco.org/creative-cities/，最后访问日期：2015年11月29日。

得借鉴。英国电影理事会（The UK Film Council）等国家级电影机构和各地方电影机构纷纷出台多种扶助和资助政策支持电影在英国取景，为电影业界人员和赴英游客提供各种贴心服务，以促使电影文化资源与英国旅游业完美结合。如英国电影协会（British Film Institute，简称 BFI）专门绘制"英国电影地图"免费提供给需要者；① "创意英格兰"（Creative England）专门设立多种电影资助基金资助与英国相关的电影创作，此外还专门进行"英国电影旅游"的专项研究，并免费共享研究成果；② 伦敦市政府在市长办公室管辖下专门成立机构"电影伦敦"（Film London），鼓励、资助和管理涉及伦敦或拍摄伦敦的电影的创作和生产。③ 英国人的积极政策和贴心行动获得了巨大成功。最新相关研究成果显示，到英国旅游的国际游客中接近四成是受影视剧的影响而来。英国的成功经验值得全世界借鉴，尤其值得中国学习。目前，虽然有极少数城市（如上海、杭州等）也意识到电影资源旅游的价值，但更多中国城市的相关政府部门还缺乏对电影文化资源旅游价值的基本认知。

四 结语

尽管各种各样的电影文化资源客观存在，但截至目前，"电影文

---

① 参见"英国电影协会"官网：http://www.bfi.org.uk/，最后访问日期：2015 年 11 月 11 日。
② 参见"创意英国"官网：http://www.creativeengland.co.uk/，最后访问日期：2015 年 11 月 11 日。
③ 参见英国"电影伦敦"官网：http://filmlondon.org.uk/，最后访问日期：2015 年 11 月 11 日。

化资源"概念并未深入人心,更多学者眼中的"电影文化资源"是指影片资源。这显然只能算是狭义的理解或者狭隘的理解,因为电影文化不仅涉及精神,也涉及物质。我们显然不能对电影建筑(电影厂、电影院、电影名人故居、电影城等)、电影设备、电影拷贝、电影道具、电影服装、电影剧本、电影海报、电影书刊、电影明星遗物、后电影产品等电影物质文化资源熟视无睹,无视其存在,否认其价值。即使是电影精神文化资源,其也不仅指涉电影影像内容,还涉及电影技艺、仪式、风俗、节庆等众多领域。由此,"电影文化资源"是一个外延广阔的概念,它关系到一个从非物质到物质的大系统,不容小觑。

电影文化资源主要是一种城市文化资源,它构成城市创意产业发展的资源基础。电影文化的爆米花效应、火车效应和贫民窟效应,分别象征电影文化资源影响城市创意产业的不同维度:电影文化资源可以对城市创意产业产生发散和辐射效果;电影文化资源可以带动城市创意产业的诸多领域,城市创意产业应该重视对电影奇观特性的利用;电影文化资源可以带动电影旅游,城市旅游业应高度重视对电影影像"异域效果"的利用。由此出发,电影文化资源和城市创意产业有机融合的模式主要有"电影文化+城市特色""经典影片+城市旅游""电影场景+现实体验""电影文化+创意街区""电影科技+城市游乐""电影元素+商业经营"。

要让电影文化资源有效促动城市创意产业,产生"城随影动"的效果,就必须珍视电影文化资源。尤其是在当下的中国,面对电影文化资源正在被破坏的残酷现实,重视和保护电影文化资源是非常紧迫的任务。"固态保护+活态利用"的策略值得我们提倡和运用,我们应该向世界上一些先进国家学习,积极保护电影文化资源,为电影文化保留历史,为城市文化延续文脉。此外,还应该积极利用电影文化资源,让这一优质文化资源发挥其应有的影响和作用,让其活在当下,活在城市创意产业的发展之中。

参考文献

[1] 朱大可:《文化批评:文化哲学的理论与实践》,古文轩出版社,2011。

[2] 胡惠林:《文化资源再生塑造"大片"灵魂》,《人民论坛》2007年第8期。

[3] 单霁翔:《城市文化资源保护与文化城市建设》,《城市规划》2007年第5期。

[4] 〔美〕巴里·利特曼:《大电影产业》,尹鸿、刘宏宇、肖洁译,清华大学出版社,2005。

[5] Barbara Mennel, *Cities and Cinema* (New York: Routledge, 2008).

[6] 金冠军、王玉明:《电影产业概论》,复旦大学出版社,2012。

[7] 丁峰、黄一峰:《电影消费者行为研究》,中国电影出版社,2011。

[8] 尹鸿、曹书乐:《影视传播研究前沿》,清华大学出版社,2012。

[9] 〔美〕奥兰多·帕特森:《族群体分层的四种模式:欧美黑人的历程》,〔美〕劳瑞、〔美〕莫多德、〔美〕特莱斯主编《族裔特性、社会流动与公共政策:美英比较》,施巍巍等译,东方出版社,2013。

[10] 〔美〕霍华德·苏伯:《电影的力量》,李迅译,人民大学出版社,2008,第148页。

[11] Deborah Stevenson. *Cities and Urban Cultures* (Maidenhead, Berkshire: Open University Press, 2003).

"A City Moving with the Movies": Movie Cultural Resources and the Development of Urban Creative Industry

Zhang Jingwu

Abstract: Movie cultural resources can be either tangible or intangible. Tangible movie cultural resources are the tangible entities of the movie culture with historical, artistic, scientific, archival, academic or cultural reuse value. Intangible movie cultural resources are the spiritual and cultural forms which exist in intangible ways, such as works, techniques, rituals, customs and festivals. Movie cultural resources are quality cultural resources which can be easily used and grafted, and become the cultural capital that promotes the development of the urban creative industry. By respecting and utilizing the laws of the movie culture, such as the "popcorn effect", the "train effect" and the "slum effect", and rationally protecting and utilizing movie cultural resources, we can explore innovative models, such as "movie culture + city characteristic", "classical movies + city tours", "movie scenes + reality experience", "movie culture + creative neighborhood", "movie technology + urban recreation", "movie elements + commercial operation", to promote the development of the urban creative industry.

Keywords: Movie Cultural Resources; Urban Creative Industry; Interaction

图书在版编目(CIP)数据

社区经济与创意营造:2017澳门文化产业研究报告/向勇,崔世平,徐秀菊主编.--北京:社会科学文献出版社,2018.5

ISBN 978-7-5201-2552-9

Ⅰ.①社… Ⅱ.①向… ②崔… ③徐… Ⅲ.①文化产业-研究报告-澳门-2017-文集 Ⅳ.①G127.659-53

中国版本图书馆 CIP 数据核字（2018）第073886号

社区经济与创意营造
——2017澳门文化产业研究报告

| 主　　编 / 向　勇　崔世平　徐秀菊
| 执行主编 / 赵凯欣

| 出 版 人 / 谢寿光
| 项目统筹 / 恽　薇　高　雁
| 责任编辑 / 高　雁　肖世伟

| 出　　版 / 社会科学文献出版社·经济与管理分社（010）59367226
|　　　　　　地址:北京市北三环中路甲29号院华龙大厦　邮编:100029
|　　　　　　网址:www.ssap.com.cn
| 发　　行 / 市场营销中心（010）59367081　59367018
| 印　　装 / 三河市东方印刷有限公司
| 规　　格 / 开　本:787mm×1092mm　1/16
|　　　　　　印　张:29.25　插　页:1　字　数:337千字
| 版　　次 / 2018年5月第1版　2018年5月第1次印刷
| 书　　号 / ISBN 978-7-5201-2552-9
| 定　　价 / 79.00元

本书如有印装质量问题,请与读者服务中心（010-59367028）联系

△ 版权所有 翻印必究